JN182301

アントレプレナーの教科書［新装版］

The Four Steps to the Epiphany

Successful Strategies for Products that Win

スティーブン・G・ブランク［著］ Steven G. Blank
堤 孝志＋渡邊 哲［訳］ Takashi Tsutsumi & Satoru Watanabe

SHOEISHA

本書内容に関するお問い合わせについて

このたびは翔泳社の書籍をお買い上げいただき、誠にありがとうございます。弊社では、読者の皆様からのお問い合わせに適切に対応させていただくため、以下のガイドラインへのご協力をお願い致しております。下記項目をお読みいただき、手順に従ってお問い合わせください。

●ご質問される前に
弊社Webサイトの「正誤表」をご参照ください。これまでに判明した正誤や追加情報を掲載しています。

正誤表　http://www.shoeisha.co.jp/book/errata/

●ご質問方法
弊社Webサイトの「刊行物Q&A」をご利用ください。

刊行物Q&A　http://www.shoeisha.co.jp/book/qa/

インターネットをご利用でない場合は、FAXまたは郵便にて、下記"翔泳社 愛読者サービスセンター"までお問い合わせください。
電話でのご質問は、お受けしておりません。

●回答について
回答は、ご質問いただいた手段によってご返事申し上げます。ご質問の内容によっては、回答に数日ないしはそれ以上の期間を要する場合があります。

●ご質問に際してのご注意
本書の対象を越えるもの、記述個所を特定されないもの、また読者固有の環境に起因するご質問等にはお答えできませんので、予めご了承ください。

●郵便物送付先およびFAX番号

送付先住所　〒160-0006　東京都新宿区舟町5
FAX番号　03-5362-3818
宛先　（株）翔泳社 愛読者サービスセンター

※本書に記載されている会社名、製品名はそれぞれ各社の商標および登録商標です。

謝辞

Acknowledgments

技術起業家としての25年間、私には幸運にも3人の並外れたメンターがいた。そのメンターとは、私に頭の使い方を教えてくれたベン・ウェグブライト、何を考えるべきか教えてくれたゴードン・ベル、思考をすぐに具体的な行動に移す方法を教えてくれたアレン・マイケルの3人で、いずれも各自の専門領域で素晴らしい活躍をしている。

私はまた非常に幸運にも若い時期に、最も影響力のあるマーケティング実務家であり戦略家でもある3人とシリコンバレーで共に仕事をした。元インテル社のマーケティング・バイスプレジデントでモアダビドウベンチャーズ社の創業者であるビル・ダビドウの書籍とその顧客中心という概念から強い影響を受け、ミップス・コンピュータ社のマーケティング・バイスプレジデント時代に同氏に取締役として参画してもらう幸運に恵まれた。私が仕事を始めた頃、レジス・マッケンナは自身の会社を経営しており、すでにPRとマーケティングの伝説的存在だったが、依然として同氏の思考や手法は私の仕事に影響を与えた。そして、最初にジェフリー・ムーアの書籍を読み、その「キャズム」という概念を知ったとき、髪が逆立つほど興奮したことを今でも覚えている。そこで私は、これまで説明不可能だったことを解明するビジネス上のパターンがあることを初めて知った。

カリフォルニア大学バークレー校ハースビジネススクール・アントレプレナーシップレスターセンターのディレクターであるジェリー・エンジェルは勇気ある人物で、何百人もの従順な生徒たちを相手に顧客開発方法論を検証し、教える場としてフォーラムという機会を私に与えてくれた。ハースビジネススクールのジョン・フリーマン教授は、市場タイプによってセールスサイクルが異なるという貴重な洞察を与えてくれた。そして最後に、ハースビジネススクールでの教育のパートナーで私の情熱の長年の犠牲者でもあるロブ・マテレスは、生徒たちに私の熱意を伝えたのみならず、首尾一貫したシラバスの作成や試験の採点を適時に行ってくれた。スタンフォード大学では、トム・バイヤーズ、キャシー・アイゼンハート、ティナ・シーリグがエンジニアリングスクールにて教鞭をとるよう招いてくれた。さらに、新製品のセールスサイクルについてより深い洞察を提示し、私の手法を磨いてくれた。最後にコロンビア大学スクールオブビジネスのマレイ・ロウはMBAプログラムにて生徒たちに講座とテキスト（本書）を提供してくれた。

ベンチャーキャピタル業界では、モアダビドウ社のジョン・フェイバーとファウンデーションキャピタル社のキャサリン・ゴールドが、私自身のスタートアップ数社への投資に加えて、堅実で有効な取締役かつ支援者として活動してくれた。私の友人である、スティーブ・ワインスタイン、ボブ・ドーフ、バーナード・フランケル、ジム・ウィケットは数え切れないほどの貴重なコメントや提案をしてくれた。IMVU社のビル・ハービーとエリック・リースは、顧客開発方法論の一部または全部を実践した最初の実験台となってくれた。本書は同社の新規採用者全員に対する必読の課題図書となった。カフェプレス社のフレッド・ダーハムは私を取締役に招聘し世界レベルの起業家が活躍する姿を見せてくれた。エリック・リースはIMVU社での開発部隊を率いながらもコピーエディターとして初版の恥ずかしい誤字脱字を校正する内職をしてくれた。

本書は以上全員の支援がなければこのような出来映えにはならなかった。

最後に私の妻アリソン・エリオットは、初期段階の顧客開発のための方法論の研究に取りつかれそれを教えることに情熱を傾けた私のことを我慢してくれただけでなく、相談にのってくれ、私の思考に洞察を与え明確化してくれた。彼女なしには本書は完成しなかっただろう。

まえがき――英雄の旅

Preface: The Hero's Journey

> 伝説の英雄はたいてい、新しい時代の創始者、新しい宗教の創設者、新しい町の創設者、新しい生活様式の創始者といった何かの創業者である。何か新たなことを始めるには、古きを捨て、新しいことを生み出す可能性のある初期のアイデア、すなわち基になるアイデアを探求しなければならない。
>
> ――ジョセフ・キャンベル『千の顔を持つ英雄』

ジョセフ・キャンベルは、世界中の神話や宗教の中で繰り返される“旅の元型”という概念を広めた。モーゼと燃える柴の話からオビワン・ケノービと会ったルーク・スカイウォーカーまで、旅は常に探求の天命を受けた英雄と共に始まる。旅の出発点では道のりは不透明で終点は見えない。英雄たちはおのおのが独特の障害に遭遇するが、キャンベルの鋭い洞察はこれらの物語のあらましはいつでも同じであるというものだった。

英雄の旅のアナロジーはスタートアップを考えるのに適している。すべての新会社と新製品は他人には見えない目標と共に想像上のビジョン、すなわちこうありたいという願望から始まる。この明るく燃えさかるビジョンこそが、起業家と大企業のCEOの、スタートアップと既存企業の違いである。創業者となる起業家は自らのビジョンと事業が本物であり、幻想ではないことを証明するために飛び出す。成功のために現状を捨て、しばしば不確実性に覆われたそれらしく見える新しい道のりへと出発する。障害、苦労、災難が待ちかまえ、成功への旅では資金力以上のもの、すなわちスタミナ、俊敏さ、勇気の限界が試されるのである。

多くの起業家は自分の旅が独特のものだと感ずる。しかし、想像上の英雄の旅についてのキャンベルの認識はスタートアップにも通ずる。つまり細かい部分で物語が異なっても、あらましは常に同じであるということだ。多くの起業家はスタートアップの道を地図なしで進み、新しい冒険に適用できるモデルやテンプレートは存在しないと信じている。しかしそれは間違っている。スタートアップの道は十分踏み固められており、十分理解されている。問題は誰もそれを記していないことである。

我々のようなシリアルアントレプレナーは、社員と投資家を連れて自分の英雄の旅の道筋をたどってきた。道すがら良き助言や悪しき助言を受け、または助言などまったくなしに、自分のやり方で物事を成し遂げてきた。だいたい5回か6回目のスタートアップの時、少なくとも我々の何人かは、成功と失敗の間に浮かび上がるパターンがあると気づき始めた。それは、繰り返し可能な成功への真の道筋、つまり、とてつもないリスクを除去または軽減し、大きな成功企業に成長させる道筋である。我々の中の一人がこの道筋を以下のページに記す決意をした。

〉〉道筋の発見

「顧客開発」の概念は、私が最後に失敗したスタートアップに1200万ドルを投資していた2社のベンチャーキャピタルのために、私自身がコンサルティングをしていたときに生まれたものである（私の母親はそのベンチャーキャピタルが私にお金を返済させようとしているのではないかと繰り返し尋ねた。私が母親に、彼らは返済を求めていないし、私の次の会社にさらに投資できないか見極めようとしているのだと説明すると、しばらく黙ったあとで強いロシア語訛りでこう言った。「きっとアメリカでは純金で道路を作るほどお金があり余っているのね」と）。両方のベンチャーキャピタルは投資先企業に対する私の助言を求めていた。驚くべきことに、第三者の立場から他のスタートアップを見ることは楽しかった。うれしいことに何を直さなければならないのかを私はすぐに理解できた。ちょうど同時期に2社の新しい企業が私を取締役に招聘した。取締役としての活動とコンサルティングの合間、初めての企業からの「幽体離脱的な体験」を私は楽しんだ。

当事者でないために私は冷静に観察ができた。そしてこの新しい見晴らし台から、以前の経験以上に深いことを発見し始めた。無秩序の中にパターンがあるように見えたのだ。自分のスタートアップで聞いたことのある議論が他のスタートアップでも繰り返されているようだった。同じことが何度も繰り返された。

つまり、大企業の管理者対起業家、マーケティング対営業、計画の遅延、売上計画未達、資金ショート、資金調達といったことである。また、世界レベルのベンチャーキャピタリストがどのようにしてこれらの共通の課題に対するパターン認識力を培っているかがだんだん見えてきた。「そうだ。X社は第343号の問題を抱えている。可能性のある6つの解決策はこうで、それぞれこういう成功確率だ」という具合である。実際にはそこまで完璧ではないが、何人かのベンチャーキャピタリストはこのような類の経営課題に対して優れた直感力を持っている。

しかし、私には今ひとつ納得できなかった。もし偉大なベンチャーキャピタリストが起こっている問題のタイプを認識し、ときには予言できるとしたら、そのような問題はそれぞれが特有なものではなく構造的なものではないか？ スタートアップを組織し経営する方法に根本的な誤りがあるのではないか？ すべてのスタートアップがなんらかの形で問題を自ら招いてしまっており、構造を変えることで改善できるという可能性はないのか？ しかし、私がそれをベンチャーキャピタルの友人に話すと、彼らはこう言った。「うーん、スタートアップとはそういうものだよ。我々はこれまでずっとこの方法でスタートアップを経営してきたのだ。他の方法などないよ」。8社目でおそらく私の最後のスタートアップになるであろうエピファニー社を退いた後、より良いスタートアップの経営方法の存在が明白になってきた。神話の世界には繰り返されるパターンがあるというジョセフ・キャンベルの洞察は、成功するスタートアップの構築にも同様に適用可能である。すべてのスタートアップは（大企業内の新規事業部でも、いわゆるガレージベンチャーでも）似たようなパターンをたどる。その一連のステップを道しるべとすることで、暗闇の中で試行錯誤しながら道を探って進んでいくという初期のスタートアップ特有の苦労から相当程度は解放される。実際に、成功したスタートアップには特定のパターンが何度も何度も出現する。

では、なぜあるスタートアップは成功し、またあるものは家具まで売り払う憂き目に会うのか？ その答えは明白である。すなわち、厳しい最初の数年を生き長らえたスタートアップは、プロダクトマネジャーやベンチャーキャピタルが支持する伝統的な製品を中心とした市場投入モデルに従っていないということである。試行錯誤、採用や解雇を通じて、成功するスタートアップは皆、製品開発と並行する別のプロセスを生み出している。特に勝者は顧客からの学習と発見のプロセスを生み出し、それによって生き長らえている。私はこのプロセスを「製品開発」の従兄弟として「顧客開発」と呼んでいる。知ってか知らずしてか、成功するスタートアップは皆それを繰り返す。

本書では「顧客開発」モデルを詳細に説明する。このモデルはパラドックスである。成功するスタートアップが従っているモデルであるにもかかわらず、誰もその詳細についてはっきり述べたことがないのだ。そして顧客開発モデルの基本的な提言は、社会通念のアンチテーゼであるにもかかわらず、成功したスタートアップは皆それに従っているということである。

言わばそれは、“眼前にありながら見えない道筋”なのである。

日本語新装版に寄せて

Welcome to the Four Steps to the Epiphany

本書は、皆さんがご存知のリーンスタートアップ革命の起源の書である。私が2002年に本書の初版にて提唱した顧客開発モデルは、リーンスタートアップを構成する3要素のうちの1つになっている。リーンスタートアップは、仮説構築のためのフレームワークであるビジネスモデルキャンバス（アレックス・オスターワルダー氏が提唱)、オフィスを飛び出し仮説を検証するための顧客開発モデル、MVP（Minimum Viable Product：実用最小限の製品）の改良を繰り返しながら開発するためのアジャイル開発の3要素を組み合わせて実践する。

リーンアントレプレナーシップは今日では世界標準になっている。リーンは、素早く市場と対話を重ねることで製品と市場のフィットを得る可能性を高めるアプローチとして、最初はスタートアップで実践された。製品、顧客、チャネル、価格設定などの仮説を検証するために、お金と時間をかける前に素早く実験を繰り返すことで、仮説が正しいかピボットすべきかを裏付ける。

最近では、グローバル化による競争の激化に悩む大企業でもリーンの実践が進んでいる。GE社、ゴーア社、エリクソン社、インテル社などの企業が継続的なイノベーションのためにリーン手法を活用している。もちろん、日本の大企業による実践も進んでいる。継続的なイノベーションにリーン手法（ビジネスモデルキャンバス、顧客開発モデル、アジャイル開発）を活用することで、大企業は従来の手法と比較してより短期間で革新的な新規事業を作り上げることが可能になる。

リーンアントレプレナーシップの実践方法を教えるために、私はスタンフォード大学にてリーンローンチパッドという講座を開発した。リーンローンチパッドは、アントレプレナーが学ぶべき定番とされていたビジネスプランの書き方講座に代わるものとして普及が進んでいる。今では世界中の125の大学で開講されている。

リーンローンチパッドは米国の科学技術分野でも採用されている。Innovation Corps (I-Corps) の名称で、米国の国立科学財団、国立衛生研究所、エネルギー省などの主要研究機関にて、科学技術のイノベーションを事業化するための講座として提供されている。現時点で50大学700チームが本講座を受講した。このI-Corpsも、日本では本書の訳者の堤孝志氏が教鞭をとっているのを含め、世界中で開講されていることは私にとっての誇りである。

スティーブン・G・ブランク

訳者まえがき

「画期的な技術なので売れる」、「広告を出せば売れる」、「良い製品なので売りたい人もたくさんいる」といった自信満々の新製品・サービスが、実際に開発が終わってふたを開けてみると鳴かず飛ばずに終わり、新規事業やベンチャー企業が行き詰まるのをこれまで何度目にしてきたことだろう。

新規事業には夢と希望がある。自ら知恵を絞り、アイデアを結集させ、従来にない画期的な新しい製品やサービスを考え出す。ワクワクする仕事だ。そして、自らの思い入れがある製品・サービスなので当然自信もあり、市場に投入すれば顧客は向こうから寄ってくると思う。ところが、準備を終えていざ市場に投入してみると、「確かに面白いものですが、今すぐには必要はありません」、「非常に画期的だけど、画期的すぎて一緒に使う既存の装置まで交換しなければならず、全体のコストが大きすぎて難しいなぁ」、「まずは1年間無償で評価させてもらって、その結果で決めますよ」といった具合に、さまざまな理由で想定どおりには売れていかない。ましてや、これが新しいベンチャー企業として行われている場合なら事態はさらに深刻になる。「製品を正式出荷したら、初年度以降は売上が一気に立ち上がり、キャッシュフローは回り始める」と想定しているのに、肝心の売上が立ち上がってこないため、調達した資金は運転資金として支出され最後には底をついてしまう。順調に行っていないから追加の資金調達も容易ではない。

新規事業の成功確率はよくて10件中3件と耳にすることが多い。しかし訳者らは、国内外のベンチャー企業への投資、大企業内の新規事業立ち上げ、さらには自らの会社の事業立ち上げといったさまざまな立場、役割から新規事業立ち上げに携わってきたが、製品もない、顧客もいない、売上もない、まったくのゼロから新規事業を立ち上げる「スタートアップ」の段階からの成功確率はさらに低いという印象を持っている。

革新的な製品による新規事業の営業・マーケティング戦略について論じた書籍としては『キャズム』（ジェフリー・ムーア著、翔泳社）がよく知られている。キャズムの要諦の1つは、新しい製品を最初に導入する顧客層（ビジョナリー）と、市場規模が大きくそれゆえ大本命の顧客層（実践主義者）では製品選定において重視するポイントが異なっており、ビジョナリー攻略に成功した後、そのことを知らずに同様に事業を進め、伸び悩んでしまうことが多いということだ。非常にわかりやすく的確なコンセプトであり、今日『キャズム』は訳者らを含む実務家の間でも大変広く知られる存在になった。しかし、その一方で殊更スタートアップを想定した際に、訳者は『キャズム』に物足りなさを感じていた。キャズムが対象とする「シリコンバレーに彗星のごとく現れたベンチャー企業が技術とマーケティングの粋を尽くして巨大企業に挑むという劇場型ビジネスの世界」はエキサイティングで見ているだけでもワクワクする。しかし、現実に目の前にある泥臭い新規事業立ち上げとは何か違う次元の話のように感じられるのだ。そして、売上の立ち上がりに苦戦するスタートアップの経営者から「キャズムで苦しんでいます」といったコメントを何度か耳にするうちに気づいた。「この事業は、キャズム以前にまだビジョナリーさえも攻略できていないのではないか」と。

『キャズム』にそのような物足りなさを抱く中で、スタートアップ段階から新規事業を効率的かつ効果的に立ち上げていくための方法論はないかと模索していた時に出会ったのが、本書の原著『The Four Steps to the Epiphany』である。

本書は、新規事業における営業・マーケティング面のリスクを、できるだけ早い段階からシステマティックに低減するのに役立つ経営ツールである「顧客開発モデル」について解説したものである。上述のとおり、これまで新規事業では「良いものだから売れるに決まっている」という前提に基づき、「顧客が本当にいるのかどうか」については製品が出荷開始されるまでは積極的な確認が行われてこない傾向があった。「製品開発」については、「仕様策定」、「開発作業」、「アルファ・ベータ評価」、「量産・出荷開始」という基本的な製品開発プロセスに基づき、技術、機能や性能、品質について、細かく管理・検証されていることが多い。しかし、営業・マーケティングについては、せいぜい場当たり的にいくつかの顧客に話をするか、無償評価に協力してくれる相手を探す程度であることが多い。その結果、出荷開始後、本格的に営業活動を開始して初めて想定どおりには売れないと気づくことになり、最悪行き詰まってしまう。顧客開発モデルでは、そうなることをできるだけ回避すべく、また仮に顧客の反応が想定と違っても早い段階で軌道修正できるよう、製品開発プロセスと平行して「顧客が本当にいるのかどうか」を確認していく。そして、「顧客が本当にいる」ことの確証を得てから、初めて本格的な営業・マーケティング活動を行おうというものだ。

訳者は本書を読み終えた時、「まさにこれこそが求めていたものだ！」と興奮を抑えることができなかった。

「キャズムはスタートアップにとって贅沢な悩みだ」
「顧客に関する事実は会議室にはない。外に出て顧客の声を実際に聞こう」
「あなたの製品が解決する顧客の苦悩は何なのか？　そして、それはどの程度のものなのか？」
「あなたの製品は“あると便利”なものか？　それとも“ないと困る”ものか？」
「製品は開発中でも、ビジョンで先行受注する。ビジョナリーはあなたのビジョンを買うのだ」
「変化と変化に対応し続けることだけが不変なのだ」

自らも過去に、性能がやたらとすごいというフレコミで始めた次世代マルチメディア機器の事業で、「映像音声データの優先制御は確かにすごいが、これを導入するにはネットワークインフラを全部対応させなければならず、とても踏み切れない」などと潜在顧客に言われて不振に終わるといった痛い目にあったり、別の企業向けの通信機器事業では、「どこよりも新しい技術を導入したいのだ」と、まだものが開発中であるにもかかわらず数千万円もの注文書をくれるというビジョナリーにも実際に出会ったり（ビジョナリーは本当にいるのである！）と、さまざまな事業経験をしてきた。本書には、革新的な新製品・サービスを立ち上げる際の経験則が次々と現れる。しかも抽象的なコンセプトではなく、非常に実践的な内容で、手取り足取り一歩一歩進めていけるようになっている。

この本を日本のアントレプレナー全員が辞書など引かずに気軽に読めるようにしたい。こう強く思った訳者は、だめもとで原著者のスティーブン・ブランク氏に飛び込みで電子メールを送った。「日本でも良い技術・ものだから売れると思い込むスタートアップが多い。この本の和訳版を是非出版させてほしい。あなたの『顧客開発モデル』を参考に経営をすることで、１つでも多くのスタートアップがよりうまくいくようにしたいのだ」。訳者の予想に反してスティーブンからはすぐに返事が来た。一度詳しく話を聞こうと。その後、面談場所に指定されたカリフォルニア州メンロパーク市のレストラン「カフェブルーノ」にて初めて同氏と対面した。しばらく訳者の話を聞いたスティーブンは、親指を立てて言った。「よくわかった。ゴーサインだ！」と。誰の紹介もなく、まったく見ず知らずの日本人からの突然の問い合わせにもかかわらず、意義のある本気の話にはチャンスを与えてくれる。今回は翻訳の話だが、きっとエンジェル投資家がスタートアップへ出資するといったこともここではこんな感じで決まるのだろう。スタートアップの聖地であるシリコンバレーの文化を目の当たりにした瞬間だった。

スティーブン・ブランク氏は、ハイテクベンチャーの先進地であるシリコンバレーにて8社ものスタートアップの経営に関与した、いわゆるシリアルアントレプレナーだ。スタートアップ経営に自ら何度も関与している中で、順調に業績を上げてうまく立ち上がっていくスタートアップと、前評判にもかかわらず販売実績が伴わずに消え去っていくスタートアップの違いを見ていくうちに、そこにパターンがあることに気がついたという。そのパターンを体系的にまとめた方法論が、まさにこの顧客開発モデルである。

本書は、同氏も教鞭をとるスタンフォード大学やカリフォルニア大学バークレー校の技術経営プログラムや経営大学院などでは前述の『キャズム』とともに課題図書となっている。また、本書を使いながら、大手ベンチャーキャピタルであるベンチマークキャピタル社の元創業パートナーがアントレプレナーシップについての講義を行うスタンフォード大学経営大学院の授業は超人気講座だと聞く。最近では、大学だけでなく、シリコンバレーのスタートアップの経営者や投資家の間でも本書は密かに広まっており、隠れたバイブルになりつつあるようだ。

本書はベンチャー企業を起こそうという人々に是非読んで頂きたい。「良いものだから売れるに決まっている」と思い込む前に、本当にそうなのかを顧客開発モデルを活用して実際に確かめてみることをお勧めする。同様に、大企業にて新規事業の立ち上げを行う人々にも読んで頂きたい。営業・マーケティング面のリスクをうまくコントロールしていくための参考になるだろう。米国同様、経営大学院などでアントレプレナーシップを学ぶ大学生・大学院生はもちろんのこと、その分野の先生にもぜひ一度お目通し頂きたい。なかなか語られることのないスタートアップの営業・マーケティング面のリスクと、それに対する新たなマネジメント手法として、得られる示唆も少なくないだろう。

本書の出版にあたっては、原著者のスティーブンをはじめ、さまざまな人々の協力を得た。そのような支えなしに本書が日の目を見ることはなかったであろう。この場をお借りしてご協力頂いた皆様に心からの感謝の意を表したい。また、翻訳出版についてはまったくの素人である訳者二人を手取り足取りサポートして頂いた翔泳社の佐藤善昭氏にも感謝の意を示したい。

*The Four Steps to the Epiphany*という原著のタイトルは、「Epiphany（エピファニー）」、すなわち「（神の啓示を受けて）悟り」に至るステップという意味だ。顧客開発モデルの4つのステップを一段一段着実に登って、自分の子どものような製品・サービスが顧客に受け入れられるための「悟り」を開き、日本発、世界を席巻する画期的な成功事業がたくさん生まれることを心より祈念する。

2009年1月25日
渡邊　哲
堤　孝志

新装版に寄せて

技術やアイデアの新規性や秀逸性への過信により新規事業が行き詰るという日本での新規事業創造においてよくある失敗を減らすソリューションになると確信し、原著者スティーブン・ブランク氏に飛び込みで連絡して日本語版を出す許しをとりつけ、2009年5月に晴れて初版を日本に送り出してから6年が経った。

この6年の間に想像もしなかった急展開があった。スティーブン・ブランク氏の教え子エリック・リース氏が顧客開発モデルとアジャイル開発を組み合わせ、日本発のリーン・マニュファクチュアリングの考え方を取り入れた『リーン・スタートアップ』の手法は大きなムーブメントになった。本書はリーンスタートアップのもとになった書籍として大変多くの読者に恵まれた。

本書の姉妹書であるブランク氏の『スタートアップ・マニュアル』によりビジネスモデルキャンバスが取り込まれるなど、顧客開発モデルのプロセスの体系化が進んだことで顧客開発を実践する人々が劇的に増えた。

書籍の充実と並行してブランク氏が顧客開発モデルのトレーニング講座として編み出した「リーンローンチパッド」が成功したことも、読者の広まりに拍車をかけた。

リーンローンチパッドは、受講者自身の製品やサービスを題材として顧客開発モデルを実践するトレーニング講座だ。5～10回の授業を通じて理論を学びながら、授業の合間に必要最小限の製品（Minimum Viable Product：以下MVP）を作り、顧客と対話することで顧客ニーズやビジネスモデルの仮説検証を行う。理論学習に加え、仮説検証の結果や顧客開発モデルの実践上の学びを授業で共有することで相互学習により理解を深める。MVPを見せながら顧客インタビューを繰り返すうちに顧客や事業パートナーを獲得し、実際に事業化につながることも少なくなく、最近ではそれを目的に受講する起業家予備軍も増えている。

リーンローンチパッドは、カリフォルニア大学バークレー校とスタンフォード大学でスタートし世界中の大学に広まっている。我が国でも、訳者が直接関わっているケースだけでも東京大学、東京工業大学、大阪大学、名古屋大学、筑波大学、早稲田大学、法政大学などの大学や東京都、大阪市、静岡市などが運営するインキュベーション施設で開催され、ベンチャーや社内新規事業の立ち上げを目指す延べ1000人以上の学生、研究者、社会人が受講して顧客開発モデルを学び実践している（国内でのリーンローンチパッドの最新の開講情報はhttp://le-lab.jpを参照されたい）。

顧客開発モデルは我が国でも着実に広まっている。

まず大企業では、次世代中核事業を生み出す方法論として活用が進んでいる。訳者自らも複数の大企業で顧客開発モデルの導入と実践を手伝っているが、年間数百件の新規事業提案を受け付ける大規模な新規事業創出プログラムを運営する某社からは、すでに顧客開発モデルを活用した新規事業が多数生まれている。顧客開発モデルには、未経験者でもプロセスに従って進めていけばリスクを排しながら新規ビジネスを創れるという特長があるので、新規事業立ち上げの担い手が入社間もない若手であることも珍しくない。社内の常識にとらわれない柔軟な発想力を持ち、やる気も体力もある若手社員に事業の創り方を教えれば、日本の大企業にもシリコンバレー顔負けの新規事業を創れるという実績がでたことは訳者にとっても大きな励みになった。「我が社には新規事業は無理」と思う企業も「若手社員＋顧客開発モデル」で新規事業創出を試していただきたい。

大企業内での新規事業創出ではそもそも手を挙げる社員が少ないことがきまって問題になるが、顧客開発モデルが新規事業創出の共通言語になり、相互に経験や学びを共有できるようになることで「社内起業家エコシステム」が形成され、次の担い手を生む温床になる。顧客開発モデルには、未経験者でも新規事業創出を可能にする効果があるので、今まで挑戦しようと思わなかった社員も手を挙げるようになり「選手層」が充実する。新米でも社内起業家エコシステムがあれば先輩に相談でき、レベルアップするというわけだ。

顧客開発モデルを学術的研究の事業化や地域活性化に活かす例も増えてきた。

米国では、顧客開発モデルを教えるリーンローンチパッドを大学や公的研究機関の研究成果の事業化に適用したNSF Innovation Corpsプログラム（I-Corps）が注目されている。I-Corpsは事業化を目指す研究成果に対し、四半期ごとに25件を選出したうえで1件あたり5万ドルを支給し、研究成果の主席研究者（Principal Investigator）、ポスドクなど研究を補佐する研究者（Entrepreneurial Lead）、ベテランビジネス経験者（Mentor）の3人が1チームでリーンローンチパッドを通じて事業化をめざすプログラムである。2011年にスタートして以来、現在までに500件を越える研究成果の事業化に適用され、200社以上のベンチャーが生まれている。正に「研究成果事業化の量産マシーン」といった様相だ。

我が国では、文部科学省がI-CorpsをベンチマークしてEDGEプログラム（Enhancing Development of Global Entrepreneur Program：グローバルアントレプレナー育成促進事業）を2014年にスタートした。EDGEに採択されて予算を受けた13の大学のうち、訳者が講師を務めている早稲田大学と大阪大学ではリーンローンチパッド相当のプログラムを開講し、研究成果の事業化を目指す研究者を含むチームが多数集まっている。

- □ **早稲田大学ビジネスモデル仮説検証プログラム**
  http://waseda-edge.jp/business.php
- □ **大阪大学リーンローンチパッド**
  http://www.uic.osaka-u.ac.jp/EDGE/tec4.html

EDGEのリーンローンチパッドからは大学発ベンチャーのほか、文部科学省の「START」やNEDO（新エネルギー・産業技術総合開発機構）の「Technology Commercialization Program」などの補助金制度で採択される例も続出している。むろん研究成果や取り組む人材が元々優秀だったわけだが、顧客開発モデルに従って顧客ニーズを徹底的につかんでビジネスモデルを磨き上げたことも大きく寄与したものと自負している。

研究成果への適用例として、科学技術振興機構（JST）の「Science For Society（SciFos）」プログラムもある。SciFosは戦略的創造研究推進事業『さきがけ』の研究者を対象として、研究室を出て社会からの研究への期待を問い直すことを目的にリーンローンチパッドを行うプログラムである。SciFosでは基礎研究に取り組む研究者が、自ら企業などの研究成果の想定受益者を訪ね、インタビューを通じて研究の価値や方向性を見つめ直していく。研究室に閉じこもりがちな研究者が外に出て「顧客（研究成果の想定受益者）」と対話を重ねることは、コミュニケーション力の強化や多様な視点の取り込みといった意味で意義は大きい。研究の注力ポイントや新たな研究テーマの発見にもつながっている。

SciFosの詳細については以下を参考にされたい。

□ さきがけ研究者向け Science For Society
http://www.jst.go.jp/kisoken/presto/research/scifos26.pdf
http://www.jst.go.jp/presto/struct-lifesci/doc/h25_report.pdf

イノベーションによる地域活性化政策の例としては、島根県の「パートナー型ビジネス創出支援事業」が好例だ。これは県内企業の新規事業創出を促す補助金制度である。従来、国や地方自治体の新規事業補助金というと新製品の開発費用を補助するものがほとんどだが、開発した新製品が誰からも欲しがられなければ経済効果は限定的だ。そのような中で、島根県は本当に必要とされる（売れる）サービスの創出を目的に「顧客との対話を通じてニーズの有無を検証する段階（聞く検証）」と「市場性を確認するためにMVPによる有償販売を実施し、ビジネスモデルを検証する段階（売る検証）」の2段階に分けて補助金を交付する方式を採用した。「顧客にニーズを聞く段階」でニーズが確認されなければ、後段の開発費用の補助金を受けることはできない。

実際にこの方式を経てデビューした県内総合ブライダル企業の新事業「婚活応援システム」は初年度からまとまった売上を上げ、その後も事業を拡大している。島根県は「顧客にニーズを聞く段階」のアプローチとして顧客開発モデルを紹介しており、それを実践する企業も少なくない。

□ 島根県パートナー型ビジネス創出支援事業に関する論文
https://www.jstage.jst.go.jp/article/jasmin/2015s/0/2015s_25/_pdf

そして言うまでもなく、アントレプレナーの間では顧客開発モデルは一過性のブームを超えた定番手法になった。

訳者自身にもすべての実践例は把握できないほどだが、早期の成功例としてはクラウド名刺管理サービスの『メイシー』を立ち上げた株式会社もぐら、大学の研究成果を活用し新しい蛍光試薬事業を立ち上げた五稜化薬株式会社などはよく知られている。

リーンローンチパッドを経て起業したベンチャーも増えてきた。ベンチャーの立ち上げの中で顧客開発を続けており、「KDDI ∞ Labo」などのシードアクセラレーターでの採択やベンチャーキャピタルからの資金調達にもつながっている。

アントレプレナーによる実践の中からは様々な技法も生まれている。急速に広まっている「クラウドファンディング」を顧客実証に活かすというのも好例だ。クラウドファンディングでは、製品開発前でも代金前払いで注文を受けられることを活かして「顧客実証」を製品開発前にやろうというものだ。MVPを対面で手売りする「ゲリラ・クラウドファンディング」も登場している。クラウドファンディングのようなオンラインでは、売る相手を選ぶことが難しく、この段階では相手にすべきでないメインストリームの手にMVPが渡りクレームにつながる心配があるが、対面手売りならアーリーアダプターだけを選んで売ることができる。商談を進め、顧客が財布からお金を出すところまで確認できたところで検証をストップする「寸止めクラウドファンディング」もある。いずれも顧客開発モデルの実践を通じて、開発前にいかにして確実にニーズを把握できるかを追求した結果生まれた工夫だ。このような実践者発の技法を共有するブログや勉強会があちこちで見られることも、理論の普及を後押ししている。実際、『リーン顧客開発』などオライリーのTHE LEANシリーズや、『リーン・アントレプレナー』など顧客開発モデルやリーンスタートアップに関するブログがノウハウ本としても多数出版されている。

このような実績を踏まえ、訳者は顧客開発モデルのプロセスに従い集中的に起業家を育成支援するプロセス志向アクセラレータープログラム「e-School」を開始した。

□ **プロセス志向アクセラレータープログラム「e-School」**
http://le-lab.jp/eschool/

e-Schoolは、顧客開発モデルを徹底的に実践できるベンチャーは成功確率が高いはずであるという投資哲学に基づいている。始まったばかりの試みだが、次の機会に読者の皆様にも結果を報告したい。

本書の読者が「起業を目指すアントレプレナー予備軍」か「大企業で新規事業創出を担う会社員」か「研究成果の事業化を目指す研究者」か、はたまた「イノベーションによる成長戦略や地域活性化の考える公務員」であるかにかかわらず、本書の理論を実践活用してもらいたい。読者の新規事業の成功を祈念する。最後に本書の翻訳・出版に関する活動に協力してくれた家族にこの場を借りて心からの感謝の意を表したい。出版活動は本業の傍らで家族との時間を削っての作業であり、家族の協力あっての成果である。

2015年11月30日
堤　孝志
渡邊　哲

目次
Contents

Appendix

本書には、付録として顧客開発部隊についてのより詳しい補足（付録A）と、顧客開発のためのチェックリスト例（付録B）があります。以下のサイトからPDF形式のファイルをダウンロードできますので、ぜひご利用ください。

http://www.shoeisha.co.jp/book/download/9784798143835/

※ダウンロードの際は、本書をお手元に置いてアクセスしてください。

はじめに

発想を変えろ。
——スティーブ・ジョブズ

10年以上前に私が本書『The Four Steps to the Epiphany』（邦訳『アントレプレナーの教科書』）の初版を書いたときは、自著がリーンスタートアップ革命を起こすきっかけになるとは夢にも思わなかった。現役を退いたばかりで起業家としての21年間の経験を振り返る時間があり、私自身の実際の経験と起業に関する当時の一般的なアドバイスとの折り合いをつけることに苦労していた。投資家、ベンチャーキャピタリスト、教育者たちは皆、既存事業を持つ企業が使うのと同じプロセスを使うよう起業家を指導していた。成功するためには、計画立案し、資金調達して、計画を実行するという一本道を辿ればよいと。

私の経験上、これらのアドバイスはすべて誤りに思えたのだ。

私はスタートアップを立ち上げるために異なるアプローチで何年も働いてきた。これを形にしたのが、顧客開発プロセスと市場タイプの考え方である。後知恵だが、教育者やスタートアップへの投資家たちはビジネスモデルを「遂行」するのに有用なツールやプロセスばかりを当てはめようとしていて、一方でビジネスモデルを「探す」ためのツールやプロセスは何もなかったのだと今は思う。スタートアップが実際に行っているのは「探す」ことだ。このことは私には明白に思えたが、最初の2、3年間はなかなか理解してもらえなかった。

時が経ち、投資家や教育者たちの布教活動によってではなく、人々の必要性に伴って顧客開発プロセスは普及していった。すでにアジャイル開発手法を利用していた小規模なチームはウェブアプリ、モバイルアプリ、クラウドアプリの登場により、顧客のフィードバックをより早く得るプロセスが必要になったのである。この新世代の起業家たちが顧客開発を素早く取り入れたアーリーアダプターとなった。というのも、製品を段階的に繰り返し開発していく過程において、建物から外に出て早期に顧客のフィードバックを得ることで、失敗する可能性を減らすことができたからである。

およそ10年前、本書が出版されてから、私は顧客開発プロセスを通期の授業としてカリフォルニア大学バークレー校で教え始めた。バークレーでの私の最初のクラスの生徒の中にいたエリック・リースはIMVU社においてこのプロセスの最初の実践者でまた熱心なエバンジェリストであった。私が同社の取締役メンバーとして参加すると、このプロセスの反復、テストをしてくれた。彼の洞察により顧客開発と新進のアジャイルエンジニアリング手法との組み合わせが生まれ、2つの手法の併用により、顧客フィードバックをもとにした迅速な製品の繰り返し開発という形で創業者たちの役に立ったのである。

数年後、顧客開発プロセスに強く求められていたフロントエンドとしてアレクサンダー・オスターワルダーがビジネスモデルキャンバスを発案し、スタートアップのすべての仮説を簡潔なフレームワークとして整理し、チームが顧客開発を実践する際のベースラインおよびスコアカードとして利用できるようになった。

これらの新たな考え方が融合し、現在のリーンスタートアップ・ムーブメントとなったのである。以後の数百数千の書籍により、本書の考え方の中核はスタートアップから大企業にまで広まり、米国ではリーンスタートアップ手法が科学研究の商用化における標準となった。現在、数多くの有名大学や世界中の数千の起業教育プログラムでリーンスタートアップ手法が教育されている。

そして、それらすべてはこの一冊の本から始まった。

一体誰がそんなことを想像できただろうか。

本書の「アップデート版」はボブ・ドーフと執筆し、2012年に刊行した『The Startup Owner's Manual』(邦訳『スタートアップ・マニュアル』翔泳社)である。本書が理論的なテキストであるのに対し、『The Startup Owner's Manual』(『スタートアップ・マニュアル』)は、本書の枠組みに基づき、ビジネスモデルキャンバスと顧客開発プロセスを利用して優れた会社を立ち上げるための手法を実践的に解説している。

第1章

大失敗への道：製品開発モデル

滅亡へ続く門は大きく道は広いため、
そこを通っていく人は多い。
——マタイによる福音書　第7章13節

旅を始めるすべての人は、どの道を行くか決断しなければならない。多くの先人が通った道を行くのが当然の選択のように思える。これはスタートアップの成功にも当てはまる。多くのスタートアップが通った道、すなわち先人の知恵が蓄積された道を進むことが正しいように思われる。しかし、スタートアップにとって、広い道は大失敗へまっすぐ続いていることがほとんどである。この章ではなぜそうなってしまうのか、具体的に見ていく。

まず教訓から始めよう。ドットコムバブル絶頂時、ウェブヴァン社はすべての家庭に役立つであろうアイデアを武器に新興スタートアップの中でも突出した存在であった。史上最大級（私募および市場調達で8億ドル）の軍資金の調達を行いつつ、同社は家庭用食料品のオンライン受注と即日配送を武器に、業界に革命を起こそうとしていた。ウェブヴァン社は、自社のサービスが「キラーアプリケーション」であることを信じていた。人々はもう買い物のために外出しなくてもよくなる。必要なものをマウスでクリックして注文を出すだけでよい。ウェブヴァン社のCEOはフォーブス誌の取材に対して、「我が社は消費者経済の最大分野に、新たなルールを創造したと思う」と語った。

巨額の調達資金だけでなく、ウェブヴァン社創業メンバーはすべてを手抜かりなく進めているように見えた。巨大な自動倉庫を矢継ぎ早に建設し、運送用トラックを大量に購入すると同時に、使い勝手の良いウェブサイトを構築した。さらに、ベンチャーキャピタルの支援を受け、コンサルティング業界出身のベテランCEOを新たに起用した。そして何よりも、実際に同社のサービスは初期の顧客に気に入られていた。それにもかかわらず、上場してからわずか24ヵ月後、ウェブヴァン社は破産して事業を閉鎖した。一体何が起こったのか？

それは、事業遂行の失敗ではなかった。ウェブヴァン社は取締役会と投資家の要望にすべて応えていた。特に同社は、スタートアップが一般的に利用する伝統的な製品開発モデルと、当時の王道である「迅速に拡大する」という鉄則に妄信的に従っていた。しかし、「顧客はどこにいるのか」という問いかけをしなかった。これこそが、このお墨付きのモデルが、資金的にも経営的にも最高の状態にあったスタートアップさえをも大失敗へと導きかねないことを浮き彫りにしている。

〉〉〉〉製品開発モデル

新製品を市場に投入するすべての企業は、何らかの形で製品開発モデルを利用している（図1.1）。20世紀はじめに登場した、製品を中心としたこのモデルは、製造業におけるプロセスの進化をよく表現している。このモデルは消費者向けのパッケージ製品業界で1950年代に採用され、20世紀最後の四半期にはテクノロジー系の事業にも広がっていった。そして、スタートアップの文化において欠かせない存在となった。

製品を待っている顧客の手に新製品を届けるプロセスを表すこのダイアグラムは、一見、有用で扱いやすそうである。ところが皮肉なことにこのモデルが適合するのは、競争の基本的仕組みがわかっており、顧客もはっきりしている、既

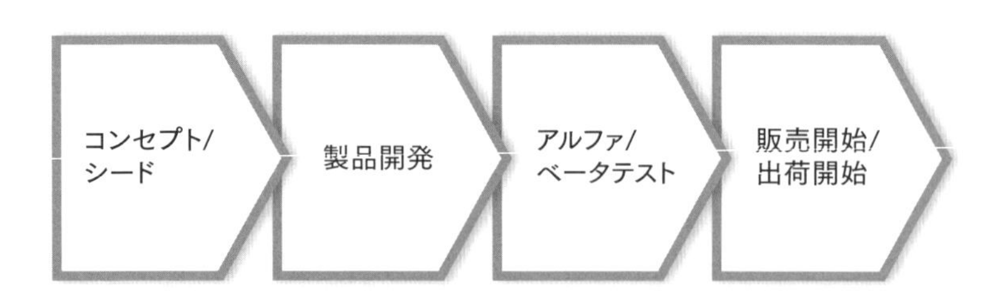

図1.1 | 製品開発モデル

存のよく定義された市場に新製品を投入した場合だけなのだ。

残念ながら、このような前提に合致するようなスタートアップはほとんど存在しないのが現実だ。自社の市場がどこにあるのかさえわかっていない。しかしながら、スタートアップは製品開発モデルに固執し、製品開発のみならず営業やマーケティングといったすべてのスケジューリング管理に利用していた。投資家までこのモデルを資本計画の策定や決定に利用している。そして、まったく別の用途のために開発されたモデルを利用しているのにもかかわらず、最終的に失敗に気づいた時、皆驚きを隠せないでいる。

スタートアップ構築の手順書として製品開発モデルを利用することの問題点を理解するために、まずは新製品の投入時にこのモデルがどのように利用されているかを見てみよう。各ステップでの活動を、まず一般的な場合で説明し、それに対して3年間で8億ドルを消費したウェブヴァン社の例で確認しよう。その後で、このモデルの有害性について詳しく検証する。

では一般的な意味で、この古いモデルの何がおかしいのか、その誤りの積み重ねが10億ドル企業のウェブヴァン社をどのように崩壊させたのか。ステージごとにこのモデルを見てみよう。

〉〉コンセプトとシード

コンセプトとシードのステージでは、創業者はまず事業への情熱とビジョンを捉え、それをアイデアの集合体に変化させ、短期間のうちに事業計画に落とし込み、よくある話だが紙ナプキンの裏にそれを書き込んだりする。まず第1に紙の上に落とし込まれるのは事業のビジョンである。

次に、製品ニーズを取り巻く課題が定義される。製品もしくはサービスのコンセプトは何なのか？　開発可能か？　開発できることを明確にするためにさらに技術調査が必要か？　製品の機能とメリットは何か？

3番目に、顧客は誰でどこに行けば会えるのかを考える。統計や市場調査結果に加えて、潜在顧客へのインタビューを行うことで、そのアイデアにメリットがあるかどうかがわかる。

第4ステップとして、製品が最終的にどのように顧客に届けられるのか、すなわち流通チャネルを検討する。このステージでは自社の競合は誰なのか、競合に対する自社の差別化要素は何か、ということを考え始める。最初のポジショニング図が作成され、ベンチャーキャピタルに自社と自社メリットを説明するのにも利用される。

流通に関する議論を通じて、価格の大枠の仮説も構築される。これに製品コストや開発予算、スケジュールなども合わせることで、スプレッドシート上に最初の財務モデルのようなものができ上がる。ベンチャーキャピタルの支援を得ようとしているスタートアップにとって、財務モデルは信頼を得やすく魅力的である。一方、大企業における新規事業の場合には、財務予測でROI（投資収益率）を説明できる。投資家を説得して会社や新規事業への出資を獲得すべく、想像力あふれる文章と情熱に事実の裏づけが組み合わせられる。

ウェブヴァン社はこれらを極めてうまくやり遂げた。1996年に設立された同社は説得力あるシナリオと実績十分の創業者を擁し、1997年にはシリコンバレーの大手ベンチャーキャピタルから1000万ドルもの出資を受けることに成功した。同社がIPO（株式公開）をする前までの2年間における追加増資総額は3億9300万ドルという驚異的な額に達した。

〉〉製品開発

第2ステージの製品開発では全員がおしゃべりをやめて、手を動かし始める。会社の機能分化が始まり、各部署の人員はそれぞれの持ち場に向かう。

製品開発部隊は製品を設計して初期リリースの仕様を決定し、開発スタッフを採用する。チャート図の四角形に「製品開発」と記し、ウォーターフォール型の開発プロセスを使い、クリティカルパス法を用いた詳細なチャートを作成し、主要なマイルストーンを設定する。これらの情報をもとに、製品開発部隊は出荷開始日と開発コストを見積もる。

その一方でマーケティング部隊は市場規模を精査して事業計画を定義し（ここでの市場は、競合他社の集合体を指す）、最初の顧客候補をリストアップし始める。よく組織化されたスタートアップ（プロセスを重視したスタートアップ）のマーケティング担当は、想定される顧客層へのインタビューを1～2回行い、製品開発部隊のためにマーケティング要求仕様書まで作成するかもしれない。マーケティング部隊は営業用デモの開発、販促資料（プレゼンテーション、カタログ）の作成、広告代理店との契約締結を開始する。このステージもしくはアルファテストまでに、営業担当責任者を採用するのが一般的だ。

ウェブヴァン社のケースでは、製品開発部隊は自動倉庫の開発とウェブサイトの設計の2方向へ展開した。自動倉庫は技術の驚異と言うべきもので、既存の小売チェーンの倉庫をはるかに凌駕したものであった。自動化されたベルトコンベアと回転台が、倉庫の棚にある食料品を梱包作業員のところまで運んでいく。ウェブヴァン社は、さらに自社用の在庫管理、倉庫管理、配送経路管理、資材運送管理の各システムと、顧客の注文プロセスと出荷作業プロセス全体を管理するソフトウェアを設計した。このプロセス管理ソフトウェアは自社のウェブサイトと連携しており、物流センターの機械化されたさまざまなエリアに指示を出し、注文に対する配送を実施する。いったん配送がスケジューリングされると、システムが自動的に顧客の家までの最も効率的な配送経路を決定する。

それと同時に、会社の知名度を高め、最初にサービスを試用する顧客を獲得し、顧客ロイヤルティを築き、そしてサービスの継続利用と商品購入を最大化させるためのマーケティングと販促のキャンペーンを開始した。

〉〉アルファ／ベータテスト

第3ステージはアルファ／ベータテストである。製品開発部隊は少数の外部ユーザーの協力を得て製品が仕様どおりに機能することを確認し、不具合の有無を検証する。マーケティング部隊は完全なプロモーション計画を作成し、営業にフル装備の販売促進資料を提供し、大規模なPRキャンペーンを開始する。広告代理店は会社のポジショニングを磨き上げ、マーケティング部隊がブランディング活動を始めるタイミングに合わせて時間のかかる記者への接触を開始する。

営業部隊では最初のベータ顧客（未発売の新製品を評価できるという特権にお金を払う人）との契約にサインをもらい、流通チャネルを決定・構築し、営業担当者を雇って本社以外の組織を拡大する。ベンチャーキャピタルは製品出荷開始までに何件の注文を取れるかで、進捗を測り始める。

このあたりで投資家が会社の製品と顧客に対する進捗に満足して、追加資金の投入を検討してくれるのが理想的だ。CEOはプレゼンテーションを見直し、追加資金を調達するために外出と電話に精を出す。

ウェブヴァン社は1999年5月に食品配送サービスのベータテストを約1100人を対象に開始した。それと同時にオンライン食品小売事業への参入を売り込む、数百もの記事による派手なPRを皮切りに、マーケティングキャンペーンが始まった。投資家は何億ドルもの資金を同社に注ぎ込んだ。

〉〉製品リリースと顧客向け出荷開始

製品リリースと顧客向け出荷開始はこのモデルの最終ステップで、会社がずっと目指してきたものだ。製品が（なんとか）動作したのに伴い、会社は「ビッグバン的」費用投下モードに突入する。営業部隊は大規模化され、全国的な営業組織ができ、営業チャネルにもノルマと目標が与えられる。そしてマーケティング部隊は最繁忙期にある。大規模な記者会見を開き、エンドユーザーの需要を喚起するさまざまな施策（展示会、セミナー、広告、電子メールなど）を開始する。取締役会では事業計画（起業家が最初の投資家を求めている頃に書かれたものであることが多い）に対して営業実績で会社のパフォーマンスを測り始める。

営業チャネルの構築とマーケティング活動を支えるには相当な予算を費やすことになる。（株式上場や合併を通じた）早期の資金流動化の機会がないとなると、追加の株式増資が必要になる。CEOは製品リリースと営業やマーケティング部隊の拡大を目にして、投資家コミュニティのもとに再度出かけ、支援を求める（ドットコムバブル経済の下では、投資家は製品リリース時に株式上場させ、成否がはっきりする前にお金を持ち逃げした）。

もしあなたがスタートアップに携わったことがあれば、オペレーションモデルという言葉をご存知だろう。それは製品とプロセス中心のモデルであり、数え切れない数のスタートアップが最初の製品を市場投入する際に利用している。

ウェブヴァン社は1999年6月（ベータテスト開始からわずか1ヵ月後）に最初の地域向けのウェブ店舗を開店し、その60日後に上場申請を行った。会社は4億ドルを調達し、上場日の時価総額は85億ドルで、食品小売チェーンの上位3社を合わせた規模よりも大きくなった。

〉〉〉〉このやり方のどこが悪いのか？

ほぼすべての組織が製品開発モデルを新製品のリリースに利用している状況で、それのどこが悪いのかと尋ねるのは、「息をして何が悪いのか」と聞くことと同じくらい突飛なことだ。それにもかかわらず、ウェブヴァン社をはじめ幾千ものスタートアップが哀れにも失敗してしまった。

ヒントはその名称にある。それは「製品開発」モデルなのだ。マーケティングでも、営業担当者採用でも、顧客獲得でもなければ、ましてや財務モデルでもない。しかしながら、ほぼすべてのスタートアップはこれらすべての非エンジニアリング的な活動を計画・管理するのにこのモデルを利用している。スタートアップが製品開発モデルを利用する場合、以下の10個の大きな欠点がある。

〉〉1．顧客はどこか？

まず手始めに、製品開発モデルはスタートアップとすべての新製品に関する根本的な真理を無視している。スタートアップ失敗の最大の要因は、新製品の開発にあるのではなく顧客や市場の開発にあるのだ。製品がないために失敗するのではなく、顧客や立証済みの財務モデルを欠いているために失敗する。このことだけでも製品開発モデルだけを利用することに問題があるのは明らかだ。製品開発モデルを見て、「顧客はどこにいるのか」を考えてみよう。

〉〉2．顧客向け出荷開始日に照準を合わせる

製品開発モデルを利用すると、営業やマーケティング部隊が無理に顧客向け出荷開始日に焦点を合わせることになる。たいていの優秀な営業やマーケティングの幹部は、顧客向け製品出荷日を見て、カレンダーに目をやり、そこから逆算してスケジュールを立て、出荷開始日に花火を上げるための手段を導き出す。

この考え方の欠点は、「出荷開始日」は単に製品開発部隊が製品を「完成」できると考えている日にすぎないことだ。顧客向け出荷開始日は、会社が顧客のことや顧客に販売するための手法を理解したことを意味しない（この文をもう一度読んでほしい。これは重要なポイントである）。しかしほぼすべてのスタートアップでは準備状況にかかわらず、営業、マーケティングと事業開発の各部隊で、それぞれの時計を顧客向け出荷開始日に合わせ忙しくしている。さらに悪いことに、スタートアップの出資者までもが投資の収益を管理するのにこの日付を利用しているのだ。

「それでよい。製品の市場展開こそスタートアップの営業やマーケティング部隊の使命だ。スタートアップはそうやってお金を稼ぐものだ」と出資者は言う。しかし、そのアドバイスは、致命的な誤りである。そんな声は無視すべきだ。顧客向け出荷開始日にすべてを集中させると、「撃て、構え、狙え」戦略に陥る。あなたの新しい部署や会社が製品を市場に展開し販売したいとき、「誰に」製品を販売しているのか、「なぜ」顧客は製品を購入するのかを理解しなければ、目的は決して達成できない。製品開発モデルでは、製品開発と出荷開始ばかりに意識が集中してしまい、私が「顧客発見」と呼ぶプロセスを無視するという根本的かつ致命的な誤りを犯してしまう。

今まで携わった、あるいは知っているすべてのスタートアップを思い浮かべてみよう。製品を完成させ市場に展開することにばかりエネルギーや努力、そして

意識を注いでいなかっただろうか？　製品出荷開始のパーティーが終わり、シャンパンが空になり、風船がしぼんだ後でどうなったかを考えてほしい。営業部隊は会社が最初に事業計画に書いたとおり、数多くの顧客を見つけなければならない。もちろん、すでに「ベータ」顧客を見つけたかもしれないが、彼らは規模拡大が可能なメインストリーム市場の顧客の代表であっただろうか（メインストリーム市場とは、市場セグメントにおいて大多数の人が存在する部分のことだ。これらの人々はリスク嫌いで、多くの場合に現実的な購買行動を取る傾向がある）。自社の初期顧客がメインストリームの顧客ではないことや、製品が価値の高い問題を解決しないこと、流通コストが高すぎることなどに、顧客向けの出荷開始日の後に初めて気づくということが過去何度も繰り返されている。それだけでも十分にひどい話だが、このようなスタートアップは、負け犬的な営業戦略を実行することになり不満を募らせている肥大化した営業組織と、顧客ニーズを真に理解することなしに、需要を創造しようと絶望的な努力をしているマーケティング部隊を背負い込むことになる。そして、営業部隊とマーケティング部隊がなんとか持ちこたえることができる市場を求めてうろうろしている間に、会社は最も貴重な資産である現金を使い果たしてしまう。

ウェブヴァン社の場合は、ドットコムマニアの熱狂により顧客向け出荷開始日への集中が避けにくかったかもしれないが、同社の盲目的な集中はほとんどのスタートアップの典型と言える。顧客向け出荷開始の時点でウェブヴァン社の社員数は400名近くであったが、次の6ヵ月間に追加で500名以上を採用した。1999年5月には、自社で想定した顧客基盤のために4000万ドルもかけて構築し拡張した最初の物流センターを稼働し、さらに15ヵ所の同規模の物流センターを構築することも確約した。なぜこのような行動をとったのだろうか？　同社の事業計画では顧客実績が伴うかどうかに関わりなく、このような展開が目標として掲げられていたからだ。

〉〉3. 学習と発見の代わりに、実行を重要視する

スタートアップでは、「やること。それもすぐやること」が重要視される。したがって営業部隊とマーケティング部隊の責任者が、自分たちは何を学べるかではなく、すでに知っていることを実践するために雇われたと信じても仕方がない。彼らは今回の新しいベンチャー企業でも過去の経験が有効だと想定する。そして、顧客の課題を理解し、課題解決のために開発を進めている製品を理解していると思っている。そのため、過去にうまくいった製品開発、営業マーケティン

グプロセスと施策を遂行せずにはいられない。

しかし、たいていの場合、彼らの想定は誤っている。製品を開発して販売できるようになる前に、次のような非常に基本的な質問に答える必要がある。自社の製品が解決する課題は何か？ 顧客はこの課題を重要視しているか？ もし企業向けに売るのであれば、自社の製品で解決できる課題は企業内の誰が抱えているのか？ 消費者向けに売るのであれば、彼らへの到達手段は何か？ 課題の大きさはどの程度か？ 誰に対してまず営業訪問すべきか？ 購入時には誰から承認を得なければならないか？ 黒字になるにはどのくらいの顧客が必要か？ 平均的な受注額はいくらか？

ほとんどの起業家は、「答えはすべてわかっている。どうしてもう一度やり直さなければならないのか」と答えることだろう。しかし人間の習性として、わかっているつもりでも本当はわかっていないことはよくある。ちょっとした謙虚さが成功をもたらす。過去の経験は新しい会社では通じないかもしれないのだ。もしこれらの質問の答えがすでにわかっているなら、顧客開発のプロセスはあっという間に進み、事業に関する理解を再確認できる。企業が順調に売上を拡大するためには、まず、これらの質問に答える必要がある。

新規市場のスタートアップにとって、単に実行するだけでは不十分である。この確認作業は、会社の成否の分かれ目にもつながりかねない学習と発見を伴う活動なのだ。

なぜこの違いが重要なのか？ 製品開発モデルを別の角度から見てみよう。左から右へときれいに直線的な流れになっているのに注意してほしい。製品開発では、企業向けか消費者向けかによらず、1ステップごとの実行を中心としたプロセスになっている。各ステップは論理的な連続として登場し、マイルストーンやそれぞれのステップを完了するために必要なリソースが書き込まれたPERT図（プロジェクト完了までに要する時間を見極めるためのプロジェクト管理ツール）として表されている。

しかし、新製品を潜在顧客に持ち込んだことのある人なら誰もが、顧客への営業が一筋縄ではいかないことを説明できるだろう。実際にオフィスの外で何が起きているかは、再帰的な円の連続で表現することができる。それは、学習と発見の過程で起きることが反復的だからである。顧客と市場に関するデータが一段ずつ階段を上るようにだんだんと収集される。しかし、これらの階段が間違った方向や、真っ暗な路地裏へ続いていることもある。すなわち、間違った顧客を訪問していたり、購買理由を理解していなかったり、どの機能が重要か理解していなかったりといったことに気づくことだ。これらの失敗から学べるかどうかが、成功するスタートアップと名前を忘れられて消え去ってしまうスタートアップとの分岐点なのだ。

多くのスタートアップが計画の実行に集中するのと同様に、ウェブヴァン社も顧客ニーズの学習や発見のためではなく営業戦略の遂行のために、調達・マーケティング・製品管理の各担当責任者を採用した。実際に顧客向けの出荷開始から60日後には、これら3つの部隊で50人以上の従業員を採用した。

〉〉4. 営業、マーケティングおよび事業開発に関する適切なマイルストーンの欠如

ウォーターフォール型の製品開発手法の大きな利点として、明確にマイルストーンが設定でき、不透明性がなくなることが挙げられる。要件定義書、機能仕様、実装、アルファテスト、ベータテスト、出荷開始の意味はほとんどのエンジニアにとって明確である。もし製品が正常動作しなければ立ち止まって修正する。一方、最初の顧客向け出荷以前の営業やマーケティング活動は場当たり的かつ曖昧で、具体的で計測可能な目標がない。営業やマーケティング活動には立ち止まって具合の悪いところを直す術は一切ない（あるいは具合が悪いのかどうかを知る術がない。もしくは立ち止まることすら一切できない）。

スタートアップではどんな目標が求められ、必要とされるのか？ それが重要なポイントだ。ほとんどの営業幹部やマーケターは、測定可能であるという理由から、実行活動に注力しがちである。たとえば、営業部隊では売上が最重要視される。営業部隊は顧客をどの程度理解できているかの指標として売上額を利用している。スタートアップの営業幹部の中には、中核となる営業部隊の採用が主な目標と信じている人もいる。また、初期の「ショーケース」的な顧客（他の顧客が注目するような有名な顧客）の獲得に集中する人もいる。マーケターは自社紹介プレゼンテーションや製品カタログ、その他資料の作成が目標だと信じている。広告代理店と契約をして製品の知名度向上のための活動をしたり、製品リリース時に雑誌の表紙を飾るようにすることが目標だと考えている人もいる。

実際には、これらはすべて真の目標ではない。一言で言うとスタートアップは、顧客と顧客が抱える課題、悩み、そして顧客がしなければならない用事を深く理解し、多くの顧客に製品を買ってもらうための繰り返し可能なロードマップを発見し、そして黒字をもたらす財務モデルの確立に集中すべきである。

スタートアップの成長度合いを測るための適切なマイルストーンは、以下の質問に答えることだ。顧客が抱えている課題をどの程度理解しているか？ それらの課題を解決するために顧客はいくら支払うか？ 自社製品の機能でそれらの課題は解決できるか？ 顧客のビジネスを理解しているか？ 顧客ニーズの階層構造を理解しているか？ ビジョナリー顧客（早期に自社製品を買ってくれる顧客）は見つかったか？ 自社の製品は、顧客にとって必須のものか？ 営業ロードマップを十分に理解し、製品を定常的に販売可能か？ 黒字になるために何が必要かを理解しているか？ 売上と事業計画は現実的で、拡大可能で、達成可能か？ ビジネスモデルが間違っていることが判明したらどうするか？

ウェブヴァン社は製品リリースの結果（1日あたりの注文数8000件の予測に対して、2000件）を立ち止まって評価するためのマイルストーンを用意していなかった。顧客から何らかの意味あるフィードバックが得られる前に（そして製品が出荷開始されてからわずか1ヵ月後に）建設大手のベクテル社との10億ドルの契約にサインした。3年の間に最大26ヵ所の物流センターを追加建設することを確約したのだ。

ウェブヴァン社は学習と発見を飛ばして実行へと突入した。先に列挙したような基本的な質問に対する回答を得ることを重視するプロセスと、初期の営業とマーケティング活動をそのまま顧客向け製品出荷開始に合わせて進める製品開発モデルを利用するプロセスとの間には大きな違いがある。これを理解するためには、営業やマーケティング部隊の視点で製品開発モデルを考えてみるとよい。

〉〉5. 製品開発手法を利用して営業の状況を測定する

ウォーターフォール型の製品開発モデルを顧客開発活動に利用するのは、時計で温度を測るようなものだ。営業の視点から見た製品開発モデルを図1.2に示す。営業担当責任者はこのダイアグラムを見てこう言うだろう。「うーん。もしベータテストがこの日だったら、その日の前に小規模な営業部隊を選任して第1号の「初期の顧客」を獲得したほうがよさそうだ。それに、もし製品出荷開始がこのあたりの日付なら、それまでには採用を進めて営業部隊を組織する必要があるな。えっ、どうしてかって？ 我々が投資家に約束した計画では、顧客向け出荷開始日から売上が立つことになっているからだよ」。

この時点で、こういった考え方が馬鹿げていることを感じて頂けるとうれしいのだがどうだろうか。計画では、製品を完成させたその日からまとまった売上

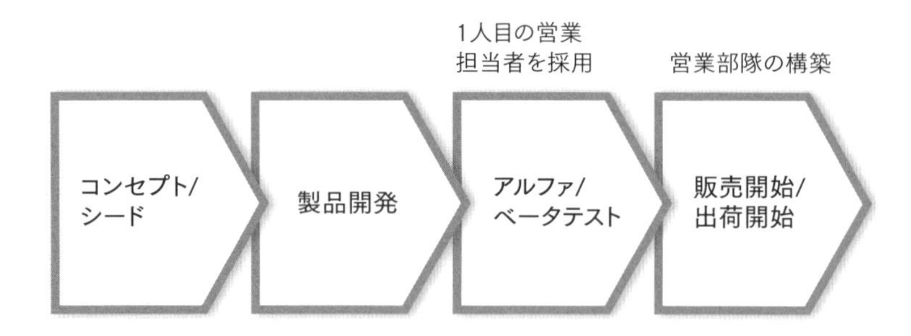

図1.2｜営業部隊の視点

が要求されている。そんな無茶な要求をするのは一体どんな計画なのだろうか。事業計画でマイルストーンを決めるのに製品開発モデルを利用するのは一体なぜなのか。結果的に、適切な市場を見つけたり、製品のために顧客が財布の紐を緩めてくれるかどうかを事前に知ったうえでの販売活動ができない。その代わりに、製品開発モデルで営業活動の準備状況のタイミングを決めてしまっている。このような「あれこれ考える前にまずやってみよう」的な立ち位置では、営業戦略や事業計画どおりにことが運ぶかどうかは製品出荷開始後になるまでわからない。では、営業戦略についての自社の計画が間違っていたら結果はどうなるだろうか？ 営業組織をすでに作ってしまっているので、本来状況に応じて使い方を変更したい資金を湯水のごとく使ってしまうことになる。よく、スタートアップの営業担当責任者の半減期は製品出荷開始後9ヵ月足らずだというが、驚くに値しない話だ。「作れよ、さらば顧客は来たらん」は戦略ではなく、単なる神頼みだ。

ウェブヴァン社はまさにこの問題に陥っていた。初期出荷開始後、同社には過酷な運命が待ち受けていた。実際の顧客は同社が事業計画で想定したような行動を取らなかったのだ。1999年6月のウェブヴァン社の営業開始から6ヵ月経った時点で、1日あたりの平均注文数は2500件程度であった。うまくいっているような感じがする？ スタートアップとしては上出来では？ たしかにそのとおりだ。ただ不幸なことに、ウェブヴァン社の事業計画では会社が黒字に転換するのに、1日あたり8000件の注文が必要とされていた。つまり、（スーパーマーケット18店分の商品とほぼ同等の量を処理できるよう設計された）同社の物流センターは処理能力の30%以下でしか稼働していなかったことになる。うーん、残念！

〉〉6. 製品開発手法を利用してマーケティングの状況を測定する

マーケティング部隊のトップが同じウォーターフォール型の製品開発モデルを見ると、まったく異なることを発想する（図1.3）。マーケティング側から見て製品出荷開始とは、営業部隊に顧客候補を絶え間なく供給することを意味する。このような需要を創造するために、マーケティング活動は製品開発プロセスのかなり早い段階から開始される。製品開発に並行して、マーケティング部隊は会社概要プレゼンテーションと営業資料の準備を開始する。営業資料には自社および自社製品のポジショニングが含まれる。製品リリースを見越して、広告代理店と契約してポジショニングを精査し自社についての「話題づくり」を事前に開始する。広告代理店は顧客であるスタートアップに業界アナリスト、業界の著名人、照会先などの情報を提供し、それらの人々に影響を与えるための手助けをする。これらすべては製品出荷開始日に向けた報道イベントとインタビューの嵐へと繋がっていく（インターネットバブルの頃は、マーケティング部隊のもう1つの機能は、顧客ロイヤルティのために大規模な広告や販促にお金を投じて知名度を確立することであった）。

一見すると、1点を除いてこのプロセスはまったく妥当であるように見える。その1点とは、これらすべてのマーケティング活動は顧客が製品購買を開始する前に行われていることだ。つまり、営業部隊がポジショニングやマーケティング戦略や需要喚起のための活動をするのが、本物の顧客に対して検証をする機会を得る前、ということだ。実際、すべてのマーケティング計画は本物の顧客からのフィードバックや情報のない、仮想空間で作成されている。もちろん、優れたマーケターであれば製品出荷前に、ある程度顧客と事前のやり取りを行って

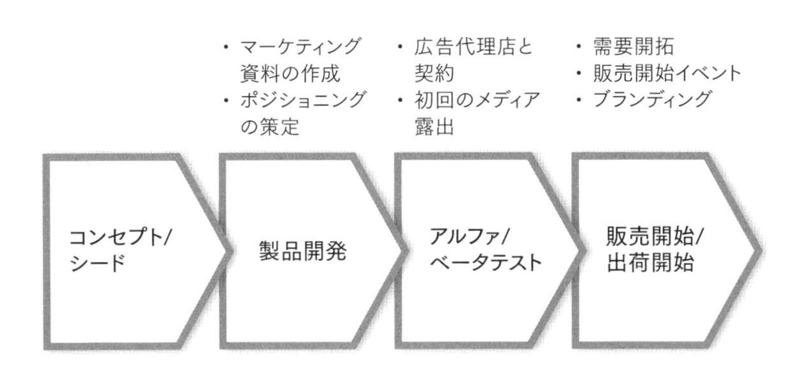

図1.3｜マーケティング部隊の視点

いる。ただし、それはマーケターが独自に行った活動であって、うまく定義されたプロセスに則ったものではない。未熟なマーケターのほとんどは、多くの時間を自分の席で費やしてしまう。スタートアップの場合、社内には事実に基づく情報は何もなく、単に想像や意見だけが存在することを考えると、これは驚きに値することだ。しかし、たとえマーケティング部隊を自分の席から現場に向かわせたとしても、依然として問題が残っている。製品開発モデルを見てみよう。マーケティング部隊にとってポジショニング、宣伝活動、需要喚起活動が実際に機能しているかどうかがわかるのはいつだろうか？ 製品の出荷開始後だ。製品出荷開始日に向けたこの無残な行進には、「もし我々の仮説が間違っていたら、別の方法を試してみよう」というような繰り返しの余地がないのだ。

このマーケティング部隊のデスマーチが、ウェブヴァン社で実際に起きていた。事業開始後の最初の6ヵ月間で同社が獲得した新規顧客は4万7000名にのぼる。しかし、1日あたり2000件の注文のうち71%は、既存顧客からのものだった。つまり、ウェブヴァン社が1日8000件の受注を得るには、もっと多くの新規顧客が必要であり、それと同時に一度しかサービスを利用してくれない顧客を減らす必要もあった。

このような現実は、当初の事業計画におけるマーケティング部隊の仮説に反していた。ほとんどのスタートアップと同様、彼らの仮説は間違っていたのだ。しかしウェブヴァン社は、事実検証を済ませて裏づけを得ることなく、大規模な物流センターの構築や運営などに向けてさらに資本投下を行った。

〉〉7. 時期尚早な拡大

地獄が来ようと洪水が来ようと製品出荷開始前までに十分な人員の組織が必要だと、営業部隊とマーケティング部隊が信じ込んでいた場合、それが新たな失敗を招く。時期尚早な拡大だ。スタートアップの幹部は採用と人員計画についての指針となる3つの書類を持っている。事業計画、製品開発モデル、売上予測だ。これらはすべて実行に関する書類であり、人員採用と費用計画について、すでに成功が約束されているかのように記述されている。先にも触れたとおり、「顧客を理解するまでは採用を停止もしくは速度を落とすこと」を意見するようなマイルストーンはまったくない。最も経験豊富な幹部でさえも容赦のないプレッシャーに屈し、初期の顧客からのフィードバックとは関係なく計画に従った採用と人員配置を進める。ウェブヴァン社の場合には、時期尚早な拡大は企業文化の根幹をなす重要な要素であり、当時ベンチャーキャピタル間で流行し常識化していた「迅速に拡大する」ことにも合致していた。同社は1800万ドルもの資金を使って独自のソフトウェアを構築し、商品を1つたりとも出荷しないうちに4000万ドルものお金を使って1棟目の自動倉庫を設置した。この時期尚早な拡大は恐ろしい結果をもたらした。同社の投入した費用は、将来、確実にビジネススクールのケーススタディとして取り上げられるほどの規模の金額だったからだ。

ウェブヴァン社は、事業計画と実際の顧客の行動との乖離が続くなかで、施設が大規模すぎたり、デザインに凝りすぎていたことに気がついた。ビジネスモデルが意味を持つのは、製品が計画どおりに大量に購入された場合のみである。しかし、1日の平均注文数は、黒字化に必要な受注件数に対して極めて少量であった。求める総利益を得るためには、顧客の数、注文数、および平均の注文規模を大幅に拡大する方法を見つけるよりほかなかった。

〉〉8. 死のスパイラル：製品リリース失敗の代償

時期尚早な拡大は、死のスパイラルに直結する。時期尚早な拡大により資金の消費が加速度的に上昇する。営業部隊の給料、設備費、インフラ費用、採用費、交通費などが会社のキャッシュフローに影響を与え始める。売上拡大へのプレッシャーは指数関数的に大きくなる。それと同時にマーケティング部隊は営業部隊のための需要創出に巨額を投じる。マーケティング部隊は「信用資本」を築くために、さらに費用を投じて自社のポジショニングを行い、記者、アナリスト、顧客向けの会社説明会を実施する。

出荷開始の日までに、会社が市場や顧客について理解していなければ、結果はまるで日本の能のようにお決まりな展開で、スタートアップの儀式の中で明らかになる。営業部隊とマーケティング部隊の人員が完全に揃っていながら、自社の顧客が誰で、なぜ自社の製品を買わなければならないのかを明確に突き止められていない場合、どうなるだろう。営業部隊が数値目標の達成に失敗すると、取締役会は心配し始める。営業担当責任者は取締役会に姿を現し、依然として楽観的にもっともらしい理由を説明する。取締役たちは皆眉をひそめる。責任者は現場に戻って営業部隊を叱咤激励する。

それと同時に各営業担当は個別に代替策を考え、試し始める。顧客候補企業の別部門を訪問したり、別バージョンのプレゼンテーションを試したりといったことだ。学習と発見の手法に則った運営をする代わりに、営業部隊はばらばらで不満に満ちた、ひどくお金のかかる烏合の衆になる。オフィスに戻ってみると、マーケティング部隊が「より良いシナリオを作り出そう」として製品プレゼンテーションのスライドを毎週（毎日の場合もある）変更し、最新の営業トークを混乱している営業部隊に向けて発信する。営業現場とマーケティングのやる気が急激に低下する。営業担当は「この製品が売れるはずはない。誰も買いたがらない」と信じ始める。次の取締役会でも、営業数字は計画に達しない。営業担当責任者はうつむいて自分の靴を見つめ、脚をそわそわさせる。今や取締役は両方の眉をつり上げ、CEOを不審げに見る。営業担当責任者は額を冷や汗でべっとりとさせて取締役会から戻り、営業部隊を奮起させるための打ち合わせを何度か行う。次の取締役会でもし営業数字がまだ上向きにならなければ、危険がすぐそばに迫ってくる。今度は営業数字が達しないだけでなく、資金の消費速度が下がらないことでもCEOは冷や汗をかく。なぜなら会社は計画どおりに営業部隊が売上実績を上げることを前提とした人員数と費用に基づいて運営されているからだ。残りの組織は営業部隊が予定どおりに売上実績を上げることを前提にして、より多くの資金を消費し始めている。今や会社は緊急事態モードにある。この時点で2つの典型的な事象が起こる。まず、営業担当責任者が火あぶりになる。最後の取締役会では誰も彼の隣の席に座りたがらない。出席者は椅子を部屋の反対側に移動させて座る。そうなるまでに取締役会が何回開催されたかは問題ではない。スタートアップで数字を達成できなかった営業担当責任者は、"元"営業担当責任者と呼ばれるのだ（彼が創業者でない限り。創業者の場合には、彼は役割のはっきりしない責任者の肩書きでペナルティボックスに座ることになる）。

次に、新たな営業担当責任者が採用される。新たな責任者は会社が顧客や営業方法をわかっていなかったとすぐに結論付け、会社のポジショニングやマーケティング戦略が誤りであったと断定する。今度はマーケティング担当責任者が冷や汗をかく番だ。新しい営業担当責任者は営業部隊を「立て直す」ために採用されたのだから、マーケティング部隊はこれまで社内で作成されたものはすべて間違っていたと信じている人間と接し、対応しなければならない。新しい営業担当責任者は以前の戦略と戦術の再検討を行い、新しい営業計画を提案する。そして2～3ヵ月の間、CEOや取締役会とのハネムーンを楽しむ機会を得る。その間に、マーケティング担当責任者は新しい営業担当責任者を支援する新しいポジショニング戦略をなんとか立案する。一般的にはこれは矛盾を引き起こし、全面的な内紛状態とは言わないまでも社内に軋轢を生む。一方で、もし営業部隊を短期間で立て直せなかった場合、次に職探しをする幹部は営業担当責任者ではなく（営業担当責任者はクビになるほど長い期間雇われていない）、マーケティング担当責任者だ。それは「営業担当責任者を変更したのだから営業が問題のはずがない。マーケティングの失敗に違いない」という論理に基づく。

スタートアップが軌道に乗って潤沢に顧客を見つけられるようになるまでに、正しい営業ロードマップとマーケティングポジショニングを見つける作業を1〜2回繰り返せばよいだけのことも時にはあるが、残念ながら多くの場合、これは会社幹部の死のスパイラルの始まりを意味する。もし営業とマーケティングの担当責任者を変更しても会社が正しい売上軌道に乗らない場合、投資家は「この状況に対して適切なCEOが必要だ」という話を始める。このことは、CEOが無言の死刑宣告を受けて右往左往していることを意味する。それに加え、最初のCEOは創業メンバーの一人であることが多いので、CEO排除の葛藤が始まる。一般的に投資家が創業者CEOの指を会社から引きはがそうとすると、彼らはオフィスのドアの枠にしがみつく。このような事態は見るに忍びないことであるが、CEO初経験者の率いるスタートアップの半数以上で実際に起きている。

お金がふんだんにある景気の良い時期であれば、会社は2、3回の立ち上げ失敗と売上低迷を繰り返すこともある。景気が厳しい時期には、投資家の財布の紐もきつく、倹約家の視点で、「損の上に損を重ねることを疑う」算段をする。単に次の出資を得られずに倒産するスタートアップもある。

ウェブヴァン社のケースでは、死のスパイラルが未上場企業で内々に起きたのでなく公の場で起きたため、ひどいありさまだった。上場した結果、一般大衆からも目立つ赤字インクの海が四半期ごとに公表された。モデルが非現実的であると認め、縮小する代わりに、同社は（より多くの新規顧客を獲得しつつ、既存顧客を引き留めるために）マーケティングと販促を拡大し、（国内の新しい地域の顧客に展開するために）新しい物流拠点に多額の出費を続けた。2000年の終わりまでにはウェブヴァン社の損失額は総額6億1200万ドルに及ぶ大赤字となった。7ヵ月後、同社は倒産した。

〉〉9. すべてのスタートアップが同じわけではない

スタートアップに関する根本的な真理にもかかわらず、製品開発モデルでは無視されているのは、すべてのスタートアップが同じわけではないという点である。一方、本書の指針となる革新的な洞察の1つは、スタートアップは以下4つの基本分類のいずれかに該当するという点だ。

- ▢ 新しい製品を既存マーケットに投入する［分類1］
- ▢ 新しい製品を新しいマーケットに投入する［分類2］
- ▢ 新しい製品を既存のマーケットに投入し、低価格参入者として既存マーケットの再セグメント化を試みる［分類3］
- ▢ 新しい製品を既存のマーケットに投入し、ニッチ参入者として既存マーケットの再セグメント化を試みる［分類4］

これらの違いについては次章で詳細に触れるが、ここで理解してほしいのは、古典的な製品開発モデルでも新製品を既存市場の既存顧客に成功裏に展開できる（分類1）という点だ。経験したことのある市場がターゲット市場と似ている場合に、過去の経験をもとにしたオペレーションがこの「市場タイプ」では有効に機能する。しかし、スタートアップのほとんどは既存市場を対象にしないため（分類2、3に該当）、自社の顧客がどこにいるのかまったく見当がつかない。

ウェブヴァン社は分類4に該当する。すなわち、新製品（即日配達のオンライン食料品店）を既存市場（食料品販売事業）に展開し、対象市場のニッチを創造しようとした。アイデアはかなり革命的であるので、分類2（新製品をまったく新規の市場に展開する）であるという主張も考えられる。いずれの場合でも、顧客への製品浸透や市場への普及についてのウェブヴァン社の予測は事実に基づいたものではなく仮説に過ぎなかったということだ（バースモデル曲線のような古典的な定量モデルを使って顧客浸透率のモデルを作るのは、分類2、3、4の最初の製品の場合は不可能である。妥当な販売予測をするための初期の販売データが十分に得られないのだ）。

ポイントとしてはこうなる。分類ごとに、スタートアップの製品の顧客への受け入れられやすさ、浸透しやすさに非常に差があるため、その営業やマーケティング戦略は劇的に異なる。より重要な点として、資金需要もまったく異なる。新規市場を創造する会社では、5年もしくはそれ以上赤字が続く可能性がある一方、既存市場のスタートアップは12～18ヵ月のうちにキャッシュを生み出し始めるかもしれない。

結論として、製品開発モデルは単に役に立たないだけでなく危険である。このモデルからは、それぞれの分類のスタートアップの財務、マーケティング、営業部隊が他社と差別化して製品を売る方法は示されず、成功するために必要なリソースの量を予測する方法も示されない。

〉〉10. 非現実的な期待

製品開発モデルは、創業1年目ないしは2年目のスタートアップを根本的でしばしば致命的な誤りに導く。それらの誤りを3つの非現実的な期待という観点からまとめることができる。

- ☐ 製品開発と何の関係もない活動の指針としても、製品開発モデルは信頼できる
- ☐ 顧客開発は製品開発と同じスケジュールで並行して進められる
- ☐ すべてのタイプのスタートアップとすべての新製品が同じように、製品出荷開始日から市場に受け入れられる

これら3つの誤りの他にも考慮すべき点がある。スタートアップは投資家から黒字化に対する非常に大きなプレッシャーを受ける。そして、これらの新しいベンチャーは出資を受けるために非現実的な財務予測を行いがちである。具体的には、市場規模や成長率、あるいは単純に自社が対象とする市場タイプの特徴を無視することだ。このような楽観的な期待が正式な計画となってしまい、非現実的で到達不可能な目標に向けたオペレーションの遂行を強制することになる。

ウェブヴァン社は公衆の面前でこれらの失敗を犯した。しかし、それを見たほとんどの人はウェブヴァン社の失敗を単に数多くの「ドットコム破綻」の一例、すなわちインターネット関連のベンチャーの失敗の1つだと評した。事実はより根深く密接に関係している。ウェブヴァン社の失敗とドットコム全体の崩壊は、上記3つの期待の犠牲になった結果だ。「作れよ、さらば顧客は来たらん」戦略は、(募った資金の額が何ドルかにかかわらず) 成功するものではない。

〉〉〉〉では、代替案は何か？

製品開発モデルがスタートアップにとって適切なロードマップでないのであれば、何が適切なのだろうか？ 人によっては「スタートアップの思慮深い営業・マーケティング戦略」という言葉は矛盾に満ちていると感じるだろう。しかし、顧客や市場に関する成功のテンプレートを探し続けている起業家もいる。

1990年代はじめからずっと、スタートアップの営業マーケティング活動にお

いて聖典に最も近いものは、キャズムと呼ばれるテクノロジーライフサイクルの概念だとされてきた。

〉〉テクノロジーライフサイクル

テクノロジーライフサイクルはエベレット・ロジャーズによって提唱され、ジェフリー・ムーアの「キャズム」という概念で洗練され、知名度が高まった（図1.4）。テクノロジーライフサイクルは起業家の思考を刺激する5つのアイデアを提示する。

- □ 技術は以下の顧客グループごとに段階的に浸透していく：テクノロジーマニア、ビジョナリー、実利主義者、保守派、懐疑派
- □ はじめの2グループ、テクノロジーマニアとビジョナリーは「初期市場」を形成し、次の2グループ、実利主義者と保守派は「メインストリーム市場」を形成する
- □ すべての製品に関して市場の全体図は釣り鐘型の曲線に近い。初期市場は小さく、指数関数的に成長してメインストリーム市場になる
- □ 異なる顧客グループ間には「キャズム（谷間）」が存在するが、最大のキャズムは初期市場とメインストリーム市場の間のものだ。これらのキャズムは各グループの製品ニーズや購買習慣の違いにより存在する
- □ キャズムを越えるうえで最も大きな問題は、大変な思いをして勝ち取った初期のマーケティングや営業の教訓、成功体験はメインストリーム市場にはほとんど適用できないことだ。というのもメインストリーム顧客はアーリーアダプターを信頼できる顧客事例と見なさないためだ。したがって、次のより大きな顧客グループを獲得するためには、まったく新しいマーケティングと営業戦

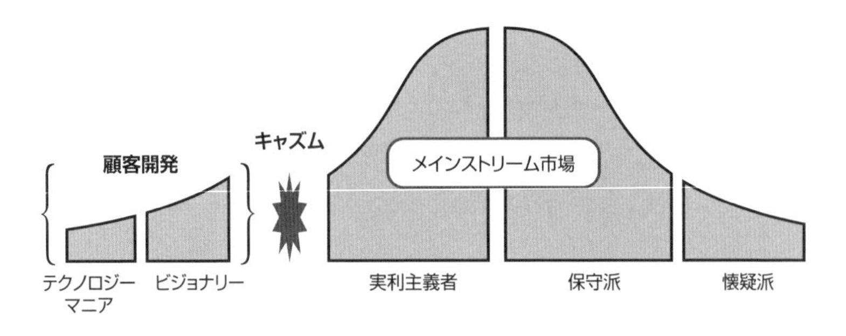

図1.4｜テクノロジーライフサイクル

略が必要となる。

ここで、なぜこの概念が初期段階のスタートアップにとって良いロードマップとならないのかを簡単に考えてみよう。この最後の1ピースで、私が本書で主張する成功したすべてのスタートアップが従っている代替案について考える準備が整う。スタートアップを設立した初日の起業家が図1.4の優美な釣り鐘型曲線を熱望的に見つめている。自分の会社を頂上まで導くことを夢見て、恐ろしいキャズムを避けることを決意して。よろしい、まったく問題ない。では、その次にどうなる？ テクノロジーライフサイクルをじっくりと見るべきだ。意味深い？ 面白い？ それによって深く考えさせられ、素晴らしい戦略が導かれる？ そんなことは忘れたほうがよい。もしあなたが会社を始めたばかりであれば、少なくとも1年間はこの曲線を見ることはない。あなたが直面する問題はどんなキャズムよりずっと早く発生する。実際、キャズムを越えるための活動に関わることができるとしたら、あなたは非常に幸運な人だと言える。それは成功した証だからだ。

テクノロジーライフサイクルにより真の洞察が得られる。企業／製品ライフサイクルにおいて異なったタイプの顧客が存在するからだ。しかしながら、この魅力的な曲線は初期の起業家を4つの誤った結論に導く。

第1に、当然のこととして、この曲線は起業家にメインストリーム市場での栄光を夢見させる。企業立ち上げの初期段階においては、そんな夢は忘れるに越したことはない。永遠にではないが、現時点では。悲しいことだが、初期の顧客開拓の最初の部分を正しく進められなければ、メインストリームにたどり着くことはない。事業継続できないからだ。

第2に、曲線のせいでテクノロジーマニアがテクノロジーライフサイクルの一部だと考えてしまう。この曲線においては、彼らは単なる初期の顧客層のように見えるが、実際にはそうではない。テクノロジーマニアは営業パズルの1ピースとして、「本物の」お金を払ってくれる初期顧客と、繰り返し可能な営業プロセスを見つけるために存在する。あなたはこういった人たちと関わり、彼らが営業ロードマップに与える影響を理解する必要があるが、彼らが物を買うことはほとんどない。

第3に、スタートアップの顧客基盤がスムーズで継続的な成長曲線を描いて成長するという概念は、顧客が製品を受け入れるかどうかは単に営業遂行上の問題だとする魅力的で危険な考え方につながる。たとえキャズムの概念が、初期市場の顧客とメイン市場の顧客は異なるという観察結果とともにテクノロジーライフサイクルに加えられたとしても、テクノロジーライフサイクルのような曲線になるのは起業家の夢とビジネススクールのケーススタディの中でだけだ。後述するように、あるタイプの顧客から別のタイプへの移行は運が良くても不連続な階段関数的なものになる（そして、市場タイプに依存する）。

第4に、テクノロジーライフサイクルについて書かれた本では「実行と普及」を強調している。それ自体はまったく問題ない。しかし、私の祖母が昔語っていたように「そういう問題ならば非常に幸運である」。スタートアップの初期段階で「実行」に集中すると、あなたは事業継続できなくなる。そうではなく、自分が何をすればよいかわかる地点まで会社を持っていくためには「学習と発見」のプロセスが必要である。

したがって、スタートアップの第1ステップとして適切なのは、キャズムを超える方法を夢見ることでなく、会社の設立から事業拡大するまでの間は学習と発見のプロセスに集中することだ。試行錯誤、採用と解雇を通じて成功したスタートアップは、製品開発に並行するプロセス、すなわち私が「顧客開発」と呼ぶ顧客および市場に軸足を置いたプロセスを見出した。

〉〉顧客開発：製品開発モデルと常識の接点

もしスタートアップが、自社に出資しているベンチャーキャピタルに対して、世界最高の製品開発部隊を雇ったが、製品を出荷させるためにプロセスも手法もまったく利用しないと宣言したら何が起きるか想像してみると面白い。「いいや。我々には、うざったい製品開発手法なんてまったく不要だ。現場の勘と経験で十分だ」と言い放つところが想像できるだろうか。現実にはあり得ない話だ。スタートアップは製品開発モデルを利用して製品開発部隊の進捗を管理し、資金の消費速度を制御し、出荷開始スケジュールを管理する。一方で、最高のマーケティングや営業、事業開発の人材を採用する際には躊躇することなく彼らを現場に放り込み、「さあ、現場に出て、誰が買ってくれるのかを探り当て、早くまとまった数をさばいてくれ。それが終わったら教えてくれ。ただし、我々が進捗状況を聞いたときは大げさな身振り手振りで曖昧に答えてくれ」という具合だ。間が抜けている感じがしないだろうか？　しかしこれが今日のスタートアップの現状だ。顧客を見つけ、市場を開発し、ビジネスモデルの確証を得るための測定可能なマイルストーンを提示するはっきりしたプロセスは存在しない。

スタートアップの顧客開発モデルは簡単な前提から始まる。誰が会社の最初の顧客になるのか、彼らが属するのはどういう市場かを学び、発見するためには、製品開発モデルとは別の独立したプロセスが必要ということだ。これらの活動を足し合わせたものが顧客開発だ。私が顧客開発を「営業プロセス」とか「マーケティングプロセス」と呼ばないように努めている点に注意してほしい。その理由は、後続の章の顧客開発プロセスのための部隊をどのように組織するかの議論でより明確になってくる。しかしここでは、我々は営業するわけでもマーケティングをするわけでもないことを明確にしておく。営業やマーケティングといった古典的な活動の前に、企業は市場が存在することを証明しなければならない。その後で現場に出て市場を創出するのだ。これらの検証、学習、そして発見といった活動が必要になるのはスタートアップが独特であるからであり、顧客開発という製品開発とは異なる別のプロセスが必要になる理由でもある。

顧客開発モデルは製品開発モデルと完全な相補関係になる様に意図されている。製品開発では顧客向けの製品出荷開始日に焦点を合わせるが、顧客開発モデルでは開発プロセスのできるだけ早い段階で顧客と彼らの抱える課題を学ぶことによって進んでいく。それに加えて、このモデルはいくら資金調達しようとも高速化できない、すべてのスタートアップが達成すべき一連のマイルストーンが存在するという考えに基づいている。多額の資金が実際に役に立つのは、後になってからである。その意味で最大の科学的な実験は、インターネットバブルである。顧客がまったく興味を持っていないのに、無理やり市場や顧客需要を創出するのは不可能なのだ。良い知らせは、これらの顧客や市場に関するマイルストーンを定義し、測定することが可能であるということである。一方、悪い知らせは、これらのマイルストーンを達成するのは芸術の域と言えるほど難しいことだ。それは、自分のビジョンを現実のものとするために活動する個人の情熱やビジョンそのものから実現される芸術である。スタートアップがエキサイティングなのはそのためだ。

ウェブヴァン社に関する皮肉な後日談として、同社のような先駆者を後ろから追ってきたテスコ社という別会社が、オンライン食品小売業で世界最大となったことだ。テスコ社はサービスの開始のために巨額の戦時資金を集めるようなことはしなかった。同社は顧客ニーズを学習、発見し、理にかなった財務モデルを見出した。同社は、英国での自社小売店舗網をオンライン小売サービス開始の踏み台として利用した。2002年にはオンライン事業の黒字化を達成し、1週間に8万5000件の注文を取り扱い、売上は5億5900万ドル以上に達した。テスコ社は929店舗もの既存のインフラを利用できたため、ウェブヴァン社の投資額と比較するとほんのわずかな金額でオンライン小売事業を開始することができた。2001年6月には米セーフウェイ社からオンライン小売サービスに対して35%の出資を得て米国に進出した。オンライン食品小売業が米国に戻ってきたのである。

明示的にも暗示的にも、テスコ社は顧客開発モデルを具体化するプロセスを理解していた。次の章では、このモデルを詳細に説明する。

第2章
確信への道：顧客開発モデル

救いへと続く門は狭く道は細く狭められている。
そして、それを見つける人は少ない。
――マタイによる福音書　第7章14節

イノベーションがまさに起ころうとしている事業は家具事業だ、と言われてもピンと来る人は多くないだろう。しかし、ドットコム企業の時代（ベンチャーキャピタリストがお金をばらまくのに躍起だった頃）には、オンライン家具市場はファニチャー・ドットコム社、リビング・ドットコム社などそうそうたる企業がいくつも輩出された。これらの企業はジェームス・ディーン・ビジネススクール仕込み（早熟で早死にという意味）とでも言うべき運営で、投資家から何百万ドルもの資金をすばやく獲得するや否や、同じすばやさで燃え尽きた。その一方で、デザイン・ウィズイン・リーチ社というまったく異なるタイプのスタートアップが、レンガを1つずつ積み上げるように地道に事業構築を始めていた。そこで起きたこととその理由は意味深い。

まだ家具系ドットコム企業のまわりに投資家の資金が渦巻いていた頃、デザイン・ウィズイン・リーチ社の創業者であるロブ・フォーブス氏から同社の資金調達を手伝ってほしいとの依頼があった。ロブ氏が狙っていたのは、デザイナーのショールームにしかないようなセンスのよい家具を、簡単に見つけられるカタログ事業を構築する計画だった。プロのオフィスデザイナーとしての20年の経験から、プロのデザイナーやホテル、レストラン事業者の大きな課題は、家具が配送されるまでに4ヵ月もかかることであると、彼は気づいた。ロブが複数の顧客から何度も聞かされたのは「何ヵ月も待たずにおしゃれな家具が買えればいいのに」という願いであった。ロブは乏しい資金を元手に、自社で在庫している出荷可能な家具（その半数以上はオリジナルの自社商品）のカタログを印刷した。そして、時間をかけて顧客や家具デザイナーの声を聞くことに努めた。彼はデザイナーのニーズを満たすためにカタログや在庫を微調整し続け、独自の家具の世界に磨きをかけた。よちよち歩きのヒナのような彼の事業には羽根が生え始め、この機に本格的にベンチャーキャピタルの出資を受け会社を成長させたいと思っていた。

「喜んで」と私は答えた。それから名刺ケースを取り出して電話をかけ、彼がシリコンバレーのサンドヒル・ロードの最高のベンチャーキャピタリスト数名に会えるよう手配した。ロブは打ち合わせで毎回プレゼンテーションを行い、高品質で洗練されたデザインの法人向け家具の市場は17億5000万ドルにのぼることを説明した。さらに、現状の家具の流通システムが古くて廃れており、ばらばらで再編の時期を迎えていること、そして家具生産者は販売店、ディーラー、地域のショールームといった複雑な流通システムのせいで顧客と直に接する機会を失っていることを説明した。消費者は製品が届くまでに4ヵ月待たされ、不要な流通手数料を価格の40％近くも取られていた。この話から、ロブが問題の本質を見出していることは明らかであった。しかも、この課題を解決する製品も作っており、消費者が実際商品を買っているのだから、ロブの解決策が正しいことも実証済みだった。

それは非常に説得力のあるプレゼンテーションで、顧客がこんなにひどい扱いを受けている業界は他にないように思えた。ところが、ベンチャーキャピタリストたちの反応は一様に否定的であった。「なんだって。ウェブサイトがない？　EC（電子商取引）販売なし？　ブランド構築の活動はどうなってるんだ？　我々が出資したいのはウェブ系のスタートアップなんだ。今のカタログ中心の家具ビジネスをECサイトに転換するという話であれば多少は興味があるのだが」。ロブはこの事業が顧客の要望に基づいていることを辛抱強く説明し続けた。デザイナーたちはベッドでくつろぎながらカタログを眺めたいのだ。また、彼らは自分の顧客にもカタログを見せたいのだ。ロブはウェブを無視していたわけではないが、それはあくまでも次の段階であり、事業構築のための第1段階ではなかった。

「ロブさん」。ベンチャーキャピタリストの一人が賢人ぶったように答えた。「世間で非常に話題を集めているドットコム企業の1つにファニチャー・ドットコム社という会社がある。彼らはトップクラスのベンチャーキャピタル数社から1億ドル以上を調達済みだ。彼らのように話題になっている同業他社はウェブ上で家具を販売している。あなたが事業戦略を考え直したら、改めていらしてください」。

私には信じられなかった。ロブは素晴らしいソリューションを持っていてビジネスモデルも実証されているのに、1社も出資しようとしない。粘り強い起業家らしく、彼は決して自分の計画を曲げようとしなかった。ロブは、家具関連のドットコム業界が根拠としている単純な家庭用家具のオンライン受注に事業機会があるという前提は、誤っていると信じていた。事業機会の本質は、「特定の」顧客層に他のサプライヤーと差別化した「高品質」の製品を迅速に届けることにあると考えていた。この違い、すなわち、特定の顧客層なのか幅広い顧客層なのか、高品質の家具なのか日用家具なのかが、事業の成否の分ける決定的な違いとなった。

結局、ロブは友人や家族から事業資金を調達し、ベンチャーキャピタルからはずっと後になって小額の資金を調達した。デザイン・ウィズイン・リーチ社は、最盛期に1億8000万ドルの上場企業となった。同社は56の小売店舗とオンライン販売のサイトを擁し、そのブランドはデザイン業界で知られ、認められた。ファニチャー・ドットコム社はどうなったか？　失敗企業のゴミ箱送りになって、世間から忘れられてしまった。

デザイン・ウィズイン・リーチ社が成功して、極めて潤沢に出資を受けたファニチャー・ドットコム社のようなスタートアップが失敗したのはなぜだろうか？ロブ・フォーブス氏は何を知っていたのか、何が会社を勝利に導いたのだろうか？　他の人も彼の成功を見習うことができるのだろうか？

〉〉〉〉確信への4つのステップ

ほとんどのスタートアップは自社の市場を発見し、最初の顧客を見つけ、仮説を実証し、ビジネスを成長させるというプロセスを行なっていない。一方、デザイン・ウィズイン・リーチ社のような少数の成功企業は、これらすべてを実行している。後者はこのような顧客開発モデルを発見し成功したのだ。

図2.1に描かれた顧客開発モデルは、第1章で列挙した製品開発モデルの10の問題点を解決するためのものである。厳格でありかつ柔軟である点がその長

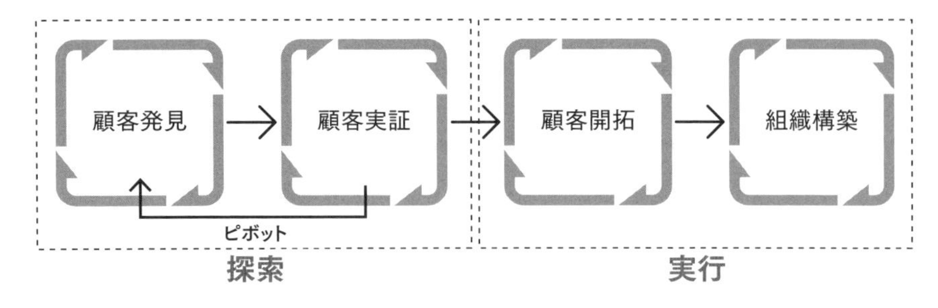

図2.1 | 顧客開発モデル

所である。このモデルでは、初期段階の企業の顧客に関する活動すべてが独立したプロセスとして切り出され、4つのわかりやすいステップとして設計されている。この「顧客発見」、「顧客実証」、「顧客開拓」、「組織構築」の4つのステップは継ぎ目なくかみ合って、進行中の製品開発活動を補完する。次の章で説明するが、各ステップの結果として特定の成果物が得られる。

顧客開発モデルは製品開発モデルを代替するものではなく、併用するものである。要約すると、顧客発見では自社のビジネスモデルの妥当性、特に製品が顧客の課題とニーズを解決するかどうかの検証に集中し（製品機能と顧客の適合を、製品と市場のフィットと呼ぶ）、顧客実証では反復可能な営業モデルを開発し、顧客開拓ではエンドユーザーの需要を創出してそれを高め、組織構築では学習と発見のための組織から、実行のための整備された機械へ転換する。また、すぐ後で議論するが、このモデルに不可欠な概念として、市場タイプの選択が企業による営業・マーケティング・財務リソースの投下の仕方に影響を与えるという点がある。

このモデルと古典的な製品開発モデルとの主な違いは、各ステップが再帰的な矢印の付いた環状の反復で表現される点だ。円と矢印が、顧客開発の各ステップが繰り返し型であることを強調している。これは、「正しい顧客と市場を見つけるのは一筋縄でなく、正しく完了するまでに数回は失敗する」ということを正確に表現している。私の数十社にのぼるスタートアップの経験によれば、一直線に顧客開拓が進むのはビジネススクールのケーススタディだけである。市場と顧客を見つけるという作業の性質からして、何度か失敗することは間違いない。そのため顧客開発モデルではそれぞれのステップで繰り返しがあることを想定している。この点についてはしばらくの間、その意義をよく考えてみるだけの価値がある。なぜなら、「学ぶつもりがあるのなら失敗してもかまわない」という哲学が、本書が提示する手法の根幹であるからだ。

製品開発モデルでは後戻りは失敗を意味する。ほとんどのスタートアップのビジネスマンたちが現場に出て学び、失敗し、さらにもう少し学ぶといったことを恥じているのもうなずける。彼らが今日まで利用してきているモデルでは「前進そして前進、それが成功をもたらす。後退はクビを意味する」と言っているのだから。結果的に、市場が見えていないことが明確なときでさえ、スタートアップの営業やマーケティング活動はひたすら前に進められがちだ（たとえば、ペースメーカーやミサイルの製品開発にこの哲学を適用すべきでないことは自明であろう）。

それに対して顧客開発モデルでは、後戻りすることは学習と発見における重要な過程であるとしている。この新しい手法では、「回転軌道の脱出速度」に達するまで、つまり次のステップに移行するのに十分な成功を収めるまで、各ステップを繰り返す。

図2.1の「顧客実証」と書かれた円には、顧客発見に戻る矢印すなわちピボット（軌道修正）が追加されていることに注意してほしい。後で説明するが、顧客実証は重要な確認ポイントであり、自社が顧客の買いたい製品を持っているか、それを売るためのロードマップを確立しているかを確かめる。顧客実証のステップでお金を支払ってくれる顧客を十分な数見つけられない場合には、顧客発見のステップに戻り、顧客が何を求め何にお金を支払うのかを再検討することになる。

このプロセスがもたらす興味深い結果の1つに、スタートアップが顧客を獲得し、ビジネスモデルを実証するまでの間、資金の消費速度を低く抑えられることが挙げられる。顧客開発の最初の2つのステップで資金が無限にあっても意味がない。市場を見つけたかどうかが、はっきりしないだけだからだ（多額の出資を得てしまうと、「後で帳尻は合わせるさ」と言って、製品を無償でばらまいたり、初期の案件獲得のために大幅な値引きをするといった誘惑にかられる。もちろん、実際に帳尻が合うことは稀だ）。顧客開発モデルではほとんどのスタートアップが最初の2つのステップを少なくとも2回は繰り返すことを想定しているので、管理ができている企業は慎重に予測を立て、質素倹約に努めることが可能だ。そうした企業は、自社の製品開発以外の部隊（営業、マーケティング、事業開発）を整備するのに値するビジネスであるとの証拠（実証済みの営業ロードマップと本物の注文書）を得るまで、これらの部隊は整備しない。そして、いったんそのような確証を得たら、残りの2つのステップである顧客開拓と組織構築に進み、自社が発見し実証した事業機会を現金化する。

顧客開発のプロセスは、勝利を収めたスタートアップの成功モデルを象徴している。自分の会社を株式公開もしくはその先まで導いた起業家にこのモデルを説明すると、いつも大いに共感してもらえる。これまでは誰も成功への道筋を明示的に記してこなかった。顧客開発モデルの繰り返し／ピボットは起業家にとって新しい考え方のように聞こえるかもしれないが、驚くべきことに、それはジョン・ボイド氏[※1]によって提唱され、第2次湾岸戦争で米国陸軍に採用された「OODAループ」と呼ばれる米国の戦闘戦略と類似点が多い（OODAループについては後ほど詳述する）。

以降の4つの章では、このモデルの4つのステップそれぞれを詳細に見ていくが、本章では以下に挙げる概要でプロセスの方向性を示す。

〉〉ステップ1：顧客発見

顧客発見の目的は、その名前が示すとおりである。つまり、自社製品の顧客が誰であるかを見出し、自社が解決できる課題が顧客にとって重要なものであるかどうかを明らかにする。型通りに表現すれば、このステップは自社のビジネスプランで想定する顧客の課題、製品、および顧客に関する仮説が正しいことを明らかにするためのものである。これを行うにはあれこれ推測するのではなく、「会社の外」に出て、顧客にとって価値の高い課題とは何か、その課題を解決できるような製品とはどんなものか、自社の顧客やユーザーを特定するとしたらそれは誰なのか（たとえば、購入決定者やその判断に影響を与える人は誰なのか、製品を日々使うのは誰なのか）を学ぶことが必要である。そこで見出されたことは、潜在顧客に自社の独自性をどのように説明するかを考えるうえでも役に立つ。ここで重要なのは、顧客開発の目標は見込み顧客から製品に必要な機能をリストアップすることでなく、フォーカスグループインタビューを何度も実施することでもないということだ。スタートアップでは最初の製品の仕様を決めるのは創業者と製品開発部隊なのであり、顧客開発部隊の仕事は自社のビジョンに合った顧客と市場が存在するかどうかを確かめることである（この文をもう一度読んでほしい。ピンと来ないかもしれないが、最初の製品仕様は創業者のビジョンに基づいて決定されるのであり、一連のフォーカスグループインタビューの結果からではないのだ）。

※1　Air War College, John R. Boyd, “Patterns of Conflict（戦闘の諸形式）” and “A Discourse on Winning and Losing（勝敗論）”

ファニチャー・ドットコム社とリビング・ドットコム社の基本的な想定は間違っていない。多くのお店に品物があふれ、家具のショッピングには時間がかかる。何よりも、購入した製品が届くまで無限と思えるほど待たされる。これらのオンライン小売店には製品開発のマイルストーンはあったが、きちんとした顧客開発のマイルストーンがなかった。ファニチャー・ドットコム社は先行者として迅速な市場展開に集中し、顧客の要望が何なのかを知る前に、700万ドルを費やしてウェブサイト、ECサイト、およびサプライチェーンシステムを構築した。そして、ウェブサイトが立ち上がり、サプライチェーンの準備が整うと出荷が開始された。配送とマーケティングに計画以上のコストがかかることがわかり、ブランドメーカーが既存の店舗との競合を望んでいないことがわかったときでさえ、同社は事業計画を変更せずに強引に突き進んだ。

対照的にデザイン・ウィズイン・リーチ社のロブ・フォーブス氏は完全に顧客中心主義の信奉者だった。ロブは顧客やサプライヤーとの対話を継続的に行った。オフィスで自社事業のビジョンについてもったいぶった話をすることに時間を割いたり、顧客のところに出かけて、提供しようと考えている製品の話を始めたりはしなかった。その代わり、現場に出て顧客がどのように働き、主な課題は何なのかを聞くことに努めた。ロブは自社で新しく家具のカタログを出すたびに、顧客から新しく学ぶことができると信じていた。新版のカタログを編集するたびに顧客からのフィードバックと販売結果をもとに適切な変更が加えられた。スタッフ全員での打ち合わせの議題は「学んだ教訓」と「うまくいかなかった点」のみに終始していた。結果として、新しいカタログが配布されるたびに、新規顧客数と顧客あたりの注文単価が増えていった。

〉〉ステップ2：顧客実証

顧客実証は、理論を実行に移す重要なパートである。このステップの目標は後続ステップで活動する営業とマーケティング部隊のために、繰り返し実行できる営業ロードマップを構築することである。営業ロードマップとは、繰り返し実行できることを実証した営業プロセスの手引書であり、製品を初期の顧客数社に販売することに成功したという実地テストを経たものである。顧客実証では自社製品を受け入れる一連の顧客と市場を発見したことを証明する。このステップで顧客に購入してもらうことで、製品に対する評価の裏づけを得られる。

顧客発見と顧客実証により、ビジネスモデルの確実性が高まる。この2つのステップを完了することで、自社の市場を確認し、顧客を発見し、自社製品がどの程度評価されるかを実証し、エコノミックバイヤーを特定し、価格と流通チャネルに関する戦略を構築し、営業サイクルと営業プロセスを確認できる。そして、反復可能な営業プロセスとリピート顧客のグループを見つけ、それらの顧客向けに黒字のビジネスモデルが成り立つのであれば、その場合には、次のステップ（規模を拡大し、キャズムを越える）に進んでほしい。

デザイン・ウィズイン・リーチ社は、自社の顧客層はプロのデザイナーという狭い範囲のグループであるとの仮説をもとに事業を開始し、各カタログの販売結果を分析することでその前提を検証した。同社は繰り返し実行可能で拡張性のある営業モデルと顧客モデルを発見するまで仮説の洗練を続けた。

一方、この段階でドットコム家具企業は立ち止まって、再考すべきであった。ビジネスモデルで予測したとおりに顧客が反応しなかった場合に、同じ事業計画をさらに実行し続ければ、大失敗に終わること間違いなしだからだ。

〉〉ステップ3：顧客開拓

顧客開拓は初期の営業での成功に基づいて実施される。その目的は、エンドユーザーの需要を開拓し、それを自社の営業チャネルに結び付くように誘導することである。スタートアップが第1号顧客を獲得したうえで初めて大々的なマーケティングへの費用投下を実行するように、このステップは顧客実証の後に配置され、企業が自社資金の消費速度を制御し、最も貴重な資産を守ることを可能にする。

顧客開拓のプロセスはスタートアップのタイプによって異なる。第1章で述べたように、すべてのスタートアップが同じわけではないのだ。あるスタートアップは競合企業によってすでに定義された既存市場に参入する。また、ある企業は製品や企業が存在しない新しい市場を作り出す。そして、ある企業はその2つを合わせた案を考え、低コスト参入者として、もしくは新しいニッチを創造することで、既存市場を再セグメント化しようとする。市場タイプ戦略として各タイプ特有の一連の顧客開拓活動が必要となる。

ファニチャー・ドットコム社の事業計画では、成長戦略の最初の一手は、「強力なブランドの構築」であった。同社はテレビ、ラジオそしてオンライン広告を含む2000万ドルの広告キャンペーンを展開した。売上はたったの1090万ドルであったのにもかかわらず、同社は3400万ドルをマーケティングと広告に費やした（別のオンライン家具のスタートアップであるリビング・ドットコム社は、ECの巨人であるアマゾンで特集してもらうために4年間で1億4500万ドルを支払うことに同意した)。ブランド構築と強力な広告は、既存市場においてすでに顧客が自社の製品やサービスを理解している場合には極めて適切である。しかしながら新規市場ではこのタイプの「超攻撃的な」製品リリースはお金をドブに捨てるようなものである。顧客にはあなたが何を話しているのかまったくわからない。そしてあなたの推測したとおりに彼らが行動するかどうかもまったく見当がつかない。

〉〉ステップ4：組織構築

組織構築は、企業が、学習と発見を中心にした形式ばらない顧客開発部隊から、営業・マーケティング・事業開発に担当の責任者を配置した正式な組織に移行するターニングポイントだ。会社が初期の市場で成功を収められるように、各組織の幹部はミッションに基づいた組織の構築に集中する。

このように徐々に拡大するのではなく、早い段階で急激に拡大してしまうと、スタートアップは破滅する。ファニチャー・ドットコム社は売上が1000万ドルに達するまでに209名の社員を抱え、事業計画の想定が誤っていた場合には壊滅的となるような速度で資金を消費していた。同社のやり方は、「伴奏が止まる前に顧客獲得に可能な限りお金をつぎ込もう」という感じだった。複数のメーカーから重い家具を配送したために、商品が傷んだり、行方不明になったり、到着が遅れたりして顧客の不満を招いてしまった。出資者の資金を背景に、同社はドットコム企業が問題に対峙する典型的なやり方、すなわちお金を使うことでこれらの問題に対応した。商品の再注文を行い、二重注文の品物が倉庫に山積みになり始めた。投資家の紙幣をあたかも紙切れのように燃やし続けたのだ。ファニチャー・ドットコム社は2001年1月付けで株式公開をするための申請を行ったが、2000年7月には取りやめ、破産専門の弁護士と相談を始めた。同社は結局ベンチャーキャピタルから2700万ドルを集めることができたが、株式評価額は前回の資金調達時よりも低かった。ファニチャー・ドットコム社は生き残るために猛烈に費用を削減した。それまで配送と返品を無償で提供していたが、送料95ドルを課金し始めた。さらに、スタッフの41%をレイオフした。しかし、同社は決して核心的な質問に答えていなかった。それは全国にネットワーク化された店舗網がなくても、日用家具をウェブ上で販売し、しかも低コストで配送することはできるのかという質問である。

一方でデザイン・ウィズイン・リーチ社は、ロブ・フォーブス氏が乏しい資金で運営していた。資金の消費速度を低く抑え続け、必要な額の資金をこつこつ調達し、やがて、計画どおりに拡張可能な営業ロードマップを見つけた。ロブはネットワーク化された店舗網を築くことなく家具を売る方法を見つけ出した。すなわち、それはカタログと呼ばれるものだった。

〉〉〉〉スタートアップの4つの市場タイプ

破綻した企業の検死現場では、大昔から「何が起きたのかわからない。以前のスタートアップで成功したことはすべてやったのに」といった言葉を耳にする。破綻の原因はエネルギー、努力、あるいは情熱の欠如ではない。スタートアップには次のような4つのタイプがあり、それぞれの成功要件が非常に異なることを理解していないことが原因かもしれない。

- □ 既存市場に参入するスタートアップ
- □ まったく新しい市場を創造するスタートアップ
- □ 低コスト参入者として既存市場を再セグメント化しようとするスタートアップ
- □ ニッチプレイヤーとして既存市場を再セグメント化しようとするスタートアップ

（クレイトン・クリステンセンがいみじくも述べている「破壊的」イノベーションと「持続的」イノベーションは、新規と既存という市場タイプを定義する別の方法である。）

第1章で指摘したように、すべてのスタートアップが同じであるかのように考えて行動することは戦略的に間違っている。同様に、あるスタートアップでうまくいった戦略や戦術は他のスタートアップでも通用するという考えも誤りである。なぜなら、市場タイプによってすべきことはまったく異なるからだ。

例として、仮に今が1999年10月であり、あなたが数十億ドル規模のPDA市場の鼻息荒い新興スタートアップであるハンドスプリング社のCEOドナ・ドゥビンスキーであると想像してほしい。1999年当時PDA市場の競合他社は、市場を創造したイノベーターであるパームコンピューティング社やマイクロソフト社、そしてヒューレット・パッカード社だった。1999年10月、ドナは自社の営業担当責任者に命じた。「今後12ヵ月で、我が社がPDA市場の20%を奪えるよう尽力してもらいたい」。

営業担当責任者は生唾をごくりと飲みこむと、振り返ってマーケティング担当責任者に言った。「エンドユーザーの需要を競合他社から奪い取り、我々の営業チャネルに振り向けてほしい」。マーケティング担当責任者は市場で競合するすべてのPDAを調べ、ハンドスプリング社製品の拡張性と性能を強調して差別化した。結果は最終的にどうだったか？ 12ヵ月後、同社の売上は1億7000万ドルとなった。このようなことが可能であったのは、ハンドスプリング社がいたのが既存市場だったからだ。同社の顧客はPDAとは何かを理解していたので、PDAそのものについて顧客を教育する必要はなく、単に新製品が競合製品より良いことを伝えるだけでよかった。そして彼らはそれを非常にうまく実行した。

比較のために、その3年前の1996年まで話を巻き戻す。ハンドスプリング社の前に、ドナと彼女の部隊はPDAの先駆者であるパームコンピューティング社を創業していた。パーム社が登場するまでは、PDA市場は存在しなかった（アップル社のニュートンのような少数の失敗した科学実験レベルの製品が現れては消えていたが）。仮に1996年にドナがパーム社で自社の営業担当責任者にこう言っていたらどうだろう。「1年目の終わりまでにPDA市場の20%を獲得したい」。営業担当責任者はマーケティング担当責任者にこう言ったかもしれない。「エンドユーザーの需要を競合他社から奪い取り、我々の営業チャネルに振り向けてほしい」。マーケティング担当責任者はこう言ったかもしれない。「みんなにパーム社のPDAがいかに速いかを語ろう」。もし彼らがこのようにしていたらまったく売れなかったはずだ。1996年の時点では、PDAという言葉を聞いたことのある潜在顧客すらいなかった。誰もPDAで何ができるのか知らず、エンドユーザーの潜在的需要もないところで、その技術的特徴を強調することは的外れであっただろう。パーム社は、PDAで何ができるかを潜在顧客に教育する必要があった。我々の定義では、1996年のパーム社は新規市場（それまでできなかった何かをできるようにする商品）を創造していた。一方、1999年のハンドスプリング社がいたのは既存市場だ。

ここで学ぶべき教訓は何だろう？ 実質的に同一の製品と部隊であっても、パーム社で成功した営業マーケティング戦略をハンドスプリング社がそのまま実施していたら失敗していたかもしれないという点だ。そして逆もまた真である。ハンドスプリング社の戦略を使っていたらパーム社はお金を使い果たして失敗していたかもしれない。顧客ニーズの評価方法、顧客への普及率、顧客がどのようにして自分のニーズに気づくか、製品をどうポジショニングすべきか、これらすべてが市場タイプによって変わる。市場タイプは、市場規模や市場への製品投入方法も変えてしまう。表2.1では、それぞれの違いが示されている。

表2.1｜市場タイプはすべてに影響する

顧客	市場	販売	財務
ニーズ	市場規模	流通チャネル	運転資金
普及速度	参入コスト	販売手数料	黒字転換の速度
課題認識	市場投入方法	販売サイクル	
ポジショニング	競合障壁		

企業は何らかの営業やマーケティングの活動を始める前に「我々はどのタイプのスタートアップなのか」ということを自問し続けなければならない。これを理解するために、可能性のある4つの市場タイプについて考えていこう。

〉〉既存市場の新規製品

既存市場を理解するのは簡単である。自社製品が既存の製品に比べ優れた性能を提供する場合、あなたは既存市場にいる。優れた性能とは、製品やサービスの速度が速いことでも良いし、何かをより良く行うのでもよい。市場ですでに提供されている何かを十分に改善すればよいのだ。この市場の良い点はユーザーも市場も既知であることだが、それは競合にとっても同じである。実際、競合他社によって市場が定義される。そのため競争の本質は、製品やその機能になる。

より安い製品もしくは再ポジショニングされた「ニッチ」製品で市場に参入することも可能であるが、その場合、我々はそれを「再セグメント化された市場」と呼ぶ。

〉〉新規市場の新規製品

別の可能性としては、新製品を新規市場に投入することがある。これまで世の中に存在しなかったものを提供して大きな顧客層を創造する場合、あなたは新規市場にいる。真のイノベーションで、劇的なコストダウンや新しい顧客層の創造などまったく新たな何かを生み出す場合や、新規製品が調達、スキル、便利さ、場所などの課題を他の製品ができなかった方法で解決するものだった場合に新規市場を生み出す。コンパック社初のポータブルコンピュータは管理職がコンピュータを持ち歩くことを可能にした。それまではまったくできなかったことだ。同社はポータブルコンピュータ市場という新規市場を創造したのである。インテュイット社はクイッケンを提供することで、人々が自分の財務状況を自分のパソコンで管理することを可能にし、小切手を書くこと、小切手の記帳、月々の残高の確認など、多くの人々がやりたがらず、また上手くできなかったことを自動化した。そうすることで、同社は個人の会計市場を創造した（ここでいう「市場を創造した」とは、「市場に最初に参入した」ということでなく、その企業の市場シェアや存在が市場そのものと連携しているということである）。

新規市場の良い点は、最初は（うっとうしい他のスタートアップ以外には）競合がいないため、自社製品の機能についてあまり問われないことだ。悪い点は、ユーザーと市場が確立されておらず未知であることだ。新規市場を開拓する場合、課題は他社と製品機能で競合することではなく、いかにして一定以上の数の顧客を説得し、自社のビジョンが幻想ではないと信じさせられるかである。新規市場を創造するには、何かができないでいる大規模な顧客層が存在するか、それらの顧客に自社製品が必要である、もしくは欲しいと思わせることができるか、自社が新規市場の開拓者である間に顧客が製品を受け入れてくれるかといった点を理解することが必要である。さらに、資金調達についてもかなり洗練された思考力が必要である。すなわち、顧客が製品を受け入れ始めるまでの間、資金の消費速度をいかに制御するか、そしてどのようにして我慢強くてお金持ちの投資家を見つけ、その理解を得られるか、といったことだ。

〉〉新規製品による既存市場の再セグメント化：低コスト

半数以上のスタートアップは、市場を再セグメント化するような新製品の投入を試みることで中間の道を進もうとする。既存市場を再セグメント化することは2つの形態を取り得る。すなわち、低コスト戦略とニッチ戦略である（セグメンテーションは単なる差別化とは異なる。セグメンテーションとは顧客の心の中で自社が明快かつ明確な地位を得ることである。そして、その地位は唯一無二で理解しやすく、かつ顧客が価値を感じ、欲し、今すぐ必要とする何かに関わっていなければならない）。

低コストによる再セグメント化は言葉どおりである。既存市場の最下層に、価格が十分に低いのであれば性能が「必要最低限」であっても購入するという顧客がいるだろうか？　もし、あなたが本当に低コストで（かつ利益を出して）製品提供できるのであれば、既存市場にこの方法で参入するのは面白い。というのも、既存の会社は低マージンのビジネスを捨て、上位市場を目指す傾向があるからだ。

〉〉新規製品による既存市場の再セグメント化：ニッチ

ニッチによる再セグメント化は少し異なる。ニッチによる再セグメント化では、既存市場を見て「この市場のある顧客層は、特定のニーズに対応するように設計された新製品を購入するだろうか？ 価格が高くなるとしても？ もしくは、製品がある面において性能が悪くてもこのニッチには関係ないだろうか？」と問うことである。ニッチによる再セグメント化では、新製品のある特徴が非常に劇的なもので、既存市場のルールや形状を変えてしまうという点を突いて顧客を獲得する。低コストによる再セグメント化と異なり、既存市場の購買力のある顧客層の中核を狙う。

両方に共通するのは、市場の再セグメント化は既存市場の製品に対する人々の考え方を再構成するところである。イン・アンド・アウト・バーガー社は、既存市場の再セグメント化の古典的な例である。新興の（とは言え、今や200店舗をチェーン展開する）ファストフードのチェーン店がマクドナルド社やバーガーキング社の占有する市場に参入して成功するなど誰が考えただろうか？ しかしイン・アンド・アウト・バーガー社は、既存のハンバーガーチェーンが本来のコンセプトから外れてしまっているという点にシンプルに着目することで成功を収めた。2001年の時点で、大手ハンバーガーチェーンは味のぱっとしないメニューを数多く揃えていた。まったく対照的に、イン・アンド・アウト・バーガー社の商品は3つだけだったが、すべて新鮮で高品質、素晴らしい味である。同社は、ほかの何物でもなくおいしいハンバーガーが欲しいというファストフードの中核セグメントに注力した。

既存市場の再セグメント化は、新興のスタートアップが最も選択しがちな市場タイプであるが、最も扱いにくい市場でもある。底辺層の再セグメント化戦略では低コストを切り口に市場参入しつつ、最終的には利益を上げ、上位マーケットに拡大していくという長期の製品計画が必要である。ニッチの再セグメント化では、自社が利益を上げている市場を必死に守ろうとする相手との熾烈な競合に直面する。そして、この両方において、巧みで迅速なポジショニングで市場を再定義することが要求される。

〉〉市場タイプと顧客開発プロセス

企業が顧客開発プロセスを進めていく時、市場タイプの重要性はステップごとに大きくなる。最初のステップである顧客発見では、すべてのスタートアップが、その市場タイプに関わりなくオフィスを出て顧客と話をする。顧客実証ではじめてスタートアップのタイプによる違いが現れ、営業とポジショニング戦略が急激に分岐する。第3ステップである顧客開拓では、市場タイプによる違いは非常に大きく、顧客獲得と営業戦略は劇的に異なる。市場タイプを理解していないスタートアップが立ちゆかなくなるのは顧客開拓のステップである。第5章で解説するこのステップでは、この潜在的な地雷を明らかにする。

企業が顧客開発プロセスを通過する速度は市場タイプによって異なる。金曜に前の職場を辞めて、月曜に前職と同じ市場により良い製品を提供するスタートアップに加わったとしても、やはり顧客開発プロセスの一連の質問に回答する必要があるが、この場合には簡単で、数週間から数ヵ月で達成できるはずだ。

対照的に新規市場を創造する会社は、際限のない質問に答えていかなければならない。顧客開発プロセスを完了するには1～2年もしくはそれ以上に長くかかるかもしれない。

市場タイプの違いを表2.2にまとめた。顧客開発モデルが「我々はどのタイプのスタートアップなのか」に答える明確な手法を提供していることを理解してもらえると思う。この質問は顧客開発プロセスのステップごとに問い直してみるべきだ。

表2.2｜市場タイプの特徴

	既存市場	再セグメント化市場	新規市場
顧客	既存	既存	新規／新用途
顧客ニーズ	性能	1. コスト 2. 顕在化したニーズ	簡易さ／便利さ
性能	より良く／ より速く	1. 低価格層には十分 2. 新規のニッチユーザーには十分	「従来視点」からは低性能だが、顧客の新基準では改善
競合	既存プレイヤー	既存プレイヤー	顧客が受け入れないこと／ 他のスタートアップ
リスク	既存プレイヤー	1. 既存プレイヤー 2. ニッチ戦略の失敗	市場への普及

〉〉〉〉製品開発と顧客開発を同期させる

第1章でも触れたように、顧客開発は製品開発部隊で行われる活動の代替となるものではない。むしろ、顧客開発と製品開発は並列のプロセスなのである。顧客開発部隊は、社外で顧客を中心とした活動に携わり、製品開発部隊は社内で製品を中心とした活動に専念する。一見、この2つの間には大したつながりはないように思えるかもしれないが、それは誤りである。スタートアップが成功するためには、製品開発と顧客開発が同期し続け、協調して実行されることが必須である。

しかしながら、スタートアップにおける2つの部隊の対話のあり方は大企業とは正反対だ。大企業における製品開発部隊の仕事は、既存市場へ追随する製品を開発することである。追随製品の開発はすでにわかっていることに基づいて開始される。すなわち、顧客は誰か、何が顧客に必要か、顧客はどんな市場に存在するか、自社の競合は誰かといったことである（これらの情報を得ることができるのは、既存市場が存在し、既存顧客および売上があるからだ）。大企業における製品開発と顧客開発の対話は、市場シェアと利益率の最大化を図るために、既存顧客が欲しがる機能は何であり、それをいくらで提供すればよいかを理解することが主となる。

対照的にほとんどのスタートアップは、自社の顧客が誰で、どの市場に属しているのかについて、推測することしかできない。開始時点ではっきりしているのは製品のビジョンが何かということだけである。そして、スタートアップの顧客開発の目標は、仕様で定められた製品に対する市場を見つけることであって、未知の市場に基づいて仕様を作成したり洗練させることではない。これが大企業とスタートアップの根本的な違いである。

別の言い方をすると、大企業は既存の顧客を見据えて製品開発を行う。既存の顧客、市場の要求、そして既知の競合環境に対して洗練を重ねた結果として製品機能が浮かび上がってくる。機能が固まるにつれ、製品が顧客や市場にどの程度応えられるかが明確になってくる。しかしながら、スタートアップは既知の製品仕様から開始して、未知の顧客に合わせて製品開発をしなければならない。製品機能は、ビジョンと未知の顧客や市場の要求を判断した結果として浮かび上がってくる。何度も洗練されることで市場や顧客がより明確になってくるのに従い、市場を満足させられるように製品機能が定まってくる。つまり、大企業では市場主導で製品仕様が決まり、スタートアップでは製品主導で市場が決まる。

どちらの場合においても、製品開発と顧客開発は手に手を取って進まなければならない。ほとんどのスタートアップで、製品開発部隊と営業／マーケティング部隊が公式に同期を取る機会は、議論を戦わせるための打ち合わせだけである。製品開発部隊は「どうしてこんな機能を顧客に約束してしまったんだ？ それは開発予定にない」と言う。営業は「どうしてリリースで提供すると約束した機能がいくつも欠けているんだ？ そういった機能も確約しないと注文を獲得できない」と応える。顧客開発プロセスの目標の1つは、製品への集中と顧客への集中を協調させ続け、わだかまりなく、そして予想外の事態を最小限に抑えるといったことを確実に実行することだ。顧客開発プロセス全体を通じて同期の重要性が強調されている。製品開発と顧客開発の同期の例としては以下のものがある。

- □ 顧客発見、顧客実証、顧客開拓、組織構築の各ステップにおいて、製品開発と顧客開発部隊が一連の公式な「同期」打ち合わせを実施する。両部隊が同意しない限り、顧客開発は次のステップに進まない
- □ 顧客発見において、顧客開発部隊は、新しい機能を増やすのでなく製品仕様の実証に努める。顧客が、解決すべき課題は存在しないと思っている場合、または課題が重大でないと考えている場合、あるいは我々の製品仕様では課題を解決できないと見なしている場合、これらの場合にはじめて顧客開発部隊と製品開発部隊は再度打ち合わせの場を持ち、仕様を増やすか洗練させる
- □ 同じく顧客発見において、もし顧客が新しい製品機能もしくは機能の修正が必要であると言い続けている場合は、製品開発担当責任者が顧客開発部隊と同行して顧客のフィードバックを聞いたうえで新しい機能を追加する
- □ 顧客実証では、製品開発部隊の主要メンバーが営業サポート部隊の一部として、顧客との打ち合わせに同行する
- □ 組織構築では、製品開発部隊が初期製品の導入とサポートを行いつつ、サポートとサービスの担当者の教育を実施する

〉〉〉〉まとめ：顧客開発プロセス

顧客開発モデルは4つのよく定義されたステップからなる。すなわち、顧客発見、顧客実証、顧客開拓、そして組織構築である。以降の各章にもある通り、それぞれのステップには明快で簡潔な一連の成果物があり、企業と投資家に顧客開発の現場で進捗があるという明快な証拠を提供する。その上、最初の3つのステップは電話ボックスに入りきるくらいの人数で成し遂げることが可能だ。

各ステップがそれぞれ特定の目的を持つ一方、プロセス全体にアーチをかける目標がある。それは利益を生み出し、拡張性のある事業の存在を証明することである。これによって会社が金を稼げるようになる。

偉大な起業家になるということは、霧の中の混乱と幾万の選択肢の中から道筋を見つけ出すことである。それにはビジョンとプロセスが必要である。本書では、そのプロセスがどのようなものなのかを紹介する。やるべきことは単純である。顧客開発の4つのステップを厳格に徹底して実施すれば、成功を実現する可能性が高まり、成功の確信（epiphany）を得られるのだ。

第3章
顧客発見

千里の道も一歩から
——老子

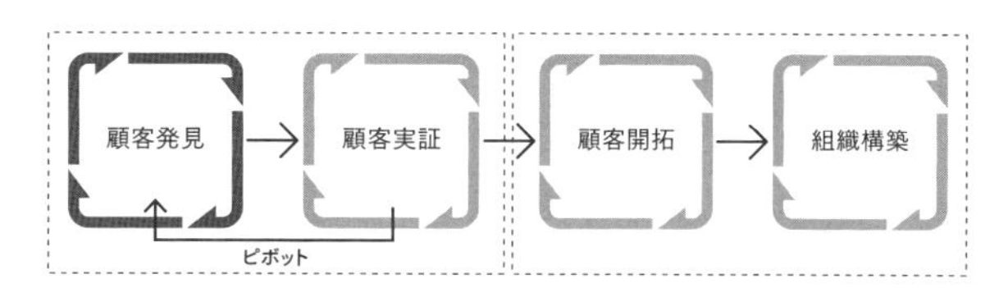

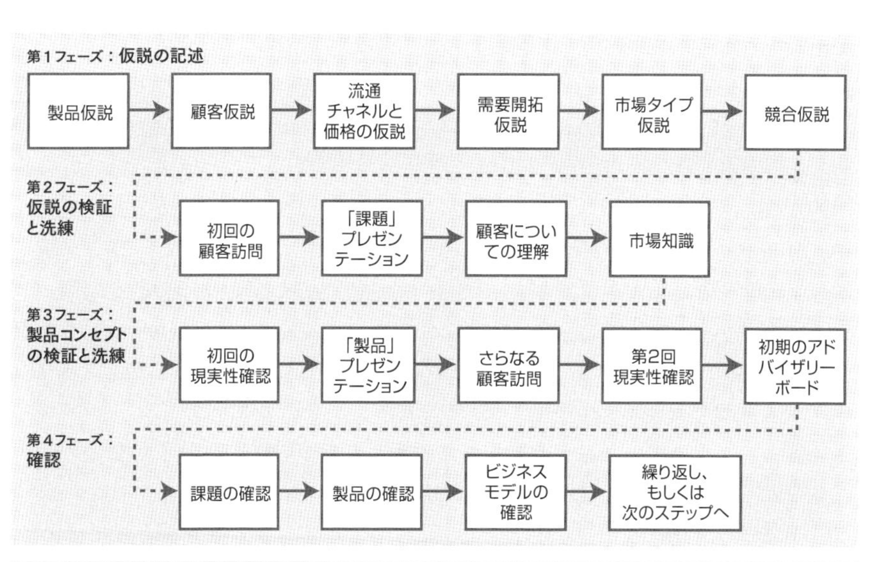

顧客発見のプロセス詳細図

1994年、スティーブ・パウエルは新しいタイプのホームオフィス用事務機のアイデアを思いついた。ISDNと呼ばれる新型の高速電話接続を利用して、ホームオフィス用の“超”多機能事務機とでも呼ぶべき製品を発明したのだ。その機械はファックス、ボイスメール、インテリジェントな電話転送機能、電子メール、ビデオ、そして電話をオールインワンで提供するものであった。彼は当初その機械の顧客は1100万人のSOHO事業者であると考えていた。

スティーブの技術的なビジョンには説得力があり、彼の会社であるファストオフィス社は、1回目の増資により300万ドルを調達した。彼は根っからのエンジニアであったが、他の多くの技術スタートアップと同じように創業社長として自社を率いた。初回の増資から1年後、彼はさらに500万ドルを前回より高い株式評価額で調達した。シリコンバレーの良き伝統に則り、彼のチームは標準的な製品開発モデルに従い、18ヵ月後にはフロントデスクという名の最初の製品を顧客向けに出荷開始した。しかし小さな問題が1つだけあった。それは、フロントデスクの価格が1395ドルもしたため、顧客がファストオフィス社の前に列を作って買いに来るということにはならなかったことだ。一方、ファストオフィス社の取締役会は、他のスタートアップと同様、発売初日から順調に売上が積み上がっていくことを想定していた。ところが、最初の顧客向け出荷から6ヵ月経っても売上計画を達成できず、投資家たちは不満を募らせていた。

私がスティーブと彼の経営陣に会ったのはちょうどこの頃だった。彼の会社に出資しているベンチャーキャピタルが、彼が「ポジショニング」するのを手伝ってほしいと依頼してきたからだ（もし今同じ依頼を聞いたら、「製品は出荷開始されたがまったく売れていない。なんとかならないか」という意味の暗号であるとわかる）。フロントデスクのデモを見たとき、私は「これはすごい。実に画期的な製品だ。ぜひ自宅にも1台欲しいのですが、おいくらですか」と反応したが、1400ドルだと聞き、「えっ！　そんなに高くては買うのは無理だ。ベータ版テストユーザーとしてモニター利用できますか」と返答してしまった。その時、スティーブがかっとなってこう言ったのを今でも覚えている。「みんなそう言うんだ。一体何が悪いんだ？　どうして買わないんだ」。厳しい現実であるが、ファストオフィス社はフォルクスワーゲンを買う予算しかない人に向けてロールスロイスを作ってしまっていた。その結果、この製品に手が届くのはわずかな数の——残念ながら本当にわずかな数の——SOHO事業者だけだった。

スティーブと彼のチームはスタートアップの典型的な失敗を犯してしまった。彼らは素晴らしい「製品」を開発したが、同等の時間を「市場」の開発に費やすことを怠ったのだ。SOHO市場には、フロントデスクが「必須」であるような切迫したニーズは、まったく存在しなかった。しかも価格が高いとなればなおさらだった。つまり、ファストオフィス社のソリューションには解決すべき課題がなかったのだ。

「あったら便利な」事務機器にSOHO事業者が1400ドルを支払うことはあり得ないという事実に気づくと、彼らには新たな戦略が必要になった。この手の問題に直面したすべてのスタートアップと同様に、ファストオフィス社は営業担当責任者を解雇すると、新たな営業およびマーケティング戦略を打ち出した。すなわち、自宅で働くSOHO事業主の代わりに、「全国各地に分散した社員」である自宅勤務の営業マンを雇用しているフォーチュン1000 企業に向けて販売しようとした。ホームデスクと改名された同社の「新」製品を利用することで、自宅にいる1人の営業担当者をあたかも大企業のオフィスで対応しているかのように顧客や取引先に感じさせることができるので、大企業の営業担当責任者であれば付加価値の高い従業員のために1400ドルの出費を惜しまないであろうと考えたのだ。

新戦略は紙の上では素晴らしく見えたが、最初の戦略と同じ課題に突き当たった。同社の製品はあると便利かもしれないが、切迫した問題を解決するものではなかったのだ。大企業の営業担当責任者たちが夜眠るときに心配するのは各地のオフィスのことではなく、いかにして予算を達成するかであった。

続いて起きたのは、第1章でも触れたスタートアップ版の日本の能とでも呼ぶべきお決まりの展開であった。プランBの失敗に直面し、ファストオフィス社はマーケティング担当責任者を解雇し、さらに新たな戦略を打ち出した。同社は今やスタートアップの死のスパイラルに入っていた。新たな戦略とともに経営幹部が次々に交代した。第3の戦略も失敗に終わると、もはやスティーブがCEOを続けることも認められず、取締役会が事業経験豊かな経営幹部を新たなCEOとして連れてきた。

ファストオフィス社のストーリーの面白い点は、それがあまりによくある話だというところである。スタートアップは顧客向けの製品出荷開始に神経を集中し、そして製品が世に出た後になって初めて、顧客が自分たちの予想したとおりの行動を取らないことを学ぶ。そして、売上が予想値を達成できないことがわかるまでに、手の打ちようのない状況に追い詰められてしまうのだ。ところで、これが今回の話の結末かと言えば実はそうではない。顧客発見とは何なのかを説明した後で、ファストオフィス社の話の続きをしよう。

ほとんどのスタートアップと同じように、ファストオフィス社も製品開発の方法や製品出荷日に向けた進捗管理の方法は知っていた。しかし、同社に足りなかったのは、顧客を理解し、自社製品の市場を見つけることに関しての進捗を管理するような、初期の顧客開拓に関する一連の達成目標であった。以下の4つの質問にファストオフィス社が回答できていれば、顧客に関する一連の目標を達成していたかもしれない。

- ☐ 顧客が解決したい課題を特定できたか？
- ☐ 顧客のニーズを自社製品で満たせるか？
- ☐ ビジネスモデルは継続可能でかつ利益が出るモデルか？
- ☐ 製品を売り歩くのに十分なだけの学習を終えているか？

これらの質問に答えることが、顧客開発モデルの最初のステップである顧客発見の目的である。この章では顧客発見に着手する方法を説明する。

〉〉〉〉顧客発見とは何か

顧客発見の目的とは何なのか、もう少し掘り下げて明らかにしていくことにしよう。スタートアップはビジョンから始まる。すなわち、新製品やサービス、顧客への到達手段、なぜ多くの人々がその製品を買うかなどについてのビジョンである。しかし、スタートアップの創業者が市場や潜在顧客について考えていることの多くは、単に知識をベースとした推測に過ぎない。設立初日のスタートアップの実状は「信念をベースとした会社」なのだ。ビジョンを現実に、信念を事実に（そして儲かる会社に）変えるためには、推測や仮説を検証し、その中から正しいものを見つけ出さなければならない。したがって、顧客発見の一般的な達成目標は、「創業者が当初描いた、自社のビジネスモデルや市場、顧客に関する仮説を事実に変えること」という一文に集約される。そして、真実はいつも会社の外にあるのだから、主たる活動は顧客、パートナー、サプライヤーを訪問することである。創業者たちがこのステップを実施してはじめて、自社が確かなビジョンを持っているのか、それとも単に幻想を抱いているのかがわかる。

簡単なことに思えるだろう。ところが大企業で働いたことのある人にとって、顧客発見のプロセスは頭を混乱させるものである。大企業のマーケティング担当者が学ぶ製品管理についてのルールと真逆なのだ。顧客発見であなたが「やってはいけないこと」を列挙すると次のようになる。

- ☐ すべての顧客のニーズや欲求を理解する
- ☐ 顧客が自社製品を購入する前に、顧客が要望する「すべての」機能のリストを作る
- ☐ すべての顧客からの要望を足し合わせた機能リストを製品開発部隊に渡す
- ☐ 詳細なマーケティング仕様書を製品開発部隊に渡す
- ☐ フォーカスグループインタビューを実施して自社製品に関する顧客の反応を検証し、顧客が自社製品を買うかどうかを確かめる

以上のことを行う代わりに、自社の製品を繰り返しかつ段階的に、大勢ではなく少数の人たちに向けて開発する。それどころか、自社製品に顧客がいるかどうかがわかる前に製品の開発を始める。

経験豊富なマーケティング担当責任者もしくは製品管理担当責任者にとって、このようなやり方は混乱し直感に反するだけでなく、思想の根幹を揺るがすものである。私がすべきでないと言っていることはすべて、マーケティングや製品管理の専門家がこれまで教育を受け、得意としてきたことである。なぜすべての潜在顧客のニーズが重要でないのか？ 新興企業の最初の製品と大企業の後継製品のマーケティングはどう違うのか？ それほどまでに既存のやり方を大きく変えてしまうスタートアップの最初の顧客とは何なのか？

〉〉多数でなく、少数の顧客のための製品を開発する

伝統的な製品管理やマーケティングプロセスの目標は、製品開発部隊のためにマーケティング要求仕様書（Marketing Requirements Document：MRD）を作成することだ。マーケティング、営業、エンジニアリングの各部隊の共同作業の成果として、MRDには顧客から要望される可能性のあるすべての機能が優先順位付きで記載される。マーケティング部隊はフォーカスグループインタビューを開催し、現場からの営業データを分析して顧客からの機能に関する要望と苦情に目を通す。この情報をもとに製品仕様に追加される機能が決まり、製品開発部隊が次のリリースに反映させる。

このプロセスは、すでに実績のある会社が既存の市場に参入する場合には理にかなっているが、スタートアップにとっては愚行である。なぜだろうか？ す

でに実績のある企業においては、MRDプロセスを利用することで製品開発部隊が既存市場に訴求する製品を確実に開発できる。この場合、顧客とそのニーズはすでにわかっているのだ。しかしスタートアップにおいては、最初の製品はメインストリームの顧客の要望を満たすようには設計されない。最初の製品リリースの段階でメインストリーム顧客が必要とするすべての機能を満たす製品を開発できる費用的・時間的な余裕は、どのスタートアップにもないのだ。そのような製品を市場に投入するとなると何年もかかってしまい、投入できた頃には用をなさなくなってしまうであろう。成功するスタートアップでは製品を繰り返しかつ段階的に開発することに集中し、初期の段階において自社のビジョンを高く評価してくれる非常に少数の顧客グループに営業努力を集中することで、この難問を解決している。スタートアップはこの少数の「ビジョナリー顧客」のグループから、後続リリースに加える機能を決めるのに必要なフィードバックを入手する。製品に心酔し、その製品がどんなに優れているかを広めてくれる人を、しばしばエバンジェリストと呼ぶ。しかしここでは、未完成で十分に検証されていない製品の良い話を広めてくれるだけでなく、実際に買ってくれるようなビジョナリー顧客を表す新しい言葉が必要である。私はこのような人々をエバンジェリストユーザー[※1]と呼んでいる。

〉〉エバンジェリストユーザー：この世で出会える最も重要な顧客

エバンジェリストユーザーは、スタートアップの製品やサービスを採用するというリスクを取ってくれる特別な顧客である。彼らがそうしてくれるのは、スタートアップが提供する製品が自分の直面している重要な課題を解決する可能性があると知っているうえに、購入する予算があるからである。残念ながら、ほとんどの顧客はこのプロファイルに合致しない。以下に、実業界における例を挙げる。

金曜日の銀行で、建物の外には隣の交差点まで続く行列ができてしまい、給料の小切手を換金するのに1時間かそれ以上かかってしまうところを想像して

※1 MITのエリック・フォン・ヒッペルが著書『イノベーションの源泉』で普及させた「リードユーザー」については、多数の研究がある。以下の論文も参照されたい。

- Enos, J. L. (1962), *Petroleum Progress and Profits: A History of Process Innovation*, MIT Press.
- Freeman, C. (1968), “Chemical Process Plant: Innovation and the World Market,” *National Institute Economic Review* 45 (August), pp. 29–57.
- Lilien, Gary L., Pamela D. Morrison, Kathleen Searls, Mary Sonnack, and Eric von Hippel (2002), “Performance Assessment of the Lead User Idea Generation Process,” *Management Science*, Vol. 48, No. 8 (August), pp. 1042–1059.

ほしい。そのうえで、あなたがあるソフトウェア会社の創業者で、自社の製品を使えば待ち時間を十分に短縮できると想像してほしい。あなたはその銀行を訪問し、頭取にこう言う。「あなた方の課題を解決できる製品があります」。もし返事が「課題とは何のことかね？」というものだったら、彼はあなたが解決可能な緊急のニーズに気づいていない顧客である。スタートアップの最初の2年間の活動において、彼が顧客になることはまずあり得ないし、製品のニーズに関する彼からのフィードバックには何の意味もない。このような顧客は「潜在的なニーズ」を持つ、古典的な「レイトアダプター」である。

別の反応として、頭取から次のような返事があるかもしれない。「はい、我々は大変な課題を抱えています。私は強く責任を感じており、真夏の暑い日には列を作ってお待ちのお客様に水をお配りしております」。この場合、彼は課題を抱えていることは認識しているが、症状をカルテに書く以上のことをする意欲はないというタイプの顧客だと言える。彼は自分が抱えている課題に関する有益なフィードバックを提供してくれるかもしれないが、新製品をいち早く購入してくれる顧客ではない可能性が濃厚だ。「顕在化したニーズ」があるため、後日あなたが「メインストリーム」製品を提供できるようになればおそらくこれらの顧客に販売可能だが、今現在は無理である。

もしあなたが幸運であれば、次のような返事をする銀行の頭取に会えるかもしれない。「はい、その課題には本当に悩まされています。実際、そのために年間で50万ドル以上の事業損失を被っているのです。我々の小切手換金の処理にかかる時間を70%短縮できるソフトウェア製品をずっと探しています。その製品は銀行のバックエンドシステムのオラクル社製データベースと連携でき、コストが15万ドル以下でなければと考えています。それを6ヵ月以内に導入したいのです」。さあ、核心に近づいてきた。この顧客は「解決策の具体像」を持っている。もし彼が「我々の課題を解決できるソフトウェアを一度も見たことがないので、IT部門に自社開発するよう指示を出しました。そしてなんとかソリューションを作り上げたのですが、窓口業務でシステム障害を起こしてばかりで、CIOはシステムが止まりはしないかと気が気でないようです」と言ったとしたら、一層好都合だ。

もうゴールは目前だ。あなたが見つけた顧客は課題があまりに重大なので、部品を寄せ集めて自社でソリューション開発までしている。

最後に、頭取が次のように言うのを想像してほしい。「ああ、もしもこの課題を解決できるベンダーを見つけられたとしたら、システム部門に与えた予算と同じ50万ドルを費やしてもいいのだが」(本当のことを言えば、そんなことを言う顧客は実在しない。しかし想像するのは我々の自由だ)。ついに、あなたは法人向けに営業するスタートアップにとっての究極の顧客を見つけた。一般消費者向け商品の場合にはこんなに大きな金額になることは少ないが、同様にニーズの階層を追っていくことで、エバンジェリストユーザーとなり得る消費者を見つけることができるはずだ。

エバンジェリストユーザーであることは、以下のような特徴から確認できる(図3.1)。

- □ 顧客は課題を抱えている
- □ 顧客は自分が課題を抱えていると理解している
- □ 顧客はソリューションを積極的に探しており、探す期限も設定されている
- □ 課題が深刻であるため、顧客は暫定ソリューションを自社開発した
- □ 顧客は課題解決のための予算をすでに計上、もしくはすぐに獲得可能である

これらの特徴は顧客の苦悩を測るための指標となる。顧客の苦悩をこの指標で区分することは、顧客発見の重要項目である。私の考えでは、4番目か5番目の区分の顧客のみがエバンジェリストユーザーになり得る。つまり、すでにソリューションを自分で開発しており、しかも予算があるかまたは予算を獲得できる顧客である。これらの人々は完璧なエバンジェリストユーザー候補である。フィードバックを得ることができ、最初の販売先となる可能性が高く、他の

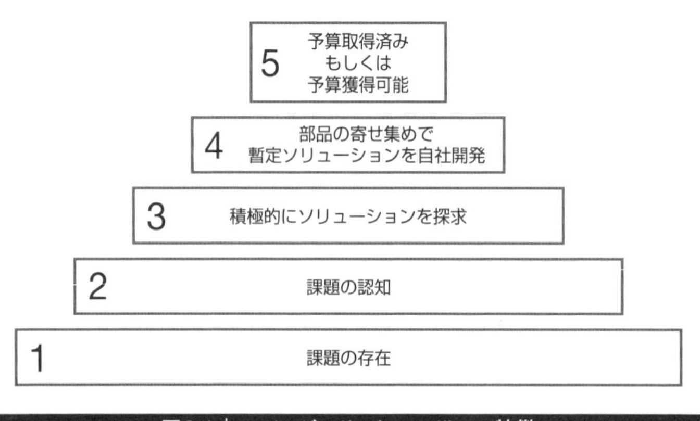

図3.1 | エバンジェリストユーザーの特徴

人たちにあなたの製品のことを話し、あなたのビジョンが現実のものであると触れ回ってくれる。このような顧客に出会えた場合は、自社のアドバイザリーボードに加わる可能性のある専門家として、（頭の中にある）リストに加えることを忘れないようにする（アドバイザリーボードについては、第4章で詳しく触れる）。

〉〉ビジョンに基づいて開発を開始する

スタートアップが、メインストリームで必要とされる可能性のある機能すべてを製品仕様とするのではなく、あえて少数の初期の顧客グループのために製品を、しかも繰り返し型で開発するという考え方は過激である。しかし、それに続く行動も同じくらい革新的である。

会社を始めた時点では、製品仕様に対する顧客からのインプットは非常に限定的である。会社は、自社の初期の顧客が誰であるのかも（わかっていると思っているかもしれないが）、彼らが要望する仕様もわかっていない。対処案の1つとして、顧客開発部隊が初期顧客を見つけるまでの間、製品開発を一時停止することが挙げられる。しかし、デモを公開できる製品があり、フィードバックを得て反映させられることは顧客開発プロセスを前に進めていくうえで有益である。より生産的な方法は、創業者のビジョンと経験に基づく機能リストに従って製品開発を進めることである。

そのため顧客開発モデルでは、創業チームは製品を仕様どおりに開発して、自社が定義したそのままの製品を購入してくれる顧客を探し出すことが求められる。そしてそのような顧客を見つけてから、顧客のニーズを満たすように初期リリースの製品をカスタマイズする。

このような考え方の転換は重要である。スタートアップの最初の製品に関して顧客に会う目的は、製品改良のために機能への要望を集めることではない。自社ですでに開発を進めている製品の顧客を見つけることなのだ。

もしも（そしてその場合に限り）仕様どおりの製品に対する顧客が見つからない場合、顧客が要望する機能を製品開発チームに持ち込む。つまり、顧客開発モデルでは、機能要求は当然ではなく例外なのだ。そうすることで、最初の顧客向け製品出荷を遅らせ、製品開発チームメンバーの頭を変にさせるような、果てしなく続く仕様要求リストの山を避けることができる。

製品開発チームが顧客からのフィードバックなしに製品開発を開始するのであれば、どうして顧客と話す必要があるのだろうか。なぜ単に製品を開発し、出荷し、どこかの誰かが買うことを祈らないのか？　ここで重要なのは、「製品開発を開始する」ことである。顧客開発の仕事は、製品開発に遅れずに会社が顧客に関する知識を獲得できるようにし、製品出荷開始の日までにお金を払ってくれる顧客の獲得を保証することである。重要な副次利益は、顧客開発部隊が自社組織の中で積み上げる信頼である。製品開発部隊は顧客のニーズや欲求を理解している部隊とやり取りを行うことで、製品の機能や変更の要求が上がってくるたびに眉間にしわを寄せる必要がなくなり、要求が顧客のニーズに関する深い理解に基づいていることに理解を示すようになる。

顧客開発チームが初期顧客のニーズの本質を発見するたびに、製品開発部隊に価値あるフィードバックがもたらされる。後ほどわかるが、このような顧客開発と製品開発の同期のための打ち合わせを実施することにより、顧客から得られた重要な情報がこの先の製品開発に確実に反映されるようになる。

〉〉本節のまとめ

幅広い顧客層に対して製品開発をするMRD手法とはまったく対照的に、成功するスタートアップの最初の製品リリースは「お金を払ってくれる最初の顧客に対してのみ必要にして十分」であるように設計されている。顧客発見の目的は、キーとなるビジョナリー顧客を見出し、彼らのニーズを理解し、自社製品が解決可能な課題に彼らが喜んでお金を支払うのを確認することである。一方で、あなたは自分の当初のビジョンに基づいて製品開発を開始し、自社のビジョナリー顧客を利用してそのビジョンに市場性があるかどうかを検証する。そして、学習結果に基づいて自分のビジョンを調整する。

もしファストオフィス社がこのことを理解していたら、何度も誤った出発をせずに済んだであろう。幸運にも、同社は生き延びて再挑戦し、(少なくともレイトステージの出資者にとっては) ハッピーエンドとなった。新しいCEOは、同社の技術資産の本質について理解すべく、(CTOとなった) スティーブ・パウエルと協調して作業にあたった。この新しいリーダーは、営業とマーケティングの社員を解雇し、製品開発部隊を中核とする体制に縮小した。同社の中核資産が、データ通信回線上で音声通信を実現するデータコミュニケーション技術にあることを、彼らは発見した。ファストオフィス社は家庭用の製品を捨て、通信事業者向け装置に改めて集中し、大手のサプライヤーとなった。顧客発見プロセスを実施していれば、同社はもっと早く成功していたであろう。

顧客発見プロセスの概要

顧客開発モデルの第1ステップである顧客発見プロセスに関して、その背後にある大切な考え方についてはすでに述べたとおりである。ここではプロセス全体の概要を簡単に示す。

顧客開発のすべてのステップに共通することだが、顧客発見プロセスはいくつかのフェーズに分割される。ただし、その後に続く他のステップとは異なり、顧客発見ステップには「第0フェーズ」が存在する。すなわち、スタートを切る前に取締役会や幹部スタッフからの合意を得ることが必要だということである。顧客発見にはさらに4つのフェーズが続く（図3.2）。

第1フェーズは、自社のビジョンとビジネスモデルに込められた数々の仮説を説明するような概要資料の作成という労力のかかるプロセスである。これらの仮説は自社製品、顧客、価格、ニーズ、市場そして競合についての想定であり、続くフェーズで検証する。

第2フェーズでは、潜在顧客に関する仮説の検証を行い、その想定の妥当性を確かめる。この時点ではもっぱら聞き役に徹してほしい。ここでの目的は顧客とその課題を理解し、顧客の事業、業務フロー、組織、製品ニーズについての深い知識を獲得することである。客先から自社に戻ったら、学習したことをすべてとりまとめ、製品開発部隊に顧客のフィードバックを報告し、共同で製品および顧客に関する概要資料を修正する。

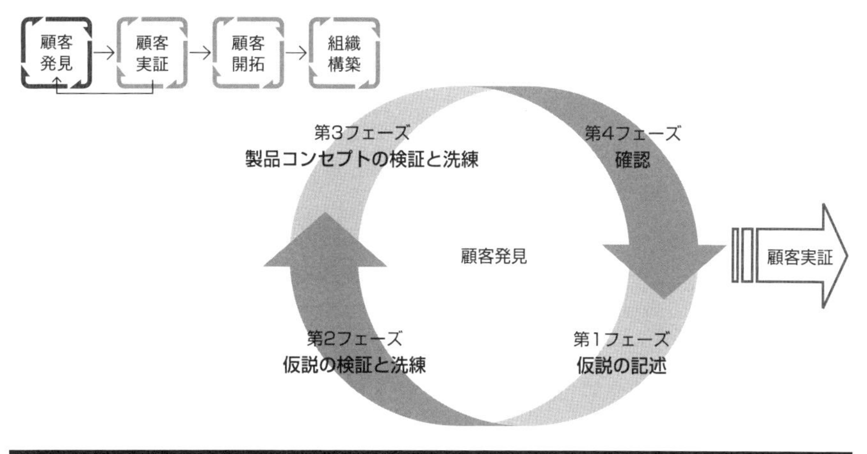

図3.2 | 顧客発見：プロセス概要図

第3フェーズでは、修正した製品コンセプトを客先に持っていき、製品の機能について検証する。その目的は製品を売り込むことでなく、「はい。我が社の課題はこれらの機能で解決できます」と顧客に言ってもらい、第1フェーズの仮説を実証することである。

製品の機能を検証するとともに、より大きな概念についても検証することになる。それは自社のビジネスモデル全体の妥当性である。妥当性のあるビジネスモデルというものは、ソリューションに高い価値を見出し、当該ソリューションを（企業向けの場合には）ミッションクリティカル、（消費者向けの場合には）「必須の」製品であると評価する顧客に基づいて成り立つ（製品と市場のフィット）。潜在的な購入者に対して価格、流通チャネル戦略、営業プロセス、セールスサイクルなどを検証し、誰がエコノミックバイヤー（予算を握っている人）であるかを発見する。これは、消費者向けの製品についても適用されることであり、10代向けの販売においてはエコノミックバイヤーは両親であり、ユーザーが子どもであるということになるかもしれない。

最後の第4フェーズではいったん立ち止まり、顧客の課題を理解したか、製品はそれらの課題を解決するか、顧客は製品のためにお金を払うか、その売上から利益を得られるビジネスモデルに結び付くかといったことを確認する。このフェーズでは、ついに顧客発見ステップの成果物が得られる。それは、課題記述書、製品仕様書の拡張版、営業・売上計画の修正版、そして現実的な事業計画と製品計画である。製品仕様書とビジネスモデルが検証済みか、少数のビジョナリー顧客向けに製品を売り込めるほど十分に顧客のことを学習済みか、それとも顧客を再度訪問してもう少し学習する必要があるかを決めるのだ。このステップを成功裏に実行できた場合に限り、顧客実証のフェーズに進んでほしい。

顧客発見を簡単にまとめると以上のようになる。この章の残りの部分は、たった今説明した各フェーズについての詳細である。この章の最後にあるまとめの表では、各タスクと成功の判断材料となる成果物が詳細に網羅されている。しかし、各フェーズの詳細に進む前に、「誰」が顧客開発の作業を実行するのかを理解する必要がある。顧客開発部隊はどのようなチーム構成になるのだろうか？

〉〉顧客開発部隊

顧客開発プロセスでは従来の役職名をやめて、代わりにより機能的な肩書きを利用する。スタートアップが顧客開発プロセスのはじめの2つのステップを進む間は、営業、マーケティング、事業開発についての組織や責任者は存在しない。その代わり、起業家精神にあふれる顧客開発部隊がスタートアップの中心となる(顧客開発部隊の定義については、付録Aを参照のこと。付録はP.xxivを参照してダウンロード)。

まず第1にこの「部隊」には、ほんの数名のエンジニアがプログラミングをしている間に(あるいはハードウェアを開発している間に)顧客のもとに出向いて話をする技術系の創業者が含まれている。さらにたいていは、プロダクトマーケティングやプロダクトマネジメントの経験を持つ「顧客開発リーダー」がいて、顧客と製品開発部隊の橋渡し役として機能する。後にスタートアップが顧客実証ステップに進むときには、顧客開発部隊は最初の注文を獲得するための作戦遂行を担当する専任の「営業のプロ」を含む数名規模のチームに拡大しているかもしれない。

しかし、個人であろうとチームであろうと、顧客開発部隊には会社の方向性、製品やミッションを劇的に変更するための権限と、創造的で柔軟な起業家精神が必須である。このプロセスで成功を収めるためにチームメンバーは以下の能力が必要だ。

- ☐ 顧客の反論を聞き、製品、プレゼンテーション、価格のいずれに問題があるのか、あるいはそれ以外なのか(もしくは適切なタイプの顧客ではないのか)を理解する能力
- ☐ 顧客と製品開発部隊の橋渡し役としての経験
- ☐ 絶え間ない変化を受け入れる能力
- ☐ 顧客の立場に身を置き、彼らがどのように仕事をし、どんな課題を抱えているかを理解する能力

顧客開発部隊を補完するのがスタートアップの製品開発部隊である。顧客開発担当者が社外で顧客と打ち合わせをしている間、製品開発部隊は製品を作り出すことに集中する。このチームのリーダーは、製品開発作業を統率する製品開発ビジョン責任者であることが多い。以降のページで触れるが、顧客開発部隊と製品開発部隊の日々のコミュニケーションが非常に重要である。

›››› 第0フェーズ：合意を得る

第0フェーズでは主要な関係者すべてから顧客開発プロセスそのもの、会社のミッション、価値基準など、いくつかの基本事項についての合意を得る。

顧客開発を製品開発と切り離された別立てのプロセスとする考え方は新しい概念である。したがって、すべての経営幹部や取締役がそれを理解しているわけではない。同様に市場タイプも新しい概念であり、顧客開発を進めるうえでキーとなる決断をする際に不可欠な要素である。結果的に、自社の正式なものとして顧客開発プロセスを開始するためには、すべての関係者を教育することが必須となる。出資者と創業者の間において、プロセス、キーとなる人材の採用、そして付加価値についての考え方が一致していなければならない。また、創業者、主要な経営幹部、取締役など、これらすべての関係者が製品開発と顧客開発と市場タイプの違いを理解し、それぞれを個別に扱うことの価値を認識していることを確認しなければならない。

製品開発プロセスでは実行に重点が置かれる。顧客開発プロセスでは学習、発見、失敗、繰り返し、そしてピボットに重点が置かれる。このことから、顧客発見と顧客実証の各ステップを2〜3回繰り返すのに十分な資金の保証を得ておきたい。このことについては創業チームが取締役会と早い段階で議論しておくべきである。取締役会は顧客開発が繰り返しのプロセスであることがわかっているか？　繰り返しが時間を費やすに値する必要なことだと信じているか？

このプロセスの独特な点として、最低15％の時間を社外での顧客との打ち合わせに使うという確約を製品開発チームから得ることがある。このような組織上の違いをスタートアップチーム全体で確認し、全員に共通認識を持たせることが必要である。

また、なぜ会社を興したのかについて、ビジネスと製品の両方の視点からのビジョンを文書化し、明確にしておきたい。この文書はミッションステートメントと呼ばれるが、この時点では、「世間に出て資金調達をしようとしていたときにあなたが何を考えていたか」という以上の何物でもない。それは事業計画の中で自社製品と市場について説明する2段落分程度の文章でよい。それらを文書化し、自社の壁に張っておく。自社がどんな製品を作るべきか、どの市場で仕事をしたいのかといったことがわからなくなったときには、ミッションステートメントを参照するのだ。このやり方は、「ミッション指向リーダーシップ」と呼ばれる。

危機的状況や混乱状況においては、自社の存在理由や目的は何なのかを理解していることが、物事を明確にするための道しるべとなる。

時を経るにつれ、会社のミッションステートメントは変わっていく。数ヵ月の間に微妙に変わることもあれば1週間で劇的に変わることもあるが、賢明な経営陣であれば、市場や製品に関する最新の流行に合わせてミッションステートメントを変えるようなことはしない。

最後に、ミッションステートメントの隣に創業チームの根本的な価値基準を掲示する。ミッションステートメントと異なり、根本的な価値基準は市場や製品に関するものではない。それは長い期間にわたって変わることのない、会社のよりどころとなる本質的な信念であり、会社の土台となる道徳的、倫理的、感情的な礎石である。長きにわたって続いている中核的な価値基準の良い例としては十戒がある。「おい、2つ目の戒めはなくしたほうがいいんじゃないか」というようなことを誰かが口にすることはめったにない。それらが紙の上に——いや、石板の上に——誓われて以来四千年以上にわたり、ユダヤ・キリスト教の倫理の礎石であり続けている。

我々の目的にもう少し近い例としては、ある製薬会社の創業チームが力強い価値基準を明言している。「第1に、そして何をおいても、我々は人を救う薬を作ることを重視する」というものだ。創業者たちは「我々は第1に、そしてどんな犠牲を払っても利益を重視する」と言うこともできたはずであり、これもまた根本的な価値基準になり得る。それが会社の信念を表している限り、どちらかが正しいとか間違っているということではないのだ。

自社のミッションや方向性がはっきりしない場合、根本的な価値基準※2を方向性や指針のために参照してもよい。根本的な価値基準を実際に役立たせるためには、最大でも3～5つ程度に抑えるべきである。

※2　価値基準に関する代表的な文献として、ジム・コリンズとジェリー・I・ポラスの『ビジョナリーカンパニー』（日経BP社、2005年）がある。

〉〉〉〉 第1フェーズ：仮説の記述

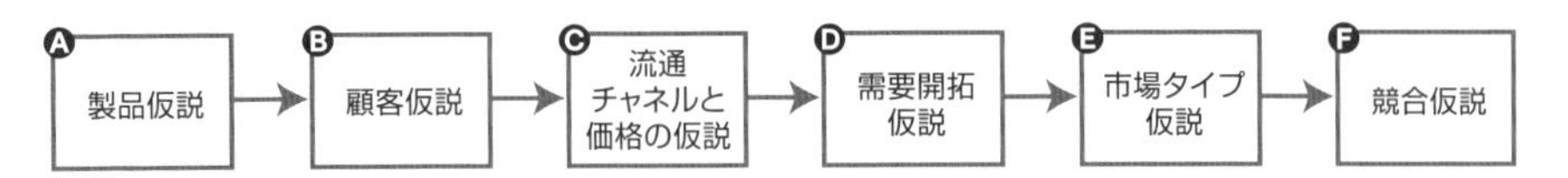

第0フェーズにおいて顧客開発プロセスを自社のプロセスとする合意を会社から得ることができたら、次のフェーズでは自社の初期の想定、すなわち仮説をすべて書き出す。顧客開発プロセス全体を通じて、それらの仮説を参照し、検証し、修正していくのだから、自社の仮説を文字で記すことが不可欠になる。仮説の概要は下記の分野それぞれについての1～2ページのレポートとなる。

- □ 製品
- □ 顧客および顧客の抱える課題
- □ 流通チャネルと価格
- □ 需要開拓
- □ 市場タイプ
- □ 競合

はじめはこれらの仮説を完成させるのに十分な情報がないかもしれない。実際、いくつかのレポートにはほとんど何も書けず、ショックを受けるかもしれない。しかし心配には及ばない。これらのレポートはあくまで骨組みであって、顧客発見を進めていく間、頻繁に読み直し、多くの顧客との打ち合わせから学んだ新たな事実に基づいて空欄を埋め、当初の仮説を修正していく。このフェーズでは、自分の理解していること（もしくは理解していると想定していること）を紙の上に書き出し、これから発見する新しい情報を記録するためのテンプレートを作成したい。

〉〉 仮説の記述：Ⓐ製品仮説

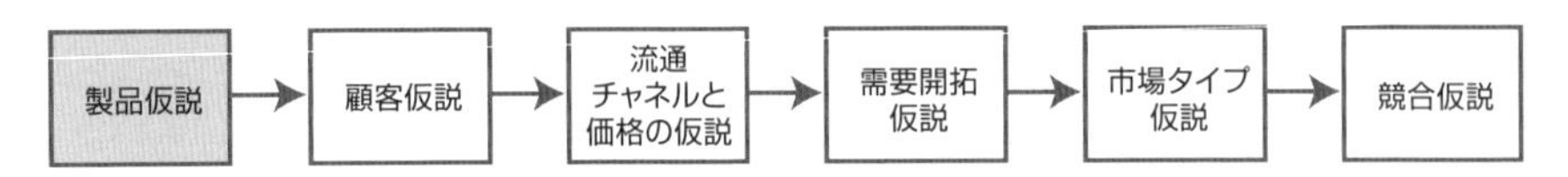

製品仮説は、製品とその開発に関する創業チームの初期の想定である。これ

に近いものは会社のもともとの事業計画の一部に含まれているはずだ。

◉製品開発部隊と顧客開発部隊の意識合わせのための初回ミーティング

ほとんどの製品レポートは製品開発部隊が作成する。技術ビジョンを担う製品開発部隊の責任者やそのチームメンバーに書類作成作業を依頼する機会はめったにないが、これは数少ない機会の1つである。製品仮説を紙に書き出して製品レポートの形にし、すべての経営幹部から合意を得ることは、顧客開発部隊が自分たちの仕事を開始するために必須のタスクである。

製品レポートには、次の6つの分野が記載される。

- □ 製品機能
- □ 製品のメリット
- □ 知的財産
- □ 依存性分析
- □ 製品出荷スケジュール
- □ 所有／活用のための全体コスト

以下に、各分野に何を記載すべきかを簡単に説明する。

◉製品仮説：製品機能

製品機能リストは、自社製品の主要な10件（またはそれ以下）の機能についての1～2行の概要説明からなる1枚の文書である（特定の機能を説明することで曖昧になってしまうのであれば、詳細な技術ドキュメントを参照する）。製品機能リストは製品開発部隊が自社の他の部隊に約束した契約文書である。最も難しいのは、どの機能をどの順番に出荷するかを決めることである。最初の顧客向け出荷開始時の製品機能に関する優先付けについてはもう少し後で議論する。

◉製品仮説：製品のメリット

製品メリットのリストには、製品が顧客にもたらすメリットは何かを簡潔に記述する（これまでにない製品か？　機能は優れているか？　手間を省くことができるか？　他より安いか？）。大企業においては、マーケティング部隊が製品のメリットを記述するのが普通だ。しかし顧客開発モデルでは、マーケティング部隊は顧客についてまだ何も知らず、製品開発部隊が顧客に関するあらゆる事実を知っていると考える。彼らとのミーティングを利用してそれらの事実をリストアップする。この時点では、マーケティング担当者は口をつぐみ、製品の機能がどのように顧客にメリットを与えるかについての製品開発部隊の想定を聞かなければならない。製品開発部隊主導で作成されたこれらの製品メリットを、仮説として実際の顧客の意見と照らし合わせて検証する。

◉製品仮説：知的財産

次に、製品開発部隊が知的財産に関する仮説と疑問を簡潔にまとめる。何か独自のものを発明しようとしているか？ 知的財産の中に特許を取得可能なものはあるか？ 守る必要のある企業秘密はあるか？ 他社の知的財産を侵害していないことを確認済みか？ 他社の特許のライセンス許諾を受ける必要があるか？ ほとんどの製品開発部隊は特許を厄介事と捉え、経営幹部は法外に高い特許取得費用を支払ってまで積極的に特許戦略を取るのは用心しすぎだと信じている。しかし、会社が大きくなると、他社はあなたが特許を侵害していると考えるかもしれない。そのときに交換取引できる知的財産があれば都合が良い。さらに重要なのは、これから発展していく業界において決定的な特許を持っていたら、財務的にも重要な資産となる可能性があるということだ。

◉製品仮説：依存性分析

依存性分析は、その名前から連想するほど複雑ではない。製品開発と顧客開発の両部隊が共同で、次のような1枚の文書を作成する。「我々が成功するためには（すなわち自社製品をたくさん売るためには）、我々のコントロール範囲外にある次のようなことが起きる必要がある」。自社のコントロールの範囲外にあるものとしては、確実に出現するであろう他の技術インフラ（すべての携帯電話がウェブ対応になる、光ファイバーがすべての家庭に到達する、電気自動車が大量に購入されるなど）、消費者のライフスタイルの変化、購買行動の変化、新たな法規、経済環境の変化などがある。依存性分析では、それぞれの要素について何が起きる必要があるのか（たとえばテレパシーが広く普及する）、いつそれが起きる必要があるのか（2020年までに25歳以下の消費者の間でテレパシーが当たり前になる）、そしてそれが起きなかった場合、自社にとってどういうことになるのか（代わりにインターネットを利用する必要がある）などについて記載する。同時に、変化を必要としたときに、それぞれの外的変化の発生をどのように測定するのかを記載するとよい。

◉製品仮説：製品出荷スケジュール

製品出荷スケジュールに関しては、初回リリース（必要最小限の機能）の出荷開始日だけでなく、次期製品の機能と出荷開始予定日、さらにはその後の何回かのリリースについてわかっている限り（最長18ヵ月間分）あわせて記載するように、製品開発部隊に依頼したほうがよい。スタートアップにおいては、こういった要望にはたいてい次のような答えが返ってくる。「初期製品を出荷開始する時期がなんとかわかるという状態なのに、一体どうやって将来の製品出荷開始日を考え出せというんだ」。これはもっともな答えであり、あなたは製品チームに、協力と最善の見積りを必要としている理由を明確に説明しなくてはならない。顧客開発部隊は実際に製品が出荷されるずっと前に、製品仕様に基づいて購入してもらう少数の初期顧客を説得しに行くため、こういった情報が重要なのだ。うまく顧客を説得するためには、数回のリリースを経た将来の製品の最終形がどのようになるかを示す必要がある。なぜなら、これらの顧客はあなたのビジョン全体に共感して、バグがあるような不完全な状態の初期製品にお金を出してくれるのだから。

製品開発部隊はこのフェーズで日付を尋ねられることに不安を感じるかもしれない。その場合には、この時点でスケジュールに関する見解を確約させようとしているのでないことを再確認するとよい。製品出荷についての情報は、顧客の反応を検証するために顧客発見ステップ全体を通して利用するものであり、顧客に対して確約するためのものではない。次のステップである顧客実証の最初の部分で、チームは製品出荷スケジュールに改めて立ち戻り、契約上の義務となる確実な出荷日を確約する。

◉製品仮説：所有／活用のための全体コスト

所有と活用のための全体コスト（TCO）分析では、自社が提供する製品を顧客が購入して使うのにかかる総コストを推定する。法人向け製品の場合、たとえば提供するソフトウェアを利用するために新しいコンピュータを買う必要があるか？ 製品を利用するためにトレーニングが必要か？ その他に物理的な、もしくは組織上の変更が必要か？ 会社全体に導入するためのコストはどれくらいか？ といった具合に考える。一般消費者向けの製品であれば、顧客のニーズに製品を「適応」させるためのコストを測定する。顧客はライフスタイルを変える必要があるか？ 製品を購入し、使用するための手順を一部でも変更する必要があるか？ 顧客は現在使っている何かを捨てたり、使わないようにすることが必要か？ といった具合だ。顧客開発部隊がこのような想定を進める際に、製品開発部隊はその想定が現実的かどうかについてフィードバックを提供するべきである。

以上の製品に関する6つの仮説をすべて記述し終えた時点で、製品をある程度詳細に説明したレポートができ上がる。そのレポートを壁に貼っておこう。まもなく、さらにいくつかのレポートが追加される。その後、すぐに顧客に対してこれらの仮説を検証することになる。

〉〉仮説の記述：Ⓑ顧客仮説

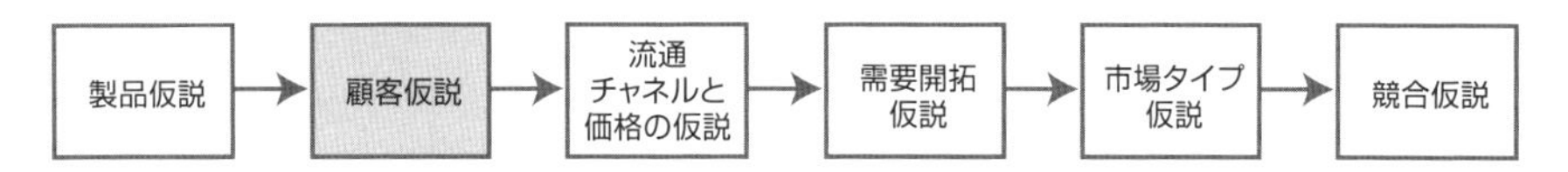

顧客レポートを作成するプロセスは基本的に製品レポートと同じであるが、今回は顧客開発部隊が最初の仮説を記述する。これらの仮説における主要なテーマは、誰が顧客なのか（顧客仮説）と、彼らの抱えている課題は何か（課題仮説）の2つである。顧客発見を進めていく中で、以下に関する情報でこれらの仮説を具体化する。

- □ 顧客タイプ
- □ 顧客の課題
- □ 顧客の日常業務／生活
- □ 組織図と顧客相関図
- □ ROI（投資収益率）の正当化
- □ 必要最小限の機能リスト

以下で、顧客とその課題に関するレポートの要素を1つずつ順番に考えてみよう。

◉顧客仮説：顧客タイプ

それが一般消費者向けのガム1個であれ、100万ドルの企業向け通信システムであれ、もしあなたがこれまでに製品を売ったことがあれば、すべての販売にはその購入手続きに複数の意思決定権者が存在することに気づいているであろう。したがって最初の質問は「製品を販売する際にアプローチすべき異なるタイプの顧客がいるか」である。あなたがプロセス管理ソフトウェアを大企業に販売しているのであれ、家庭用掃除機の新機種を販売しているのであれ、製品を販売するためには、多くのカテゴリーと多くの人々のニーズを満たさなければならない可能性が高い。顧客発見においては、これらのニーズについて理解するために時間を費やすことになる。後の顧客実証ステップで最初の「営業ロードマップ」を作成するまでに、すべての関係者のことを詳細に理解していなければならない。今の時点では、「顧客」という言葉が個人より複雑なものであることを理解すれば十分だ。筆者のこれまでの経験に基づき、代表的な顧客タイプを以下で説明する（図3.3）。

エンドユーザー：製品を日々利用するユーザーで、ボタンを押し、製品に触れ、操作し、利用し、製品を気に入ったり気に入らなかったりする人々だ。エンドユーザーのニーズを深く理解することは必要だが、エンドユーザーが販売プロセスに与える影響が非常に小さい場合があることを認識しておくことは重要である。これは購入の決定に多数の意思決定権者が影響するような法人向け営業において典型的なケースと言える。しかし、一般消費者向け販売についても同様に当てはまる。たとえば、子どもは大きな一般消費者市場であり、多くの製

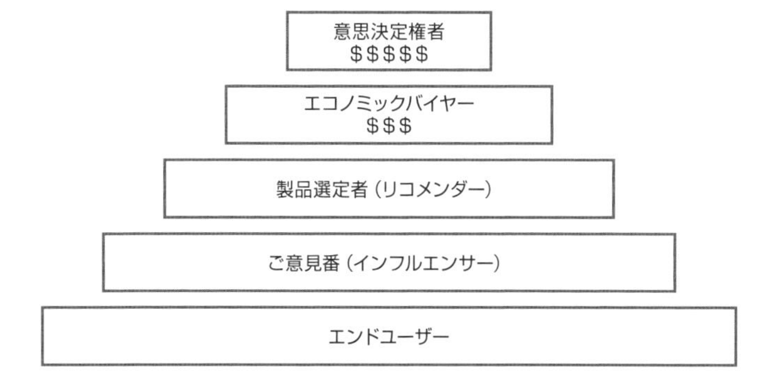

図3.3｜顧客タイプ

品のユーザーであるが、購入者は両親である。

ご意見番（インフルエンサー）：営業の食物連鎖において次に来るのは、自分の会社や家が購入する製品に利害関係があると考えているすべての人である。このカテゴリーにはシステム部門の技術者や、家族での買い物に「好き嫌い」で影響を与える10歳の子どもたちも含まれる。

製品選定者（リコメンダー）：これらの人々は、製品購入の決定に影響を与える。彼らは販売を成功させたり失敗させたりする点において、ご意見番とは異なる。例としては、新しいPCはデル社から購入すべきだと主張する部門長や、特定のブランドを強く好む配偶者などが挙げられる。

エコノミックバイヤー：意思決定の食物連鎖のさらに上はエコノミックバイヤー、すなわち購入のための予算を持ち、支出を許可する人がいる（それが誰であるかをあなたが知りたがるようになることは間違いない）。一般消費者の物品購入では、週次で音楽を買う予算を持っている10代の若者や、休暇用の予算を握っている配偶者などが当てはまる。

意思決定権者：エコノミックバイヤーが意思決定権者であることもあるが、さらに上の誰かであることもある。意思決定権者はユーザー、ご意見番、製品選定者、エコノミックバイヤーなどに関係なく、製品購入に関して最終的に発言する人である。製品にもよるが、意思決定権者の例としては教育熱心な郊外のサッカーママ／パパや、フォーチュン500のCEOが挙げられる。購入の最終的な意思決定権者を発見し、他の顧客タイプが意思決定権者の決定にどのような影響を与えるかを理解できるかどうかは、あなた次第である。

導入反対派：上記の顧客タイプに加えて、言及しなければならないグループがもう1つある。あなたから彼らを探すことはしないだろうが、彼らはあなたが来るのを見ている。私はこのグループを導入反対派と呼んでいる。たとえば、すべての大企業には現状に執着した個人なり組織なりが存在する。もしあなたの製品がある部署の安定、人員、予算を脅かすとしたら、このグループが温かく迎えてくれると期待しないことだ。そのため、自社製品によって最も脅かされる可能性があるのは誰かを予測し、また、組織における彼らの影響力を理解する。そして理想的には彼らを味方に引き入れてしまうような営業戦略を作成し、最悪でも彼らの影響を打ち消すといったことが必要である。導入反対派が大企業のみにいるとは考えないように。消費者向けの製品であれば、たとえば古い車に愛着を感じ、新しい車を運転することに苦痛を感じる家族の一員かもしれない。

個別の顧客レポートを作成する第一歩は、日々のエンドユーザー、ご意見番、エコノミックバイヤー、そして意思決定権者が誰だと思うのかを書き記し、図にすることである。企業向けの販売では彼らの役職や所属といったことを含めて記載し、図にする。エコノミックバイヤーは製品のために現時点で予算もしくは予算に準じるものを計上済みか、それとも顧客が製品を買う資金を獲得するためにエコノミックバイヤーを説得しなければならないのか。

まだ外で顧客と話をしていないのですべての顧客タイプを網羅できないかもしれないが、それでかまわない。単にあなたが発見しなければならないことがどのくらいあるかを思い出させてくれるだけで十分である。

もちろん、すべての製品がそんなに複雑な購買階層を持つわけではない。しかし、ほぼすべての製品の販売に複数の人が関与している。消費者向け製品であったとしても同様だ。単にご意見番、製品選定者らがもっと親しみやすい役職、たとえば「ママ」、「パパ」、「子ども」などになるだけである。

◉顧客仮説：一般消費者向け商品での顧客タイプ

一般消費者向け製品のうち一部のもの（衣類、ファッション、娯楽製品など）は、“課題”やニーズを伴わない。実際、米国の一般消費者は収入の40％以上を自由裁量的な購買、つまり嗜好品に費やしている。一般消費者向けに販売する手順は、上記に述べたような顧客タイプを特定することから始まる。異なる点は、一般消費者が嗜好品を購入する際には実際の課題やニーズは存在しないので、ぜいたく品の購入という行為を自己正当化しなければならないことである。顧客開拓のステップに進めば、必需品ではない出費に実際にそれだけの価値があることを、マーケティングのプログラムを通じて顧客に約束することになる。しかし、このフェーズでは、一般消費者の「顧客タイプ」を特定し、彼らの感情的欲求や欲望についての仮説を立てるだけで十分だ。つまり、自社の製品が心理的な報酬を提供できることについて、顧客を説得する方法を記述する。

◉顧客仮説：顧客の課題

次に知りたいのは、顧客の抱えている課題が何かである。理由は簡単だ。顧客が抱えている課題に対するソリューションとしての機能とメリットという観点からストーリーを組み立てるほうが、はるかに売り込むのが簡単だからだ。そうすれば、あなたが純然たる起業家というより、顧客を気にかけて潜在価値のあるソリューションを携えてきた人に見える。

顧客の課題を理解するためには彼らの苦悩、つまりどのように問題がふりかかり、そしてなぜ（そしてどの程度）問題なのかを理解する必要がある。ここで、給与小切手を換金するために銀行に長い列を作っている人々の課題に戻り、（銀行があなたの顧客になるのだから）銀行の視点から課題を考えてみよう。銀行の従業員にとって最大の苦悩は何だろうか？　その答えは各人各様である。銀行の頭取にとっては、イライラした顧客が預金を他の銀行に移し換えてしまったせいで、昨年1年で50万ドル損失したことが最大の苦悩かもしれない。支店責任者の最大の苦悩は、顧客の給与小切手を効率的に換金できないことだ。そして、銀行の窓口担当者にとっては、やっとの思いで窓口にたどり着き、イライラして不機嫌になった顧客を相手にしなければならないことである。

そのうえで、この銀行の従業員に「もし魔法の杖を持っていて何かを変えられるとしたら、一体何を変えますか」と質問する場面を想像するのだ。銀行の頭取であれば、現場にすぐに適用できるようなソリューションで、顧客の預金に関連した損失よりも安いものが欲しいと答えるだろう。支店の責任者であれば、給料日に小切手をより速く処理できるうえ、現在利用しているソフトウェアと一緒に利用でき、仕事のプロセスを変えずに済むものを欲しがるであろう。窓口担当者がどうにかしてほしいと思っているのは自分たちに文句をまくしたてる顧客で、新しい操作ボタンや端末やシステムはできれば勘弁してほしいだろう。

まったく同じように一般消費者向け製品における課題を検討することを想像しても、大した飛躍ではない。銀行の頭取と窓口担当者の代わりに、典型的な核家族が自動車の購入について話し合っているところを想像してほしい。家族のメンバーの交通手段に関するニーズは各人各様である。銀行において課題が各人各様だったのと同様に、一家で一番の稼ぎ頭が結論を下すだろうと直観的に想定するかもしれない。ところが21世紀の消費者の購買行動は決してそんなに単純ではない。

これまでの例からもわかるように、企業／家族／消費者のさまざまな階層ごとに課題がもたらす苦悩は異なるという観点から、課題の影響を整理する必要がある。最後に、「もし彼らが魔法の杖を持っていて何かを変えられるとしたら、何を変えるだろうか」という問いへの答えを書き出すことは、自社の新製品の見せ方を考えるうえで非常に参考になる。

すでにこの章で、顧客が持っているであろう課題認識の5つのレベルについて触れた。顧客の課題についてのレポートでは、それぞれの顧客タイプ（エンドユーザー、ご意見番、製品選定者、エコノミックバイヤー、意思決定権者）について、簡単な「課題認識度指標」を使う。慣れてくるにつれ、以下のポイントで顧客のカテゴリー分けを始められる。

- ☐ **潜在的ニーズ**：顧客は課題を抱えているが、そのことに気がついていない
- ☐ **顕在化したニーズ**：顧客は課題を認識しており、苦悩を感じている。課題解決の必要性を認識しているが、どうやって解決してよいかわからない
- ☐ **ビジョン、自社開発ソリューション、ソリューションへの予算**：顧客は課題に対するソリューションがどんなものかアイデアを持っており、ソリューションの開発までしており、さらに最良のケースではより良いソリューションのためにお金を払う用意がある

さて、今やあなたは顧客の課題について冷静に考えることができるはずだが、さらに別の視点から見てみよう。あなたは企業のミッションクリティカルな課題を解決しようとしているのか、それともなくてはならない消費者のニーズを満たそうとしているのか？　あなたの製品は不可欠か？　あったら便利という程度か？　銀行の例では、年間利益が500万ドルしかないにもかかわらず、給料日に発生する行列が年間50万ドルの被害を与えている、もしくはそれが数百もの支店で起きているものだとしたら、それはミッションクリティカルな課題であるかもしれない。逆に多国籍の銀行の1つの支店でしか起きていなければ、ミッションクリティカルではないかもしれない。

一般消費者向けの例でも同様である。とある家族はすでに自動車を2台持っているが、きちんと使える状態なのか？　もしくは、1台が壊れてしまい、もう1台もスクラップ寸前か？　前者であれば衝動買いであるが、後者の場合には「なくてはならない」ニーズである。

先に触れたように、なくてはならない製品かどうかを検証するには、顧客がすでにソリューションを構築済みもしくは過去に構築しようとしたことがあるかで判断する。そうであった場合、それは悪いニュースどころか、スタートアップにとって最高のニュースである。あなたはミッションクリティカルな課題とソリューションに関するビジョンを持つ顧客を発見したのである。素晴らしい。後は次のように言って顧客を説得するだけだ。「社内で開発をしたのであれば、ソフトウェア開発およびメンテナンスの業務を手がけていることになりますが、それはまさに我々の本業です」と。

◉顧客仮説：顧客の日常業務／生活

顧客開発を実行している真の起業家が最も満足感を得られる作業の1つは、顧客がどのように「仕事をする」のかを見出すことだ。顧客の課題についてのレポートの次のパートでは、「顧客の日常業務／生活」と題して、顧客について理解した内容を書き記す。

法人向けビジネスの場合、このタスクは対象企業の組織の多くの階層に対しての深い理解を必要とする。引き続き銀行の例を題材としよう。銀行がどのように機能しているかは、一利用者として小切手を現金化することでは知り得ない。銀行家の視点から、世界がどのように見えるかを知りたいのである。製品の潜在的なエンドユーザーである窓口担当者は、日頃どのような業務を行っているのだろうか？ 彼らはどんな製品を利用しているか？ どのくらいの時間をその製品の利用に費やしているか？ あなたの製品を入手した後、彼らの日常業務はどのように変わるか？ あなたが銀行の窓口担当ではない限り、このような質問をされたら途方にくれるはずだ。しかし、窓口担当の業務を理解せずに、一体どうやって彼らの課題を解決する製品を銀行に売り込むのであろうか？

さあ、今度は支店責任者の視点に立ってもう一度この作業を実行してほしい。彼らはどのように日常業務を行っているのか？ あなたの新製品は彼らにどんな影響を与えるか？ その次は銀行の頭取のことを考えて、同じことを実行してほしい。銀行の頭取というのは、普段は一体何をしているのか？ あなたの製品はどんな影響を与えるのか？ そして、もしあなたが銀行の他のソフトウェアと連携する製品を導入しようとしているのであれば、情報システム部門と相対しなければならない。システム担当者はどのように日常業務を行っているのか？ 他にどんなソフトウェアを利用しているのか？ どんな既存システムが運用されているのか？ 主な取引ベンダーはどこか？ 彼らは新しい会社とソフトウェアを歓迎するために、紙吹雪とシャンパンを用意してドアを開けて待っていてくれるのか？

最後に、銀行業界の動向についてあなたは何を知っているか？ 銀行業界のソフトウェアに関するコンソーシアムはあるか？ 銀行向けソフトウェアの展示会はあるのか？ 業界アナリストはいるのか？ あなたが対象業界の出身でない限り、（顧客の課題レポートの）この部分は大量の疑問符で占められるかもしれない。それはそれでかまわない。顧客開発では、回答は簡単に得られることが多く、的確な質問をすることこそが難しい。あなたは顧客のもとへ打ち合わせに出かけて、顧客の課題レポートの空欄を埋めるのだ。

一般消費者向け製品の場合にも、同じ作業が適用できる。消費者は課題を現状どのように解決しているのか？　そして、あなたの製品を手にしたときに、どのように解決するだろうか？　今より楽になるのか？　効率よくできるのか？　気分はよくなるのか？　顧客がどうやって、どんな動機で製品を買うのか理解しているか？

会社に戻ったら、製品開発部隊や同僚の前で顧客の日常業務／生活についての詳細な図を描いて説明する。これでひと仕事完了だ。

◉顧客仮説：組織図と顧客相関図

顧客の日常業務／生活について深く理解した今、ほとんどの顧客は単独で動いている訳ではないことがわかるであろう。顧客は他の人々と関わり合っている。法人向けの営業では、その相手は顧客企業内の別の社員であり、消費者向けの販売の場合には友人や家族となる。この部分のレポートでは、顧客の購買決定に影響を与える可能性のあるすべての人を列挙する必要がある。目標は、暫定的な組織図を作成し、製品ユーザーのまわりにいる人で購買に影響を与える可能性のある人全員を記載することだ。大企業の場合には図は複雑になり、その時点で不明な部分が多いかもしれない。消費者向けの販売であれば、あきれるほど単純な図になる様に思うかもしれないが、少し考えれば消費者が様々な人から影響を受けていることは明白である。この図が次の章で詳しく説明する営業ロードマップの最初の一歩となる。

いったん組織図ができ上がったら、次のタスクは、製品選定者、ご意見番、エコノミックバイヤー、導入反対派など、それぞれの関係性を理解することだ。どのようにすれば販売が実現するであろうか？　誰を（どんな順番で）説得すれば、販売が成功するのか？　これらを示しているのが、初期段階の顧客相関図だ。

◉顧客仮説：ROI（投資収益率）の正当化

今やあなたは顧客の日常業務／生活をすべて理解したのだから、もう仕事はおしまいだ。そう思うかもしれないが、実はまだ終わりではない。企業であれ一般消費者であれ、購買行為が「費用に見合うもの」であり、「良い買い物」をしたと感じることが重要である。企業においてそれはROIと呼ばれる（一般消費者においては「ステータス」が得られたという感覚、もしくは他の欲求が満たされたという満足感である）。ROIとは顧客の投資に対する期待効果を、時間、お金、リソース、もしくは一般消費者におけるステータスなど、達成すべき目標に関して計測したものだ。

銀行の例では、ROIの正当化は比較的容易である。顧客に聞いた話から、その銀行では年間に総額50万ドル相当の売上を失っているものと推定できる。また、個々の顧客からの利益は4%である。つまり、各支店において2万ドルの利益が顧客とともに去っていくのである（はじめにレポートを作成する際の数字は単なる推測である。顧客からフィードバックを得ながら、より正確な金額に差し替えていく）。ここで、他の100ヵ所の支店も同じ問題を抱えていることがわかったとする。その場合には、5000万ドルの問題であり、200万ドルの利益を失う。この課題を解決できるあなたのソフトウェアの価格は20万ドルで、他に年間5万ドルの保守料がかかる。システム連携と導入におよそ18人月、すなわち概算でさらに25万ドルのコストが顧客にかかる。顧客側では、フルタイムのIT技術者をシステムのメンテナンスに専任で担当させなくてはならない。そのための予算としてさらに15万ドルが追加される。最後に、100ヵ所の支店すべての窓口担当の教育に25万ドルかかる。

すべての直接コスト（すなわちその銀行があなたに支払うお金）を概算50万ドル、間接コスト（銀行が自社スタッフに支払うお金）を概算40万ドルとしよう。図3.4からわかるように、その銀行はあなたのソリューションに90万ドルを支払うことになる。単に顧客の列を短くするためだけにしては、多額に思えるかもしれない。しかし、その銀行がどのように機能しているかは学習済みであり、あなたの製品を導入することで年間で200万ドル以上業績を改善することがわかっている。製品コストは6ヵ月以内に回収でき、毎年その銀行は追加で185万ドル

当社ソフトウェアの費用		**銀行の売上利益向上**	
ソフトウェアの費用	$200,000	支店ごとの売上	$500,000
保守費用	$50,000	粗利（=4%）	$20,000
システム連携	$250,000	支店数	100
合計費用	$500,000	売上合計	$50,000,000
間接費用			
IT担当者1名	$150,000		
窓口担当者教育	$250,000		
合計費用	$400,000		
初年度合計費用	**$900,000**	**年間利益額**	**$2,000,000**
回収期間：6ヵ月未満			

図3.4 | ABC銀行のROI計算図

の利益を得ることになる。これは驚異的な投資対効果である。

こういった計算を記したスライドを顧客向けプレゼンテーションに加えたらどうなるのか想像してほしい。ほとんどのスタートアップは顧客のROIを議論する準備ができていない。ROIを無視しているだけならまだましなほうで、悪くするとROIを製品の価格と勘違いしている(おわかりのように、ROIには価格以外にも多くの要素が関係している)。一方でほとんどの顧客も、スタートアップにROIのことを直接質問することはない。というのも妥当なROI計算を行えるほど彼らの内部オペレーションに通じている外部のベンダーはいないと想定しているからである。ここであなたは例外だと仮定しよう。つまりあなたの製品のROIを顧客が正当化するのを支援できたら、顧客を説得するうえで非常に強力ではなかろうか? そうなのだ。そして、だからこそ顧客の課題レポートに顧客のROIを含めているのである。そのためには、ROIを計算するのに何を測定するか決めなければならない。売上増加? コスト低減もしくは圧縮? コストの転嫁? コストの回避? 無形コストはどうか?

最終的にエバンジェリストユーザーは、社内にあなたの製品を売り込むためにあなたのROI計算式を使う。顧客の課題レポートの項目にROIの正当化を含めるのは、そのようなことも意識しているからである。はじめのうちは、そこには何も書かれないが、あなたが顧客のことを学ぶにつれて開発される強力なツールを書き入れるための場所なのだ。

◉顧客仮説:必要最小限の機能リスト

顧客の課題レポートの最後のパートは、製品開発部隊が目にしたら驚くようなものである。それは最初のリリースに対して顧客にお金を払ってもらうのに必要な最小限の機能を理解することである。

必要最小限の機能リストは、営業やマーケティングのグループが製品開発部隊に依頼するものとはほとんど正反対である。通常、「先日会った顧客から聞いた」と言ってより多くの機能を切望するものだ。しかしながら顧客開発モデルにおいては、極めて少数の初期のビジョナリー顧客の意見に応じて追加すべき機能を決めるという前提がある。したがって、ここでの鉄則は「最初のリリースを早めるためには、機能をより少なくすることがより多くの成果をもたらす」である。直接顧客に機能X、YやZのことを尋ねる代わりに、「お金を払ってでも解決したい課題のうち、最も小さなもの、もしくは最も複雑ではない課題は何か」と尋ねることで、必要最小限の機能リストを明確にする。

〉〉仮説の記述：Ⓒ流通チャネルと価格の仮説

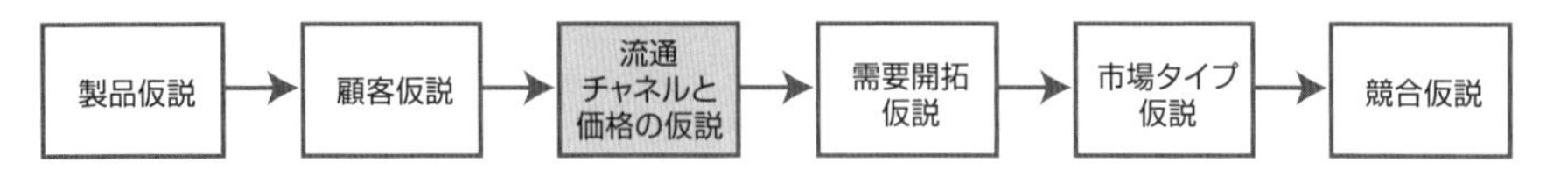

流通チャネル／価格レポートは、顧客にたどり着く流通チャネル（直販、オンライン販売、テレマーケティング、代理店、小売など）を検討するための第一歩であり、製品価格の最初の叩き台でもある。後述するように、価格と流通チャネルの決定は相互に関連している。

まずは流通チャネルから見てみよう。流通チャネルとは、製品がその製造地点（自社）からエンドユーザーまでに通る経路である。顧客に直販するとしても、製品の導入や利用を可能にするためのパートナー（システムインテグレータ、サードパーティ製ソフトウェア）が必要になるかもしれない。中間業者を通じて間接販売するのであれば、物理的に製品を流通させるチャネルパートナーが必要である。図3.5は、このプロセスがどのように機能するかを表している。

右端には自社の製品やサービスが解決できる課題を抱えた顧客がいる。

真ん中にはOEM業者やシステムインテグレータがいるが、彼らにとってはあなたの製品から得られる売上の比率は比較的小さく、顧客の課題に対する独自のソリューションや、ビジネスプロセスにおける彼らの高い付加価値から得られる売上の比率のほうが大きい。図3.5の下部にある小売や量販店は、製品の販売によって売上のほとんどを得ている。小売や量販店が提供する主な付加価値は製品を棚に並べることで、顧客が製品を手に取って購入できるようにすることである。自社と顧客の間には、製品とサービスの組み合わせを提供するさまざまな営業チャネルがある。1つ以外はすべて「間接チャネル」である。つまり、自社以外の誰かが顧客との接点を持っている。例外は、顧客に直接販売するための人員を採用し、組織化する直販営業チャネルである。

スタートアップは次の3つの基準を念頭に営業チャネルを選択する。(1) チャネルが営業プロセスにもたらす付加価値、(2) 製品の価格と複雑さ、(3) 顧客に定着している何らかの購買習慣／購買パターン。「付加価値型」チャネルでは、1対1の営業対応や、導入、修理、システム連携など特別サービスを提供することがある。対照的に「パッケージ型」の製品はしばしばカタログ通販やウェブサイト、店頭のディスプレイで直接購入される。一般的には、プロ向けの製品はパッケージ型の製品より高い価格で販売される。したがって、パッケージ型の

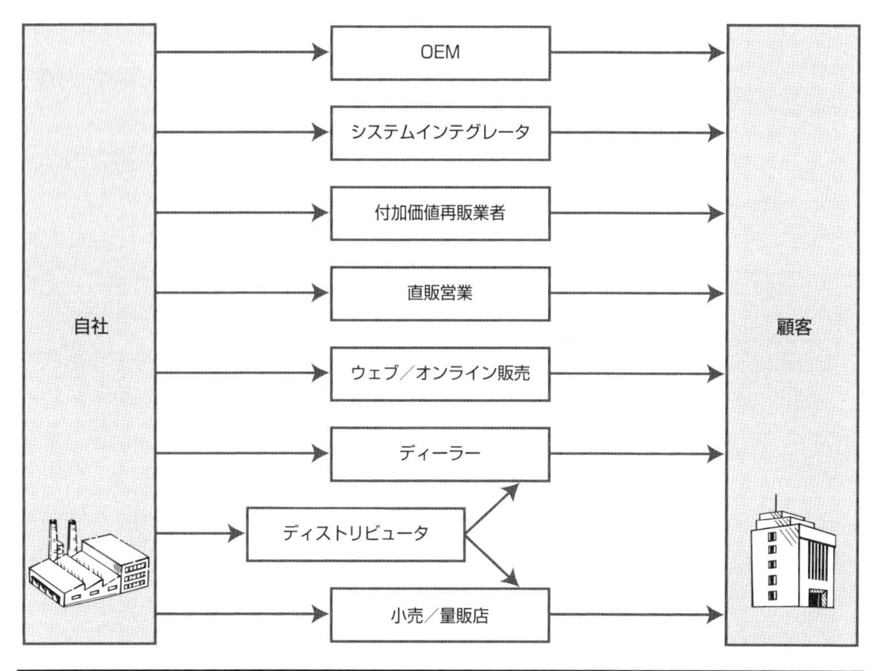

図3.5｜流通チャネルの選択肢

製品を取り扱う流通チャネル（小売、量販店）の販売手数料は、付加価値型チャネルの販売手数料より低い。

流通チャネル／価格レポートでは、製品がどのように顧客のもとに届けられるかについての仮説を記載する。先に触れた20万ドルの銀行向けソフトウェアの例では、最初に答えなければならない質問は「顧客はどのようにして買うのか」だ。自社から直接？ 代理店から？ パートナーから？ 小売店で？ 通信販売で？ それともインターネットで？

その答えは製品の想定価格、製品の複雑さ、顧客が好んでいるすでに定着している購買方法などさまざまな要因に依存する。

以下のいくつかに自問自答すると、製品の適切な価格を理解しやすい。あなたの製品と似たものを顧客がすでに利用している場合、現在顧客はその製品にどれだけのお金を費やしているのか？ 顧客があなたの製品のようなソリューションを必要としている場合、顧客は同様のことをするのに現在いくらを費やしているのか？ 銀行向けソフトウェアの例で、自社製品より機能の低い製品を銀行が50万ドル以上で購入済みであることがわかったと仮定しよう。このことは、自社製品の20万ドルの価格が十分に受け入れられるということを示す確固たる指標となる。あなたの製品と同様の製品がまったく存在しなければ、顧客は部分的なソリューションを多くのベンダーから寄せ集めて課題を解決していることがある。その場合、どのように課題を解決しているのか、それら寄せ集めた製品のコストの合計はいくらになるのか、顧客に確認してみる。

最後に、価格に関して考慮すべき点を2つ挙げる。第1に顧客の「生涯価値」、すなわち初回の売上だけでなく、顧客との関係が継続する期間を通じて、その顧客からどれくらいの売上を見込めるかである。たとえば、銀行向けソフトウェアを直販すると決めたとすると、あなたの最初の狙いは銀行に製品を1つ販売し、その後で年間の保守料を請求することかもしれない。しかし、1つの銀行に製品を売るための大変な労力を考えれば、この銀行に製品群を提案できることに気づくかもしれない。このことは、新製品が銀行のニーズに合致する限り、同じ銀行に対して毎年新製品を繰り返し販売できることを意味する。顧客の生涯価値を考えれば、製品戦略に影響を与えうる。

考慮すべき第2の点は、このフェーズでいつも私が顧客にやることである。「もし製品が無料であったら、実際に何個を導入しますか」と尋ねるのである。この目的は、価格を争点から外し、製品そのものに魅力があるかどうかを確認することである。顧客が肯定的であれば、こう続ける。「残念ながらこの製品は無料ではありません。実際は100万ドルだと想像してください。それでも買って頂けますか」。おかしな会話のように聞こえるかもしれないが、私はいつもこの手を使っている。なぜそんなことをするのかと思うかもしれないが、半数以上の顧客は次のようなことを言うからである。「スティーブンさん、君はどうかしているよ。この製品には25万ドル以上の価値はない」。つまり、顧客にいくらなら支払ってもよいかを言わせることに成功したのだ。

〉〉仮説の記述：Ⓓ需要開拓仮説

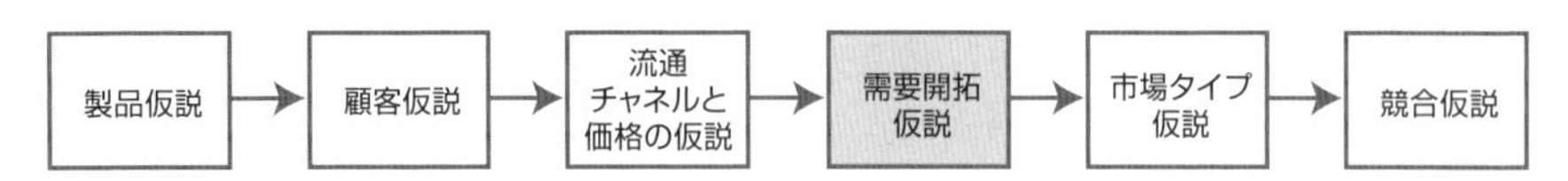

将来的には、営業チャネル経由で顧客を「獲得」するために、顧客に働きかけて「需要開拓」をしなければならない。顧客と話をする前に、彼らが新しい企業や新製品の情報を得る手段を確かめておきたい。このレポートには、販売の準備が整ったとき、顧客に自社や製品のことを知ってもらう方法についての仮説を

記述する。

顧客発見のプロセスを進める中で、需要開拓のための情報やご意見番を見つけるための追加情報で、仮説を肉付けしていく。

◉需要開拓仮説：顧客の需要を開拓する

理想の世界では、顧客はテレパシーであなたの製品がいかに素晴らしいかを知り、車や飛行機もしくは徒歩で来社し、お金を払うために列を作る。残念ながら、現実にはそんなわけにはいかない。あなたは製品に対する「需要」を開拓しなければならない。そして需要を開拓したら、自社製品を扱っている営業チャネルに顧客を誘導しなければならない。このレポートでは次の質問への答えを考え始める。あなたの選択したチャネルに顧客を向かわせるために、どうやって需要を開拓するか？　宣伝で？　広報活動で？　小売店での販促で？　スパムメールで？　ウェブサイトで？　口コミで？　セミナーで？　テレマーケティングで？　パートナー経由で？　それぞれの流通チャネルには需要開拓に関して必然的にコストがかかるので注意が必要だ。チャネルが直販営業部隊から遠くなるほど、需要開拓の活動費用が高くなる。なぜか？　直接的に顧客と接する結果として、直販営業部隊は単に製品を販売するだけでなく、暗黙のうちにマーケティングや宣伝も行っていることになる。その対極となる小売チャネル（ウォルマート、食料品店の棚、もしくはウェブサイト）は、製品が受身的に置かれている棚に過ぎない。製品は棚から飛び出して自分のことを顧客に説明しない。広告や広報活動などで影響を与えなければ、顧客は購入しに小売チャネルに来ない。

また、顧客があなたの会社や製品のことを耳にする手段を理解しなければならない。顧客は展示会に行くか？　顧客のまわりの人は展示会に行くか？　どの雑誌を購読しているか？　誰を信用しているか？　顧客の上司が購読しているのはどんな媒体か？　顧客の会社に最も深く入り込んでいる業者はどこか？　顧客が支援を依頼する先は誰か？

◉需要開拓仮説：ご意見番

ときには、顧客の購買決定への一番強い影響は、あなたの会社が直接与えるものではないこともある。それは、あなたの会社以外の誰かの発言かもしれない。すべての市場や業界には、新しいトレンドやスタイル、意見を先導する特定の個人や集団がいる。彼らは市場調査会社に雇われた権威者かもしれない。もしくは最新のファッションをまとった子どもたちかもしれない。このレポートでは、顧客の思考に影響を与えるご意見番が誰なのかを特定する必要がある。レポートにはアナリスト、ブロガー、ジャーナリストなど外部のご意見番リストが含まれる。顧客が読んだり話を聞いたりするソーシャルメディア、ブロガー、マスコミやアナリストなどのコミュニティにおけるビジョナリーは誰か？ 顧客が尊敬しているのは誰か？ このリストはアドバイザリーボードを組織する際や顧客実証ステップで、重要な業界アナリストや記者とのコンタクトを絞り込む際に利用できる。

〉〉仮説の記述：Ⓔ市場タイプ仮説

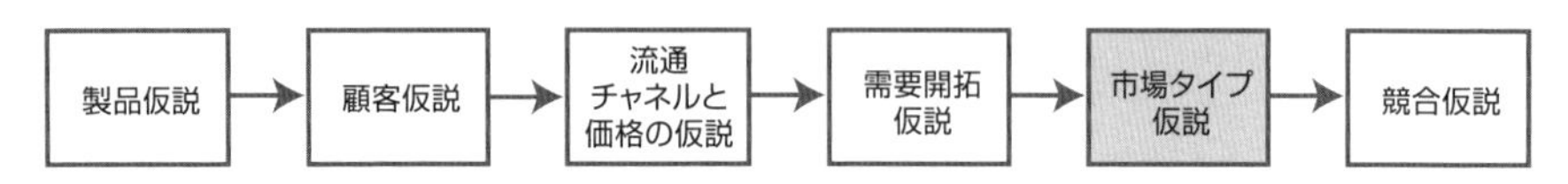

第2章では市場タイプの概念を紹介した。スタートアップは一般的に4つの市場タイプのうちの1つに参入するが、あなたの会社も最終的にはそのうちの1つを選ばなくてはならない。しかし製品機能の決定と異なり、市場タイプは「後決め」である。つまり、最終決定を顧客開拓ステップまで遅らせることができるということであるが、いずれにせよ作業していくうえでの仮説が必要である。この後、第4章と第5章で会社が属する市場タイプに話を戻し、顧客や市場のことを学んだ後であなたの分析を精査し深めていくことになる。

そうは言っても選択の誤りは重大な影響を及ぼすので、仮説の市場タイプの叩き台を構築し、顧客開発フェーズを進める際に検証できるようにしておいたほうが賢明である。そのためには、顧客開発部隊が市場タイプの叩き台を作成し、製品開発部隊とブレーンストーミングをすべきである。このレポートで探しているのは、次の質問に対する仮の答えだ。「あなたの会社は既存市場に参入するのか、既存市場を再セグメント化するのか、それとも新規市場を創造するのか？」。

スタートアップによっては選択が極めて明白な場合もある。コンピュータやPDA の「互換機ビジネス」をするために市場参入するのであれば、すでに選択はなされている。その市場は既存市場だ。これまで誰も見たことがない劇的に新しいタイプの製品を発明したのであれば、おそらく新規市場である。しかしほとんどの会社にはどの市場タイプにするかを選ぶ贅沢が許される。では、どのように選ぶのがよいのか？ 次のいくつかの簡単な質問がプロセスの出発点だ。

- □ 多数の顧客が存在する明確で確立された市場が存在するか？ 自社の製品は、既存の競合に比べて、より良い「何か」（パフォーマンス、機能、サービス）を持っているか？ ➡もしそうであれば、それは既存市場だ
- □ 多数の顧客が存在する明確で確立された市場が存在し、かつ自社の製品は既存製品より劇的に低コストであるか？ ➡その場合には、市場を再セグメント化している
- □ 多数の顧客が存在する明確で確立された市場が存在し、かつ自社の製品は既存製品に対して独特な差別化ができるか？ ➡その場合も、市場を再セグメント化している
- □ 多数の顧客が存在する明確で確立された市場が存在せず、既存の競合が存在しない ➡その場合、あなたは新規市場を創造している

上記の4つの市場タイプの選択に迷っているとしても心配には及ばない。顧客との会話を始めれば、どの市場にフィットするかについて多くの意見を顧客から得られる。今は各市場タイプを見て、あなたの現在のビジョンに最も適しているものを選べばよい。第2章でも同じものを示したが、表3.1で市場タイプ間のトレードオフを再確認できる。

◉市場タイプ仮説：既存市場への参入

自社や自社製品が既存市場を選択していると思うのであれば、競合を理解し、競合製品に対してどういった点で勝っているかを理解する必要がある。既存の多くの競合に対する自社製品のポジショニングは、競合に勝る適切な製品機能

表3.1 | 市場タイプのトレードオフ

	既存市場	再セグメント化市場	新規市場
顧客	既存	既存	新規／新用途
顧客ニーズ	性能	1. コスト 2. 顕在化したニーズ	簡易さ／便利さ
性能	より良く／より速く	1. 低価格層に十分 2. 新規のニッチユーザーには十分	「従来視点」からは低性能だが、顧客の新基準では改善
競合	既存プレイヤー	既存プレイヤー	顧客が受け入れないこと／他のスタートアップ
リスク	既存プレイヤー	1. 既存プレイヤー 2. ニッチ戦略の失敗	市場への普及

を巧みに選ぶことで達成される。あなたの考えをレポートにまとめてみよう。もし既存市場に参入しようとしているのであれば、レポートで触れるべき質問項目には以下のようなものが含まれる。

- ☐ 競合は誰で、市場を牽引しているのは誰か？
- ☐ 競合それぞれの市場シェアはどうか？
- ☐ 市場シェア上位の競合企業が投じている営業マーケティング費用の総額はいくらか？
- ☐ 既存の競合に市場参入する際のコストを理解しているか？（第５章で説明する顧客開拓のステップを参照）
- ☐ 性能で競争することになるが、何の性能が重要だと顧客は言っているのか？競合は性能をどのように定義しているか？
- ☐ １年目から３年目の間に市場の何パーセントを確保したいか？
- ☐ 競合は市場をどのように定義しているか？
- ☐ 既存の標準は存在するか？ 存在するのであれば、誰の思惑で標準が推進されているのか？
- ☐ これらの標準に準拠したいか、それとも拡張したいのか、あるいは別の標準と置き換えたいのか？ ➡拡張や置き換えをしたいのであれば、市場を再セグメント化しようとしていることになる。だが、もし本当に既存市場に参入しようとしているのであれば、忘れずに次のタスクＦで議論される競合レポートも記入すべきだ。そうすれば、自社のポジショニングがさらにはっきりしてくる

既存市場に関する考えをまとめる方法の1つに「競合ダイアグラム」を作成するというものがある。たいていは2つかそれ以上の主要な製品特性を選んで、機能／技術軸、価格／性能軸、流通チャネル／手数料軸など、特性に対応した軸に沿って競合を攻撃する。既存市場で使われる典型的な競合ダイアグラムは、図3.6のようなものであり、製品の最高の競合優位性を強調するように軸が選ばれる。

競合の基盤となる正しい軸を選ぶことは非常に重要である。既存市場に参入する場合、ポジショニングとは製品についてのことである。特に顧客が価値があると考える、製品の新機能でポジショニングするのだ。

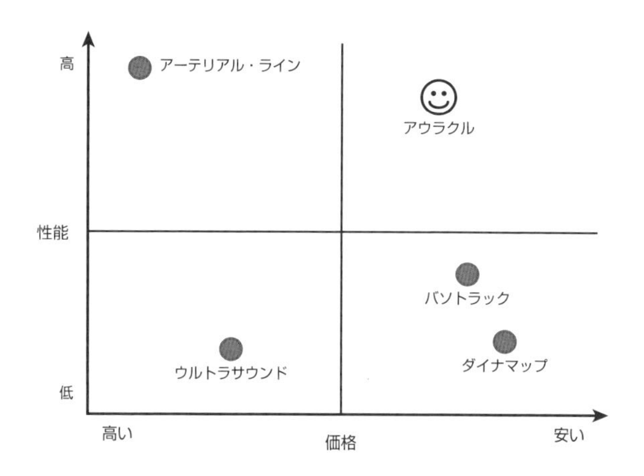

図3.6｜競合ダイアグラムの例

◉市場タイプ仮説：既存市場の再セグメント化

既存市場において市場リーダーと正面から対決する代わりに、既存市場を再セグメント化してもよい。その場合に選択するポジショニングは、(1)「低コスト提供者」であることを宣言するか、(2) ポジショニングを通じてニッチを発見するか（すなわち、製品またはサービスのある機能で既存市場を再定義し、独自の競争優位を獲得する）となる。

もし、あなたが既存市場を再セグメント化していると思うのであれば、レポートで触れるのに適切な質問は以下のようなものである。

- □ 顧客はどの既存市場から移行してくるのか？
- □ それらの顧客の特徴は何か？
- □ 既存のサプライヤーが満たしていない顧客の重要なニーズは何か？
- □ 現在のサプライヤーから切り替えをうながすために提供すべき重要な機能は何か？
- □ なぜ、既存企業はあなたと同じ機能を提供できないのか？
- □ 潜在的な顧客を教育して市場を十分な規模に成長させるのにどれくらいの期間がかかるか？ どの程度の規模か？
- □ どのように市場を啓蒙するのか？ どのように需要を開拓するのか？
- □ あなたの新しいセグメントに今のところ顧客がまったくいないと想定した場合、1年目から3年目の現実的な売上予測は？

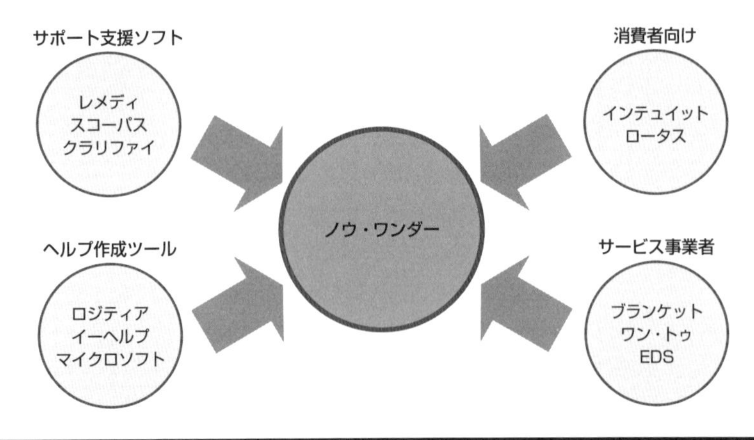

図3.7｜市場マップの例

このタイプのスタートアップの場合には、競合ダイアグラム（完全な新規市場のスタートアップと異なり、競合が存在するため）、および市場マップ（既存市場を再セグメント化することで実質的に新しい市場を創造しているため）を描く必要がある。両方を実施することで、なぜ多くの新規顧客がこのマーケットを信じて移行してくるのかが明確に説明できるはずである。

これまでの経験から言って、再セグメント化された市場や新規市場の場合には、図3.7のような「市場マップ」（この新規市場がどのようなものかを示すダイアグラム）を必ず描くべきだ。市場マップを見れば自社の独自性が何かを一目で理解できる。お決まりのジョークだが、すべての新規市場には、市場の独自性を表す流行語がつきものだ（訳注：PDA、SCM、SFAといった3文字程度の略語で表されるもの）。市場マップは自社を中心にして描く。

再セグメント化された市場では、既存市場から顧客を奪うことを想定している。そこから顧客を奪うことを想定している既存市場を描く（市場とは、共通の属性を持つ会社の集まりを表す）ことを忘れないように。

◉市場タイプ仮説：新規市場への参入

一見、新規市場は非常に魅力的である。競合のいない市場より良いものがあるだろうか？　競争がないということは、価格は言い値で決まるということを意味する。競合は存在せず、利幅は大きい。しかし、競合さえいないということは、市場が立ち上がらないリスクが大きいということである。新しい市場を創造するということは、現状は市場がないことを意味する。つまり顧客がいないのである。新規市場に参入しようとしているのであれば、レポートで触れるのに適切な質問は以下のようなものである。

- □ 創出しようとしている新規市場の周辺市場は何か？
- □ 潜在顧客はどの市場から移行してくるか？
- □ 顧客が自社製品を購入し利用するのは、どんな切実なニーズのためか？
- □ 顧客が自社製品を購入し利用するのは、どんな重要な機能のためか？
- □ 潜在顧客を教育して、市場を十分な規模に成長させるのにどれくらいの期間がかかるか？　市場はどの程度の規模か？
- □ どのように市場を啓蒙するのか？　どのように需要を開拓するのか？
- □ 自社の新しいセグメントに今のところ顧客がまったくいないと想定した場合、1年目から3年目の現実的な売上予測はどうなるか？
- □ 市場を啓蒙し成長させながら、新規市場でがんばり続けるのにどのくらいの資金が必要か？
- □ いったん市場を開拓した後で、すぐに後を追ってくる競合が市場を奪うのをどうやって阻止するのか？（「パイオニアとは後ろ向きに弓を構えている人たちのことだ」との言い回しができたのにも理由があるのだ）
- □ 自社製品が市場を再セグメント化している、もしくは既存市場に参入しているという形を定義することは可能か？

第2章で指摘したように、新規市場での競争とは機能で他社を打ち負かすことではない。ここでの競争は自社のビジョンが幻想でなく、顧客が抱えている課題を解決するものであることを、顧客を説得して信じさせることである。しかしながら「ユーザーは誰かということ」そして「市場の定義」そのものは定義されておらず未知である。自社を中心とした新規市場を定義するには、次に述べる競合レポートを利用することがカギとなる。

〉〉仮説の記述：Ⓕ競合仮説

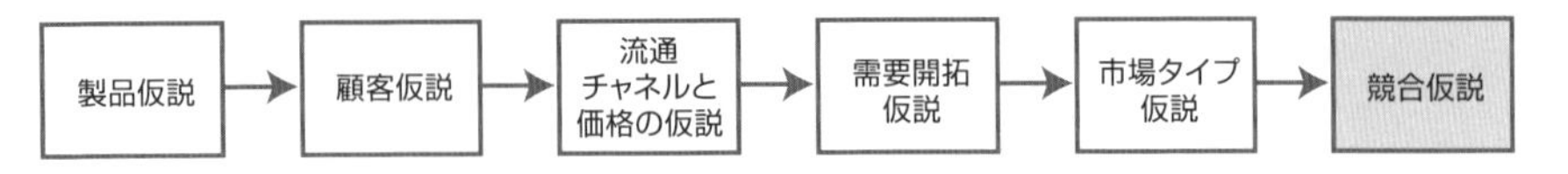

次に、顧客開発部隊は競合レポートを作成する。既存市場もしくは再セグメント化された市場に参入するのであれば、競争の基準は自社製品の特性である。このため、どのように、なぜ自社製品が競合他社の製品より優れているのかを知る必要がある。このレポートは、これらの質問に答えることに意識を集中するのに役立つ。

新規市場に参入しているのであれば直接の競合は存在しないのだから、競合分析をする意味はまったくない。前のフェーズで作成した市場マップに登場する企業を競合仮説のための"代役"にして、周辺市場とそこにいる企業が最終的にはあなたの新しい市場に移動してくるとの仮説のもと、以下の質問に答えられるはずだ。

- □ 参入しようとしている市場を観察し、既存企業がどれくらいの市場シェアを握っているかを推定してみよう。30%のシェアを持つ企業があるか？ あるいは80%以上を握っているところがあるか？ これらの数字は特別な意味を持つ。市場における最大手企業のシェアが30%程度かそれ以下の場合には、独占企業は存在しない。よって、この市場に参入することに挑戦してみてもよい。しかし、ある企業が80%以上のシェアを握っている場合（マイクロソフト社を想像してほしい）、その企業はその市場の所有者であり独占者である。この場合、あなたが取れる唯一可能な行動はこの市場を再セグメント化することである（詳細については第5章を参照）
- □ 既存の競合他社は競争の基準をどのように定義しているか？ 製品の特性か？ サービスか？ 他社の主張は何か？ 個別の機能か？ 自社や自社製品が他社と異なると思うのはなぜか？
- □ これまで顧客ができなかった何かが、あなたの製品で可能になるのかもしれない。もしそう思うのであれば、これまでと何が違うのか？ 製品がより良い機能を持っているからか？ より優れた性能のためか？ より良い流通チャネルのせいか？ 価格が安いからか？
- □ 仮に量販店で販売される場合、棚で自社製品の隣に並べられるのはどの製品か？ それらの製品は競合製品となる（たとえば、ティーボ〔訳注：米国で販売されているハードディスク型の番組録画装置〕はどこに並べられるであろうか。ビデオデッキの隣か、それとも別の場所か)。現時点で最も近い競合他社は誰か？ 競争するのは機能面か、性能面か、流通チャネルか、価格か？ もし近い競合他社がいないとしたら、あなたが提供するものと同等のことを実現したい時、顧客はどこに行くのか？

- □ 各競合製品のどんな点が一番好きか？ あなたの顧客は競合製品のどんな点を一番気に入るか？ 競合製品のどこかを変更できるとしたら、どこを変更するか？
- □ 法人向け製品であれば、競合製品を現在使っているのは誰か？ どんな役職で、どんな役割の人か？ 競合製品はどのように利用されているのか？ エンドユーザーのために業務フロー／設計フローを記述しよう。それが会社にどのような影響を与えているかも記述しよう。エンドユーザーの時間の何パーセントが、製品を利用するのに使われているか？ それはどの程度ミッションクリティカルか？ 一般消費者向け製品の場合には個人に焦点を当てて同様の質問をする
- □ 自社製品はまだ存在しないとして、人々は現在その製品なしでどうしているのか？ 単に製品で行える何かをまったく行わないのか、それとも苦労して行っているのか？

スタートアップは本能的に、自社とまわりの他のスタートアップを比較する傾向がある。しかしその場合は間違った課題を見ていることになる。はじめの数年間は、スタートアップは互いに相手を破綻させるようなことはしない。確かに資金調達や技術者の採用で互いに競争することはあるが、スタートアップにおける勝者と敗者の違いは、顧客が製品を買う理由を理解しているかどうかだ。敗者は決して理解していない。結果的に顧客開発モデルでの競合分析は、顧客がなぜあなたの製品を買うのかという点から始まる。そのうえで、大手や他のスタートアップなどの競合を含む市場全体を見渡して拡張していく。

このレポートで、最初で最後の大規模な書類作成作業が完了する。これからは社外に出て、潜在顧客が何を必要としているかを理解するための活動を開始し、仮説の叩き台を洗練させる。

》》第2フェーズ：仮説の検証と洗練

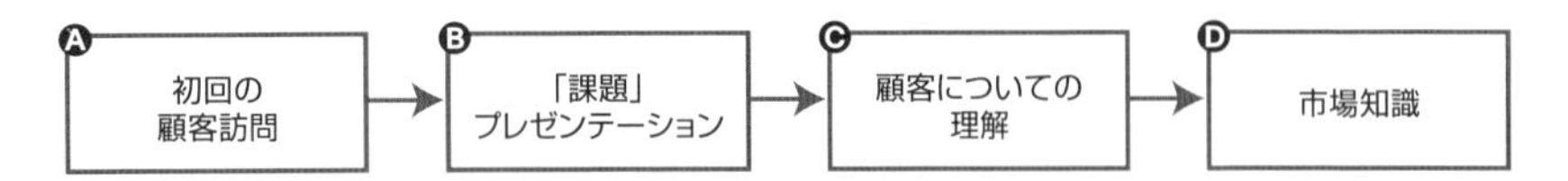

このフェーズでは、顧客開発部隊は第1フェーズで構築した仮説の検証と洗練を開始する。ここで「仮説の検証と洗練」と言っているのは、顧客のフィードバック後まで仮説が無傷で生き残ることは非常に稀だからである。単に仮説を検証するのでなく、顧客から学んだことに基づいて仮説を修正するのである。会社の中で見聞きしてきたことはすべて意見に過ぎず、真実は顧客とともに存在する。創業チームは事務所から離れ、仮説が本物のデータに変わったときにはじめて戻ってくる。こうすることで、顧客の業務習慣、そしてより重要な情報である彼らの購買習慣について、深く理解できる。このフェーズでは以下のタスクを実行し知識を獲得する。

- ☐ 初回の顧客訪問
- ☐ 「課題」プレゼンテーション
- ☐ 顧客についての理解
- ☐ 市場知識

構築した仮説は複雑なので、初回の顧客訪問ですべてのデータを集めようとするのは馬鹿げている。したがって初回の訪問では顧客が製品を気に入るかどうかは試さない。その代わり、顧客の課題についての仮説が正しいかどうかを学ぶのだ。その仮説が誤りなら誰も製品を買わないのだから、製品がどんなに素晴らしくても意味がない。顧客を理解するのに十分な情報を集めた後ではじめて、製品そのもののフィードバックを得るために再び顧客のところに戻る。

》仮説の検証と洗練：Ⓐ初回の顧客訪問

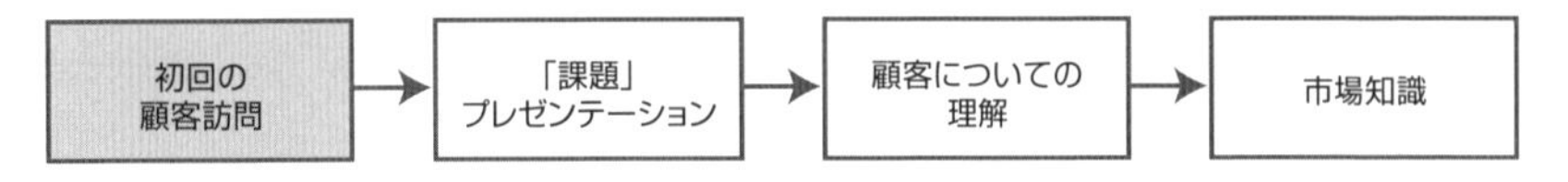

仮説を洗練する最初の一歩は、事務所や会議室という安全地帯を離れ、製品

にお金を払ってくれる人々がいる本物の世界に飛び込むことだ。大企業に販売しようとしているのか、家庭の一般消費者に販売しようとしているのかによらず、好意的な初回訪問先が顧客とその課題について学ぶ起点になる。さらに良いことに、彼らは将来自社の顧客になるかもしれないのだ。

仮説を検証できる50名の潜在顧客のリストを作成しよう。最初は50人を多いと思うかもしれないが、50名分くらいはあっという間に埋まることはすぐにわかる。では、どこで名前と連絡先を手に入れるのか？ ソーシャルネットワーク、友人、投資家、創業者、弁護士、人材紹介会社、業界雑誌、ビジネス参考書、会計士、考えつくその他すべての情報源からである。今回の訪問では、たとえ法人向けの販売だとしても、顧客の役職や組織内の地位は無関係だ。消費者向けに販売するのであれば、彼らが製品に対して興味を持っているかどうかはまったく問わない。重要なのは彼らから何を学びたいかである。この段階では偉い人や役職者、もしくは「どんぴしゃりの」消費者を探し求めているわけではない。探し求めるべきなのは、時間を割いて話をしてくれる人であり、顧客仮説にある顧客プロファイルに多少でも適合しそうな人である。

コンタクトリストを作成するのと同時に、イノベーターリストの作成を開始する。イノベーターとは対象分野において、優秀で、尊敬され、いつも課題に向き合っている会社や企業内の部署、もしくは個人である。一般消費者向けの製品であれば、イノベーターはみんながアドバイスを求めるような「ガジェット・オタク」か、流行の先端を行くような人であるかもしれない。このリストは2つの目的に利用する。第1にあなたは新しい考えを「思いつく」ことに長けたビジョナリーを見つけ、会わなければならない。企業にはイノベーションを危険なウィルスとみなし、会社から排除しなければならないと考える人々がいる。その一方で、新しいことを聞いたり知ったりするのを楽しみにしている人もいる。会って話をしたいのは後者の人たちである。第2にイノベーターリストは、アドバイザリーボードや業界のご意見番を見つけるのにぴったりのコンタクトリストになる。

突風のように最初の訪問を行う目的は、単に名前を集めた人たちに会うことだけではなく、これらの顧客へ接触することで「業界専門家の連鎖」へと自分のネットワークを広げることにもあることを忘れないでほしい。訪問先に「あなたの知人で一番すごい人は誰ですか」と常に質問し続けるのだ。また、この顧客発見ステップの究極の目的は、顧客の課題を理解し、初期の仕様そのままでも製品が課題を解決できるのか確認することだと常に頭に入れておく必要がある。

このフェーズの第一歩が最も大変である。あなたを知らない潜在顧客に接触して時間を割いてくれるように説得しなければならないからだ。しかし次の2つを実行することによりかなり楽になる。(1) 誰かから紹介を得ること、そして (2) 面談の約束をうまく取り付けられるような紹介ストーリーを慎重に準備することである。

ビジネスの世界では飛び込み電話を拒絶するための秘書がいるので、可能なら誰かの名前を出したほうがよい。「ビッグバンク社のボブさんからご紹介頂いたのですが」というように。リストを作成する際、みんなに良い人を知らないかと尋ねたのを思い出してほしい。あなたが名前を出すべき人はその連絡先を教えてくれた人である。見込み客に対する最善の策は、可能な限り先方の社内の誰かからの紹介であることを伝えることだ。では、一般消費者向けの製品の場合、どうやって知らない誰かに接触すればよいのだろうか？ この場合も同じテクニックが使える。つまり、彼らの知っている誰かからの紹介である。

まずは自己紹介の電子メールを作成する。メールの1段落目には、企業紹介、自分が何をしているかの概要、時間を割いて自分と会うことで何が得られるかを書く。ここで注意すべきことは、あなたから電子メールを送るのではなく、連絡先を紹介してくれた人に送ってもらうよう依頼することだ。あなたの電子メールをその人に送り、連絡先の人に転送してもらうよう依頼する。

次に電話でフォローアップする。受話器を取って知らない人と話す前には、何を話したいのかあらかじめ整理しておいたほうが賢明だ。「こんにちは。ニューバンキングプロダクト社のボブと申します。我々の新しい製品についてお話したいのですが」などと言うべきでない（もしあなたが情熱的な創業者であれば相手に言いたいのはまさに上記のような言葉だが、ここでは自分を抑えてほしい)。その代わりに、なぜ電話しているのかについてのストーリーを用意しておくのだ。このストーリーでは解決しようとしている課題、なぜそれを解決することが重要なのか、そして開発中のソリューションといったことを強調する。

まず自己紹介から始める。「こんにちは。ニューバンキングプロダクト社のボブと申します。ご存知かと思いますが、〈紹介者の名前〉さんにご紹介頂きました」。そして彼らがあなたに会うべき理由も伝える。「我々は銀行の窓口における長蛇の列という課題を解決するための会社を始めようとしており、新しくインスタンテラーというソフトウェアを開発中なのですが、製品を売り込みたいわけではありません。20分ほどお時間を頂き、あなた自身もしくは貴社が窓口における課題にどのように対処しているのか、教えて頂きたいのです」。彼らには何のメリットがあるのか？「この課題に関する見解をお聞かせ頂ければと思います。代わりに業界における今後の技術動向についてお話させて頂きます」。そして一息つく。

ストーリーの内容をいろいろ変えたり、ひねったりする必要があるのは明らかであるが、目的は変わらない。つまり面談の約束を取り付けることだ。紙に書いてある分には簡単そうに思えるかもしれないが、営業のプロでもない限り実際にはかなり大変かもしれない。私は個人的には、知らない人に電話をするのが大嫌いである。電話をじっと見つめ、歩き回り、受話器を取り、そして電話をかけずに受話器を置いたこともある。しかし、最終的には電話をかけた。そして潜在顧客が次のように言うことほどうれしいことはないとわかった。「なぜ知っているのですか？　そうです、それはまさに我々が直面している課題です。打ち合わせのために20分空けますから、火曜日にお出で頂けますか？」大成功だ。

これをうまく進めるためには、あなたと共同創業者は1日に10本は電話をかけなければならない。1日あたり3件の顧客訪問予定が入るまで電話をかけ続ける。断られるのに慣れることだ。ただし、常に「もしあなたがお忙しいのでしたら、どなたとお話すればよろしいでしょうか」と聞くことだ。成功率の統計を記録することも有用だ（どの紹介ストーリーの成功率が高いか、どの紹介者経由だと成功率が高いか、マネジャー、リーダー、担当責任者の誰に電話すると成功しやすいか)。なお、一般消費者向けの製品の場合でも同じである。

目安として、フォローアップの電話を50本かければ、5～10件の訪問の約束に結び付くはずだ。訪問では顧客／課題の仮説を検証する。すなわち誰が顧客であるか、なぜ彼らがあなたの会社の製品を利用するかといった点だ。訪問は、顧客がどのように仕事をするのか、課題、組織、会社内での位置づけなどの深い理解を得るための第一歩でもある。顧客のもとに出かける前にどのように話を切り出し、知りたい情報を引き出すかについて慎重に計画しておいてほしい。手始めは、私が「課題」プレゼンテーションと名づけたものを作成することである。

〉〉仮説の検証と洗練：Ⓑ「課題」プレゼンテーション

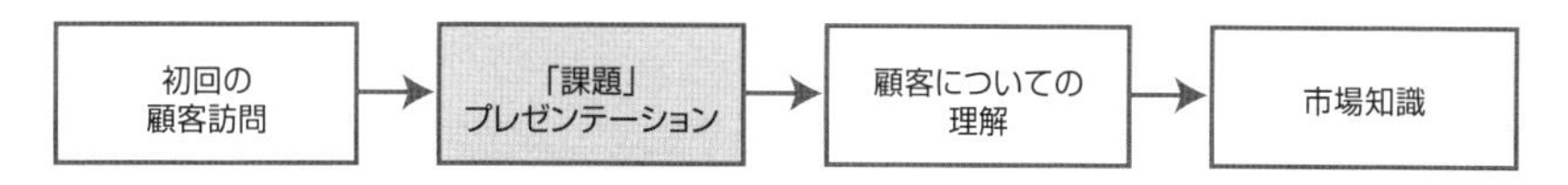

第1フェーズでは顧客がどんな課題を抱えているかについての仮説を導き出した。銀行の例では、それは窓口の長い行列であった。今度はその仮説に基づいて課題についてのプレゼンテーションを作成し、顧客との会話の中でそれを

検証する。

「製品」プレゼンテーションと異なり、「課題」プレゼンテーションは顧客を説得するために作るのではない。顧客から情報を引き出すように作成するのである。プレゼンテーションでは、顧客の課題と潜在的なソリューションに関する仮説をまとめ、想定が正しいかどうかを検証する。顧客に会ったときにこのプレゼンテーションが話を切り出すきっかけとなる。

「課題」プレゼンテーションを作成するのは簡単である。すでに第1フェーズで、顧客の課題とあなた自身も含むいくつかのソリューションを整理する大変な作業を完了している。ここでは、これらの仮説をスライドにする。企業向けプレゼンテーションではシンプルなスライド1枚のほうがよいかもしれない。このスライドでは理解している課題のリストを1列目に記述し、課題に対する既存のソリューションを2列目に、自社のソリューションを3列目に記述する（表3.2）。なお、スライドが適切でない場合には、単純な紙芝居形式のプレゼンテーションでもよい。

スライドが完成したら、ホワイトボードを利用するかもしくは単純にテーブルをはさんで、1対1でプレゼンテーションを行う準備をする。ただし、この場面での「プレゼンテーション」の真の意味は、顧客の回答を引き出すことだということを忘れないように。したがって1列目の想定課題リストを説明し終わったら、いったん話を止め、顧客が課題と思う点は何か、あなたが気づいていない課題があるかどうか、そして課題をどのように優先付けるかについて顧客に尋ねる。

あなたが重要だと思っていた課題が実は重要ではないと顧客が言ったとしたらどうだろう？　そのとき、あなたは重要なデータを入手できたことに気づいてほしい。このような反応は聞きたかったことではないかもしれないが、生の知識を早い時点で得るのは素晴らしいことだ。決して、もう一度繰り返すが、決して、あなたが説明した課題を、実際には顧客が抱えているはずだなどと「説得」しようとしてはいけない。予算を持っているのは顧客であり、説得されるのはあなた

表3.2｜「課題」プレゼンテーション

1列目	2列目	3列目
課題リスト	既存のソリューション	新ソリューション
1.	1.	1.
2.	2.	2.
3.	3.	3.

のほうであるべきだ。

課題について顧客が同意したのであれば、その課題の解決はなぜ重要なのかを説明してもらうようにする（たった今実証した顧客ニーズを復唱するのが非常に効果的だ）。ざっくばらんに尋ねよう。「この課題のせいであなたは現在どれくらいのコスト（売上の喪失、顧客の喪失、時間の無駄、精神的苦痛などの観点から）を負担しているのですか？」。ここで得た数字は、この後の顧客実証ステップでROIプレゼンテーションを作成する場合に利用できる。

課題とそのために負担しているコストについて同意できたら、第2列の既存のソリューションを見せる。再び話を止め、ソリューションについての顧客の意見、あなたが見落としているものがあるか、既存ソリューションの有効性についてどのようにランク付けするかについて質問する。目的は顧客がこの課題に現在どのように対応しているか、もしくは他の人はどう対応していると顧客が考えているか（たとえば、窓口を増やす、よりスピードの速いソフトウェアを使う、より大きなサーバーを導入する等）について理解することである。課題の影響が大きい場合には、たいてい面白い回答をいくつか得られる。この時点でもう1つの重要な情報は、同じ課題を共有しているのは誰かである。銀行業務の例では、「他行の支店の人」かもしれない。課題によって「さまざまな要求を持つ消費者」、「同じ会社の人」、「同業他社の人」、「同じ役職の人」などがあり得よう。課題を共有するグループは価値観を共有するグループと同等である。つまり、幅広い人たちが理解してもらえるメッセージで製品の価値を説明できるということだ。

一般消費者向け製品の会社であるロボバックが家庭用の掃除ロボットの調査をしていた時、彼らは顧客向けの「課題」プレゼンテーションの結果に驚いた。当初彼らは、ユーザーは単純に掃除を代行するものとしてロボットを利用するだろうと考えていた。ところが多くの潜在顧客と話をしていく中で、彼らが最も関心を持ったのは、家の床を定期的に“掃除する人”ではないことがわかった。実際にはまったく逆だった。最も関心を持ったのは、自分の掃除機がどこにあるのかもわかっていない独身の男性で、掃除ロボットが目新しい最新テクノロジーで、「置きっぱなしでよい」類の製品であるから買いたいとのことであった。ロボバックのエバンジェリストユーザーは、掃除機は放ってあるのに、帰宅したら床が完全にきれいになっていることを望んでいるのだ。エバンジェリストユーザーの中にはロボットとより強いつながりを持つ人もいた。ロボバックを家庭のペットのように扱う人までいたのである。ロボットペットは人間の保護本能をかきたてると考えている科学者もいる。掃除機ロボットも同様の本能をくすぐるらしい。重要な点は、社内会議の議論ではこのような顧客の反応を発見することはあり得ないということだ。

最後に、法人向けか一般消費者向けの製品かに関わらず、自社のソリューション（詳細機能ではなく、大枠の概念のみ）を第3列で見せる。話を止め、顧客の反応を見る。顧客は言葉の意味を理解しているか？ ソリューションは顧客に次のように言わせるほど明確であるか？「そうです。それができるのなら、我々の課題は解決されます」。それとも、彼らは次のように言うだろうか。「どういうことですか」。その場合、顧客はあなたの説明をあと20分間聞かなければならないが、それでもまだわからないだろうか？ あなたのソリューションが既存のソリューションと比べてどうかも聞いてみる。もう一度繰り返すが、ポイントは売り込むことでない。反応が知りたいのであり、議論をしたいのだ。

私が最も気に入っている議論のまとめ方は、前にも触れた2つの質問をすることだ。「あなたの日常業務において、何が一番の苦悩ですか？（ロボバックの例では、掃除の仕方が該当する）」、「もし魔法の杖であなたの日々の仕事を何か変えられるとしたら、何を変えますか」。私はこれらの質問を「IPOレベルの質問」と呼んでいる。これらの質問の答えを手にすれば、スタートアップは株式上場も夢ではない。

もちろん、これらの議論から学べることは、客先から何を持ち帰ってくるか次第である。何組もの顧客に会った後では、顧客からの回答は多種多様で焦点がぼやけがちである。その意味でも、顧客を訪問するときは仮説レポートを持っていくと役に立つ。事前に、集めたいすべての情報に目を通す。そして、顧客を呼び出す前にリストを絞り込んで「ミーティングが終わる前に聞く必要がある3つのことは何か」を整理しておく。ミーティングでは、最低でもその3つの質問をこなすように気をつける。主な論点について確証を得てから、他の質問を始める。

課題プレゼンテーションは、早い段階で必要な重要情報を収集するのに役立つ。なぜ、そして何を、顧客が買うのかといった情報だ。しかしながら、それは最初の顧客訪問の目的のすべてではない。目的は、顧客のニーズを理解するために顧客を深く探ることなのだ。

〉〉仮説の検証と洗練：Ⓒ顧客についての理解

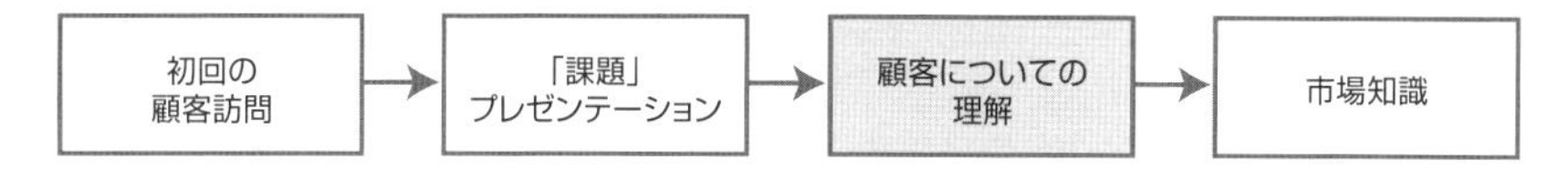

顧客の課題とあなたのソリューションについての仮説を検証するのに加え、顧客がどのように日常を過ごし、どのようにお金を使い、どのように仕事をこなしているのかに関しての仮説についても妥当性を実証する必要がある。法人顧客向けの特殊な製品であれ、一般消費者向けに新しいライフスタイルを提案するような製品であれ、顧客の日常／仕事がどのように動いていて、どのような業務フロー／設計フローになっているのかを理解したい。法人向けであれば、顧客が行う仕事は単独でこなせるものであるのか？　そうでないとしたら、他の部署とはどのようにやり取りをしているのか？　顧客が他に利用している製品は何か？　顧客が認識している課題は固有のものか、社内の他の人たちも共通の悩みを抱えているのか？　組織全体としての影響度合いを数値化（金額、時間、コストなど）できないか？　一般消費者向けについても同様の質問が有効である。顧客は製品を自分たちだけで使うのか？　友人や家族と一緒に使うのか？

同時に、顧客がそのソリューションにお金を払ってくれるかどうかの想定についても検証したほうがよい。顧客に既存のやり方を変えさせるのは何か？　価格か？　機能か？　新しい標準か？　銀行業務の例では、窓口担当者がPDAを持ち、並んでいる顧客のところに行ってサービスを提供できるとしたら、窓口担当者は自分の業務のやり方を変えるだろうか？

もしも、まだ顧客が疲れていないのであれば、製品仕様の仮説にも踏み込んでみよう。「もしこんな製品があったら（ここでは、製品を抽象的な言葉で説明する）、あなたの業務時間の何パーセントでその製品を利用しますか？　それは業務を遂行するうえでどの程度重要なことですか？　あなたが先ほど言っていた課題は解決されますか？　こういった製品を導入する際の障害は何ですか」。

いつかは顧客に接触するための需要開拓をしなければならなくなるのだから、この機会を利用して、彼らがどのように新製品の情報を入手しているかも確認したい。彼らが購読している媒体／調査会社のコミュニティにおいて、尊敬されているビジョナリーは誰なのか？

最後に、有能な人を見つけるチャンスを決して見逃してはならない。「この顧客は将来役に立つだろうか」「次の段階での打ち合わせ先になるだろうか」「アドバイザリーボードにはどうだろうか」「お金を払ってくれる顧客になるだろうか」「他の人を紹介してくれるだろうか」などと自問しよう。

顧客と十分話したうえで達成すべき目標は、会社のメンバーの前に立ち「これが顧客、顧客の課題、顧客がどのように業務を行っているかについての我々の当初の仮説である。そしてこれが顧客たちから聞いた真の課題と、本当の日常業務の仕方だ」と言えるようにすることだ。

ここでの目標は顧客を深く理解することだと説明したが、「深く」とは何を意味するのか。顧客の仕事について彼らと同じくらい詳しくなれという意味ではない。そんなことは無理だろう。顧客の課題について説得力のある話ができるように、真の課題について精通してほしいということだ。

例を1つ挙げよう。以前私は新しいタイプのスーパーコンピュータを開発するスタートアップで働いていたことがある。我々の選んだ市場の1つに石油地質学という生産地質学の特殊な分野があった。ところが、その分野のことを何も知らなかったので、この市場を担当する業界の専門家を雇う前に、まず自分でよく勉強する必要があることに気づいた。私はすべての石油地質学の展示会やカンファレンスに足繁く通い、顧客のニーズを理解するために次から次へと顧客と話をした。また、ヒューストンの石油工学図書館で何日も過ごした。この分野の専門家であると他の人をだませるくらいの知識を得ただろうと思い始めたその時、シェブロン社のラ・ハブラ研究所の調査グループに、石油アプリケーションにおける画像用スーパーコンピュータの利用法について2時間の説明会を行う機会を得た。営業目的の話ではなく、石油地質学に関連したコンピュータの世界でどんな進歩が起きているのかの最新情報を紹介することを私は約束していた。30名かそこらの聴衆の前で私はコンピュータを利用した石油埋蔵シミュレーションの素晴らしい技術と、我々のような会社から提供される新しいクラスのコンピュータで何を成し遂げることができるのかについて語った。

質疑応答のセッションでは心臓が喉のところまで飛び出るほど緊張していた。というのも私の知識レベルは、他の有能なマーケター同等で、完全に無知であるとは言えないという程度でしかなかったからだ。話の最後に研究所の所長が私のところに来て「素晴らしいプレゼンテーションでした。我々と話をするのに、あなたの会社が本物の石油エンジニアを雇ったのをうれしく思います。いかにも営業マーケティング担当的な人間が現れて、何かを買わせようとするのには我々は我慢ならないのです」と言った。私の人生において数少ない経験であるが、私は言葉を失った。そして彼の口から次に出た言葉にはまったく心の準備ができていなかった。「名刺をお渡ししておきます。もしシェブロン研究所で働く気になったら、我々は喜んで相談に乗りますよ」。潜在顧客とその課題について十分に深く理解するというのはこういうことである。

〉〉仮説の検証と洗練：Ⓓ市場知識

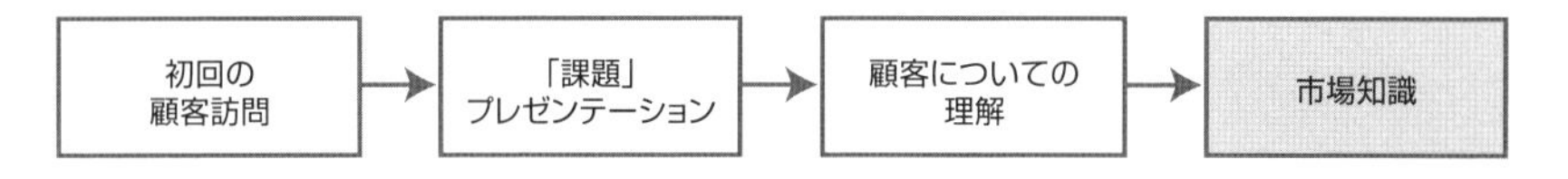

顧客と顧客の課題についてはよく理解したので、市場全体についての知識も膨らませたい。それには周辺市場の会社、業界アナリスト、メディアの人々、そしてその他の有力なご意見番に会っておく必要がある。業界の展示会やカンファレンスに行くことは、自社が属する市場、もしくは創造しようとしている市場の形や方向性を理解するヒントを得るためのキーポイントでもある。

会社を始めるときに、私は何度も人にランチをご馳走する。自社の事業の周辺市場の会社、もしくは自社の事業のインフラやプロセスの一部に属する会社について、私はたいていぼんやりしたイメージを持っている。自分自身の人脈および紹介を通じて、これらの人々をランチに誘う。ランチの代わりに私は情報を得たいのだ。欲しいのは競合情報ではなく、「業界動向はどうか？ 顧客の解決されていないニーズは何か？ 市場のキープレイヤーは誰か？ 何を読んだらよいか？ 会うべき人は誰か？ どんな顧客を訪問すべきか？」といった質問に対する回答である。

これらの人々はなぜ会ってくれるのか？ ほとんどの人は善意で会ってくれるわけではない。交換条件を出すからだ。情報を得るのと引き換えに、あなたが解決しようとしている問題とそのための製品について、少しだけ情報を与えるのだ。

あなたが「課題」プレゼンテーションで潜在顧客にしたこととちょうど同じであるが、プレゼンテーションをするのでも売り込むのでもなく、ただ話を聞いて学ぶのだ。何人かの親しい顧客とランチをして、社内外問わず潜在的にあなたと競合しそうだと彼らが思う相手を聞いておく。同じような製品を持っているのは誰か？ この分野でイノベーターは他にいるか？ 社内で同様なソリューションが試されたことがあるか？ 社内で同様な製品を開発しようとしている人はいるか？ 最終的に製品を買ってくれるような人から学べることは驚くほど多い。

同じ質問を周辺市場の同業者に聞いてみる。彼らを練習台にした後で、第1フェーズでリストアップした業界でキーとなるご意見番や製品選定者と連絡を取ってみる。彼らにも同じ質問をする。

次に市場に関する数値的なデータを集め始める。ほとんどの場合はウォールストリートのアナリストがあなたの市場や周辺市場についてのレポートを出している。それらすべてのレポートを入手する。より重要なことは読むことだ。アナリストが考えている業界動向、プレイヤー、ビジネスモデル、そしてキーとなる指標を理解しておく必要がある。

最後に欠かせないのは業界カンファレンスと展示会である。「忙しすぎて行けない」とは決して言わないことだ。最低2つはキーとなるカンファレンスや展示会に足を運ぶこと（第1フェーズで、重要なカンファレンス、展示会を選んである）。子どものおみやげに素敵なノベルティグッズをもらえるだけでなく、有能な人を探し、業界動向を見出すには最適な場所なのだ。業界動向やプレイヤーについてのいつもの質問をするだけでなく、他の場所ではできないことをこの機会に実行する。競合や周辺市場の製品のデモを見るのだ。実際に製品を手にとって見て、競合先の資料をもらい、彼らの営業と話すことで、あなたが参入しようとしている事業に身を浸すことができる。できるだけ多くのカンファレンスのセッションに参加し他の会社の製品説明を聞く。彼らの将来のビジョンは何かを理解し、自らのビジョンと比べてみるのだ。

〉〉〉〉第3フェーズ：製品コンセプトの検証と洗練

第2フェーズ「仮説の検証と洗練」では、顧客の課題についての仮説レポートの検証を行うと同時に、顧客のニーズを完全に理解するべく検証を行った。第3フェーズでは、潜在市場の潜在顧客に対する製品仮説の検証に移る。再度繰り返すが、大切なのは売り込むことでなく彼らのフィードバックを得ることである。このフェーズは次の5つのタスクから構成される。

□ 初回の現実性確認

□「製品」プレゼンテーション
□ さらなる顧客訪問
□ 第２回現実性確認
□ 初期のアドバイザリーボード

〉〉製品コンセプトの検証と洗練：Ⓐ初回の現実性確認

ここまでの過程で、顧客と顧客の課題についてより深く理解できた。次は会社に戻って現実性確認を行う番だ。このフェーズを開始するにあたり、まず社内の経営幹部（担当責任者だけでなく、リーダーやマネジャーたちも）を、製品開発／顧客開発の認識合わせミーティングのためにできるだけ多く集める（第１フェーズで製品仮説を構築する際に、同様の打ち合わせを実施したはずだ）。現実性確認では、顧客開発部隊が現場で学んだ事項を共有するとともに、第１フェーズで構築した仮説に対する顧客からのフィードバックの再検討を行う。その後、顧客開発と製品開発の両部隊共同で、自社の仮説、製品仕様それぞれの修正を行う。

ミーティングをする前に顧客開発部隊はすべての顧客データを集め、潜在顧客の業務フロー概略図を作成する。ミーティング当日はチーム内の説明担当者が、顧客がどのように業務を行い、誰とやり取りしているかを図で説明する。これが顧客仮説に対する現実性確認である。顧客がどのように時間とお金を使っているかを含め、現状の顧客の事業と日常業務／生活がどのようであるかを説明し終えるまで表や図を描き続ける。でき上がった概略図を当初の仮説と比較する（法人向けの場合には概略図はより正式な社内組織図となり、一般消費者の場合には注目すべき外部のご意見番が多くなっているかもしれない）。

顧客の業務フローと、顧客の他者とのやり取りが完全に説明できたら、次は事実情報の確認に移る。どんな課題を顧客は抱えているのか？　それらの課題の悪影響はどのくらいか？　聴取した顧客の「課題認識度」はどうか？　顧客は課題を現状どうやって解決しているか？　次に、自社製品がある場合とない場合の顧客の業務フロー図を示す。違いは劇的か？　その違いのためにお金を支払ってもよいと顧客が言っているか？　顧客の課題全般についてあなたが理解した点は何か？　最も大きな発見は何か？　最もがっかりした点は何か？

顧客開発部隊が発見したことを説明し終わったら、いよいよ本題だ。ここで、あなたは最も難しい質問をする。「製品と市場のフィットはあるか？」顧客からのヒアリングで学んだすべてを念頭に置いて考える。初期の製品仕様で顧客の課題をどの程度解決できるか？ 完璧か、ある程度か、それともあまり解決できないのか？ 答えが、ある程度もしくはあまり解決できないであった場合、このミーティングはつらく自省的なチームワーク作りの場となる。その原因は適切な人々と話をしなかったせいなのか？ 十分な数の人と話をしたか？ 適切な質問をしなかったせいか？ この分析作業は非常に重要である。なぜなら、顧客開発モデルの根本的な前提は製品を変更するのでなく、製品が適合する可能性のある市場を探し続けるということであるからだ。そして、製品の機能リストの変更について相談するのは、その製品に対する市場が「まったく」見つけられない場合だけであるからだ。

どうやっても市場が見つからないというところまで新機能の話はしないという厳しいルールは、営業やマーケティング担当者の行動パターンに反している。普通は顧客獲得のために追加が必要な機能のリストを集めがちである。そして10の顧客を獲得するために必要な機能リストはすぐに10ページに達するものである。しかし我々の目標は、数千の顧客に販売できるひと揃いの簡潔な機能リストを手に入れることなのだ。

適切な顧客と話をしているはずにもかかわらず、彼らからのフィードバックの結果、自社は間違った製品を開発していると判明したらどうするか？ その場合、何かを変える必要がある。奇跡が起きると考えて製品を開発し続けてはならない。再び社外に出て製品を買ってくれる別の顧客グループを見つけるか、機能もしくは製品構成の変更を検討する。

製品が顧客の課題に部分的には適合しているのであれば、製品の仮説や機能の検証を続ける。顧客フィードバックに基づき、第1フェーズの機能リストの再検討を行う。顧客への重要性の観点から機能の優先付けを行う。顧客開発部隊はそれぞれの機能を顧客の課題と関連付けできるか？ もしできなければそれはなぜか？ どの機能を製品化することが重要かを知ることとともに、どうでもよい機能がどれかを知ることも同等に重要である。顧客が興味を示さない機能は何か？ 機能や製品仕様のどれかを削除もしくは延期することはできないか？ 忘れないでほしいのは、スタートアップの顧客開発部隊の仕事は機能を追加することではなく、ビジョナリー顧客からの情報に基づいて初期リリースに必要な最低限の機能を解明するということだ。

次に出荷スケジュールについての再検討と確認を行う。ここでも第1フェーズでの仮説を必要に応じて修正する。先に触れたようにビジョナリー顧客、特に企業におけるビジョナリー顧客は、製品の初期リリースだけでなくビジョン全体を買うのである。ビジョナリー顧客には、次の18ヵ月間に自社が何を提供する予定であるかを説明する必要がある。具体的には製品開発部隊と顧客開発部隊との間で以下の項目を確認しなければならない。

- ☐ 初期バージョン以降の機能は逐次追加する
- ☐ 初期リリースの機能は、製品出荷を優先するために、延期もしくは削除されることがある
- ☐ 製品開発部隊は1ページに収めた、18ヵ月分もしくは今後の3つのリリース分の製品スケジュールを提供する

最後に、顧客からのすべてのフィードバックをもとに、全員で協力して他の第1フェーズの仮説の再検討を行う（これで、なぜ大変な思いをして仮説を書き出したかわかったであろう）。自社が4つの市場タイプのうちどれに属するか？ 差別化要素は何か？ 競争に勝つためのよりどころは何か？ 価格や流通チャネルに関する仮説は崩れていないか？ ご意見番に関して何を学んだか？

〉〉製品コンセプトの検証と洗練：Ⓑ「製品」プレゼンテーション

修正した仮説について製品開発と顧客開発の両部隊が合意したら、次のタスクは「製品」プレゼンテーションの初版の作成である。この「製品」プレゼンテーションは、資金調達や採用の際に会社が使ったプレゼンテーションとはまったく異なる。第2フェーズで顧客訪問用に作成した「課題」プレゼンテーションとも異なる。今までのスライドは忘れて一から作り直すのだ。これは、製品そのものについての修正後の仮説の検証のために使用する。ここでの目的は次の2つとなる。製品が顧客の重要な課題を解決することを再確認すること、そして製品および機能について確証を得ることである。

これを進めていく中で、顧客の課題、業務フロー、製品が組織へ与える影響などについての理解をさらに検証することになる。それに合わせて、顧客の課

題を解決するという観点から製品について記述した、ソリューション中心のプレゼンテーションを作成する。まだ製品をデモできる段階にないのであれば、「製品」プレゼンテーションで5つ（5つに限定！）の主な機能に触れる。「製品導入前」と「製品導入後」の比較の話を入れる。あなたの製品がある場合とない場合それぞれについて、顧客の業務フローや一般消費者の日常について描く。マーケティング、ポジショニング、その他の装飾は一切省く。最後に、最低でも今後18ヵ月分の製品の構想を詳細に説明し、各リリースの機能明細を記載する。

前回と同じように、どのように顧客にプレゼンテーションを行うかのリハーサルを行う。このフェーズにおいても、顧客に売り込みをしているのではないことを忘れないようにする。このプレゼンテーションの目的は、あなたの製品が売れる製品かどうかを見極めることである。実際にいよいよ何かを売ろうとするときに、買ってくれる顧客層が存在するという自信を持てるように十分な情報を集めるのだ。

〉〉製品コンセプトの検証と洗練：Ⓒさらなる顧客訪問

「製品」プレゼンテーションの準備が完了したら、どの顧客を訪問するのかを決める。理想的には、「課題」についての最初のプレゼンテーションを聞いてくれた人全員に（少なくとも、また会いたいと言ってくれた人には）今回のプレゼンテーションを見てもらいたい。それに加えて、これまでの訪問の結果、新たに訪問すべき場所が増えているはずだ。したがって当初の顧客コンタクトリストを拡大して、法人向けソフトウェアであれば最低でも5件の新規の潜在顧客を（一般消費者向け製品であれば50人の顧客が適当かもしれない）追加する。この新しいコンタクトリストで勢いをつけ、第2ステップで実際に製品を販売するための基礎固めを始める。

第1フェーズと同様に十分な回数の訪問を実施するため、50件の潜在顧客をリストアップする。しかし、このフェーズでは購入を決定する役職の人に対して仮説を検証したい。銀行業務の例ではCIOや支店業務担当責任者などがリストアップ対象となる。売り込みをするときのように、適切な役職や部署を対象とする。リストができ上がったら、前回同様に紹介用電子メール、紹介ストーリー、そして営業用の台本を作る。

そのうえで事務所を出て顧客の話を聞きに行く。あなたの製品が解決する顧客の課題の話から始めれば、より多くの情報を引き出せるであろう。あなたの会社が、この課題解決を重要視している理由も説明する。ここでいったん話を止め、その課題解決の価値について共感を得ているかを確認する。プレゼンテーションの中身は、顧客が抱える課題について顧客たち自身から学んだことに基づいているのだから、同意を得られるはずである。うまくいけば想定外のことは起きない。もし想定外のことが起きてしまったら第2フェーズに戻る。

課題とその重大性について同意を得たら、ここで初めて製品の説明を行う（待ちに待った製品説明であろうから、このときまでに十分に準備ができているはずだ）。可能であれば製品デモを見せる。主要コンセプト部分の試作品だけであっても、顧客があなたのソリューションを理解する助けになり得る。ここで話を止め、顧客の反応を見る。

次に、あなたの製品がある場合とない場合の顧客の業務フローを見せる。ここで再度話をストップし、「適用前、適用後」の業務フローについて同意を得ていることを確認する。顧客の組織の中で、他にどの部署があなたのソリューションの影響を受けるか説明する。ここで顧客の同意を得られたかどうかを聞く。

製品プレゼンテーション全体で20分を超えないようにする。さあ、次は顧客の話を聞く番である。顧客の最初の反応は？ あなたの製品で彼らの課題を解消できるか？ この課題を解決するために顧客は製品を購入するだろうか？ 顧客は社内の他の人も同じように感じると思っているか？ 他の会社の製品に対してはどうか？

次に機能について質問する。製品機能は顧客のニーズに合っているか？ リリース時に必ず入っていなければならない機能はどれか？ 後のリリースでもよい機能はどれか？ 漏れている機能は何か？ 顧客の念頭にある「ホールプロダクト」はどんなものか？ 自社の製品を売れ筋製品にするのに必要な機能が他にあるか？ 売れ筋製品にするために他社の製品やサービスが必要か？

製品のポジショニングを見出すために大量のお金と時間を費やすのであるから、彼らがどう思うのか聞かない手はない。製品説明を聞いたうえで、顧客は他の製品とどう違うと思っているか？ 新しい市場を創造していると思っているか？ それとも既存製品の改善版だと思っているか？（もしそうなら、どのように？） あるいは、肩をすくめて、「新規市場と既存市場の中間だね。他の製品と比べてまあまあの出来だが、ゲームのルールを変えるほどのインパクトはないね」と言うか。

他の仮説も確認する。価格について彼らはどう思っているか？ 同種の製品について妥当な価格はどの程度と考えているか？

企業向けソフトウェア会社のエピファニー社に在籍していた頃、我々の製品に深く興味を持っているビジョナリー顧客を見つけた時、私は価格の境界線についていくつか質問をした。その中には先に触れたIPOレベルの質問も含まれるが、最初の質問は「もし無償であれば、我々のソフトウェアを全社で導入しますか」というものであった。私はこの質問で潜在顧客の真剣さの度合いを検証していた。もしソフトウェアが無償でも顧客に導入する準備ができていないのであれば、間違った相手に話をしているのだ。実際に製品を展開する大変さをイメージできる顧客を見つけたときは、どのように導入するのか、何人のユーザーが利用するか、どの部署がはじめに利用を開始するか、成功かどうかを判断する条件は何かなどの質問をした。このように実際のイメージを持ってもらうことで、そのソフトウェアを導入し展開した状態を潜在顧客の頭に描かせることができる。そして、次のように質問する。「我々のソフトウェアに100万ドルを支払って頂けますか」それに対する回答の多くは有益なものであった。もし顧客が「スティーブンさん、我々はアプリケーションの初期リリースに25万ドル以上は払えないと思うよ」と言ったとしたら、彼らの心の中ではすでに製品を購入し、請求書の処理をするところだ。彼らの口から出る最初の数字は、たいていは彼らがすぐに予算化可能な金額で、最初の注文金額になり得る。最初の数字を聞いたら、私はいつも「プロフェッショナルサービス（カスタマイズと導入）には追加でどのくらいの費用を使う予定ですか」と聞くことにしていた。ほとんどは予算の数字に含まれているという回答だったが、まれに費用を積み増す顧客もいた。ブレーンストーミングを続けてもよいようであれば、私はその金額を毎年我々のソフトウェアに費やしてもよいか、と突っ込んで聞いてみた。次のような質問もした。「2倍支払って頂くためには、何をすればよいのでしょうか？ 3倍にするにはどうしたらよいでしょうか」。

こういったやり取りを何度か経て、エピファニー社のソフトウェアの平均的な販売価格は25万ドルで、顧客の生涯価値は100万ドル近くになり得ることを理解した（私は顧客の「寿命」を仮に3年としていた）。

よろしい。あなたは価格についての話をした。では、流通についてはどうであろうか。顧客に、製品を買う可能性が最も高い流通チャネルは何かと聞いて仮説を検証しよう。小売店？ ウェブから？ それとも直販営業から？

そのうえで、どのようなマーケティング手法で顧客に接触できるか尋ねてみる。

「このような製品に興味があるときに、製品の情報をどうやって見つけますか？ 同様の他の新製品をどうやって調査しますか？ 購入前に他の人に意見を聞きますか？ もしそうなら誰に相談しますか？ あなたもしくはあなたの部下は展示会に行きますか？ どの業界誌もしくは業界新聞を購読していますか？ 有償の調査レポートを買っていますか？ 一般消費者向けの製品であったら、どんな出版物、新聞、ウェブサイトで見つけますか」などと聞いてみる。

次に、顧客の製品購入プロセスについて探る。法人向け製品であれば、彼らの社内の注文書の承認プロセスを理解すべく努力する。「たとえば、あなたがどうしても欲しい製品を私が開発したと仮定しましょう。あなたの会社では、このような製品をどうやって購入するのですか？ 承認プロセスを私に説明して頂けませんか？ 正確には誰の承認が必要ですか」。一般消費者向けの製品であれば、購買プロセスについても理解したい。それは衝動買いか？ よく知っているブランドしか買わないのか？ テレビCMを見て買うのか？

「予算を持っているのは誰か」についても必ず質問する。何ヵ月もかけて、素晴らしい顧客との打ち合わせを何度も行い、セールスサイクルのかなり後半になってから、製品のためにお金を払う部門がどこにもないことが判明するほど、がっかりすることはないからだ。「ところで、こういった製品のための予算はすでにあるのですか？ この製品を買う予算を持っているのはどの部署もしくは誰ですか」といった質問をする。営業ロードマップを作成するうえでは、こうやって入手した情報は非常に重要になる。

打ち合わせを終えて席を立ったときに、ミーティングを終えたばかりの顧客を改めて見てみる。彼らは顧客アドバイザリーボードの候補になるか？ さらに学べることはあるか？ 業界の豊富な人脈、もしくは鋭い洞察力を持っているか？ もしそうであれば、後日に別途フォローアップの質問をしてもよいかどうか聞いてみる。

もちろん、最初の顧客に対する最初の「製品」プレゼンテーションで、これらすべての情報を入手できると思うのは甘すぎる。しかし、すべての顧客訪問を終えるまでには、これらの質問すべてに対する回答を得るようにしたい。このフェーズを終えるときには顧客の課題を深く理解しているだけでなく、製品に対する顧客の興味の度合いについて、しっかりした感触を得ていなければならない。

もし、何らかの間接販売チャネルを利用することを考えているのであれば、自社に戻る前にもう1つのグループに「製品」プレゼンテーションを実施する必要がある。第1フェーズでは製品に対する流通チャネルの仮説を構築した。チャネルパートナーとの正式な契約にサインするには時期尚早であるが、彼らと会って実際に注文を得るのに何が必要か理解しておきたい。チャネルパートナーは初期の顧客からどんな話を聞く必要があり、何を確認する必要があるのか？ 彼らのチャネルに製品提供を開始し、大量発注をもらうためには、何がなければならないのか？ 業界メディアの記事や製品紹介か、顧客からの製品購入依頼の電話か？ もしくは、販売協力金など金銭的な動機や返品保証ポリシーか？ 注意すべきは、製品の適切なポジショニングや価格が、チャネルパートナーに魔法で伝わることはあり得ないということだ。既存市場の製品であれば「あなたの販売している他の製品と同じようなものですが、性能が良いのです」と言うのは簡単だ。再セグメント化した市場や新規市場の製品の場合には、間接チャネルはあなたの製品をどのようにポジショニングするかに苦労する。必ず時間を割いてチャネルパートナーを支援すること。

成果を上げるには「パートナーの」ビジネスモデルをきちんと理解することが必要だ。なぜなら、お金の流れを理解する以外に、流通パートナーがどのくらいの数量の製品を購入すべきなのか、あるいは彼らの適切な販売手数料はいくらなのかを理解する方法はないからだ。これらのパートナーとの付き合い方を知る良い方法は、他の会社のやり方を参考にすることである。自社と似たような会社はあるか？ もしあるならば、他社の幹部をもう一度ランチに誘い、販売手数料とディスカウント率について質問する。最悪のケースでも彼らが教えてくれないだけであり、失うものはないはずだ。

これらすべてを心にとめて、事業の概念やパートナーにとってのメリットを説明した「チャネル／サービスパートナー」プレゼンテーションを作成する。そして、表に出て彼らのところへプレゼンテーションに出かける。あなたの目的は彼らとの商談を開始することと、彼らの事業について学ぶことである。あなたのような会社はどのように彼らと関係を構築するのか？ 彼らの顧客があなたの製品を欲しがっているのをどうやって知るのか？ あなたのパートナー候補はどうやってお金を儲けているのか？（プロジェクトからか？ 時間課金の作業委託で？ ソフトウェアの再販で？ 再販時に利益を上乗せして？）。彼らのビジネスモデルは競合と比べてどうなのか？ 彼らが興味を持つ最低規模の売上は？ 目標は、あなたのチャネルパートナーのビジネスモデルをホワイトボードに描けるくらい理解することである。

〉〉製品コンセプトの検証と洗練：Ⓓ第2回現実性確認

顧客からの最新のフィードバックを手に会社に戻り、今度は製品についての現実性確認を行う番だ。これが3度目の製品開発／顧客開発の意識合わせのためのミーティングである（最初はフェーズ1-Aで、2回目はフェーズ2-Aで実施した）。製品機能、価格、流通チャネルに関して顧客開発部隊が学んだことについての議論を行い、改めてもう一度仮説を検証し、製品仕様を再確認する。

ここまでの過程で、顧客の前で製品の検証を実行したわけだが、顧客の主な反応は次の4つのメインカテゴリーに整理できるのではないだろうか。

- □ 明らかに顧客は我々の製品に熱をあげており、製品の変更はまったく不要
- □ 顧客は我々の製品を気に入っているが、初期リリースに加えてほしいという追加機能をあれこれ指摘している
- □ 長々と説明した結果、顧客は我々の製品を理解したが、製品が欲しくてテーブルから身を乗り出してくるような熱意はない
- □ 我々の製品に対するニーズを顧客は感じていない

この現実性確認のミーティングでは、顧客開発と製品開発の両部隊は、顧客の反応と開発に費やす時間とのバランスを取ることが必要である。仕様どおりの製品に対する市場を見つけることが当初の顧客発見の目標であった。もしほとんどの顧客が第1カテゴリーに入ったら、お祝いだ！　あなたは次のフェーズに進める。しかし、顧客発見において最初からそんな風にうまくいくことはめったにない。

顧客の最も危険な反応は第2カテゴリーの「もっと機能が必要だ」というものである。先にも強調したように、どれがどうでもよい機能なのかを理解することは、最初のリリースに盛り込む機能を理解することと同じくらい重要である。なぜか？　なぜなら「普通の人はおかしなところがなければ直さないが、エンジニアはおかしなところがなければ機能不足と思う」という冗談が真実だからである。製品開発部隊の開発に関する本能は、次々と機能を足し続けることなのだ。

このカテゴリーの顧客の反応を「紐解く」ことに時間を使ってほしい。スター

トアップとして、あなたの目標と合い言葉は「市場に早く参入する」であるはずだ。市場に早く参入するためには、単純にあなたの初期リリースの製品をできる限り早く出荷開始し、お金を払ってくれる顧客の手に届けることが必要である。メンバー全員が初期リリースは最終製品でないことを常に肝に銘じておくべきだ。エバンジェリストユーザーに製品を届けるためには、多くの妥協が必要なのである。したがって、要望されている機能で遅らせてもよいものがないかを自問することだ（エバンジェリストユーザーだけを想定して「あったら便利」という程度の機能なのか？　それとも多くの人に必須の機能なのか？）。いったん初期リリースを出荷したら、次のリリースに追加するべき特徴と主要な機能を見極めるために、エバンジェリストユーザーの言うことを注意深く聞く。適切な顧客の声を注意深く聞き続ければ、結果的に製品戦略を成功させることができる。

市場に早く参入するという戦略は、市場に一番乗りするという戦略とは明確に異なる。市場に一番乗りするという場合には、他のスタートアップと競争して速やかに市場シェアを獲得することに力点があり、そのために低価格、ディスカウント、ブランド構築のための大胆な広告宣伝費の投入といった手段を取る。明示されているかどうかは別として、戦略の主要テーマは「どんな価格であれ顧客を獲得する」である。対照的に、市場に早く参入する場合には、新規市場が大きければ最初の数件を誰が受注したのかに意味はない。どのようにして初日から利益を出すかを学ぶことが重要なのである。

3つ目と4つ目の「顧客にテーブルから身を乗り出してくるような熱意はない」、「あなたの製品に対するニーズを顧客が感じていない」といった回答は顧客発見の一巡目の典型例である。しかし、技術系の製品にとっては、それは深刻な問題の兆候かもしれない。ポジショニングの問題と言われることもあるが、より正確に表現するなら「技術の見せ方」の問題である。技術の見せ方はほとんどのスタートアップが生涯のどこかで取り組まなければならない罠である。技術志向のスタートアップの最初の製品仕様は、創業時の製品開発部隊によって決められる。機能と効用がどう結び付くかの調査はあまりなされない。何かをするとすれば、製品を営業やマーケティングに手渡し、「さあ、これが我々の作っているものだ。カタログを作って、価格をつけて、売ってきてくれ」という程度だ。これでうまくいくこともある。時には製品開発部隊が「顧客のニーズが何か」、「顧客はどのように製品を買いたいか」を完璧に感じ取っていることもある。しかし、普通はそううまくはいかない。たいてい、製品開発部隊が最初に設計した製品は顧客開発部隊によってさらに洗練させる必要がある。中核技術は的確でも、顧客ニーズや顧客がどのように買いたいかという点においては的外れかもしれないのだ。たとえば顧客開発部隊に手渡された製品が、統合的なソフトウェアパッケージだったと想像してほしい。ところがその製品は、そのような形態で売るには高すぎるか複雑すぎるかもしれない。ここで技術の見せ方の変更という観点で問題を検討すれば、製品開発部隊が製品を完全に作り直すことなしに「そのソフトウェアを部品単位で、期間限定の使用契約で、もしくは他の方式で売れるかもしれない」と言えるであろう。

ところがこの問題を顧客開発部隊が見過ごしてしまったとしたら、会社が事業継続に支障をきたすときまで問題は拡大していくだろう。この章の最初のファストオフィス社のスティーブ・パウエルの話は、このポイントを物語っている。彼が設計した中核技術はデータ通信回線上で音声通信を可能にするデータ通信半導体とソフトウェアであった。この独自の発明をオフィスシステム全体で包むというのがスティーブの考えであった。スティーブが「私は自分用に1台このシステムがあればかっこいいなあと思ったのです。それで顧客の課題を理解したと思いました」と後に語っている。ただ残念ながら、そう思う人は他にそれほどいなかったのだ。そして後知恵だが、その半導体を活用可能な用途が他にもあった。他のオフィスシステムメーカーに製品の部品として販売したり、データ通信会社に販売したりすることである。もしスティーブが事前に、もしくは遅くとも顧客のフィードバックを得た後にそういったことを考えていれば、ファストオフィス社は今でも事業を継続していたことだろう。

〉〉製品コンセプトの検証と洗練：Ⓔ初期のアドバイザリーボード

フルタイムの社員としては雇えないが、創業チームメンバーと同様に素晴らしく、アドバイザーとしてスタートアップを支援する意思を持つ貴重な人たちが社外にもいる。これらのアドバイザーは技術的な問題を解決するのを助けてくれたり、キーとなる顧客を紹介してくれたり、業界に独特の知識を提供してくれたり、事業経験や知恵を共有してくれたりする。顧客発見の早い段階で顧客やアナリストとのミーティングを開始したときから、誰がアドバイザリーボードに適当かを考えてきた。製品開発部隊は、設計や製品開発において特定の支援を得るためにアドバイザーと付き合うべきであり、スタートアップを立ち上げた経

験のあるビジネス上の指導者も見つけたい。顧客と話を始めると、泥沼のようなミーティングの中で抜きんでた人の意見を1つか2つほど耳にするであろう。このフェーズではこのようなの人々と正式な契約はせずに付き合う。具体的にはアドバイスを求め、ランチに誘い、あなたとあなたの会社を支援することに興味があるかどうかを確認する。実際にアドバイザリーボードを組成するのは、後の顧客実証ステップになる。

〉〉〉〉第4フェーズ：確認

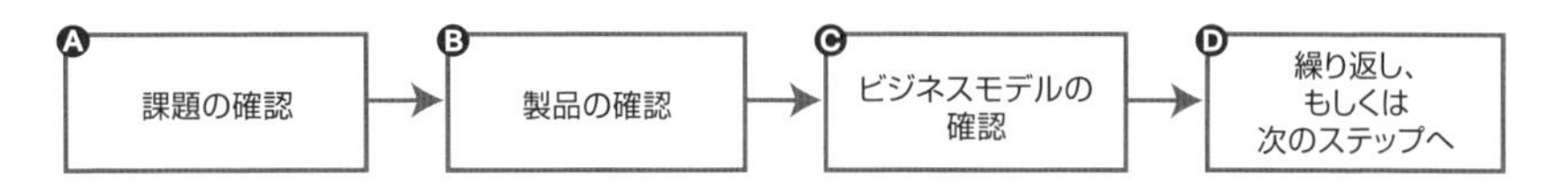

第2回現実性確認をすませた時点で、顧客発見ステップの大部分を完了したことになる。これまで自社のために実行してきたことは、製品と顧客に関する仮説が正しいかどうかを発見することである。また投資家のために実行してきたことは、ビジネスモデルの有効性を実証し始めたことである。

この第4フェーズでは、課題と製品についてこれまで発見したことを確認することで調査活動の結果をまとめると同時に、これまで発見した条件下で会社を運営した場合に、財務的にビジネスモデルが機能するか時間をかけて考えてみる。このフェーズでは次の4つのことを行う。

- ☐ 課題の確認
- ☐ 製品の確認
- ☐ ビジネスモデルの確認
- ☐ 繰り返し、もしくは次のステップへ

〉〉確認：Ⓐ課題の確認

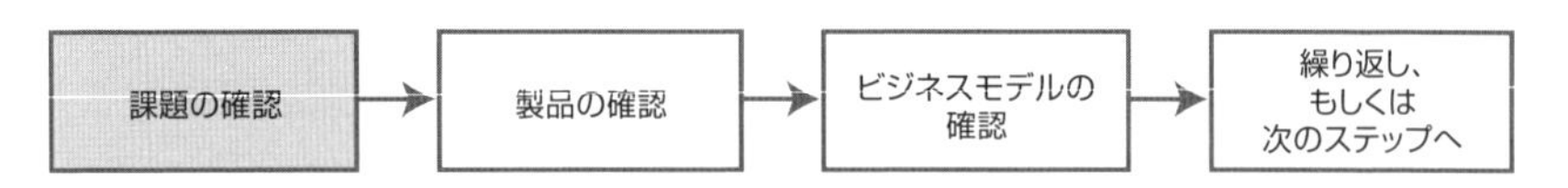

ここまでに、最低でも10～20人の顧客と話をしてきたはずであり、顧客発見のプロセスを1回でも反復している場合には、さらに多くの顧客と話をしたはず

だ。ここでの「課題の確認」とは、単に学んだことをまとめ、あなたが課題を特定できたか、もしくは前のプロセスをもう1回繰り返す必要があるかを確認することである。

顧客の課題に関する仮説について、あなたが得たすべての情報から回答を再検討する。顧客の課題についてのレポートにその回答を取り込む。明確かつ簡潔に、そして正確に書くように。そして忘れずに次のような厳しい質問を自分にする。人々がお金を支払ってでも解決したいような顧客の課題を特定できたと自信を持って言えるか。そうであれば先へ進む。そうでなければ前のプロセスをもう1回繰り返す。

〉〉確認:B製品の確認

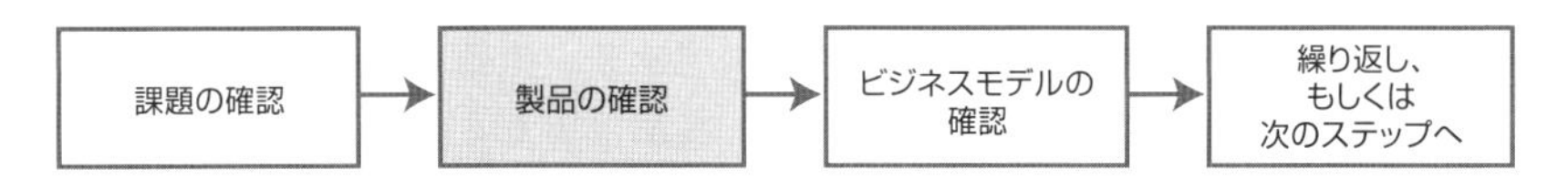

「製品の確認」とは、製品仮説について学んだことすべてをまとめることである。顧客発見を終了するための短いテストは、まず幹部チームを会議室に集める。そして左手を挙げて大声で顧客の課題上位3つを叫ぶ。次に右手を挙げて製品機能上位3つを叫ぶ。チームメンバーの顔を見て、左右の手が一致していないことにショックを受けているかどうかを確認する。もしショックを受けており、製品と市場のフィットがないのであれば、顧客に会いに戻る必要がある。そうでなければ次のステップに進む。

もちろんそれだけではない。製品に関して顧客に行ったすべての質問の再検討と、初期リリースの機能、今後の機能、価格、流通チャネルなどに関して到達した結論についての再検討を行う。その際に次のような質問に必ず触れる。これまでの顧客フィードバックをもとに考えると、製品計画は市場のニーズに合致しているか? もっと別の機能に力を入れるべきか? 製品の提供形態を変更する、もしくは見せ方を変更すれば、顧客から異なる反応を得られると思うか? そうすることを検討すべきか? 学んだことを拡張版製品仕様書の中に記述する。(現時点において) これがあなたの製品に対する最新にして最高のビジョンである。

〉〉確認：Ⓒビジネスモデルの確認

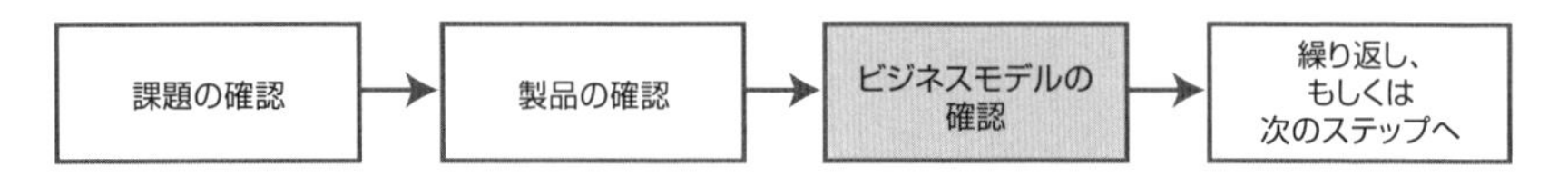

ここまでくると、多分あなたはかなりうぬぼれているはずだ。あなたは顧客の課題を理解し、製品機能を特定したと考えており、そして結果としてのビジョンは顧客の重要なニーズに合致している。しかし、お金を儲けるためのちょっとした仕事が残っている。最初に事業計画を作成した時、投資家に渡した何ページもの素晴らしいスプレッドシートは、あなたの財務仮説だったはずだ。ここでは、財務モデルに立ち返り、顧客からのフィードバックをもとにあなたのビジネスモデルがどの程度現実的かを検証する。

この検証プロセスの成果物は2つの資料である。更新された販売・売上計画、そして健全な事業計画と製品計画である。隅から隅まで徹底的に検証せずにすむように、それらの資料を用意するための主なポイントをここに示す。

- □ 予定している販売価格（顧客が支払可能な金額を考慮したもの）は当初の事業計画の仮説と異なっていないか？ 今後3年間で1人の顧客が何個の製品を買ってくれるか？ 顧客1人あたりの生涯価値をどれくらいと考えているか？
- □ どのように製品を売るのか？ 流通チャネルのコストはどれくらいか？ 当初の計画に含まれていなかった新しいコストはあるか？ セールスサイクルについての当初の考えはどうか。セールスサイクルは当初予定したよりも短いか、長いか？
- □ あなたの製品には第三者による導入、設定、もしくは技術サポートが必須か？ 顧客はそれにいくらを費やさなければならないか？ 直接提供しなければならないサポートの費用はいくらか？ このサービスモデルは、事業計画に正確に組み込まれているか？
- □ 顧客から学んだことに基づくと、顧客獲得に関するモデルはどうなるか？ 顧客はどのようにして製品のことを知り、買い求めるのか？ 顧客を獲得するのにかかる費用はいくらか？ もともとの事業計画と比較してその数字はどうか？
- □ 市場規模はどれくらいか？ 新規市場を創造しているのであれば、最も近い周辺市場はどれくらいの規模か？ これから創出する市場は同じくらい大きくなり得るか？ 既存市場を拡張しているのであれば、現状の市場規模はどれくらいか？ 予定している売上に対して市場は十分に大きいか？

- ☐ 製品開発部隊は顧客ニーズを当初よりも深く理解しているはずだが、製品開発コストは当初から変わっていないか？ 初期バージョンを開発するためのコストはいくらか？ 製品のビジョンを完全に実現するために必要な開発費用はいくらか？
- ☐ 製品開発に製造工程が必要となるか？ 製品を生産するためにどのくらいの費用がかかるか？ 当初計画と比べてそのコストはどうか？ 利用する生産パートナーはどこか？
- ☐ ビジネスモデルのすべての要素を合算したとき、必要とする十分な利益がもたらされるか？

〉〉確認：Ⓓ繰り返し、もしくは次のステップへ

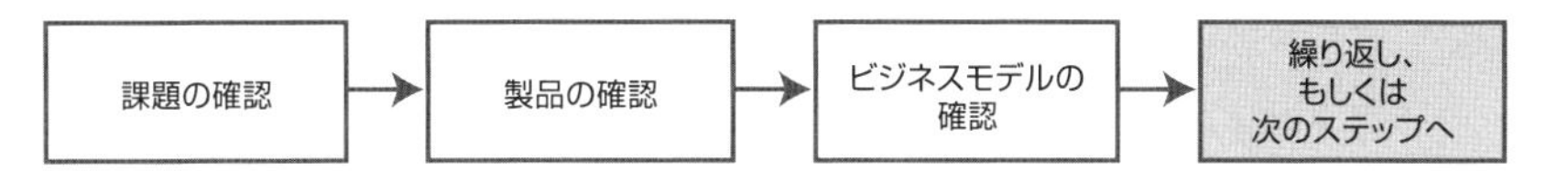

これは終わりの始まりか、いや、可能性が高いのは、始まりの終わりである。あなたは一連の仮説で足場を作り、外に出て仮説を検証し、潜在顧客が製品の機能を認め、潜在的なビジョナリー顧客候補という基盤を得た。そして学んだことすべてを文書化した。

さあ、修正した仮説がプロセスを進めるための健全な土台となっているかどうかを正直に判定する時間だ。

- ☐ 顧客が解決したい課題を特定したか？
- ☐ 製品はそれらの顧客ニーズを満たせるか？
- ☐ そうであれば、ビジネスモデルは実行可能で利益を生み出すか？
- ☐ 製品を購入する前後での、顧客の日常を描けるか？
- ☐ ユーザー、購入者、そして流通チャネルの組織図を作成できるか？

顧客発見のプロセスとして完璧を期すには、何度か繰り返しをしたほうがよいかもしれない。あなたは市場を理解しているか？ 今すぐに製品を購入したがっている顧客が何人かいるか？ もしそうでなければ、第1フェーズから第3フェーズで学んだことすべてを携え、顧客からのフィードバックをもとにプレゼンテー

ションを修正し、第1フェーズに戻ってもう一度やってみることだ。いくつかの市場とユーザーを試してみる。製品の提供形態や見せ方を変更する必要があるか？　もし必要であれば、「製品」プレゼンテーションを修正し、第3フェーズ（「製品」プレゼンテーション）に戻り、もう一度やってみる。

もし次のステップに進む準備ができているのであれば、顧客インタビューで集めたすべての情報をしっかり携えておく。会社の営業ロードマップを作成する基礎として実際に製品を販売する“顧客実証フェーズ”を進めるうえで、それらの情報が必須となる。

顧客発見にかなりのページを割いたが、それは顧客発見が顧客開発で行うすべての活動の基盤となるからである。次の本章のまとめを示した表（表3.3）では、このステップの各フェーズとその目標、目標に到達したことを証明する成果物について再度確認する。

表3.3｜顧客発見のまとめ

フェーズ	目標	成果物
0. 合意を得る	投資家／創業者が顧客開発、経営幹部採用について合意する	合意／価値基準
1. 仮説の記述	製品仕様の定義。製品、初期の顧客、流通チャネルと価格、需要、市場、競争に関する詳細な仮説を作成する	仮説レポート
A. 製品仮説	製品機能、メリット、製品出荷スケジュールに関する合意を得る	製品レポート
B. 顧客仮説	顧客、顧客の課題、なぜ顧客が製品を利用するかについて記述する	顧客レポート
C. 流通チャネルと価格の仮説	流通チャネル戦略と価格モデルを策定する	流通チャネル・価格レポート
D. 需要開拓仮説	需要開拓戦略、ご意見番、動向を特定する	需要開拓レポート
E. 市場タイプ仮説	自社の市場について記述する（新規、既存、再セグメント化）	市場タイプレポート
F. 競合仮説	自社の市場タイプに適した競合分析を行う	競合レポート
2. 仮説の検証と洗練	第1フェーズの仮説を検証する。顧客の「日常業務／生活」を理解する	実証
A. 初回の顧客訪問	顧客リストを作成し、初回の顧客訪問をスケジューリングする	顧客リスト
B.「課題」プレゼンテーション	課題、既存のソリューション、自社ソリューションについてのプレゼンテーションを作成する	「課題」プレゼンテーション
C. 顧客についての理解	顧客の業務、課題、意思決定に影響を与える第三者について理解する	顧客レポート
D. 市場知識	市場を理解する。アナリストや記者との打ち合わせ、展示会の訪問、調査	ポジショニングレポート
3. 製品コンセプトの検証と洗練	製品コンセプトの検証。顧客ニーズが製品に合致しているか？	仮説
A. 初回の現実性確認	顧客／製品フィードバックのレビューを実施し、第1フェーズの顧客の課題に関する仮説を検証する	修正版の製品レポート、修正版の顧客レポート
B.「製品」プレゼンテーション	製品がどのように顧客の課題を解決するかに関する製品プレゼンテーションの作成	「製品」プレゼンテーション
C. さらなる顧客訪問	顧客リストを作成し、新規に5件の潜在顧客を追加する	顧客リスト
D. 第2回現実性確認	製品機能に関するフィードバックにより仮説を検証する	修正版の機能リスト
E. 初期のアドバイザリーボード	初期のアドバイザリーボードメンバーを特定し、採用する	アドバイザーの就任

フェーズ	目標	成果物
4. 確認	適切な市場を見つけたか？　収益力のあるビジネスか？	実証
A. 課題の確認	顧客が解決したい課題を特定したことを確認する	課題記述書
B. 製品の確認	製品が顧客ニーズとROI要求を満たすことを確認する	拡張版製品仕様書
C. ビジネスモデルの確認	収益力のあるビジネスモデルであることを確認する	修正版の売上／営業計画
D. 繰り返し、もしくは次のステップへ	販売活動を進めるのに十分な学習をしたかどうかを見極める	事業計画／製品計画

第4章
顧客実証

人は旅の途中で本来の目的地を忘れがちである。
――フリードリヒ・ニーチェ

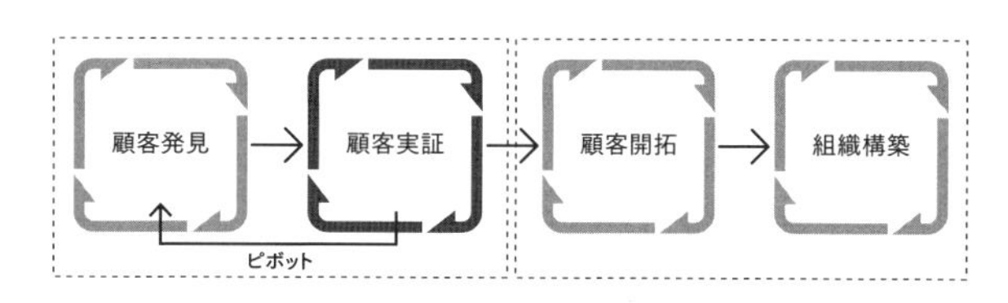

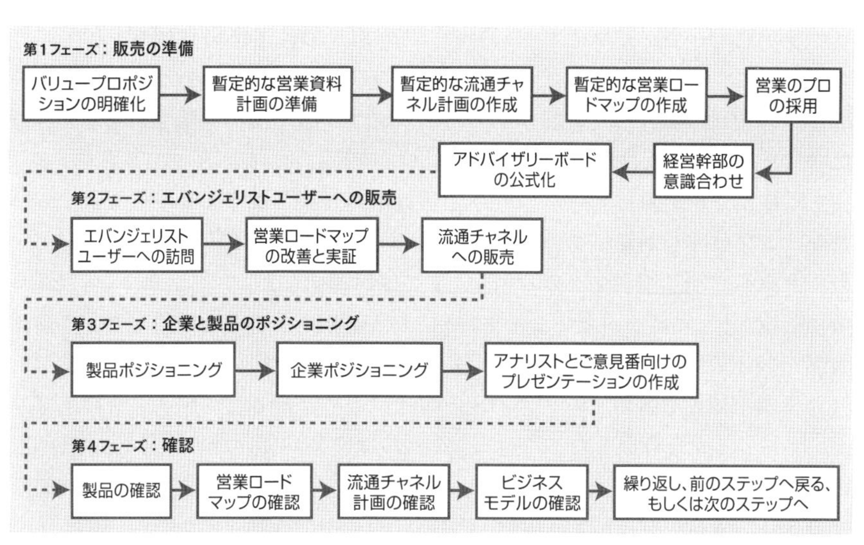

顧客実証のプロセス詳細図

2002年にチップ・スティーブンスに会った時、彼は自分のスタートアップであるインルック社が成功への道を進んでいると考えていた。フォーチュン1000の企業向けに新しいタイプのソフトウェアを開発するため、彼は20ヵ月前に800万ドルを調達していた。同社の製品である「スナップショット」を利用することで、大企業のCFO（最高財務責任者）は四半期終了前に利益率の管理ができるようになる。「スナップショット」は、企業の営業リストすべての案件に関して、財務上の収益目標との比較を行える。これを利用することで、企業は粗利、売上、製品構成を予測し、案件を受注する前にリソースを配分することができるようになる。このことは、受注サイクルの短縮と、経営幹部に判断を仰がなければならない案件数の減少につながり、経営幹部は営業リストの最良の案件に経営資源を配分できる。「スナップショット」により企業は長期的には大きなコスト削減ができる可能性がある。ただ、価格は25万ドル以上と高価であった。

チップは厳しい経済環境の中で資金調達に成功しており、景気はまだ回復していなかったものの、自身の会社の状態について比較的満足していた。製品開発については1年目は深刻な状態であったが、持ち直しており順調だった。しばらくはチップ自身が製品開発の管理を受け持たなければならなかったが、部長や責任者としての十分な経験を積んでいたこともあり、彼はその仕事をうまくこなしたと感じていた。資金調達から15ヵ月後、インルック社は最初の製品を出荷した。私が会う8ヵ月ほど前に、チップはボブ・コリンズを営業担当責任者として採用していた。ボブはスタートアップの初代の営業担当責任者としての経験はなかったが、以前の会社で営業担当責任者として成功実績があり、営業部隊を立ち上げ、拡大した経験があった。ボブは製品が出荷開始される3ヵ月前にインルック社に入社し、ベータ顧客の開拓を行った。ほとんどのスタートアップと同様に、インルック社のベータ顧客はお金を払ってくれる存在ではなかったが、ボブは彼らが最初の有償顧客になってくれることに高い期待を寄せていた。古典的な製品開発モデルに則り、ボブは西海岸に2名、シカゴに1名、ダラスに1名、そしてニューヨークに1名と計5名の営業担当者を採用した。さらに、製品を技術的観点から説明できる4名のセールスエンジニアが営業を支援した。彼の営業部隊を2名のマーケティング部隊が後方支援し、カタログや営業プレゼンテーションを作成した。インルック社には営業活動のために合計11名の部隊ができたが、売上はまだゼロであった。ボブの予定では、年末までに営業部隊を2倍に増強することになっていた。

ボブが忙しく採用面接を進める一方で、取締役会は心配し始めていた。取締役会のベンチャーキャピタリストは、チップは経験豊富な重役であり会社をしっかりと管理していると思っていたが、インルック社はいまだ大規模案件を受注できておらず、売上計画を達成できていなかった。私が話に加わったのはこのタイミングであった。同社の最初の資金調達で出資していたベンチャーキャピタリストたちが、起業初期の顧客開拓についての私の講演に来ていたのだ。彼らは、インルック社に明白な問題があるかどうか見てほしいと依頼してきた（正確には次のように言ったと思う。「インルック社のポジショニングについて支援が必要かどうか判断してほしい」）。

最初のミーティングでのチップ・スティーブンスは、ベンチャーキャピタリストに押しつけられたミーティングよりもすべきことがいくつもある、忙しいスタートアップのCEOらしく振る舞った。私が顧客開発プロセスの説明をし、顧客発見のマイルストーンについて一通り話す間、彼は礼儀正しく聞いていた。次にチップが話す番になると、彼は自分の会社、製品、営業部隊について説明した。会社設立後の最初の9ヵ月に会った40社ほどの顧客の名前を挙げたうえで、それらのターゲット顧客がどのように仕事をし、課題は何かについて理路整然とした素晴らしい説明をしてくれた。チップは自社製品の機能を、対応する顧客の課題と合わせながら細かく説明してくれた。さらに、自分のビジネスモデルがどのように利益を生み出すか、そして顧客候補が彼の想定にぴったり合っているようだと話してくれた。彼の話を聞く限り、顧客発見ステップを正しく実行したのは間違いないようだった。

次にチップは営業プロセスについて説明してくれた。製品の出荷に向けた作業が忙しいため、彼自身は顧客と話をするのを止め、営業担当責任者のボブが営業プロセスを管理していた。実際、チップは何度か現場に出たいと彼に話をしたようだったが、「まだです。あなたの時間を無駄にしたくありません」と言われたとのことであった。これを聞いた途端、私は体がもじもじし始めた。「我々には素晴らしい営業案件リストがあります。案件規模の予測値と受注確率を進捗報告書として毎週提出させています」とチップは言った。既存案件の中でどれが一番受注まで近いのかを尋ねると、大口顧客になるであろう著名な2社のベータ顧客が受注目前だと彼は答えた。

「どうしてわかるのですか？　顧客から直接聞いたのですか」と私は尋ねた。

今度はチップが少しもじもじする番だった。「いや、そうではありません。しかし、数週間で受注できるはずだと営業担当責任者のボブが私に確約しています」とチップは答えた。

こうなると、私はチップ自身と彼の会社が急に心配になってきた。少なくともCEOもしくは取締役のベンチャーキャピタリスト数名と会うこともなく、得体のしれないスタートアップに大口発注をする大企業はめったにないのだ。受注目前の2社について営業ロードマップを描けるかどうかチップに尋ねると、彼自身は詳細をまったく把握しておらず、すべてはボブの頭の中にあることを認めた。それ以上時間がなかったため、私はこう言った。「チップさん、たしかにあなたの会社の営業案件リストは素晴らしい。逆に、あまりに良すぎて私には真実と思えないのです。もし目前の案件のどれかを受注したら、私はあなたと営業部隊に脱帽します。しかし、もし私が懸念しているように案件を受注できなければ、そのときは私のお願いを聞いてほしいのです」。

「一体どんな依頼ですか」チップは少しいらいらした様子で尋ねた。

「営業案件リストの上位5社に電話をかけて、次のように質問をしてください。もし今日無料で製品を提供したら、それを全社もしくは部門全体に導入して利用する準備ができていますか、と。答えがノーであったら、今後6ヵ月のうちにあなたから製品を購入する用意がある顧客がまったくいないことになります」。

チップは微笑むと礼儀正しく私をオフィスから送り出してくれた。私は彼から連絡を受けることはないと思った。

ところが2週間も経たないうちに、チップ・スティーブンスの動揺した声をボイスメールで聞くことになり、驚かされた。「スティーブンさん、どうしてももう一度会ってお話する必要があります。過去8ヵ月間を費やしてきた顧客候補の有名企業が、今年は我々の製品を買うつもりはないと言っているのです。彼らは緊急性を感じていないのです」。チップに折り返し電話をかけ、残りの話を聞いた。

彼は言った。「営業担当責任者から顧客候補の有名企業が製品を買わないという話を聞いた後、私は電話で彼らと直接話をしました。私は彼らに、もし無料であったら我々の製品を会社もしくは部署内に導入するか、とあなたから聞いた質問をしてみました。その答えにさらにショックを受けました。導入に伴う面倒に見合うほど、我々の製品はミッションクリティカルではないと言われたのです」。

「えぇ。それは良くないですね」。私はできるだけ同情的に聞こえるように応じた。

「状況は悪くなる一方です。私は他の「受注目前の」顧客に電話をかけるよう指示しました。結果はまったく同じでした。その後、リストにあった別の3社に電話をかけましたが、基本的に同じ結果でした。彼らは我々の製品を“面白い”と思っていますが、誰も現時点で真剣にお金を費やす気はなかったのです。今や私は、我が社の営業予測のすべてが現実的ではないと疑い始めています。取締役会にはどのように言ったらよいでしょうか」

私のアドバイスは単純で、チップは取締役会に対して何が起こっているかを正確に話さなければならないだろう、というものだった。しかしその前に、彼は営業状況をすべて把握し、問題にどう対策するかを考えておく必要がある。そうすれば、彼は問題と対策案の両方を取締役会に報告できる（自分の会社をどう経営するかを取締役会に指図されるのは絶対に嫌であろう。そんなことになったときは、もはや職探しのために経歴書を準備すべきだ）。

チップは幽霊案件リストの意味を理解し始めたばかりであったが、すぐに現状を深掘りし始めた。そして5人の営業担当と話をしたところ、インルック社の営業部隊が標準化された営業プロセスを持っていないことを発見した。各営業担当は顧客候補企業の異なった階層のコンタクト先を訪問し、うまくいきそうなことは何でも試していたのだ。次にマーケティング担当と話をすると、ほぼ毎週新しい会社紹介プレゼンテーションを作成して、営業を支援しようとしていることがわかった。その結果、企業メッセージとポジショニングが毎週変わっていたのだ。ところが、営業担当責任者のボブは大きな問題は何もないと考えていた。彼らには単に「やり方を見出す」ための時間がもっと必要なだけで、いったんやり方さえ見出せば案件を受注できるようになるであろう、と。

会社が急速に現金を消費する（営業とマーケティングで11名いる）中、営業活動のどこに問題があるか真に理解されておらず、営業案件リストの企業からの売上の見込みもなく、日本の能とでも呼ぶべきお決まりの展開が再び始まろうとしていた。ボブは今や過去の人となろうとしていた。「良い」ニュースは、経験豊富で動きも良い経営者であるチップが、何が間違っていたかを素早く把握したことだ。8ヵ月経ってもインルック社が「スナップショット」をどうやって売ればよいかについてまったく見当もついていなかったという事実を苦労の末に理解した。さらに悪いことに、どうやって売るかを学ぶためのプロセスも実施しておらず、頭の良い営業担当者が「自分でやり方を見つける」ことを期待しているだけだった、ということも。チップは一からやり直して営業ロードマップを作らなければならないだろうと悟った。彼は自らの計画を取締役会に発表すると、営業担当責任者および営業とマーケティングの社員のうち7名を解雇し、資金の消費速度を劇的に削減した。彼は、マーケティング担当責任者とともに、最も優秀な営業担当者とサポートエンジニアを会社に残した。それから自宅に戻り、家族に別れのキスをすると、どうしたら顧客に買ってもらえるのかを見出すために自ら現場に出た。取締役会が彼の下した決定に同意し、幸運を祈ると同時に、彼に残された時間を刻む時計の針が動き始めた。彼には顧客を見つけ案件を受注するために6ヵ月間の猶予が与えられた。

チップは、インルック社にはすべてのスタートアップに必要なもの、すなわち結果の予測が可能な営業プロセスを開発し、ビジネスモデルを実証するための手法が欠けていることに気づいていた。顧客発見の後、スタートアップは以下のような基本的な質問に自問自答しなければならない。

- □ 製品と市場のフィットは確実にあるか?
- □ 営業プロセスを理解しているか?
- □ 営業プロセスは繰り返し可能か?
- □ 繰り返し可能であることを証明できるか?(その証拠は何か? それは十分な数の注文を値引きなしで受注することだ)
- □ 現状の製品仕様でこのような注文を獲得できるか?
- □ 製品と会社を正しくポジショニングしたか?
- □ 実際に機能する営業と流通のチャネルを持っているか?
- □ 利益を上げながら事業を拡大していく自信があるか?

インルック社で起きたこと(そして無数のスタートアップで起きていること)とは対照的に、顧客開発モデルでは営業組織を拡大するはるか以前に、これらの質問に自問自答することを求めている。これらの質問の回答を得ることが、顧客実証ステップの基本的な目的である。

》》》》顧客実証とは何か

顧客発見が経験豊富なマーケターを混乱させるのと同様に、顧客実証のプロセスは経験豊富な営業担当者、特に営業担当責任者にとって世界がひっくり返るようなものである。大企業で成功実績のある営業幹部が学んできた常識はすべてスタートアップでは通用せず、かえって実害を及ぼす。顧客実証ステップで行うべきことは、営業部隊を構築することではない。営業計画を実行することでも、ましてや「営業戦略」を実行することでもない。まだ単にこれらのことを実行するための知識が不十分なのである。あなたには、誰が買うか、なぜ買うか、いくらで買うかといった仮説があるかもしれないが、実証されるまでは単に経験則による推測にすぎない。

顧客実証ステップの主な成果物は、証明済みで検証済みの営業ロードマップである。少数の初期ビジョナリー顧客（エバンジェリストユーザー）に対してどのように販売したのかを学習することでロードマップを作成する。彼らは製品にお金を払う。しかも、しばしば製品が完成する数ヵ月前、場合によっては数年前に。しかし、このステップの目的が「販売」であると勘違いしてはいけない。この時点においては売上を稼ぐことよりも、拡張性があり、繰り返し可能な営業プロセスとビジネスモデルを見つけることを重視すべきである。営業組織の構築でなく、営業を成功へ導くロードマップの作成が顧客実証ステップの中核である。このステップの重要性を踏まえ、プロセスを加速するために、CEOは直感的により多くの営業担当を現場に配置しようと考えがちだが、それではプロセスの進行を遅らせてしまうだけだ。

既存市場の場合には、顧客実証で営業担当責任者の名刺の束が実際に役立つことと、顧客発見のステップで自社が見出した製品に関する性能の指標が正しいことを証明できるかもしれない。しかし再セグメント化する場合や新規市場の場合には、どんなに大量の名刺があっても検証済みの営業ロードマップの代わりにはならない。経験豊富な営業幹部にとって、これらは理解しがたい意見である。直感に反しており、プロの営業担当者の基本行動として教育されてきたことに反するように感じられる。では、なぜスタートアップの初期の営業活動が、事業が軌道に乗った後の営業活動や、大企業での販売活動と大きく異なるのかをより詳細に見てみよう。

〉〉営業プロセスの実証

スタートアップの営業担当責任者に営業部門の上位2つか3つの目標を尋ねてほしい。その回答は「売上計画を達成すること」、あるいは「採用により営業組織を構築し、そのうえで営業計画を達成すること」といったものであろう。「顧客が必要としている追加機能を技術部隊が理解するのを支援すること」と追加する人もいるかもしれない。回答の中身は、たいていは売上や人員数に関するものなのだ。なぜだろうか？　事業が確立された会社においては、誰かがすでに混沌とした世界に道筋をつけてくれている。新しい営業担当者は、検証済みの営業プロセスに基づく企業プレゼンテーション、価格表、カタログ、およびその他すべての装備品を手渡される。営業組織には、段階ごとに区分された営業案件リストと、詳細な目標が記載された営業ロードマップがあり、それらすべてが顧客とのやり取りの中で検証済みである。営業案件リストは、営業案件をふるいにかけるためのじょうごである。生の営業案件が入ってくる広い上端が、案件が各ステージで選別されるごとに狭くなり、引き合い、案件候補、高確度案件と変化し、最終的にはじょうごの狭い出口から注文書が出てくる。成熟した営業部隊を持つほとんどすべての会社に、独自の営業案件じょうごがある。そして、それを使って売上や案件候補の受注確度を予測している。スタートアップに採用された経験豊富な営業担当責任者のほとんどは、営業案件リストを作成し顧客別にフィルターをかけることで、営業案件じょうご（セールスファネル）を構築しようとする。しかしここに見落としがある。それは、先に営業ロードマップを作成せずに、営業案件リストを作成するのは不可能であるということだ。

営業ロードマップは製品を売る際の基本的な質問に答えてくれる。製品と市場のフィットは確実にあるか？　受注に影響力を持つのは誰か？　誰が購入を推奨するのか？　決定権を持つ者は誰か？　財布の紐を握っているのは誰か？　導入反対派は誰か？　製品を購入する予算を持っているのはどこか？　1件の受注のために何件の顧客訪問が必要なのか？　受注には最初から最後まで平均どのくらいの期間かかるか？　販売戦略は何か？　ソリューション営業か？　もしそうであれば「キーとなる顧客の課題」は何か？　理想的なビジョナリー購入者、すなわちスタートアップに必要なエバンジェリストユーザーのプロファイルは何か？

これらの質問に対する実証済みの解答がない限り受注できるのはまれであり、受注できた案件は単発の英雄的営業努力の結果である。もちろん、ほとんどの営業担当責任者は、詳細な営業ロードマップを描く知識が欠けていることをある程度は認識しているが、自分と新規採用した営業部隊が、販売と受注を進めるのと同時並行で知識を獲得できると考えている。まさにこれが、古典的な製品開発手法をスタートアップに適用する際の本質的な誤りの典型例である。インルック社の例や、失敗した多数のスタートアップの残骸からわかるように、営業ロードマップを完備する前に実行するのはまったくの愚行だ。

〉〉顧客実証部隊

インルック社の事例ではスタートアップの創業者やCEOが起こしやすい古典

的な失敗の1つ、顧客実証プロセスを営業担当責任者だけに任せてしまうことがみて取れる。技術企業においては、大多数の創業者はエンジニアであり、自らが経験を持たない分野に関してはプロを採用しなくてはならないと考えている。そして営業担当責任者には、おそらく営業スキルと名刺の束に自信を持った営業のプロを雇うであろう。それゆえ、創業者は自らが採用した人たちの能力を信じて口出ししない傾向がある。このような失敗は営業担当責任者にとって致命的であることが多く、時にはスタートアップ自体にとっても致命傷となる。

営業活動の実行は営業担当責任者の責務である。営業部隊の採用も営業担当責任者の責務である。しかし、スタートアップの成長過程のこの時点においては、実行したり採用したりするのに十分な知識がない。まだ顧客から学ばねばならない状態にあり、顧客開発部隊は顧客実証ステップを通じて顧客とのやり取りを継続する必要がある。

会社の創業者とCEOは、最低でも顧客実証のステップの1周目では、顧客の前に出向く必要がある。彼らこそが、製品開発チームの手を借りてビジョナリー顧客を発見し、製品に関して顧客をわくわくさせ、購入の準備を進めさせることができる人間なのだ。企業向けの営業で、もし創業チームに案件をとりまとめるスキルのある人間がいない場合には、そのスキルのある営業担当者すなわち営業のプロを雇ってもよい。

〉〉初期の販売はエバンジェリストユーザー向けで、メインストリームの顧客向けではない

顧客実証ステップにおいては、スタートアップはエバンジェリストユーザーを発見し、さらに購入してもらうことに集中する。

完成度の高い製品を買いたがる「メインストリーム」顧客と異なり、エバンジェリストユーザーはリスクをいとわず、スタートアップからでも喜んでモノを買う。その行動の根拠は、市場での競合優位性を感じるため、あるいは職場や同業他社の同僚に自慢するため、もしくは社内での政治的優位性のためである。出荷開始前に未完成の製品を購入してくれるのは、エバンジェリストユーザーだけである。

エバンジェリストユーザーの条件を思い出してほしい。彼らは自分たちに課題があることを理解しているだけでなく、解決策を見つけようと一定の時間を費やし、自社で独自の解決策を構築してまでいる。自社の業務プロセスに重大かつ本質的なほころびがあり、修正が必要なのでそうしているのかもしれない。し

たがって、訪問すると即座にあなたの製品が解決する課題が自分の抱えているものと同じであることを把握し、ソリューションの素晴らしさと価値を見出す。説明はほとんど不要である。あるいは、競争優位性の獲得するためにソリューションを導入する形で新しいパラダイムにおけるリスクを取ろうとしているのかもしれない。

エバンジェリストユーザーは「買ってくれる」。ただし、通常彼らは「背広組」すなわち古典的な営業マンからは買わない。エバンジェリストユーザーは創業者や製品開発部隊に会って話を聞きたがる。その代わり、あなたは注文書と素晴らしいフィードバックを得られるだけでなく、ビジョナリー顧客がエバンジェリストユーザーとなって、彼らの社内あるいは業界内、もしくは消費者の場合には彼らの友人や近所の人に対して、あなたのソリューションを推奨してくれる。正しく扱えば、第6章で説明するキャズムに達するまでの間、彼らは究極の顧客事例になる。

エバンジェリストユーザーに関しては1つ重要な警告がある。スタートアップの創業者の中には、エバンジェリストユーザーは研究所の実験室あるいは大企業の技術評価グループでのみ見つかると思っている人がいる。また消費者向け製品の場合には、新製品の検証という幸運に恵まれた職につき、さまざまなものを試して製品の潜在的な用途を評価する人だけであると思っている。しかしこれらの人々は、私が想定しているエバンジェリストユーザーではない。時には彼らが非常に重要なご意見番である場合もあるが、彼らには日々の業務上の役割はなく、幅広い適用や導入を約束する権限もない。話をする必要のあるエバンジェリストユーザーは、顧客発見で説明した人々である。すなわち業務上の役割を持ち、課題を抱え、ソリューションを探しており、課題を解決しようとし、予算を持つ人たちだ。

〉〉〉〉顧客実証プロセスの概要

図4.1にあるように、顧客実証ステップは4つのフェーズからなる。第1フェーズは、一連の「販売準備」活動からなり、バリュープロポジションの明確化、暫定的な営業資料計画の準備、流通チャネル計画と営業ロードマップの作成、営業のプロの採用、製品開発部隊と顧客開発部隊による製品機能と日程の合意、そしてアドバイザリーボードの公式化である。

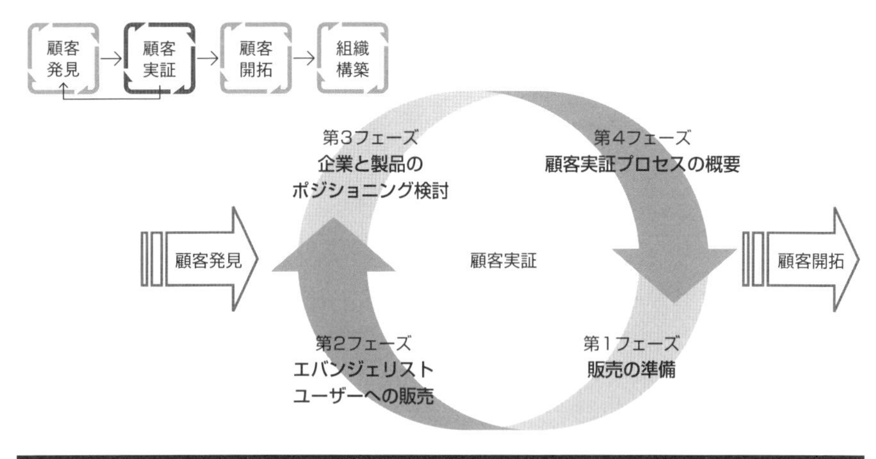

図4.1｜顧客実証：プロセス概要

次に第2フェーズでは、すでによく研ぎ澄まされた製品アイデアを検証する。顧客に製品を買ってもらうことで、コンセプトの確証を得られるだろうか？ 未完成で実証されていない製品を、プロの営業部隊なしで顧客に売り込んでみる。このフェーズにおいては、失敗は成功と同様に重要である。ここでの目的は営業ロードマップのすべての疑問に答えを見つけることだからだ。このフェーズの終わりには、チャネルパートナーやプロフェッショナルサービスパートナーと、初期の打ち合わせを行う。

注文書を何件か獲得すれば十分な顧客情報を得られ、製品と会社の最初のポジショニングを決める第3フェーズに進むことができる。ここでは、製品と市場における位置づけに関する考えを明確にする。また、業界の権威者やアナリストからフィードバックと支持を得ることで、初期のポジショニングを検証する。

最後に第4フェーズでは、自社が顧客実証ステップを完了したかどうかを確認する。製品が顧客ニーズに応えることを証明するのに十分な数の注文を得たか？ 利益の上がる営業モデルと流通チャネルモデルがあるか？ 利益の上がるビジネスモデルがあるか？ 事業を拡大させるくらい十分に学んだか？ 上記の質問すべての答えがイエスであった場合にのみ、顧客開拓ステップに進む。

〉〉〉〉第1フェーズ：販売の準備

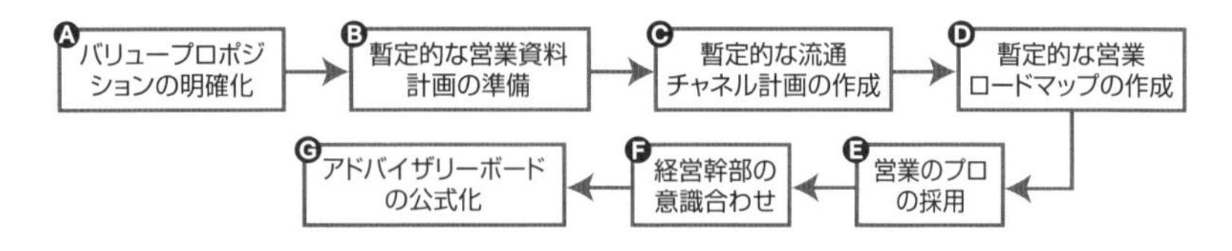

顧客実証ステップの最初のフェーズは、製品を売り込む最初の試みの準備であるが、それには入念な準備、計画、そして合意が必要である。特にこのフェーズで行うのは以下のものである。

- □ バリュープロポジションの明確化
- □ 暫定的な営業資料計画の準備
- □ 暫定的な流通チャネル計画の作成
- □ 暫定的な営業ロードマップの作成
- □ 営業のプロの採用
- □ 経営幹部の意識合わせ
- □ アドバイザリーボードの公式化

〉〉販売の準備：Ⓐバリュープロポジションの明確化

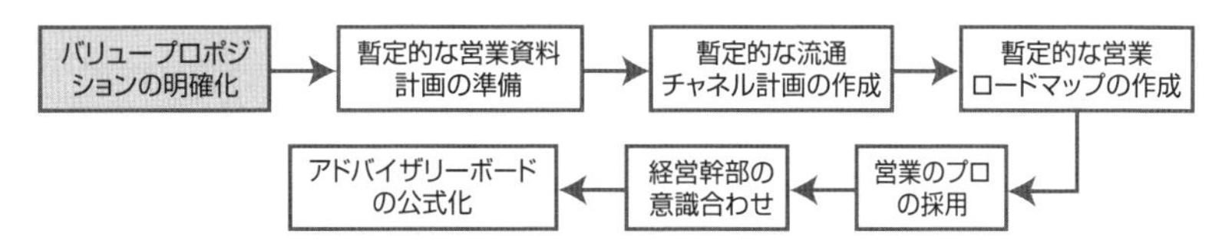

顧客から見て自分の会社は何の会社なのか、製品は何に使えるのか、そしてなぜ顧客は自社から製品を買うのか？　おそらく創業時からこれらの質問の答えについての考えは持っているはずだが、その後何度か実際に顧客とやり取りをしているので、これまでに学んだことを踏まえてそろそろビジョンを見直すときだ。自社の事業を1つの明快な説得力あるメッセージにまとめ、なぜ自社が競合と異なり、なぜ自社の製品に買う価値があるのかを説明できるだろうか？　それがバリュープロポジション（自社独自のセールスプロポジションと呼ばれることもある）に関する目標である。バリュープロポジションのおかげで、あなたは

顧客とのきずなを作り、明確なコンセプトのマーケティングプログラムを実施でき、そしてそれが会社を構築していくうえでの中核的な基準になる。バリュープロポジションの構築とは、会社のストーリーを簡潔な「エレベーター・ピッチ（訳注：エレベーターに乗っている短い間に相手を説得できる説明）」にまで落とし込み、しかも顧客の胸の鼓動を早めるのに十分な迫力を持つストーリーにすることだといえる。バリュープロポジションは、これ以降に利用されるあなたの営業資料すべてに記載される。バリュープロポジションは、顧客発見で製品と市場のフィットに関して学んだすべてのことの集約である。ただし、最初から完璧にしようとすることはない。なぜなら、顧客やアナリスト、投資家などからフィードバックを得るにつれて変化し、進化し、成熟していくからだ。このフェーズで行いたいことは単純で、バリュープロポジションを工夫して作り出す必要があることを認識し、バリュープロポジションの明確化のために最善を尽くすことだ。

バリュープロポジション作りは単純明快に見えるが、実際にやってみるとそう簡単ではない。わかりやすく、かつ説得力のある簡潔な言葉にするには、かなりの労力が必要だ。長く書くほうが、短く書くよりもはるかに簡単である。最初の一歩は、顧客の課題や、顧客がソリューションのどこに価値を感じるのかについて顧客発見ステップで学んだことを思い出す作業だ。顧客があると言っていた上位3つの課題は何だったか？　課題や、それに対するソリューションを説明するのに繰り返し使われた言い回しがあるだろうか？　顧客の仕事の仕方や時間の使い方、および他の製品の利用の仕方に基づくと、あなたの製品は顧客のどこに最も影響を与えるであろうか？　顧客の業務に対する影響度はどの程度だろうか？　競合がすでにいる、もしくは他のソリューションの組み合わせで課題が解決できるのであれば、自社が提供でき競合が提供できないものは何か？　自社が競合より優れているのはどんな点か？

インルック社のバリュープロポジションは「最高財務責任者（CFO）の収益性管理を支援する」だった。これは、短く的確で、同社のターゲット層に効果を発揮した。バリュープロポジションは理想的には1文、長くとも2つか3つの文からなる。では、創業者たちは対象にすべき層をどのように知ったのだろうか？　彼らは顧客発見ステップで学んだすべてのことに立ち戻ったのだ。顧客発見ステップを開始したときはそうでもなかったが、今はCFOが対象顧客であり、「収益性」が感情に訴える言葉であり（彼らが最初に話をしたときには、顧客がうんざりするような説明をしていたが）、そして顧客にとって、収益性の管理こそが頭の中に具体的にイメージできる価値向上のポイントだったのだ（以前は何がポイントなのかまったく見当がつかなかった)。

バリュープロポジションの最初の検証項目は、「感情に訴えるか?」である。聞いたときに顧客の胸の鼓動が早くなるか? もっと聞きたいと思って身を乗り出すか? それとも気のない目つきになるか? 自社のバリュープロポジションはユーザーにわかりやすい言葉か? ユーザーの目に独自なものと映るか? 技術系スタートアップのエンジニア達にとって理解しなければならない最大のポイントは、顧客が求めるのは心と財布をわしづかみにするような単純化されたメッセージであり、頭で計算して理解するようなメッセージではないということである。

第2の検証項目は、バリュープロポジションが経済的なメリットをもたらすか、もしくはその確度を高めることを訴求しているかである。バリュープロポジションには経済的なインパクトがあるか? あなたの製品が企業に競合優位性をもたらす、もしくは重要な分野を改善してくれるように感じられるか? 消費者向けの製品であれば、消費者の時間やお金の節約になるか、もしくは彼らの社会的立場や個性に変化をもたらすか? インルック社の例では、「収益性を管理する」という言葉が使われた。CFOにとって、この力強い言葉は定量的で測定可能なメリットを意味する。

最後は、バリュープロポジションが現実性テストに合格するかどうかである。「脂肪が溶けてなくなり、30ポンド痩せる」「200%の売上増加」「コストを50%削減」といったメッセージでは信用性を損なう。検証に合格しなければならないのはメッセージだけでない。あなたの会社は、説明している製品のサプライヤーとして信頼に足るか? さらに、企業顧客向けに販売する場合には、追加で考えなければならない障壁がある。自社の能力は外部に公表しているとおりか? 自社のソリューションは現実に提供可能で、顧客の既存の業務オペレーションとも適合するか? 顧客は自社のソリューションを補完する、もしくは自社のソリューションの基盤となる技術を導入済みか?

最後に1つ心に留めておく必要があるのは、市場タイプに関する以前からの質問である。もし既存市場に新しい製品を提供するのであれば、バリュープロポジションは性能の段階的な向上だ。段階的なバリュープロポジションとは、製品やサービスの個別項目の改善や測定指標についての話である(つまり、より速く、より良くである)。もし新規市場を創出もしくは既存市場を再定義するのであれば、多分あなたは変革的なバリュープロポジションを考えつくことであろう。変革的なバリュープロポジションとは、ソリューションを通じてどのように新しいレベルの活動、つまりそれまで誰もできなかった何かを創造するかということである。

〉〉販売の準備：Ⓑ暫定的な営業資料計画の準備

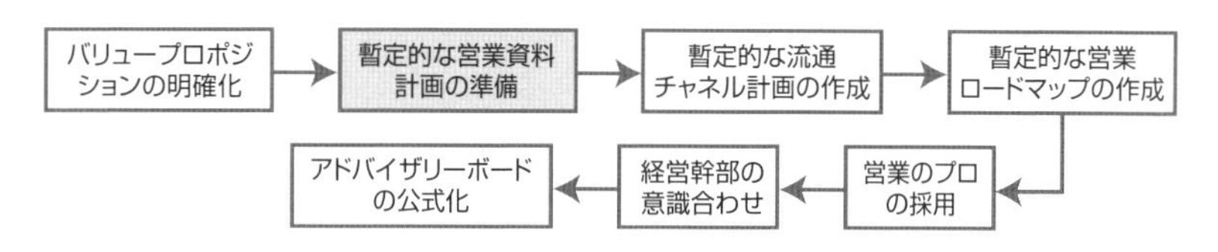

いったんバリュープロポジションが定まったら、次はそれを営業・販促の資料に反映させる。ここでの営業・販促の資料とは、営業部隊が潜在顧客に手渡したり提示したりする紙媒体の資料および電子ファイルのコミュニケーションツールすべてを指す。顧客実証ステップで製品を売るには営業資料を完備する、つまり製品のカタログ、プレゼンテーション（時には同一企業内の別個の部署にそれぞれ別のプレゼンテーションをする）、価格表などを準備する必要がある。しかし会社が成長した段階で用意する資料と異なり、これらはすべて「叩き台」であり、変更が加わる可能性があるので、コストを抑えて少量を作成する。バリュープロポジションを決めたことは、営業資料作成の第1ステップを完了しただけにすぎない。これ以降においては、ほとんどの営業資料の中心テーマとしてバリュープロポジションを利用する。

資料を作成する前にどんな営業資料が必要かを把握する。製品仕様やプレゼンテーションを思いつくままに作成するのではなく、「営業資料計画」として、営業プロセスのそれぞれの段階で顧客に提示する全資料のリストを作成するのが効果的だ（法人向けの営業資料計画の例としては、表4.1を参照）。

私の前職のエピファニー社では、各社のCIOにプレゼンテーションを実施し、5社連続で受注案件候補から失注したという手遅れのタイミングで、ひょっとして我々のポジショニングと戦略に欠陥があるのではないか、と気づいた。そこで、自社のプレゼンテーションを改めて見直すと、顧客の業務部門に対するものと同じバリュープロポジションを、CIOに対して説明していることがわかった。すなわち、「あなたへの情報提供をIT部門に依存する必要はありません。IT部門に頼む代わりに、エピファニーを買いましょう」という調子だ。CIOからの支援を得られないために、営業を進めるのが難しくなっていたのは言うまでもない。我々はCIO、IT部門、および技術選定者向けに手を加えた、別のバリュープロポジションとプレゼンテーションを作成した。

表4.1 | 法人向け直販用の営業資料計画の例

	認知	興味	調査	受注
エバンジェリストユーザーの購入者	自社ウェブサイト/会社案内	汎用営業プレゼンテーション	顧客用にカスタマイズした営業プレゼンテーション	契約書
	ソリューションカタログ	ビジネス課題に関するホワイトペーパー	ビジネス課題に関するアナリストレポート	価格表
	影響力のあるブロガー	製品プレスキット		
	技術ウェブサイト	製品案内	ROI計算用の資料	
	DMチラシ	バイラルマーケティング／Eメールツール	フォローアップEメール	
		製品カタログ	見積依頼フォーム	お礼状／お礼メール
技術選定者	影響力のあるブロガー	技術プレゼンテーション	特定の顧客の課題に関する技術プレゼンテーション	お礼状
	技術ウェブサイト	技術ホワイトペーパー	技術ホワイトペーパー	
		技術課題に関するアナリストレポート	方式図の入った技術概要カタログ	

この例では、販売先は大企業である。製品は業務部門の社員向けのソフトウェアではあるが、導入と保守はIT部門が行う。この場合、営業資料を2つの対象に見せる必要がある。それは、エバンジェリストユーザーである購入者と技術選定者である。販売の対象が消費者であれば、営業資料計画は流通チャネルが利用するコミュニケーションツールに集中することになり、それらのツールには、店舗用POP、小売用パッケージ、クーポンなどがある。流通チャネルの違いや、製品が企業向けか消費者向けかにかかわらず、営業資料計画ではそれぞれの営業資料が誰に向けて利用され、営業プロセスのどのタイミングで利用されるのかを明確にする。

営業資料計画が完璧であるかどうかは気にしなくてもいい。営業資料計画は顧客と話をする中で修正され、さらに顧客層がビジョナリーからメインストリームに移行するときに再度変更される。作成したすべての営業資料は試しに使ってみる必要がある。なぜなら、社内に閉じこもって作成した営業資料は、現場の実態からかけ離れていることも多いからだ。顧客開発プロセスの各ステップで追加、修正されるので、営業資料計画は常に簡潔に記しておく。

ビジョナリー顧客には、メインストリーム顧客とは異なる営業資料が要求されることを理解しておく必要がある。ビジョナリー顧客は、第1にビジョンを買い、その次に製品を買う。したがって、営業資料が自社製品のビジョンとメリットについて明快かつ十分詳細に説明していることを確認し、エバンジェリストユーザーが資料を利用して自分で製品を売り込めるようにする（会社であれば社内に、消費者であれば友人や家族に）。顧客開発部隊と創業メンバーがビジョンを論理立てて記述すべきだ。製品固有の詳細記述は、製品開発部隊が最初に叩き台を作成すべきである。こうすることで、製品開発部隊がどの機能を強調しているかに関して意識にずれがないことを確認できる。

このフェーズでは派手なデザインや大量の印刷にお金を使わないことに留意する。唯一の有効な投資は、きれいなパワーポイントのテンプレートと、キーとなる概念を説明する図くらいである。

以下に、営業資料計画に含まれる主要な事項についての指針を示す。

◉ウェブサイト

この段階のスタートアップのウェブサイトには、自社のビジョンと解決する課題についての明確な情報と、問い合わせあるいは実際に購入したいと顧客に思わせるのに必要な量の詳細な製品情報が掲載されるべきであるが、必要以上に情報提供することによって、自社に会わずして買わないと決められてしまうのは望ましくない。同じ考え方は、後述のカタログや製品仕様にも適用される。

◉営業プレゼンテーション

営業プレゼンテーションは、顧客発見ステップで利用した課題と製品のプレゼンテーションを修正し、合体させ、バリュープロポジションを追加したものになるはずだ。しかし、1つのプレゼンテーションが、企業内の複数の顧客層や複数の業界をまたがって有効であるケースは非常にまれである。顧客発見ステップにおいて、企業内での購買決定者ごとに、もしくは異なる消費者ごとに、別々のプレゼンテーションが必要であると気づくことがあるかもしれない。技術者向けに別のプレゼンテーションが必要だろうか？　経営上層部と現場の従業員ではどうか？　業種が異なる場合にはどうか？　消費者向けの製品の場合には、デモグラフィクス、収入、地理的条件などによってプレゼンテーションの内容を変えたほうがよいか？

このステージでは、主な対象者はエバンジェリストユーザーであり、メインストリームの顧客ではないことを心に留めておく。エバンジェリストユーザー向けの営業プレゼンテーションでは、課題、それに対するソリューションの選択肢、自社のソリューション、製品詳細について、それぞれ簡単な概要説明という構成であるべきだ。プレゼンテーションに30分以上かけてはならない。

◉デモ

多くの製品はデモを見ずに理解するには難しすぎる。もし1枚の写真に千の言葉に相当する価値があるならば、1回のデモはおそらく百万の言葉に相当する価値がある。ただし警告として、スタートアップの製品開発部隊がときどき「デモ」を本物の製品と混同してしまうことを挙げておく。顧客開発部隊に必要なのは、キーポイントを説明するための紙芝居的な「ダミーのデモ」だけなのだ。デモなしでエバンジェリストユーザーへの販売に成功するのは難しい。

◉カタログ

製品機能とメリットを詳細に説明する「製品カタログ」と、顧客の課題と大きな視点から解決策を紹介する「ソリューションカタログ」は非常に混同されやすい。新製品を既存市場向けに投入しようとしているのであれば、製品に集中して製品カタログを作成すべきである。新規市場を創出しようとしているのであれば、課題とソリューションのカタログが適切である。市場を再定義しようとしているのであれば、両方が必要となる。

いずれのケースでも営業を進めていく中で、かなり深いレベルの情報を含む技術概要資料が必要となる可能性が高い。営業プロセスを理解し始めると、特定の分野に関する興味もしくは懸念事項について説明するような、課題ごとの説明資料が必要になるかもしれない。しかし、そのような資料は必要に応じて作成すればよく、事前の作成は不要である。何が必要かは顧客が教えてくれる。

特に経済環境が厳しい場合、重要なものとして顧客が要望するのはROIに関する説明資料である。これは、「財務的な面で、製品を買うことを正当化できるのか。長期的には金銭的な節約になるのか」ということを上品に言ったものだ。誰かから発注の許可を得るために、たいていエバンジェリストユーザーは製品についての想定シナリオを作成しなければならない。消費者向けの場合も同様である。子どもがアップル社のiPodに関するROIを説明しようとしているところを想像してほしい。

「CDを買う必要がなくなるし、曲はお小遣いで買うから、お願い！」

◉価格表、契約、請求システム

顧客実証ステップを進めていく段階で、先見性のある顧客から「あなたの製品はいくらするのか」と聞かれたいものだ。何も見ずに回答できるとしても、価格表、問い合わせフォーム、契約書などが必要となる。これらの文書を整備することで、小さなスタートアップが本物の会社のように見える。さらに製品価格、製品構成、ディスカウント、契約条件についての想定を文書化することを顧客に要求される。消費者向けの製品の場合には、早い段階で注文を受け付けるための方法が必要になる。例えば、クレジットカード認証付きの課金システムやオンラインストアなどだ。

〉〉販売の準備：Ⓒ暫定的な流通チャネル計画の作成

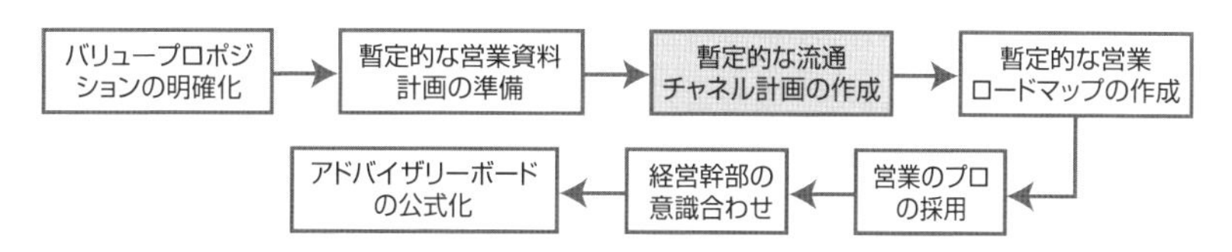

顧客開発プロセスは、繰り返し可能で拡張性のある営業プロセスとビジネスモデルを構築する助けとなる。流通チャネル計画と（次のタスクで作成される）営業ロードマップが、作業の指針となる。

顧客発見ステップでは、顧客インタビューで得た情報をもとに流通チャネルに関する仮説を改善した。このタスクでは、流通チャネルのすべての選択肢を評価し、この中から特定の1つの営業チャネルに絞り込み済みであることが前提となる。ここでは、その情報を利用して初期の流通チャネル計画を作成する。

流通チャネル計画は3つの要素からなる。最初にこれらの要素の準備をする際、あなたの考えの大部分は顧客発見で集めた情報に基づく推測である。しかしながら、次のフェーズに進み、選択した流通チャネルとのやり取りを開始すると、事実と冷徹な現実をもとに初期の理論を修正することとなる。

流通チャネル計画の要素を以下に示す。

- ☐ 流通チャネルの「食物連鎖」と役割
- ☐ 流通チャネル割引と財務計画
- ☐ 流通チャネル管理計画

◉流通チャネルの「食物連鎖」と役割

顧客発見のステップで作成した流通チャネルレポートを思い出してほしい（たとえば図3.5を参照）。そのレポートには、顧客のもとに製品を届ける方法についての初期の仮説を記載した。ここでは、流通チャネル計画をさらに改善させる。

流通チャネルの「食物連鎖」もしくは階層図を作成することから始めよう。食物連鎖とは何か？　流通チャネルについて言えば、それは会社と顧客との間に存在する一連の組織群で形成される。「食物連鎖」では、それらの組織が何であるかということと、自社との関係およびその組織間の関係について記述する。

例として、書籍の出版社を開始することを想像してほしい。書籍を購入する顧客へ、どのようにして書籍を届けるかを確認しなくてはならない。自社のウェブサイトから消費者に直販するのであれば、出版社の流通チャネルの「食物連鎖」の図は、図4.2のようになるだろう。

従来型の出版流通チャネルを通じて販売するのであれば、図4.3のようになるだろう。

次の作業は、図の複雑さに関係なく流通チャネルの「食物連鎖」を構成する各企業について詳細に記述することである。書籍出版の例を続けると、その記述は以下のようになる。

- □ 全国向けの卸：在庫、集荷、梱包、出荷、集金、そして受注に応じて出版社に支払いを行う。彼らは注文を捌くが、需要の喚起は行わない
- □ ディストリビュータ：独自の営業を利用して書店チェーンや独立系書店向けに売り込む。ディストリビュータは売上を立てるが、書店からの注文は卸に対して行われる

図4.2｜直販の書籍出版の食物連鎖

図4.3｜間接販売の書籍出版の食物連鎖

□ 小売：顧客が実際に書籍を目にし、購入する書店

自分で集めた流通チャネルに関する情報を図式化しておくと役に立つ（図4.4）。スタートアップが犯しやすい過ちに、自社の流通チャネルパートナーが顧客の需要を開拓するために投資してくれると思い込むことがある。たとえば、図4.4において、全国向け卸は書籍を在庫し、出荷すること以外は何もしない。ディストリビュータについても同様だ。ディストリビュータは書店から注文を受け、そして場合によっては書籍を書店向けに推奨してくれる。しかし、買ってくれる顧客をディストリビュータが書店に連れてくることはない。

流通チャネルの機能分担マップを利用して、複雑な流通チャネルの関係図を記述できる。その大部分は「食物連鎖」用に作成したものであるが、このような機能分担を文書化する際には、あわせて図表を作成すべきである。そうすることで、なぜ自社が流通チャネルを利用するのか、そしてそこから何が期待できるかを、チームの全員が理解しやすくなる。

◉流通チャネル割引と財務計画

あなたの会社にとっては、流通「食物連鎖」の各層において金銭的なコストが発生する。各層はそれぞれのサービスに対して課金をするからだ。ほとんどの流通チャネルにおいて、これらの料金は「標準価格」もしくは小売価格に対する

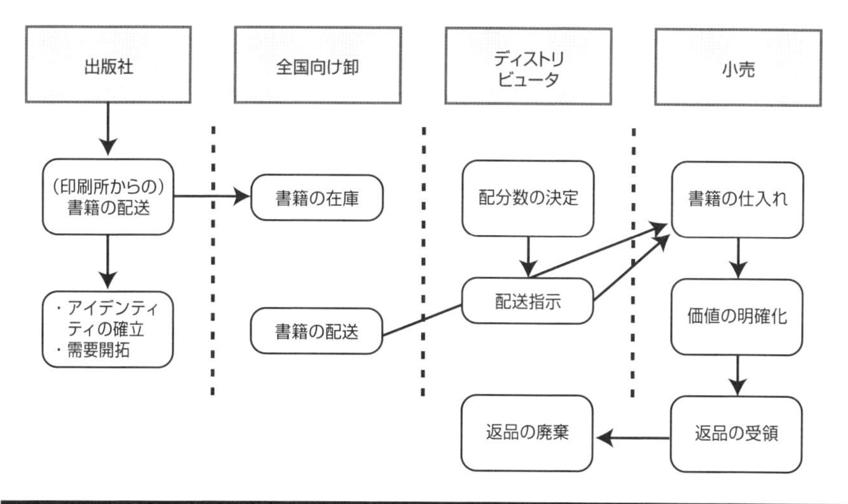

図4.4｜流通チャネルの機能分担マップ

歩合として計算される。次に行う作業は、顧客から自社までのお金の流れを理解する助けとなる。はじめに流通チャネルの各層が要求する割引率を計算する。書籍出版の例を図4.5に記述する。

図4.5からわかるように、20ドルで小売販売される書籍の場合、流通チャネルの各社がそれぞれの取り分を取った後の出版社の正味売上は7ドルになる。この7ドルの中から出版社は著者に対する印税、マーケティング費用、印刷費と装丁費、販売管理費を負担し、利益を出さなければならない。

流通チャネル割引は、複雑な流通チャネルでのお金の流れを検証する第1ステップにすぎない。流通チャネルの各層は、出版社との間で財務的に特殊な関係を築いている。たとえば、書店向けの通常の販売のほとんどは返品条件付売買である。つまり、売れなかった本は出版社に戻ってくるのである。なぜそれが問題なのか？ 階層的な流通チャネルを利用した場合、自社に最も近い層（今回の例では全国向け卸）に対する自社の販売を売上として計上してしまうことが頻繁にある。しかし、流通チャネルパートナーからの注文書は、最終顧客が製品を買ったという意味ではなく、単に流通チャネルパートナーが購入するだろうと考えた結果にすぎないのだ。ちょうど、スーパーマーケットが日用品・食品の棚に置くための新製品を注文することに近い。誰かがカートを押して通路に行き、棚から製品を取り、お金を払って自宅に持ち帰るまでは本当に売れたわけではないのだ。

在庫回転のための流通チャネル向け返品方針を何らかの形で採用しているのであれば、返品される割合に応じて会計上の引当金を設定しなければならない。流通チャネル財務計画には、流通チャネルの各層間の財務的関係についての説

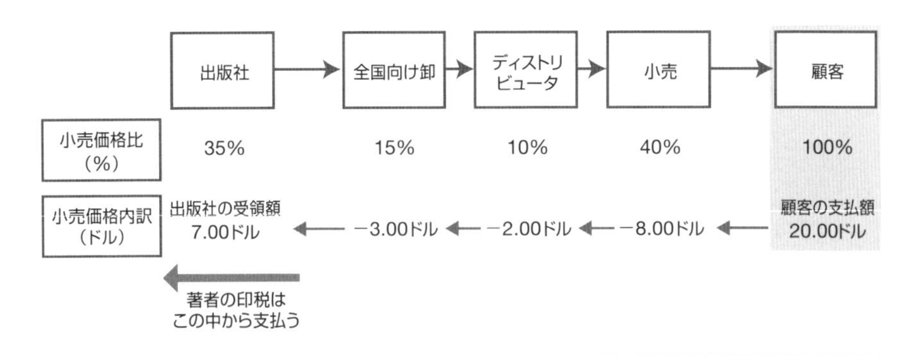

図4.5 | 流通チャネル割引

明を記述すべきである（図4.6）。

◉流通チャネル管理計画

流通チャネルを管理する能力は、売上計画を達成する能力に直接影響を与える。もちろん、誰もが流通チャネルを慎重に選択し、きちんと管理することを目指しているのだが、正しい流通チャネルの選択や管理に関する失敗が、惨憺たる営業売上や予想外の流通コストという結果をしばしばもたらす。そうならないためにも、流通チャネルの流通活動、特に在庫レベルについて監視し管理する計画が必要となる。直販の場合には非常に単純である。顧客の注文がない限り製品はまったく出荷されない。ところが間接販売チャネルでは、最大のリスクは最終顧客の需要がどの程度存在するのかを知らないことである。なぜだろうか？流通チャネルの「食物連鎖」の図を見ると、会社が直接関係を持つのは自社に最も近い流通階層だけである。つまり販売報告、それもしばしば数ヵ月前の古い情報でしか、流通チャネル「経由で販売された」数量（すなわち顧客が購入した数量）を知ることができないのである。

間接チャネルにおけるもう1つのリスクは、チャネルに「押し込む」誘惑だ。押し込むというのは、ある層のチャネルに、そのチャネル経由で販売できると予想される妥当な数よりも多くの製品を預託ベースで引き受けさせることである。

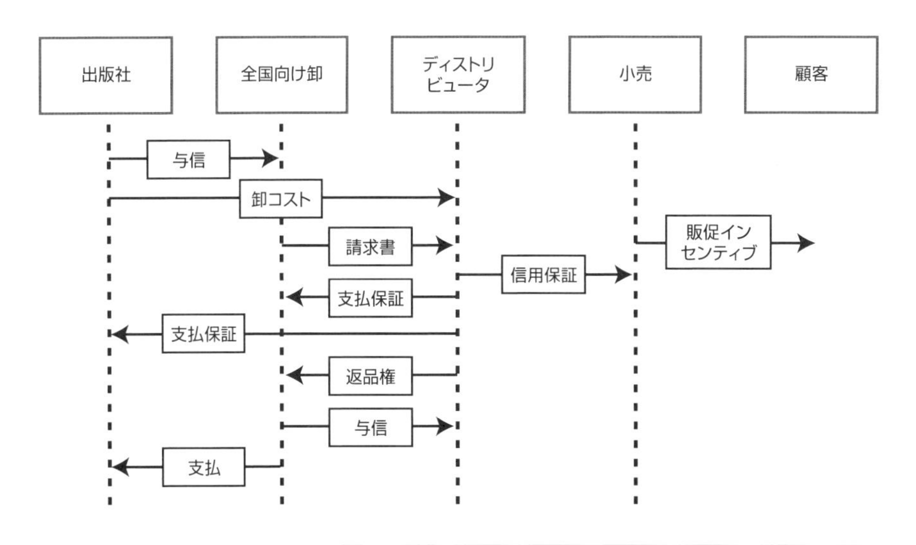

図4.6｜流通チャネル財務計画

流通チャネルへの販売を基準に売上を計上する会社では、このことは一時的な売上のインフレと、後からの壊滅的な状況につながりうる。将来の予期せぬ大きなコスト負担を避けるため、これらの潜在的な問題は流通チャネル管理計画の中ですべて記述され議論される必要がある。

〉〉販売の準備：Ⓓ暫定的な営業ロードマップの作成

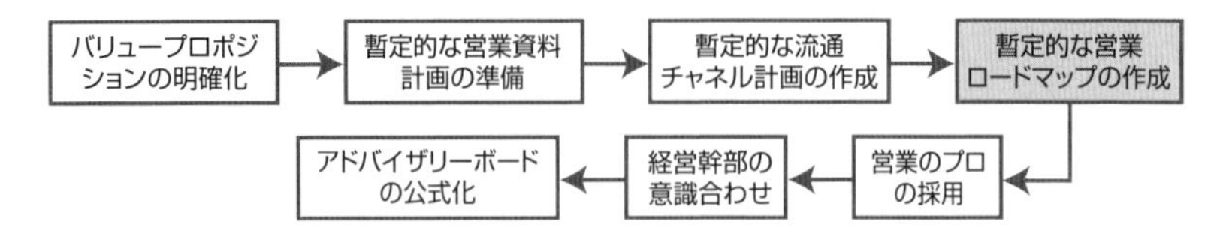

危険な未知の分野で正しい進路を見つけ出すこと、これが営業ロードマップ作成のすべてである。営業の世界への旅の初期段階のステップは不確定性という名の霧に包まれている。顧客実証では霧の中をどう進むべきかを照らし出すための十分な情報を集め、独立した各行程を1つずつ進み、それらの情報を組み合わせて正しい進路の整然とした図式を作り上げる。

目標は、誰が真の顧客で、どのように製品を購入するかを特定することである。見込み客を製品購入してくれる本物の顧客に変えるプロセスを完全に理解し、ビジネスモデルに見合った価格で製品を販売できるとわかったときに初めて、営業チームの採用を開始する準備が整ったと言える。営業ロードマップを手にすれば、営業部隊は実際の販売活動に集中でき、顧客実証で経験するような試行錯誤をせずに済む。

営業ロードマップの複雑さは、顧客基盤の規模、予算規模、製品価格、販売対象業界、流通チャネルなど、いくつもの事項によって決まる。たとえばインテル社やトイザらス社向けの販売には、地域の花屋やペットショップ向けの販売に比べて込み入ったプロセスが要求される。ロードマップを作成してその妥当性を実証する作業は、莫大な時間と労力の投資であり、事業を構築する際の大きな妨げに思えるかもしれない。しかし、それが成功と失敗を分けるポイントとなりかねないのだ。大規模な営業マーケティング部門を繰り出し、多額の費用を浪費しながら顧客に売る方法を理解しようとするのでなく、会社が小さくて身軽なうちにそれを理解しておくほうがよい。

営業ロードマップは4つの要素から構成される。流通チャネル計画と同様、この時点での初期の考えの多くは顧客発見で集めた情報に基づく推測である。しかしながら、次のフェーズに進んで実際に製品を顧客に販売する際には、事実をもとに初期の理論を改善することとなる。

営業ロードマップの作成に利用する要素を以下に示す。

- ☐ 組織図と顧客相関図
- ☐ 顧客アクセスマップ
- ☐ 営業戦略
- ☐ 導入プラン

◉組織図と顧客相関図

顧客発見ステップで作成した組織図と顧客相関図のレポートを思い出してほしい。その図を壁からはがし、発見したことを検証しよう。ここまでに初期の仮説は修正され、潜在顧客と話をして直面した現実が反映されている。この情報を活かし、ターゲット顧客の購買プロセスについての現実的なモデルを作成してほしい。エバンジェリストユーザー候補と出会った際のメモをよく見直そう。さらに、会社のアニュアルレポート、フーバーなどの株式レポート、ダン＆ブラッドストリートといった信用調査会社の企業レポートやメディア記事など、顧客についての他のソースからの情報も取り入れてもよい。

エピファニー社の営業サイクルは、どのように顧客相関図が導き出されるかについての良い例である。まず同社が提供するソフトウェアの価格は数十万ドルと高額であることから、顧客の経営幹部が深刻な実害を受けているとことを認識し、その実害を解決しようと決意していることが、案件を獲得するための条件であった。第2に、製品を販売するには「トップダウン営業」が要求された。末端レベルから上に上げていくことは難しいだけでなく、最終的な成功に結び付く可能性が相当低い。第3にエピファニー社は現状を変え、多くの人々と多くの組織にインパクトを与えた。一般的に、変化に反対する人や現状に大きな既得権を持っている人は、他の人が進歩と考えるソフトウェアに対して反対する。

問題はエピファニー社が顧客の注文を得るには、複数の「賛成票」が必須であったということだ。営業支援や顧客サポートといった他の企業向けソフトウェアでは、ただ1人のキーとなる経営幹部、もしくはただ1つのユーザーグループからの支持があれば受注にこぎつけられた。それらのパッケージではIT担当部門が製品の選択に関して情報提供を行うが、決定プロセスにおいてはユーザー部門が多大な力を持っていた。エピファニー製品の販売では事情が異なり、IT

担当部門は積極推進者でないが、決定プロセスに積極的に関与し、しばしば拒否権を行使した。同時に我々は経験上、顧客の技術側とユーザー側に対して「高い役職」に「幅広く」売り込むことが必要と判断していた。複数の顧客候補から失注した後、どの部署の誰から支持と承認を得る必要があるかを明らかにするために、我々は図4.7aのような縦横2列の簡単な表を作成した。

基本的に図4.7aの表が示しているのは、たとえビジョナリー顧客がエピファニー製品の購入を支持しても、案件の契約締結までには他に4人に売り込まなければならないということだ。

業務側からの支持とIT技術部隊からの「承認」なしには、我々は受注できない。IT部隊がエピファニー製品の売り込みを失敗させようとすれば、おそらくそれは成功するであろう。これに気づいた意義は非常に大きい。それは同社を成功に導いた数多くの「気づき」の1つであった。そして、我々は失敗したからこそ、そして創業者が失敗を共有し解決策を理解するのに時間を費やしたからこそ、気づくことができた。

我々の初期の営業努力が無駄に終わった主な原因は、エピファニー製品を企業に売り込むことが、他の企業向けの製品販売と異なることに気づいていなかったためであった。最も重大な見落としは、IT部隊からの支持の必要性を念頭に置いていなかったことだ。営業訪問を通じて、業務側の人に我々の製品を気に入ってもらい支持してもらうほうが、ITの専門家にマーケティング用のデータウェアハウスと一連のアプリケーションを売り込むことより容易であることがわかっていた。あるケースでは、業務側の見込み客の言葉を鵜呑みにして、その見込み客がIT部隊を説得できると信じていた。また別のケースでは、我々は必要なステップのいくつかを飛ばして、何人かの熱狂的ユーザーが発注してくれると想定していた。しかし、これらの想定が真実であると証明されることはほとんどなかった。

我々は、営業の失敗と成功のデータから顧客相関図を作成した。覚えてお

	業務側	技術側
高	幹部	CIO 部門IT担当幹部
低	エンドユーザー	全社IT担当者 部門IT担当者

図4.7a｜サポートおよび承認マトリックス

いてほしいのは、これまでに次のような知見をすでに得ていたことである。(1) 我々が案件を受注するためには、4つのグループからの支持を得る必要があった。(2) IT部隊はユーザーに比べて営業が難しい。(3) 現場のIT担当者は我々に反対してくるので対処が必要、ということだ。図4.7bの顧客相関図はエピファニー社の営業実行戦略を表している。そこには、各プレイヤーをどの順番で説得し売り込みをするかが図示されている。それぞれのステップは前のステップからの影響を受けており、我々の会社と製品を気に入っているグループからの支援を利用して、そうでないグループの反論を乗り越えている。もし我々がプロセスの途中で近道をしようとしてある営業ステージをとばした場合には、ほぼ確実に案件を失注するという明白な定理がここにあった。

ひとたび理解すれば、顧客相関図は営業実行戦略の基本方針となる。最初に接触するのは、①業務側で高い役職の経営幹部（担当責任者、部門長など）である。そこでの関係を利用して、②技術側の経営幹部（CIO、部門のIT責任者など）を紹介してもらい、③現場のエンドユーザー（我々の製品を利用する人々）と打ち合わせの機会を持ち、最後に④全体からの支持を得ていることを見せつつ、全社もしくは部門のIT担当を説得し、反論の余地をなくす。

◉顧客アクセスマップ

次に、古典的な営業課題に視点を振り向ける。すなわち、顧客に話を聞いてもらうためにどうやってドアのすき間に足を突っ込むかである。企業向けの場合、接触する組織の規模によるが、組織図や顧客相関図で特定した人々と打ち合わせの約束をするために、他の階層もしくは他の部門を渡り歩く必要があるかもしれない。対象とする会社の顧客アクセスマップを作成してみると、たくさんの項目が空白になるかもしれない。しかし、いったん顧客への訪問を開始すれば、情報を追加してパターンを理解することができる。図4.8では、法人顧客の場合のアクセスマップが示されている。

	業務側	技術側
高	幹部 ①→	② CIO 部門IT担当幹部
低	エンドユーザー ③→	④ 全社IT担当者 部門IT担当者

図4.7b｜顧客相関図の例

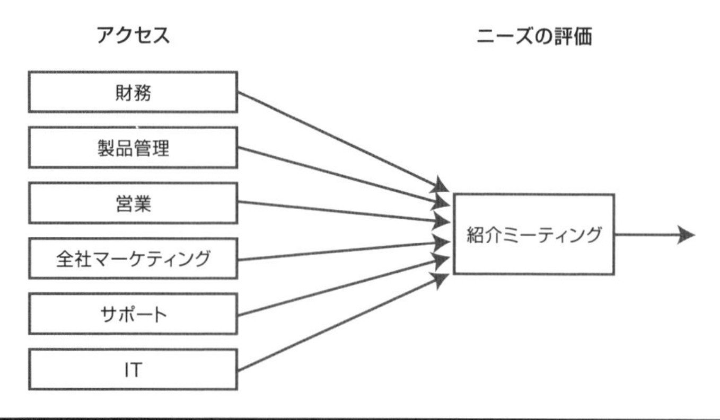

図4.8｜顧客アクセスマップの例

一般消費者向け販売の場合でも、初期の顧客への正しい入り込み方を見つけるのは難しいかもしれない。あてずっぽうに訪問するのでなく、大きな費用をかけることなく会える各種団体や組織に目を向けてほしい。PTAや読書クラブ、アンティーク車のサークルなど、その組織を通じて顧客にたどり着けないだろうか？ インターネット上に興味を持ってくれそうなユーザーコミュニティはないだろうか？

◉営業戦略

組織図と顧客相関図を並べて見てほしい。企業向けの営業の課題は、訪問先の名前と役職を見渡し、どのように彼らに接触するかの戦略を立てることである。たとえば、CFO向けのソフトウェア製品を開発したインルック社の営業戦略を策定しているとする。策定を始めるにあたり、次のような課題を検討する。

- □ 顧客のどの階層から入っていくか？ トップの経営幹部に売り込むか？ それとも末端の現場スタッフか？
- □ 受注のために、組織図のうちの何名に賛成してもらう必要があるか？
- □ 顧客企業が抱えている課題について、すべての部署が同じ見方をしているか？
- □ 各訪問先とどういった順番で打ち合わせをする必要があるか？ それぞれに話す内容はどうか？
- □ 営業が失敗に終わる可能性があるのはどのタイミングか？

同様に、もしあなたが新しい一般消費者向けの製品のために20数名に接触したいのであれば、質問事項は次のようになるかもしれない。

- □ 特定の人口セグメントに売り込む必要があるか？ 大学生向けに販売するのか？ 子どもの親か？ 家族か？
- □ 受注するために何人に賛成してもらう必要があるか？ 個人か、家族での決定か？
- □ 受注するために家族やグループの複数メンバーの同意が必要である場合、どんな順番でそれらの人々を訪問する必要があるか？ それぞれに話す内容はどうか？
- □ 営業が失敗に終わる可能性があるのはどのステップか？

繰り返しになるが、現場に出て製品を販売してみると、何が有効で何が有効でないかがわかる。予測に活用可能なパターンが現れた時、戦略が明確になる。

◉導入プラン

首尾良く案件を受注し、ビジョナリー顧客はとても気に入ったと言っている。だが、シャンパンを開けるにはまだ早い。意思決定権者が購入に同意してからお金が振り込まれるまでにも、いろいろなことが起こるものだ。導入プランの目的は、販売が確定し、製品を納入し、製品運用のフォローアップ担当者を決定する前に実施しなければならないことをすべて書き出すことだ。以下に例を挙げる。

- □ CFOもしくはCEOが購入の承認をする必要があるか？
- □ 取締役会が購入の承認をする必要があるか？
- □ ママかパパが購入の承認をする必要があるか？
- □ 購入のために顧客がローンを組んで資金調達する必要があるか？
- □ 製品の導入に先立ち、他のシステムやコンポーネントが先に準備されている必要があるか？

〉〉販売の準備：Ⓔ営業のプロの採用

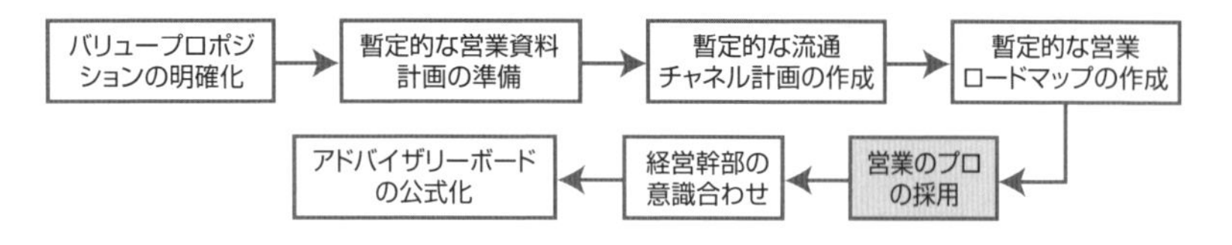

ほとんどのスタートアップの創業チームは、製品指向の人間が中心であり、営業系の人間がいない。創業メンバーは、ビジョナリー顧客を見つけることに関して自力でかなりのところまで進められるが、そこから最初の受注に結び付けるスキルや経験を持っていないことが多い。あなたは今まさに販売をしようとしているのだが、ここで重要なのは創業チームの中に案件候補から正式受注にこぎつけた経験のあるメンバーがいるかどうかだ。自社のチームには世界最高レベルの顧客人脈があるか？ 最初の案件を正式受注できるかどうかを創業メンバーに託せるだろうか？ そうでなければ、営業のプロを雇うことだ。

営業のプロとは、すぐに大規模な営業組織を構築し、管理したがる営業担当責任者のことではない。売り込もうとしている市場に素晴らしい人脈を持っている人のことだ。真の営業のプロは積極的かつ成功報酬重視で、営業組織を構築することには何の興味もない。彼らは案件の獲得に喜びを覚え、デスクの後ろにおとなしく座っているにはまだ早い、スタートアップの経験豊富な営業担当者だ。

創業チームと営業のプロは、顧客開発部隊の中核をなす。営業ロードマップと流通チャネルロードマップを作成するための十分な情報を発見し、学習することが彼らの仕事となる。まずは営業のプロを雇わずに、もう1周顧客実証ループを回ったほうがいいかもしれない。そして、商談が進捗しない営業スキルの不足分がどこにあるかを理解したうえで営業のプロを雇うのだ。営業のプロは顧客実証ステップに欠かせない一員であるものの、引き続き創業者とCEO がプロセスを主導する必要がある。営業のプロは、打ち合わせのセットアップ、フォローアップのための打ち合わせ、そして案件の受注獲得には貴重な存在である。ただし、営業のプロを雇ったからといって、創業者が顧客のフィードバックを収集しなくてもよくなるわけではないのだ。

〉〉販売の準備：Ⓕ経営幹部の意識合わせ

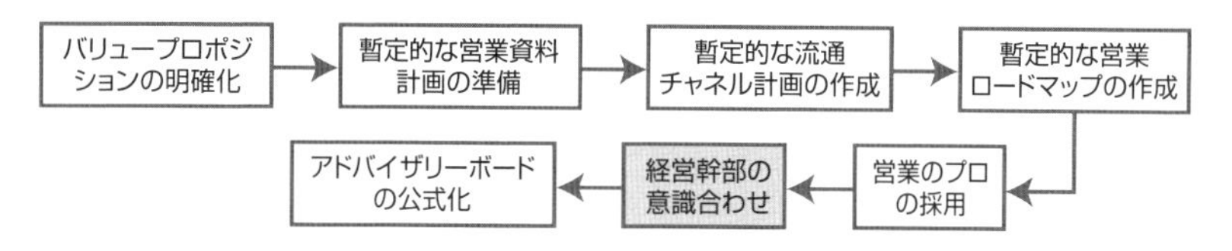

製品の販売には、会社と顧客の間での製品仕様や出荷期日に関する契約上の確約が含まれる。営業活動のために事務所を出る前に、自社で開発中のすべての成果物と、自社が行うすべての確約に関して、顧客開発と製品開発の両部隊が多少強引にでも合意しなければならない。したがって、経営幹部が以下のことに関して内容を確認し、合意することが必須である。

- ☐ 開発関連スケジュール、製品としての納品物、製品哲学
- ☐ 営業資料
- ☐ 営業、導入、顧客サポートにおける製品開発部隊の役割

◉開発関連スケジュール、製品としての納品物、製品哲学

顧客実証ステップの一環としてエバンジェリストユーザーに販売するために、顧客開発部隊は「出荷日」を確約しようとしている。今こそ、きちんと動作する製品の出荷に製品開発部隊が自信を持っているかどうかを確認すべきだ。初期顧客向けの出荷日を守れないことは、単に大規模な成熟企業向けの出荷日を守れないということよりも大きな意味を持つ。出荷日が大幅に遅延する、あるいは連続して遅延する場合には、エバンジェリストユーザーの社内での立場が（一般消費者向けの製品の場合には、友人や家族に対する立場が）悪くなり、最終的には彼らから支持を得られなくなる。あなたの製品は、架空の製品と呼ばれ、発表だけで実体のない商品とみなされてしまう。想定外の事態は避けなければならない。重要な製品開発マイルストーンの完了予定日と実際の完了日とを比較し、その達成率から「遅延確率」を計算する。顧客開発部隊は、製品開発部隊から受け取ったすべての日付にこの数字を適用し、顧客向けに確約できる日程を算出する。

製品の出荷日を保証するよりもさらに大変なのは、製品の初期リリースに向けて奮闘している製品開発部隊に、今後3回のリリースにおける仕様を明言することの重要性を理解させることである。このリリース計画の叩き台は、顧客発

見の第1フェーズにおける共同作業で作成済みである。ここで顧客開発部隊は、その際に暫定的に提示された出荷スケジュールが現在でも有効かどうかを知っておく必要がある。また、製品開発部隊と顧客開発部隊の双方が、顧客発見の第3フェーズ、第4フェーズでのすべての変更点が製品仕様に反映され、どのリリースでどの機能が提供されるかについて共有していることを確認しておく。

このように将来に目を向けることと引き換えに、製品開発と顧客開発の両部隊は、成果物とスケジュールについては「必要にして十分」を原則として進めることに合意する。目標は、エバンジェリストユーザーに、不完全だがぎりぎりで妥協できる製品を初期リリースとして出荷することなのである。エバンジェリストユーザーは、初期リリースが製品として機能するための最低限必要な機能を特定するのを支援してくれるはずだ。このことは、製品開発部隊は初期リリースでアーキテクチャの美しさや完全性を追求するべきでないことを意味する。その代わりに、製品を段階的に繰り返し開発し、世に出し、顧客からのフィードバックに基づいて迅速に修正することを目標とする。そのメリットは、「先行者優位性」（そんなものは実在しない）や、無償のアルファテストやベータテストではなく、製品に対価を支払っている顧客からのフィードバックを取り込むことである。

「必要にして十分」な最小機能の原則を採用する理由は2つある。1つは、ユーザーが何を言うかにかかわらず、実際に彼らが初期リリース製品を手に取るまでは、彼らにとって何が重要なのかを100%知ることは非常に難しいからだ。あなたは顧客発見ステップですべての人と会話し、エバンジェリストユーザーのインタビューを行ったかもしれないが、実際に製品を使ってみるまでは、彼らも何が重要なのかをわかっていないということもあり得る。ある重要な機能を6ヵ月に1回しか利用しないことに後から気づくかもしれない。逆にあなたが無視していたちょっとした機能が1日に6回も利用されるかもしれない。「必要にして十分」原則採用の2つ目の理由は、この初期製品の対象ユーザーはエバンジェリストユーザーであり、機能について異なる期待値を持つメインストリームのユーザー層ではないことだ。

「製品の完成度を高めずに出荷する」という概念は、製品開発部隊には理解しにくいこともある。そして、それを実行するのはさらに難しい。必要最小限の機能のみを備えた「必要にして十分」な製品と、粗悪品と呼ばれる役に立たない製品は紙一重である。

◉営業資料

スタートアップにおいて、製品開発部隊が開発を約束していないものを販売してしまったことがわかったときほど、大騒動が起こることはない。そのため、すべての営業資料の記載内容に両チームが目を通し、合意しておくことは必須である。具体的には、製品開発部隊がすべてのウェブページ、プレゼンテーション、カタログ、ホワイトペーパーなどを読み、サインする。このことは、彼らがカタログを承認もしくは却下するという意味ではない。事実確認を行い、真実との乖離があれば指摘するということだ。

◉営業、導入、顧客サポートにおける製品開発部隊の役割

製品をすでに出荷している会社においては、製品開発、営業、製品導入、顧客サポートの境界は明確である。スタートアップでは、これらの境界は曖昧である必要がある。思い出してほしい。2つの本質的な分野に関して製品開発部隊が活動しやすくするように約束したはずだ。第1に、顧客開発の仕事は仕様どおりの製品に対しての市場を見つけることであり、機能の追加を求めるのは市場が見つからない場合だけである。第2に、顧客開発部隊は、製品の初期リリースが不完全であることと、初期のビジョナリー顧客が今後のリリースに関して関係者すべてを納得させることを約束している。その代わり、顧客開発モデルの大きな特徴として、製品開発部隊が積極的に営業、製品導入、およびサポートを支援することを約束している。すなわち、製品開発ビジョン責任者と製品開発実行責任者が営業訪問に注力し、中核エンジニアが顧客からの詳細な質問の回答作成の支援に注力すると約束しているということだ。製品開発部隊がより良い製品を開発するために、「見込み客を顧客にする」プロセスを自らの手で体験することに勝る経験はない。顧客開発モデルにおいては、製品開発部隊の時間の10％は、現場での営業や製品導入、そして販売後のサポートに費やされる。

特に一般消費者向け市場において、必要最小限の機能のみ備えた「不完全な初期リリース」を行うことは、ナイフの上を巧みに歩くに等しいということを心に留めておいてほしい。目標としているのは、製品を一刻も早く市場に送り出して顧客のフィードバックを得ることであり、製品を幅広く流通させ不十分な機能を最終形として顧客の心に刻み込むことではない。

〉〉販売の準備：Ⓖアドバイザリーボードの公式化

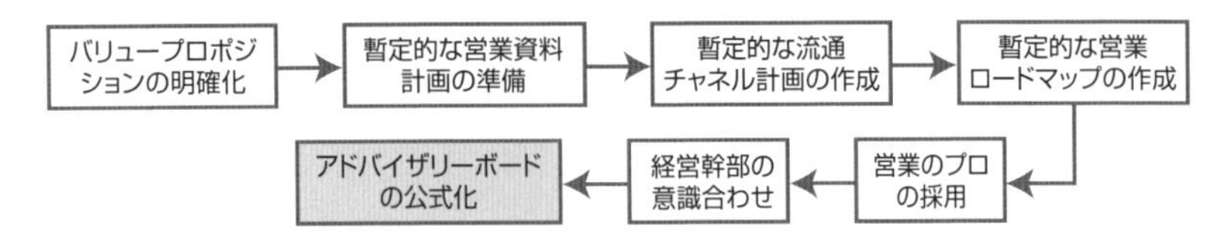

顧客発見ステップにおいて、すでに非公式にアドバイザーの支援を仰いだかもしれない。このフェーズでは、彼らと正式に契約する。アドバイザリーボードの規模について決まったルールは特にない。必要ならば何人でもかまわない。アドバイザーの影響範囲と人脈の広さについて、戦術的ではなく戦略的に考えてほしい。現時点で必要なアドバイザーだけを雇うわけだが、「ブランドネーム」や「影響力のあるご意見番」については特例である。公式なアドバイザリーボード会議を開く必要があると思い込まなくてよい。今必要なのは、時間と人脈だけなのだ。

以前作成した営業資料計画と同様に、アドバイザリーボード・ロードマップを作成することから始めてほしい。表4.2で示しているように、このロードマップはすべての主要なアドバイザーのリストを整理したものである。

このロードマップの例では、それぞれのアドバイザーをどのように活用するか（技術、事業、顧客、業界、マーケティング）という観点から区分されている。製品開発部隊は、顧客発見の第1フェーズから、「技術アドバイザリーボード」による技術アドバイザーが必要かもしれない。技術アドバイザリーボードは、技術的なアドバイスと優秀な技術者の紹介を得るために組織する。これらのアドバイザーは学会や業界内で見つかるかもしれない。また製品販売時には、彼らが顧客に対する技術的な後ろ盾となる。

主要な潜在顧客に「顧客アドバイザリーボード」に加わってもらうようにしたい。彼らは顧客発見で出会った中で、顧客の観点から製品と市場のフィットについてアドバイスできる人である。私がこれらのアドバイザーに対していつも言うのは次のことだ。「あなたが購入する製品をどのように作ったらよいかを知るために、ぜひアドバイザリーボードに入って頂きたい。そうでないと我々双方にとっての損失だ」。潜在顧客は製品に対する顧客の声を提供し、将来的には他の顧客への素晴らしい照会先となりえる。彼らには気づいた点を指摘してもらったり、個別に自社の事業開発や顧客開発メンバーと打ち合わせをしてもらう。

顧客アドバイザーと明確に異なるのが業界アドバイザリーボードである。これ

表4.2｜アドバイザリーボードの役割

	技術	事業	顧客	業界	営業／マーケティング
なぜ	製品開発アドバイス、確認、採用支援	事業戦略および組織構築アドバイス	製品アドバイスおよび潜在顧客として参加。その後は顧客の生の声およびリファレンス顧客として参加	業界ノウハウを活用して自社の特定の市場や技術の信用を高める	販売、PR、メディア、需要開拓のさまざまな課題を整理するためのアドバイス
誰を	外部向けの有名技術者。また、自社が取り組んでいる課題に知見を持ち、手を動かすことに抵抗のない人たちを数名	スタートアップ立ち上げ経験のあるベテラン。 重要なポイント：その人の判断を信頼し、従えること	すばらしい顧客になり得る人。製品に対する鋭い感性の持ち主。自社の顧客ネットワークの一員である人（いずれかでも可）	顧客やメディアに信用力のある有名人。顧客であってもよい	単なるブランド構築でなく、市場開拓のノウハウのある経験豊富なスタートアップマーケター
いつ	創業初日から、最初の顧客向け出荷まで	創業初日から継続的に	顧客発見ステップで。 第1フェーズで見当をつけ、第2、第3フェーズで招く	顧客実証ステップで。 第1フェーズで見当をつけ、第3フェーズで招く	顧客開拓ステップで。 組織構築ステップでは必要性が小さくなる
どこで	自社で製品開発担当者とマンツーマンの打ち合わせ	深夜の電話、パニック時の自宅もしくはオフィスの訪問	情報交換の電話および自社での事業開発、顧客開発スタッフとマンツーマンの打ち合わせ	情報交換の電話および自社での事業開発、顧客開発スタッフとマンツーマンの打ち合わせ	マーケティングおよび営業スタッフとのマンツーマンでの電話や打ち合わせ
何名を	必要な人数	一度に2～3名	必要な人数	1つの業界に2名まで	営業に1名、マーケティングに1名

ら各分野の専門家は知名度の高いブランドネームを持つ人で、特定の市場や技術に関する信頼性をもたらす。彼らは顧客でもあるかもしれないが、典型的には顧客やメディアへの信頼性確保に役立つ。

加えて、「経験豊富で実績のある」ベテランCEOからの事業一般に関するアドバイスも欲しいかもしれない。実践的なアドバイスをできるのは、実際にスタートアップを経営したことのある人であるのは間違いない。営業やマーケティングのアドバイザーは、顧客発見、実証、顧客開拓において学んだことを検証するのに最適な相手である。

各分野におけるアドバイザーの数は個々の状況で異なるが、経験則的なものはある。営業やマーケティングのアドバイザーは我が強いことが多く、一度に1人を相手にするのが精一杯である。業界アドバイザーは自分自身こそが、その業界の「真の」権威者であると思い込んでいる。2人いれば別の意見が聞けるが、2人が鉢合わせすることのないように気をつける。事業アドバイザーは、マーケティングアドバイザーにかなり近いが、たいていはそれぞれが異なったステージにおけるノウハウを持っている。私はいつも数名と契約し、ブレーンになってもらっている。

最後に、製品開発チームに技術アドバイザーが多すぎるということはあり得ない。彼らと打ち合わせをすることで、特定の技術的な課題に関して知識を与えてくれる。同様のことは顧客アドバイザーについても言える。我々は彼らとの打ち合わせのたびに、必ず何か新しいことを学ぶように気をつけていた。

〉〉〉〉 第2フェーズ：
エバンジェリストユーザーへの販売

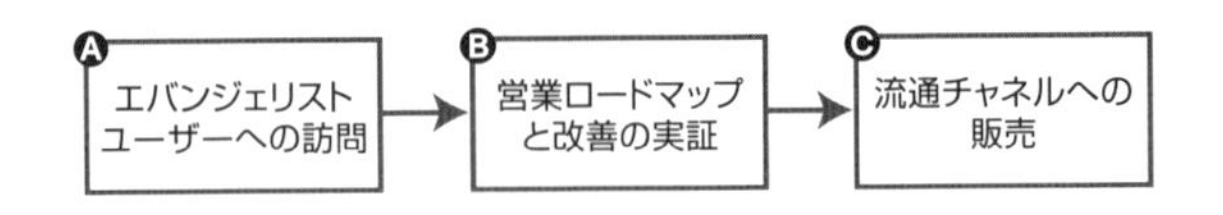

顧客発見ステップでは顧客を2回訪問した。最初は日常業務／生活や課題を理解するために、2回目は製品を紹介し、反応を見るために。顧客実証ステップの第2フェーズでは、いよいよ実践に入る。なすべき仕事は、製品出荷前に、本当に製品と市場のフィットがあり、エバンジェリストユーザーから受注できるかどうかを試すことだ。なぜそんなことをするのか？ それは、スタートアップの製品を販売することが、顧客に関する想定やビジネスモデルが正しいことの裏

付けとなるからだ。顧客と彼らのニーズを理解しているか？ 顧客は製品が持つ機能に価値を感じているか？ 重要な機能を見落としていないか？ 販売チャネルについて理解しているか？ 顧客企業内の購買および承認プロセスを理解しているか？ 価格付けは正しいか？ 有効な営業ロードマップがあり、営業部隊の拡大に利用できるか？ 方針変更にかかるコストが高くなる前に、これらの質問に対して早急に答えが欲しい。製品開発モデルの致命的な欠点は、製品開発が完了し、営業・マーケティング部隊の人員の採用が済むまで何もしないことだ。

早急に顧客のフィードバックが欲しいことについては、直観的に理解できるであろう。しかし、なぜこの時点で製品を販売するのか？ なぜ初期の顧客候補である有名企業に製品を無償提供し、自社陣営への取り込みを図らないのか？ なぜ製品開発部隊がアルファ版、ベータ版のテストユーザーを確保できるように製品を無償で配布しないのか？ この問題は大昔からスタートアップを苦しめてきた。その答えは「無償配布は顧客が製品を買うことの証明にならないから」だ。製品を販売することが、仮説を検証する唯一の方法なのだ。

読者の中には、アルファテストやベータテストにおける顧客開発部隊の役割は何かということに興味を持った人もいるかもしれない。驚くべきことだが、その答えは「役割は何もない」である。アルファテストやベータテストは、製品開発組織の正当な活動であり、製品開発プロセスの一部である。製品が開発の中間ステージにあるときに、優れた製品開発部隊は製品の機能、動作、安定性をテストしてくれる本物の顧客を見つけたいと考える。アルファテストやベータテストの成功のためには、顧客は不安定で未完成の製品を進んで利用し、製品の課題を喜んで報告してくれなければならない。優れたアルファ版およびベータ版の顧客は先進的な開発部門、エンジニアリング部門もしくは企業や市場の中でもメインストリームではないところで見つかる可能性が高い。アルファテスト、ベータテストは製品開発部隊が果たす職務である。これらは製品を技術的に実証することであり、市場で実証することではない。

アルファテスト、ベータテストは製品が世に出る最初の機会であるため、営業担当はアルファ版、ベータ版のテストユーザーを製品の最初の販売先候補として扱ってきた。しかしこれは誤りである。というのもその結果、営業プロセスのモデルとして本来利用すべき顧客開発モデルでなく、製品開発モデルに集中することになるからだ。また実際に、未完成の製品を製品開発部隊のために検証することと、未完成の製品を買いたいという顧客の意欲を検証することはまったく別である。顧客実証とは技術検証に対して顧客にお金を払わせることではない。市場とビジネスモデルの全体を実証することなのだ。顧客開発部隊が製品開発部隊のために、アルファテストやベータテストに参加する顧客を見つける手伝いをすることはあるかもしれないが、テストそのものは顧客開発の一部ではない。それを理解している会社は、顧客開発とアルファテスト、ベータテストへの協力者の獲得を混同したり、顧客開発を犠牲にすることなしに、アルファ版およびベータ版の製品をエンジニアリング試験の目的で無償配布できる。

アルファテスト、ベータテストへの協力者は、推奨者として営業プロセスに影響力を持つかもしれない。しかし、彼らを顧客と勘違いしないことだ。会社の文化として、製品にお金を払ってくれる人にだけ「顧客」という言葉を使うように教育することは重要なことである。繰り返すが、顧客に販売することこそが、ビジネスモデルと真の製品と市場のフィットの有無の確証を得る手段なのだ。このため、このフェーズでは以下のことを実行する。

- ☐ エバンジェリストユーザーへの訪問
- ☐ 3～5社の顧客に製品の売り込みを行うことで、営業ロードマップを改善し、実証する
- ☐ 流通チャネルやサービスパートナーへの販売により、流通チャネル計画を改善し、実証する

〉〉エバンジェリストユーザーへの販売：Ⓐエバンジェリストユーザーへの訪問

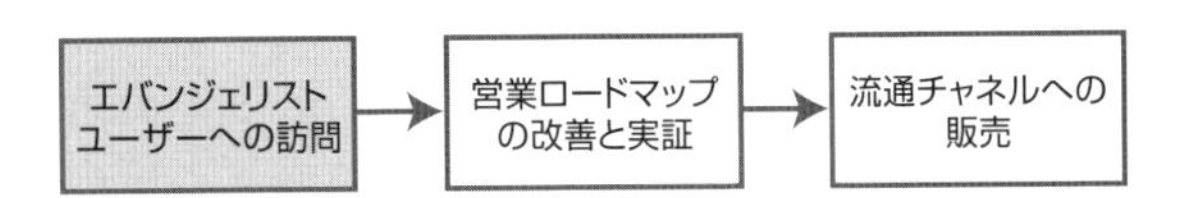

このフェーズでの最大の挑戦は、メインストリームの顧客でなく、真のエバンジェリストユーザーとやり取りをすることである。思い出してほしいのは、エバンジェリストユーザーとは解決すべき課題の存在を認識しているだけでなく、すでに自社独自のソリューションで課題に対処しようとしたり、新規ソリューションのために予算を確保するに足る十分な動機を持った顧客である。顧客発見ステップで出会ったエバンジェリストユーザーに何かポイントとなる特徴がなかったか考えてほしい。その特徴はさらに多くの候補者を見つけるのに役に立たないだろうか？ 顧客発見ステップと同じ手法を使おう。すなわち顧客リスト、紹介の電子メール、そして紹介経緯のストーリーや営業シナリオを作成するのだ。

これらすべてを準備したうえで、営業プロセスに結び付くのは20名の候補者を訪問して1人だと想定する。言い換えれば、95％は断られる心構えが必要である。残りの5％が必要なだけなのだから、それでもかまわないのだ。その中で、景気の動向にもよるが、3～5人に1人は実際に契約締結に至る先となるであろう。大量の顧客訪問が必要である（だからこそあなたの会社はスタートアップなのだ）。良いニュースとしては、このフェーズまでに、顧客候補に連絡をして打ち合わせを設定するという退屈な作業をこなしてくれる営業のプロが仲間に加わっていることである。

この時点では、エバンジェリストユーザーと他のタイプの顧客、すなわち初期の評価者、拡大期の顧客、メインストリーム顧客とを区別しておくとよい。表4.3では動機づけ、価格、決定権、販売を進める際に直面する競合、顧客事例の必要性という観点で、これらのグループごとの違いをまとめた。初期の評価者とは、あなたが避けたい、あら探し好きなグループであると考えよう。すべての大企業にはこのようなグループが存在する。初期の評価者が製品に興味を示すと、スタートアップは彼らをお金を払ってくれる顧客と勘違いしがちである。

エバンジェリストユーザーは、提供してほしいソリューションのイメージをあらかじめ持っている。彼らは営業プロセスにおいて協力者となってくれる。彼らに恥をかかせたり見捨てたりしない限り、足りない機能があっても、もっともらしい理由を付けて購入しようとしてくれる。

拡大期の顧客は、同時にエバンジェリストユーザーにもなり得るが、ビジョナリー顧客の後を追うことが多い。彼らはビジョンではなく、現実的な理由のために買うのだ。このグループは、半年後にターゲット顧客となる。メインストリーム顧客と比べれば、彼らは購入にずっと積極的である。

最後に、メインストリーム顧客はホールプロダクトを求めており、基本的にそのまますぐに利用できて、リスクのないソリューションを探している。彼らは1、2年後には顧客となるであろう。

表4.3｜顧客の4つのタイプ

	初期の評価者	エバンジェリストユーザー	拡大期の顧客	メインストリーム顧客
動機づけ	技術評価	ビジョンの一致。実際に課題があり、ソリューションイメージが自らのものと一致	実際的な動機。顕在化している課題を解決する製品に対する興味	誰もが採用する標準製品を購入したい。「ホールプロダクト」が必要
価格	無償	顧客の痛みに応じて価格表を作り上げた後に大幅なディスカウントを提示	正式な価格表とハードな交渉	正式な価格表とさらにハードな交渉
決定権	無償の導入については決定を下せる	部署で閉じた購入決定は下せる可能性あり。通常は購入の促進者。受注への内部協力者	全レベルの合意が必要。標準的な営業プロセス。競合とのコンペは避けられる可能性あり	全レベルの合意が必要。標準的な営業プロセス。競合とのコンペまたは入札。あるいはその両方

〉〉エバンジェリストユーザーへの販売：Ⓑ営業ロードマップの改善と実証

ついに実践に入るときが来た。製品の出荷開始前に3〜5社のエバンジェリストユーザーに販売できるだろうか？ 単に仕様書しかない製品を売るためのキーポイントは、重役で、意思決定権者であり、かつリスクを取ってくれるようなエバンジェリストユーザーを見つけることだ。今探しているエバンジェリストユーザーは、製品を導入し利用してくれる顧客である。この時点では多くの顧客は必要としない。なぜだろうか？ 価格表からほとんど値引きせずに提案しているが、ここでの目標は大きな売上を上げることでなく、営業ロードマップを実証することであるからだ。

営業ロードマップを作成するために、事務所から現場に戻ったインルック社CEOのチップ・スティーブンスの話に少し戻ってみよう。図4.9は、チップが同社の「スナップショット」のために作成した顧客の組織図である。

インルック社の顧客はCFOであり、重要なご意見番は経理担当責任者と財務担当責任者である。しかし多くの企業とやり取りする中で同社は、顧客企業が自ら開発した財務分析ツールの擁護者であるIT部門と競合関係にあることに気づいた。加えて、営業部門の多くのマネジャーが財務モデリングを自分たちの「縄張り」と考えており、そのために販売分析グループを設置していることも学んだ。インルック社が成功するためには、営業担当責任者とCIOを説得して、IT部門と営業部門からの抵抗を消し去らなければならない。

チップは社内関係部局との競合を認識し、大企業顧客における購入者とご意見番との間での連携プレイを構築する戦略を策定した（図4.10）。

チップが理解したのは、もしCFOや財務担当責任者といった重役クラスのスポンサーがインルック社のソフトウェアに強いニーズを感じており、プロジェクトに対するビジョンと予算を持っている場合には、スポンサーとの打ち合わせや彼らの後ろ盾を得ることを通じて、顧客企業に食い込めることであった。加えて、重役スポンサーはエンドユーザーに対して強い影響力を持っていた。というのもエンドユーザーである重役スポンサーの部下たちは、たいてい上司が欲しいというものを欲しがるからだ。さらに重役スポンサーは、実際のソリューションをCIOに提示することで、エンドユーザーから反対が起きないようにし、さらに協力を得ることができるよう支援することが可能だった。IT部門はCFOの課題解決のプロジェクトを主導するわけではないが、営業プロセスにおいては非常に重要なご意見番なのである。したがって、インルック社は顧客企業のIT担当の重役に会い、彼から承認を得る必要があった。チップは、IT部門の態度が

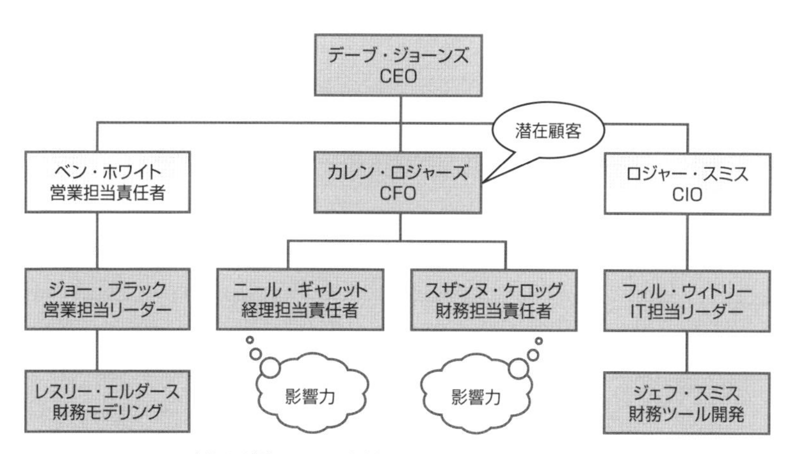

図4.9｜組織図の例

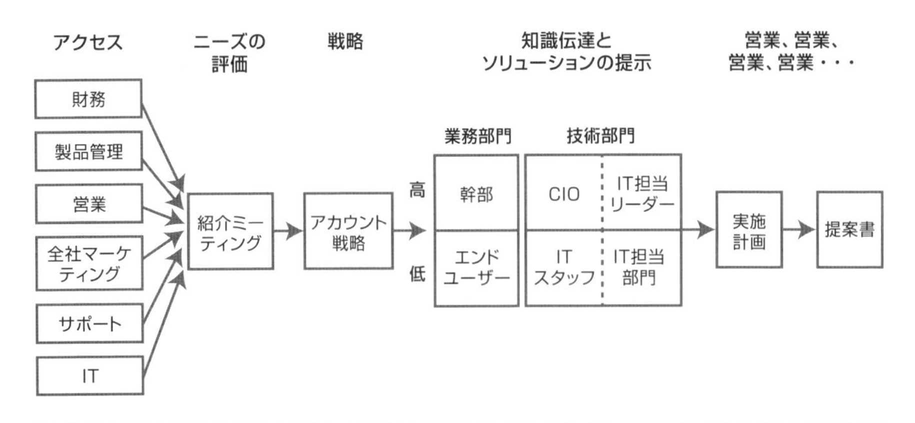

図4.10｜営業戦略の例

顧客を見極めるための有効な手段であることも学んだ。もしインルック社がセールスサイクルにおいてIT部門の支持を得られない場合、顧客に対してより多くの営業時間と経営資源を投じるという、長くてつらい道が待っていることを覚悟しなければならない。

インルック社の戦略の3つ目の方策は、製品を使うであろう財務マネジャーに集中することであった。日常業務が楽になることから、たいていの場合財務マネジャーはソフトウェアを熱望することが多かった。そして最後に、同社はIT技術サポートスタッフとやり取りすることが必要となる。同社がステップ1から3までを正しく実行できれば、技術スタッフからの承認を得られる可能性は格段に高くなる。なぜなら彼らは社内的に包囲されているからである。ユーザーと財務担当責任者は製品を欲しがっており、IT部門のトップも承認を出しているのだ（図4.11）。

これまでにチップは初期段階における販売上の罠、すなわち個々のビジョナリー顧客ごとに製品をカスタマイズしてほしいという圧力の罠に陥るのをうまく避けてきた。挑戦しているのは、会社が最初に出荷する製品を販売することである。仕様に基づいた標準製品であり、多数の特別機能を追加したものではない。その違いは重要である。スタートアップが陥る悪質な罠の1つが、顧客ごとに個別の機能拡張や機能修正を約束してしまうことである。1つ2つの注文書を獲得するために、そういった約束をすることが不可欠なこともあるが、問題はカスタム製品の製造になってしまうことである。事業計画を明確に書き直さない限り、カスタム製品は拡張性の高い事業にはならない。顧客開発部隊と製品開発部隊

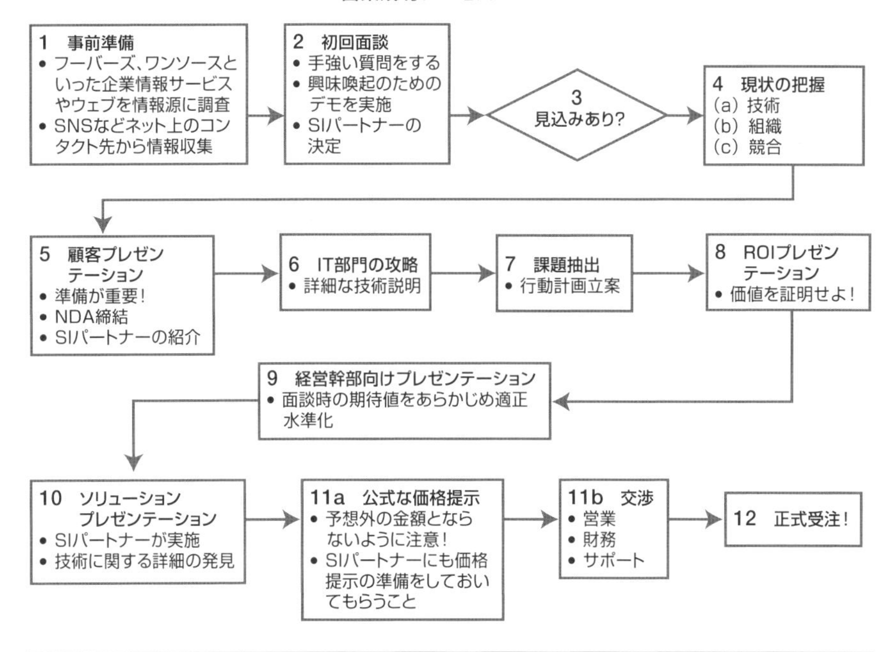

図4.11｜営業ロードマップの例

の間で、製品戦略について意識を共有しないまま進むことは危険である。

もちろん、顧客による機能要求が良い話である場合もある。多くの顧客が同じ「カスタムの」機能を要望するのであれば、それはもはやカスタムではない。顧客は本来なにが製品に必要なのかを伝えようとしているのだ。ピボットをして要望を仕様に取り込み、正規の機能とすべきタイミングである。

現場に出て顧客に販売している間、価格に関する目標を心に留めておいてほしい。受注のために製品を無償にすることは誰にでもできるが、目標は未完成で出荷開始されていない製品をなるべく標準価格に近い価格で販売することなのである。非現実的だろうか？　そう思うのならそうなってしまう。探しているのは、テーブルを飛び越えてあなたの襟元につかみかかり、早く製品を使いたがるような顧客であることを忘れないでほしい。その顧客には、あなたが販売している製品が必要なのである。最初の顧客が口にするのはたいてい、「最初の顧客なのだから大幅な値引きをしてもらいたい」という言葉である。これに対しては、次のように言うべきである。「御社は製品を最初に利用できるのだから標準価格を支払う必要がある」。もし顧客が納得しないようであれば、ビジョナリー顧客を見つけたとは言えない。また、支払い条件には柔軟であってよい（納品確認後払い、動作検証後払いなど）。しかし、値引きには安易に応じてはいけない。

なぜ製品を値引きなしで販売することにこだわるのか？ 営業ロードマップの検証の一部は、顧客への営業と承認のプロセスを検証することである。したがって、作成済みの組織図と営業戦略が正しいことを確認したいのだ。できるなら、このプロセスを進める中で何件か受注もしたい。次の段階に進む前に、顧客から複数の注文書を獲得することが目標なのだ。

営業訪問について勝敗の統計をとり、顧客開発チームで共有しない限り、どのくらい上手にやっているかを知ることはできない。この段階では、顧客になぜ「だめだ」と言われたかを理解することが、なぜ「良い」と言われたかを理解するよりも重要である。目標は、営業プロセス（紹介、製品プレゼンテーション、組織上の課題、社内開発重視、技術課題、価格）のどこで断られるかを理解し、営業ロードマップを改善することである。

〉〉エバンジェリストユーザーへの販売：Ⓒ流通チャネルへの販売

顧客発見ステップと顧客実証ステップの最初のフェーズにおいて、どのように製品を顧客に届けるかを想定して流通チャネル戦略をまとめた。ここでは、流通チャネルパートナーから暫定的な受注、もしくは少なくとも取引の確約を得られるかどうかを実証する。顧客からの熱狂的な反応を得る前に、チャネルパートナーから早めに注文をもらおうとしていたら、非生産的であっただろう。チャネルパートナーの反応は予想がつく。「面白そうですね。しかしこの製品には需要があるのでしょうか？ 顧客の反応はいかがですか」。この言葉の本音は次のようなことである。「あなたの製品で我々は儲かりますか？ もしそうなら、いくら儲かるのですか」。しかし、ここまでに製品を顧客に直接販売し、その購買理由をある程度理解しているのだから、この質問に答えられるはずである。つまり、この時点で流通チャネルの現場に出て注文書をもらって帰ってくる準備はできているのだ。

流通チャネルパートナーから受注する際に1つ注意すべき事項がある。起業家が陥る罠の1つに、流通チャネルパートナーの役割と顧客の役割を混同してしまうことがある。つまり、流通チャネルパートナーを説得して製品を置いてもらったり、大手のシステムインテグレータ（SI）を説得して協業してもらうことは、顧客を説得して製品を買ってもらうこととは完全に異なるということである。流通チャネルパートナーは製品を発注するかもしれないが、それは流通チャネルから製品を欲しがる顧客の需要がある場合だけである。エンドユーザーが最後に勘定を支払うのだ。つまり、流通チャネルパートナーは自らの売上増加に貢献できるときに限り、真面目に取り合ってくれるのだ。そんなことは目をつぶっていてもわかるほど明確だと思うかもしれないが、多くのスタートアップが、流通チャネルパートナーと契約し、最初の「在庫用」注文をそこから受注するや否やシャンパンのコルクを空け、販売に関する課題が解決されたと思い込んでしまうのである。それは誤りだ。スタートアップには製品に対する需要は当初はない。製品が欲しくてパートナーのところに殺到してくるような顧客はいないのだ。流通チャネルパートナーもこのような需要を作り出してはくれない。スタートアップだけが需要を作り出せるのだ。間接流通チャネルを食料品店の棚以上の何物でもないと考えれば、このコンセプトが簡単に理解できる。顧客の間にブランドが浸透しない限り、顧客がわざわざ製品を探すことはあり得ない。

これらすべてを心に留めたうえで、初期の顧客注文に関する情報について流通チャネル／サービスパートナー向けプレゼンテーションを修正・更新する。それをすませたら表に飛び出し、彼らに向けてプレゼンテーションを実施する。目標は、取引に関する確約を取り付けて（通常は注文書という形で裏づけされる）、戻ってくることである。

第3フェーズ：企業と製品のポジショニング

ポジショニングとは、競合との比較において、自社の製品やサービスに関する世間の認識を管理しようとする試みのことである。顧客発見ステップにおいて、自分が参入しようとしている市場タイプや自社製品の競争方法、市場を再定義するか新規創造するかなどについて考えた。より早い段階で、製品を販売する

前に自社製品のポジショニングを行うこともできたかもしれないが、その場合には推測に頼ることになってしまう。今なら、顧客が購入する理由についての事実に基づく情報を持ち、ポジショニングを検証できる実際の顧客もいる。顧客実証ステップの第3フェーズでは、これまでに顧客そのものや製品に関する顧客の反応について学んだことすべてと、初期のバリュープロポジションをもとに、2つのポジショニング文書を作成する。1つは製品に関して、もう1つは会社に関してである。このフェーズでは、以下のことを実行する。

- □ 市場タイプに基づいた製品ポジショニング
- □ 企業ポジショニング
- □ アナリストや業界のご意見番に対するプレゼンテーションの作成

〉〉企業と製品のポジショニング：Ⓐ製品ポジショニング

ほとんどの技術志向のスタートアップは、この「ポジショニング」のフェーズを実行するのに、広告代理店出身のプロの「マーケティング担当」が必要だと信じている。しかし最初のうちは、顧客開発部隊が製品開発部隊からのフィードバックをもとにポジショニングを実施するのがベストである。この時点では、顧客開発部隊よりも顧客の近くにいる人は誰もいない。製品で解決できる顧客の課題を一番よく知っているのも顧客開発部隊だ。死に物狂いになって注文を取り、繰り返し可能な営業ロードマップを見出したのも、他でもない顧客開発部隊だ。製品と会社を最初に差別化するのに、顧客開発部隊以上の適任者はどこにもいないのだ。後の顧客開拓ステップの際に初めて「専門家」が必要となるのである。

顧客発見ステップや顧客実証ステップにおいて、顧客や流通チャネルパートナーからフィードバックを受け続けている際に、既存市場に販売しているのか、既存市場を再セグメント化しているのか、それとも新しい市場を創造しているのかを自問自答し続けてきた。営業プレゼンテーションを作成する際、なぜ初期の顧客が自社製品を買うべきかを説明するため、最初のバージョンのポジショニング概要を作成している。製品説明の仕方に対する顧客の反応を思い出してみてほしい。説明を聞いて興奮していただろうか？ 顧客に信用されていただろうか？

今こそのぼりを立て、市場タイプに基づいて製品ポジショニングを正式のものにするときである（表4.4）。顧客開拓ステップでさらに洗練させるので、ポジショニングは完璧でなくともよい。

インルック社が「スナップショット」の製品ポジショニングを新たに行った時、自分たちの製品は斬新で独自性があり、直接の競合がいないことに気づいていた。そして自分たちが新規市場を定義しようとしていると自覚していた。新規市場においては、その製品でどんな課題を解決できるか顧客が理解しないうちに詳細な製品機能に注目させれば、顧客は混乱する。その製品で何ができて、なぜ注目すべきか顧客が理解しようとしているときに、より良く、より速く、より安い製品であるという宣伝をしてもまったく無意味である。そのためインルック社は、CFOのための「利益率の可視化」ソリューションとして製品をポジショニングすることに決めた。その言い回しは何か自分に必要なもののように聞こえるため、潜在顧客の共感を得ていた。インルック社の営業部隊は、利益率の可視化が何であるか、どのように機能するのかを説明してほしいと、何度も訪問依頼を受けた。

この製品ポジショニング演習の最終成果物は、「製品ポジショニングレポート」である。顧客発見ステップで作成したレポートと同じく、この1ページの文書には製品のポジショニングとその根拠を記載する。営業資料（カタログ、営業プレゼンテーション、ウェブサイト）を作成する時、このレポートを利用してすべて

表4.4｜市場タイプ別の製品ポジショニング

	既存市場	新規市場	再セグメント化市場
製品ポジショニングメッセージ	自社製品と競合製品の比較。自社製品の特定の機能や性能が競合製品より優れていることを説明する。すなわち、「段階的な改善」である	自社製品の機能が、どんな価値をもたらすかを顧客には理解できない。その代わりに、自社製品が解決する課題と、それを解決することで顧客が得るメリットを説明する。すなわち、「変化による改善」である	自社製品と競合製品との比較。コストによる再セグメントであれば、価格と機能を押し出す。ニッチであれば、自社製品の特定の機能や性能がいかにして顧客の課題を解決し、それが他社製品では解決できないことを説明する。この新しい方法で課題を解決することによる、顧客のメリットを説明する

のメッセージが「的を射た」ものになるようにする。

〉〉企業と製品のポジショニング：Ⓑ企業ポジショニング

自社製品の市場タイプと製品ポジショニングを決めたので、今度は企業ポジショニングを明らかにする必要がある。では、製品ポジショニングと企業ポジショニングはどう違うのか？　製品ポジショニングでは、市場タイプにおける特定の製品の特徴に着目する。企業ポジショニングは、「あなたの会社は私のために何をしてくれるのか」もしくは「あなたの会社の存在理由は何で、他社とどう違うのか」という質問に答えるものである。

私は、最初の企業ポジショニングをできるだけ簡潔にするのが好みである。なぜ私がこの会社を始めたのかを、潜在顧客がさらに聞きたくなるように説明するのだ。「もっと説明してください。私の問題を解決できそうな気がします」。インルック社の創業者は、自分たちで創造した新規市場に名前を付けることにした。そして自分たちの企業ポジショニングを「利益率管理市場」を創造する会社と位置づけた。早い段階で利益率を可視化することに非常に強いニーズを持っており、このツールを使わないことが自社に財務的リスクをもたらすことを体感的に理解しているCFOたちの心をわしづかみにするように、彼らはこの市場を表現した。

表4.5は、市場タイプごとの企業ポジショニングを説明している。製品ポジショニング同様、現時点で企業ポジショニングは完璧でなくともよい。後ほど顧客開拓ステップでさらに洗練させるからだ。

企業ポジショニングの整合性確認のため、顧客発見ステップで書いたミッションステートメントに再度目を通してほしい。自社が他と異なり特別である理由を説明できているだろうか？　さらに、自社の会社説明とミッションステートメントを競合他社のものと比べてほしい。競合他社の企業ポジショニングはどのようなものか？　何か忘れている点はないか？

製品ポジショニングと同じように、企業ポジショニング演習の最終成果物は、「企業ポジショニングレポート」である。マーケティング資料（記者向け企業概要、営業プレゼンテーション、ウェブサイト）を作成する時、このレポートと製品レ

表4.5｜市場タイプ別の企業ポジショニング

	既存市場	新規市場	再セグメント化市場
企業ポジショニングメッセージ	自社と競合の比較。競合との違いと自社の信頼性について説明する	新規市場では比較対象となる競合がないため、顧客には、他社との違いは理解きない。したがって、企業ポジショニングは自社のビジョンと将来像への情熱になる	この市場タイプでの企業ポジショニングは、自社が選んだ市場セグメントの価値と自社がそこにもたらすイノベーションになる。顧客が今何を感じ、求め、必要としているのか？

ポートを利用して、現時点ではすべてのメッセージが一貫したものになるようにする。

〉〉企業と製品のポジショニング：

❸アナリストとご意見番向けのプレゼンテーション作成

業界アナリストと業界ご意見番は、スタートアップに必要な信用を築くための礎の一部となる。では、業界アナリストとは何だろうか？　技術の世界では、顧客からお金をもらって、特定製品の市場やトレンドについて「第三者的」で冷静な分析レポートを提供する会社がある。これらの会社の大きさや影響力はさまざまである。ある技術市場（たとえばエンタープライズ向けソフトウェア）では、大きな調査会社（ガートナー社、メタ社、ヤンキー社）のうち1社でも自社のことを賞賛してくれない限り、大企業向けに販売するのは非常に難しい。エンターテイメント事業に携わっているのであれば、調査会社はケーガン社である。一般消費者向けの製品販売に着目しているのであれば、NPDグループに評価される必要がある。一方、業界のご意見番はそれほどきちんとしたカテゴリーではない。それぞれの業界で一握りのオピニオンリーダーが話題作りに影響を与える。彼らはハッカーニュースのブロガーかもしれないし、情報サイトのパンドデイリーやテッククランチに寄稿しているかもしれない。あるいは、会社に属する個人で、各地のカンファレンスで講演をしている人かもしれないし、非常にユニークな考えを持っている業界誌の記者かもしれない。あるいは、大学の教授かもしれない。

顧客発見ステップにおいてアナリストやご意見番の特定を始めた。このフェーズでの目標は、彼らに会って、作ったばかりの初期のポジショニング（市場、製品、企業）についての印象とフィードバックを得ることと、製品の機能についての考えを聞くことである。さらに、賞賛してもらえるかどうかを知っておきたい（もしだめなら、その理由を理解しておきたい）。たとえ初期の導入者が会社の中で、もしくは友だちや家族に、製品を宣伝してくれたとしても、外部の「第三者」が「ええ、我々はその会社のことを知っています。彼らの製品がどれほど優れているかについて言及するには早すぎますが、同社のアイデアには非常に価値があると考えています」と言ってくれれば有益である。さらに、顧客開拓ステップで取材を受ける際の記者向けの推奨者として、業界アナリストやご意見番を用意しておく必要がある。

実際の顧客に接触しフィードバックを得て受注する前であれば、どれもが難しいかもしれないが、今では話をするための情報を持っており、どんな話をしたらよいかもわかっている。まず、顧客発見ステップの初期から注目していたアナリストやご意見番に接触する。理想的には、彼らが何者であり、どのカンファレンス、セミナー、展示会で会ったのかについてのリストも作成済みで、さらにある程度の時間をかけて、市場や製品領域に関する彼らの意見を理解し終えていてほしい（そうでなければ、まだミーティングを活用しないほうがよい。まず準備を済ませてからだ）。

アナリストに接触する前に、彼らが属する調査会社がどの会社と業界を対象領域としているか、訪問しようとしているアナリスト個人はどの特定分野や会社を対象としているかを必ず確認しておく（会いに行くのに、まったく間違った人や会社に会いに行くのは最悪である。そんなことでは、自分や自社に悪影響を及ぼす。やるべきことをまったくやっていないと公言するようなものだからだ）。彼らがあなたに会うべき理由を手短に説明する文章を用意しておく。彼らの対象分野が何で、その市場に自社が衝撃を与えようとしていることを理解し、なぜ自社が重要なのかを説明できるのであれば、「彼らに何のメリットがあるか」は明確である。影響力がある重要な会社を彼らは見逃したくはないからである。初期の顧客の名前を挙げ、あなたがどんな課題や苦悩を解決したかを忘れずに紹介する。会うことを承諾してもらったら、どのくらいの時間を割いてくれるか、どんなプレゼンテーション形式がよいか（正式なスライド、デモ、ホワイトボードに板書など）、プレゼンテーションは技術、市場、顧客、課題のうち何に重点を置くべきか、それとも全般的な話をすべきか確認しておく。

営業用でないことを心に留め、アナリスト向けのプレゼンテーションを作成する。製品の詳細機能に加えて市場や製品ポジショニングに重点を置く。アナリストの考えに影響を与えたいのであり、製品を売り込みたいわけではない。アナリストの所属するそれぞれの組織は市場に関して独自の視点を持っているので、必ずその資料を手に入れ、事前に理解しておくようにする（それを十分に理解し、ホワイトボードに描けるようにしておく）。もし新規市場を創造しているのであれば、影響を及ぼす周辺市場についてアナリストの独自の視点が書かれた資料を入手する。

業界ご意見番との打ち合わせにも、業界アナリストとの打ち合わせと同様に正式な準備が必要かもしれないし、近所のレストランでランチをするほうがよいかもしれない。自分のすべき準備を終えたら、ご意見番がどのように情報を入手し、どのように情報を広めているのかを、会う前に理解しておく必要がある。その理解に従って、打ち合わせの様式を調整する。

ご意見番やアナリストと会うときには、彼らからのフィードバック（そして大いなる興奮）を得ることが目的であるのを忘れないようにする。同時にこの機会を利用して市場についての知識も得ておきたい。彼らから学びたい重要事項のチェックリストを心の中に持っておく。たとえば、自社と近いことを行っている会社が他にあるか？　自分のビジョンはどのくらい市場ニーズに合致しているか？　顧客ニーズに対してはどうか？　製品、市場、会社をどのようにポジショニングすべきか？　製品の価格付けをどうすべきか？　他社はどんな形で価格を付けているか？　顧客の企業内のどの部署、人に売り込むべきか？　顧客の企業内でどのような障害に直面するか？　会社を作り上げていく際にどのような障害に直面するか？　資金調達、採用、競争など、あなたが次にすべきことは何か？

数名の実際の顧客からのフィードバックに加えて、アナリストやご意見番からのフィードバックを得られたら、顧客実証ステップの最後のフェーズに進んでよい。

〉〉〉〉第4フェーズ：確認

アナリストやご意見番との打ち合わせを済ませたら、顧客実証ステップのすべての工程を終えたことになる。これまで自社のためにしたのは、顧客、営業、流通チャネルに関する仮説が正しいかどうかを見出すことである。投資家のためには、ビジネスモデルの実証を始めたことである。最後のフェーズでは、これまでに見出したことを整理し、顧客開拓に移るのに十分な知見を得たことを確認する。したがって、このフェーズでは以下の5つのことを実行する。

- ☐ 製品の確認
- ☐ 営業ロードマップの確認
- ☐ 流通チャネル計画の確認
- ☐ ビジネスモデルの確認
- ☐ 繰り返し、前のステップへ戻る、もしくは次のステップへ

〉〉確認：Ⓐ製品の確認

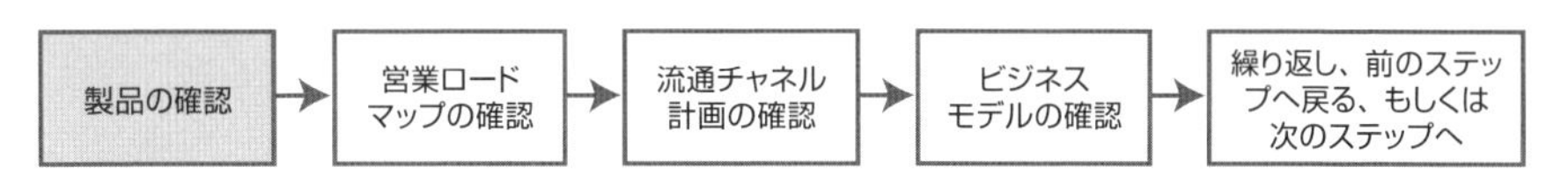

顧客発見ステップの最後に、製品の仕様が仮説としての顧客ニーズに合致しているかを確認したが、その時点では注文書を求めなかった。ここでの「製品の確認」とは、製品と市場のフィットがあり、顧客が買ってくれる製品が自社にあることを示すことである。もちろん、製品の確認にはそれ以外のことも含まれる。製品に関して顧客から受けたすべてのフィードバック、そして最初のリリースおよび将来の機能に関して下した結論についても振り返る。以下のような質問に答えてみるべきである。

- ☐ これまでの顧客からの受注状況を前提として、最初に出荷する製品は市場のニーズに合致しているか？ 製品は顧客の課題をどれだけ的確に捉えているか？ 機能不足で失注した案件があるか？ どの機能が「目玉機能」として際立っているか？ 製品が「ホールプロダクト」にならない限り、購入する重要性はないという理由で失注した案件があるか？ 他の機能を強調したいか？ 製品開発担当責任者は顧客の課題を顧客から直接聞いたか？ 製品について誇張していないか？ 顧客は満足しているか？
- ☐ 出荷スケジュールの問題で失注した案件があるか？ 将来リリースの計画では的確な機能を、的確な順番に盛り込んでいるか？
- ☐ 価格の問題で失注した案件があるか？ 価格について顧客から異論があった

か？（もしなかったのであれば、製品の価格を安くしすぎているのかもしれない。常に多少の不満の声があってしかるべきである）。製品価格そのものに加えて、的確な価格モデルを持っているか？

最も重要な終了条件は、他の営業担当者であっても、仕様どおりの製品を繰り返し販売できると営業のプロが考えているかどうかである。

〉〉確認：Ⓑ営業ロードマップの確認

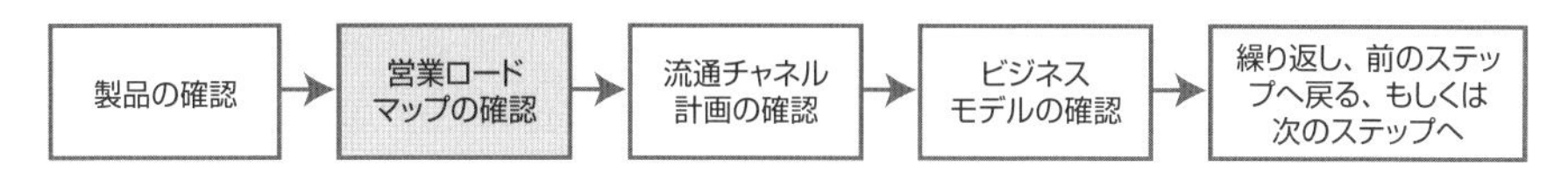

ここまでに営業資料を作成し、ビジョナリー候補を見つけ、組織図と営業戦略を組み合わせて営業ロードマップを作成し、販売を試み、顧客から受注した。このフェーズでの営業ロードマップの確認とは、学んだことをすべてまとめて、営業プロセスを特定できたか、もしくはもう1回繰り返す必要があるかを確認することである。営業ロードマップを作成する際に得た回答を再度振り返る。

- ☐ 組織図もしくは消費者のマップを正しく作成したか？ 意思決定権者を正しく特定したか？ 他のキープレイヤーについても理解したか？ ご意見番の反対で失注した案件があるか？ キープレイヤーを特定する繰り返し可能で一貫性のあるプロセスがあるか？
- ☐ 営業戦略を正しく作成したか？ 人から人へ、グループからグループへと案件を進めていくための繰り返し可能なプロセスを持っているか？ この戦略に基づいて受注確率を予測できるか？
- ☐ 組織図と営業戦略をもとに、段階的な営業予測プロセスと営業案件リストを含む営業ロードマップができ上がったか？
- ☐ 最も重要な点として、実際に案件を受注できたか？ プロセスどおりに進めることで受注できたか、受注した手順によってプロセスができたかは重要ではない。複数案件を実際に受注することで、単に営業ロードマップに従えば規模拡大した営業部隊で反復受注できることを事前確認できたか？ 創業メンバーが客先訪問しなくても単独で営業担当者が販売できるか？

もし営業ロードマップを確定できたという自信があれば、先に進んでかまわない。もしそうでなければ、もう1周繰り返すことだ。

〉〉確認：Ⓒ流通チャネル計画の確認

間接流通チャネル経由もしくは直販営業で顧客から受注したのだから、流通チャネルがどのように機能するか理解しているはずだ。流通チャネルに関する仮説は正しかったどうか、以下について確認してみてほしい。

- ☐ 流通チャネルのコストはどの程度か？ このコストは事業計画に織り込み済みか？
- ☐ 予想外の流通チャネルコストはあるか？ チャネルの種類にかかわらず、必ずと言ってよいほど想定外の費用がかかるものだ（倉庫代、店頭広告費、特別な販売促進費など）
- ☐ この営業モデルや流通モデルを利用する際に、関係するすべての変数を明確にできるか？ たとえば、セールスサイクルはどの程度か？ 販売までにかかる時間は、当初計画よりも長いのか短いのか？ 平均の販売価格はいくらか？ 営業担当1人あたりもしくは店舗あたりの年間売上はいくらか？ 直販営業部隊を組織することを念頭に置いているのであれば、1つの営業部隊（営業担当者、営業支援エンジニア、受注後の導入支援、技術サポートなどを含む）に何名が必要か？ 営業部隊はいくつ必要か？
- ☐ 間接チャネルであれば、チャネルは拡大可能か？ 営業チャネルをどのように訓練し、教育するのか？
- ☐ 顧客を流通チャネルに呼び込むのに、どのような需要開拓活動（広告、PR、展示会など）が必要となるか？ 顧客を1件獲得するコストはいくらかかるか？ このコストは、ビジネスモデルに織り込み済みか？（当たり前ではあるが、顧客獲得コストは顧客の生涯価値よりも低い必要がある。ブランディングにお金を使っても、ひびの入ったビジネスモデルを救えるわけではない）。間接チャネルの場合には、隠れたチャネルコスト（リベート）や、店頭ディスプレイや店頭プロモーションなどの隠れた需要開拓コストはないか？

□ サービス／システムインテグレーションのコストについての仮説は正しかったか？ 顧客あたりいくらのコストがかかるか？ チャネルの種類にかかわらず、提供しなければならない直接的なサポートにはいくらかかるか？

〉〉確認：Ⓓビジネスモデルの確認

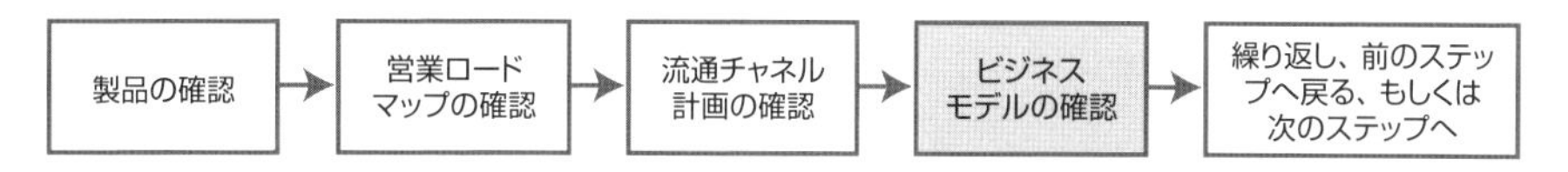

注文書をいくつも手にした今、ゴールは目前だと感じているだろう。製品は顧客の真の課題を解決し、繰り返し可能で拡大可能な営業と流通プロセスがある。しかし、顧客発見ステップの最後の部分と同様に、お金を儲けるためのちょっとした問題が残っている。事業にとって最も重要な変数について、実際の数字が今手元にある。すなわち、顧客は製品にいくらのお金を支払ってくれるのか、そして販売のためにいくらのコストがかかるのかの2点だ。これらの事実をもとに損益モデルを再度構築し、ビジネスモデルの収益性を検証する。

この検証プロセスの成果物は次の2つの資料となる。(1) 営業・売上計画の更新版、(2) 会社を拡大するための業務実行計画の2つだ。必要以上に労力を割くことのないように、これらの資料を作成する際に触れるべき主たるポイントを以下に挙げる。

□ 黒字化するまでに追加で必要となる資金はどの程度か？ キャッシュフローが黒字になるまでに必要となる資金はどの程度か？ 事業拡大計画に照らし合わせて、現実的な金額か？

□ 製品開発部隊が製品を出荷しつつあるが、製品開発コストに変更はないか？ 最初のバージョンを開発するためのコストに変更はないか？ 製品をビジョンどおりの完全な形に開発するまでにはどの程度の費用がかかるか？

□ 製品作りには製造活動が含まれるか？ 製品を工場生産するためにどの程度の費用がかかるか？ もともとの計画と比較して費用はどうか？ どの生産パートナーを使うのか？

□ 販売予定価格（顧客がいくら支払ってくれるかを考慮したもの）は、事業計画での当初の想定と異なるか？ 今後3年間に1人（1社）の顧客がいくつの製品を買ってくれるのか？ 顧客あたりの生涯価値をどれくらいであると考えているか？

- □ ビジネスモデルのすべての要素を追加した後でも、必要とする利益を十分に得られるか？

〉〉確認：Ⓔ繰り返し、前のステップへ戻る、もしくは次のステップへ

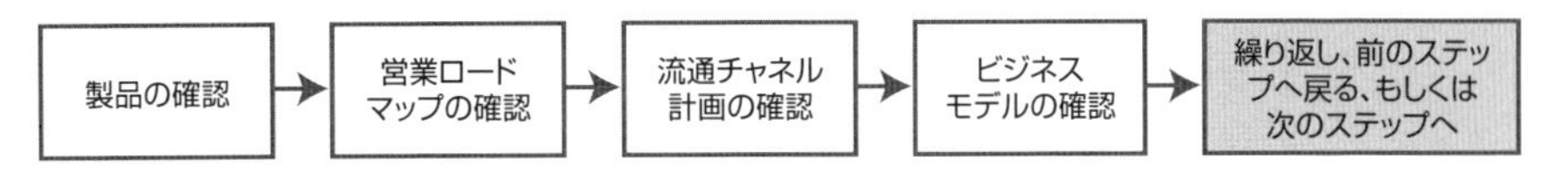

どんなに顧客実証がつらくとも、もう一度繰り返す必要があるかもしれないし、もしかしたら最初の顧客発見ステップまで戻らなければならないかもしれない。今は、ここまでやってきたことをいったん止めて、やってきたことを振り返り、これまでの成果を真剣に考えるときだ。本当に顧客実証ステップの目標を満たしたか、もしくは次のステップに進むために、単に目標地点を目の前に動かしてきたのか？ 次のステップに進んだら、会社の資金の消費速度は本格的に上がることになる。

製品を売ることはできたか？ できなかったのなら、営業プロセスに関する理解が欠けていたのかもしれない。顧客実証ステップの第1から第3フェーズで学んだすべてを駆使して、顧客のフィードバックをもとに営業ロードマップを修正し、このステップの第1フェーズ（販売の準備）に戻ってもう一度やり直してほしい。

場合によっては営業ロードマップには何の問題もないが、製品そのものに問題があるのかもしれない。すでに販売とポジショニングについてはすべての手を尽くしたのであれば、提供製品の形態や構成を変える必要があるかもしれない。この場合には、はるばる最初のステップである顧客発見ステップまで戻らなければならない。もう一度、中核技術を利用して別の製品構成を作り出し、製品プレゼンテーションを修正し、第3フェーズ（「製品」プレゼンテーション）に戻ってもう一度やり直してほしい。

たとえうまく販売できていたとしても、製品の出荷タイミングを製品開発部隊に確認してほしい。必然的にスケジュールには変更が発生するものであるが、良いほうには決して変わらない。売ると言ったものをきちんと提供できるだろうか、それともまったく実態のない机上の空論、いわば「ベイパーウェア」を売ってしまったか？ もしベイパーウェアを売ったのなら、せいぜいパイロットプロ

ジェクトをいくつか確保したという状況のはずだ。何事もなかったかのように販売を続けるのは良くない。スケジュールが遅延するにつれて、エバンジェリストユーザーの社内での立場、もしくは友人の間や家族における立場は弱くなり、成功事例として利用できる状態にはならないだろう。良いニュースとしては、このような場合でも（そして、こういったことは想像以上によく起きる）、あなたは回復可能な状況にあるということだ。大量の営業スタッフを解雇しなくてもいいし、資金の消費速度は比較的低い（このフェーズを最低1回は失敗しても良いだけの現金を常に確保しておいてほしい）。対応策は、しばらくの間はこれ以上販売することをやめ、失敗を認め、第1に顧客のためにそして市場性のある製品とするために、パイロットプロジェクトを有意義なものに変えるのだ。

もし上記のすべてに問題がなかったならば、顧客実証ステップを完了したこととなり、大きなマイルストーンの達成となる。顧客の課題を理解したことを証明し、数人のエバンジェリストユーザーを見つけて、顧客の買いたい製品を納品し、繰り返し可能で拡大可能な営業プロセスを開発し、ビジネスモデルの収益性を実証したのだ。さらに、学んだことすべてを文章として記録した。顧客開拓ステップへの準備は整った。

表4.6｜顧客実証のまとめ

フェーズ	目標	成果物
1. 販売の準備	**暫定的な営業資料と営業ロードマップを作成する。経営幹部全員の合意を確認する**	**実行**
A. バリュープロポジションの明確化	バリュープロポジションを作成する	バリュープロポジション
B. 暫定的な営業資料計画の準備	営業資料と暫定的な営業資料計画を作成する	暫定的な営業資料と営業資料計画
C. 暫定的な流通チャネル計画の作成	暫定的な流通チャネル計画を作成する	流通チャネル計画
D. 暫定的な営業ロードマップの作成	暫定的な営業ロードマップを作成する	営業ロードマップ
E. 営業のプロの採用	営業のプロを採用する	営業のプロ
F. 経営幹部の意識合わせ	製品としての納品物を確約する前にスケジュール、成果物、サポート、営業資料について全社的に合意を得る	製品、サポート、営業資料のレビュー
G. アドバイザリーボードの公式化	必要なアドバイザーをリストアップする	アドバイザリーボード・ロードマップ
2. エバンジェリストユーザーへの販売	**未完成で未検証の製品を買ってくれるエバンジェリストユーザーに対して製品とロードマップの検証を行う**	**実証**
A. エバンジェリストユーザーへの訪問	エバンジェリストユーザーを見つける	エバンジェリストユーザーとの打ち合わせ
B. 営業ロードマップの改善と実証	製品を買ってくれる3～5件のエバンジェリストユーザーを獲得する	3～5件の注文書と繰り返し可能な営業プロセス
C. 流通チャネルへの販売	流通チャネルやサービスパートナーから初回の注文を獲得する	潜在的なパートナーからの注文書
3. 企業と製品のポジショニング	**自社や自社製品の市場での位置づけについての考えを明確化する**	**実行**
A. 製品ポジショニング	どの市場タイプかを定義する：既存市場、新規市場、再セグメント化市場のいずれか	製品ポジショニングとレポート
B. 企業ポジショニング	自社のどこに特徴があるのかを定義する	企業ポジショニングとミッションステートメント
C. アナリストとご意見番向けのプレゼンテーションの作成	自分のビジョンについてアナリストやご意見番からのお墨付きを得る	アナリストのフィードバックと承認

フェーズ	目標	成果物
4. 確認	**顧客は製品とビジョンを購入したか？ ビジネスに拡張性はあるか？**	**実証**
A. 製品の確認	注文書の量を通じて製品が顧客のニーズを満たすことを確認する	製品と将来リリースの仕様
B. 営業ロードマップの確認	繰り返し可能な営業ロードマップを確認する	最終版の営業ロードマップ
C. 流通チャネル計画の確認	拡張性のある営業モデルおよび流通チャネル計画を確認する	最終版の流通チャネル計画
D. ビジネスモデルの確認	収益力のあるビジネスモデルがあることを確認する	最終版の売上計画
E. 繰り返し、前のステップへ戻る、もしくは次のステップへ	ビジネスを拡張するために十分に学んだか？	事業拡張への自信

第5章
顧客開拓

万物に季節あり、天の下のあらゆることには
それにふさわしい時がある。
――旧約聖書　コヘレトの言葉　第3章1節

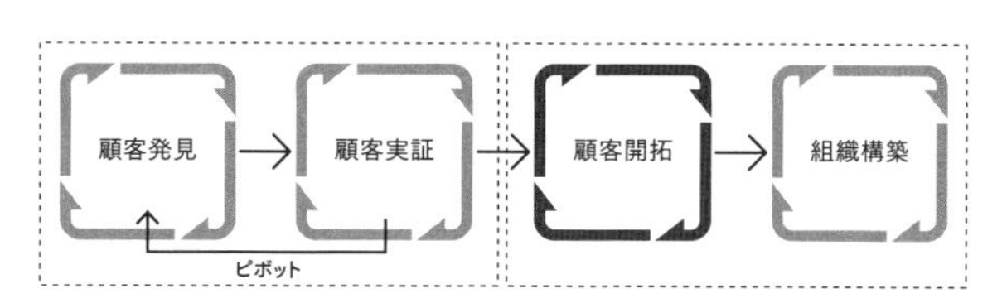

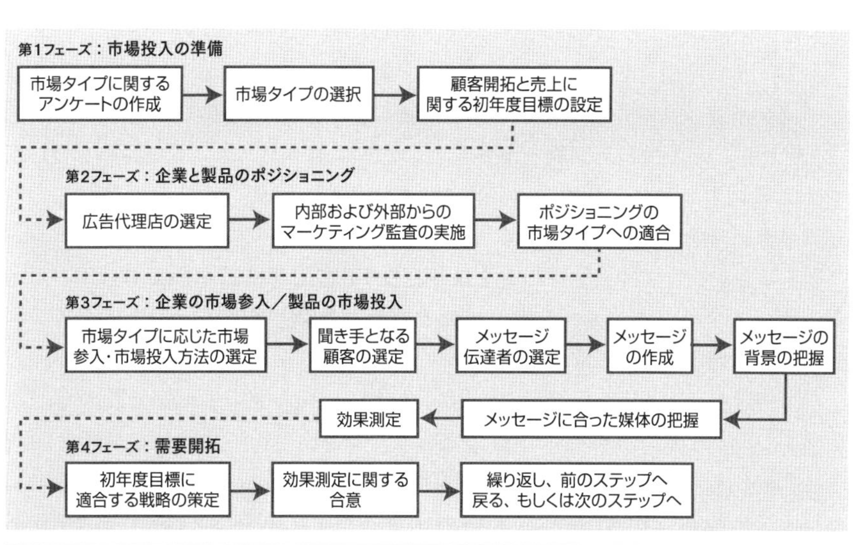

顧客開拓のプロセス詳細図

フォトズ・トゥ・ユー社には先見の明があった。誰もが商機があることに気づいた90年代後半よりはるか前に、フォトズ・トゥ・ユー社の創業者であるアーニー、チェン、そしてデイヴは、デジタルカメラ市場が立ち上がればインターネット経由で写真を現像するサービスが求められるはずだと考えた。しかも、安価なインクジェットプリンタによる現像だけでなく、35ミリフィルム並に高品質な写真現像機による現像が求められるはずだと。まさにそれを実現した企業がフォトズ・トゥ・ユー社だ。

フォトズ・トゥ・ユー社の創業時、写真市場はフィルムからデジタルへと急速に移行していた。当時は毎年820億枚の写真が従来型のカメラで撮影され、370億ドルが現像費用として使われていた。デジタルカメラの売上が急速に伸び始めたのはその頃であった。デジタルカメラは年50%以上で成長し、2004年までにカメラ市場の25%を占めるだろうと予想されていた。事実、フォトズ・トゥ・ユー社が営業開始したときには、デジタルカメラは今後3年間のクリスマス商戦で家電売上高トップ商品の1つになると考えられていた。3人の創業者にとって、現像が簡単にできないデジタルカメラはプリンタのないコンピュータのようなものだった。便利なインターネット現像サービスはデジタルカメラのキラーアプリケーションになると確信していた。

私が3人に出会ったのは、フォトズ・トゥ・ユー社にまだその3人しかおらず同社に出資している主幹事投資会社の小さなオフィスで仕事をしているときだった。私は同社のためにデジタル写真市場の研究調査を手伝っていた。デジタルカメラ利用者の話から、便利で、しかも撮ったその場で写真を見られるのでデジタルカメラを愛用しているが、品質の良い写真の現像はあきらめていることがわかった。撮った写真をすぐ見たいときやインターネットで共有したいときにはデジタルカメラを使うが、保存しておきたい写真を撮るには依然として35ミリカメラを利用していた。デジタルカメラで35ミリフィルム品質の現像ができるなら、デジタルカメラのみを使うだろうと利用者は口を揃えて言うのだが、その時点ではデジタルカメラの高品質な現像は実現されておらず、カメラ2台持ちの時代が続いていた。

1年が経ち、フォトズ・トゥ・ユー社は企業や一流大学から画像分野の専門家を採用した。そして現像結果を最適化するための色補正や画質向上技術を開発し、デジタルプリンタとデジタル現像設備一式を用いて、すべてをデジタル化した初めての現像工程を構築した。さらに写真をインターネットにアップロードして注文ができる非常に簡単なウェブシステムを開発し、顧客サービス、注文状況の追跡、電子メールでのサポートといったサービス体制も整えた。同社は長期の戦略提携も進めていたが、他のスタートアップ同様に、巨大企業（本書ではコダック社を取り上げる）や次からへと現れる競合企業を懸念してもいた。しかし同社は順調だった。デジタルカメラはどんどん売れており、大型の資金調達にも成功し、ベータ顧客のサービスに対する評判は良く、口コミも広まり始めていた。創業者たちはまさに企業として市場参入をし、インターネット写真現像サービスを市場投入せんとしていた。

このような状況で何か問題が起き得るものだろうか？ 同社ではブランド重視の新社長とマーケティング担当責任者を採用したことが問題の発端だった。

新しい経営幹部は、成功のカギはブランドにあると信じていた。そしてフォトズ・トゥ・ユー社がデジタル写真現像サービス会社としてのブランドを最初に確立する企業になるべきだと考えていた。彼らは強いブランド力こそが顧客を同社のウェブサイトへ集客し、市場シェアを獲得し維持できる秘訣だと確信していた。マーケティング部隊はさまざまなブランディング戦略を即座に実行し始めた。デジタルカメラの購入時、またはデジタルカメラや写真現像サービス関連の提携先、さらにはダイレクトメールを通じてフォトズ・トゥ・ユー社ブランドの露出を高めることが目標だった。そのためにはインターネットのコミュニティサイトや写真関連ポータル、小売店、デジタルカメラメーカーなどに売り込みを行う必要があった。ブランド戦略には全米での広告キャンペーンやターゲット広告も含まれていた。大規模でお金のかかるCI（コーポレート・アイデンティティ）活動も開始した。

そして、厳しい現実に直面することになる。フォトズ・トゥ・ユー社の提携戦略は机上の考えとしては素晴らしかったが、実際は奏を功さなかった。デジタルカメラメーカーは特定の1社の写真現像サービス企業と提携することに躊躇した。話に乗ってきたAOL社やヤフー社といった巨大インターネットポータル企業は、多額の前払い金を要求してきた。PCメーカーや小売店も同様だった。もちろんPCにフォトズ・トゥ・ユー社のソフトウェアをバンドルすることに乗り気な会社もあったが、その場合も費用負担をしなければならなかった。こうなると残された道は広告と販売促進のみとなり、全国区の広告キャンペーンに乗り出した。

この時点における同社の戦略についてあなたはどう思うだろうか。合理的だろうか？ フォトズ・トゥ・ユー社は成功へと躍進していただろうか？ または、破綻への道を突き進んでいるのだろうか？

商品投入時に企業が直面する課題の答えは果たして「ブランディング」なのであろうか？　それとも他の戦略があるのだろうか？

本書を順にここまで読んできた方はこれらの疑問への答えがわかっているかもしれない。フォトズ・トゥ・ユー社の戦略は既存市場においては合理的であったかもしれないが、新規市場のスタートアップにとっては違った。市場タイプを理解していなかったことが同社をこのような状況に追い込んだのである。実際、市場タイプが顧客開拓活動にどのように影響するかを理解すると、なぜ私がここでフォトズ・トゥ・ユー社が犯した過ちを取り上げているのかわかるだろう。同社にとって必要なのはブランディングではなく、市場タイプを理解し、適切な顧客開拓の戦略や戦術を使うための手順であった。これらの戦略が顧客開拓ステップの主題である。フォトズ・トゥ・ユー社の何がまずかったのか、どうすれば同じ過ちを繰り返さないで済むのか、本章を読めば理解できるはずだ。

〉〉〉〉顧客開拓とは何か

私はフォトズ・トゥ・ユー社のマーケティングアドバイザリーボードとして同社の立ち上げ、商品の市場投入、ブランディング戦略を見てきたが、同社はいくつかの過ちを犯してきたように思える。

まず、あまりにブランディング戦術や市場投入活動に注力しすぎたために市場タイプに関する基本的な議論が行われていなかった。参入しようとしているのが既存市場なのか、再セグメント化市場なのか、新規市場なのかを誰も立ち止まって考えようとしなかった（第2章の市場タイプの定義を思い出してもらいたい。顧客がこれまでできなかったことを可能にする場合は新規市場である）。

フォトズ・トゥ・ユー社の顧客になるのはデジタルカメラ利用者だけであった。よって当時のデジタルカメラ市場の規模と成長率で売上は決まってくる。結果、デジタルカメラ利用者のうちのブロードバンド回線利用者を仮に100％獲得したとしても意味がないと私は主張していた。なぜなら、その数はごく少数だったからだ（当時1999年はブロードバンド回線の利用は始まったばかりであった）。フォトズ・トゥ・ユー社は新規市場へ参入しようとしているので、事業の立ち上がりには、1年ではなく3年から5年かかると助言した。向こう2年間の市場成長は外部要因（デジタルカメラとブロードバンドの普及率）に制約されるため、この事業では短期的にシェアを取ることに意味はなく、長期戦が予想された。マーケティングやブランディング戦略の観点では、新規市場でシェア獲得のために早期から資金を投入することは正しい選択とは言い難かった。初期の顧客は複数の写真現像サイトを試す可能性が高いため、この段階では利用者の選択は流動的だからだ。逆に翌年顧客が8倍に増えたときに顧客に到達するための資金がないということになりかねなかった。だから今は需要開拓に資金投入すべきでなく、むしろ長期戦に備えて資金を温存すべきだと助言した。猛攻撃による市場投入ではなく、ビジョナリー狙いの市場投入をすべきであった。

また新規市場では、マーケティングコミュニケーション活動の初年度目標として、シェア獲得ではなく市場教育に注力すべきだとも勧めた。巨額を費やして顧客獲得キャンペーンを行うのでなく、顧客に新しいインターネット写真現像サービスに関する啓蒙活動を低コストで行っていくことで需要開拓をすべきであった。新規市場では、ビジョナリー、すなわちエバンジェリストユーザーだけが商品を見つけて口コミで広めてくれるというのが私の信条であった。

しかしフォトズ・トゥ・ユー社の経営幹部には私の考えを理解してもらえなかった。「市場タイプは製品によって異なるだって？ そんなことは製品の市場投入や販売促進には何の関係もないはずだ。大企業だろうがスタートアップであろうが、これまでいつもこうやってきたんだ」。

これは間違いなく意欲的な若いマーケティング担当者向きの言葉ではない。特に取締役会が当時のトレンドであった「素早く大きくする」ことに重点を置いているような場合はなおさらだ。取締役会もマーケティング幹部も単に私がわからず屋なだけだと考えていたようだ。そのため、私の提言に反して同社は既存市場に参入するかのごとくマーケティング費用を支出し、誰も止めることができない状況となった。

結果は明らかだった。外部の広告代理店やPRサービス会社の言うがままに、フォトズ・トゥ・ユー社はベンチャーキャピタルから調達した巨額の資金を使い続けたのだった。結果的にそれなりの顧客拡大にはつながったものの楽観的な売上計画値からはほど遠く、しかも顧客の獲得費用は莫大であった。加えて顧客はまだインターネット写真現像サービスをいろいろ試している状態であり、定着しにくかった。したがって顧客獲得と同じくらい顧客維持が重要であった。その結果フォトズ・トゥ・ユー社は、技術ベンチャーへの風当たりが最も厳しい状況の中で再度資金調達を余儀なくされることとなった。

ついていたのは同社の安定的な（ただし少ない）顧客基盤がこの状況を救うこととなったことだ。いわゆる「ダウンラウンド」（投資家が最後の増資時の時価総額の10分の1など低く企業の時価を評価すること。これにより既存の投資家の持ち分は大幅に希釈する）ではあったが、フォトズ・トゥ・ユー社はなんとか新しい投資家を見つけることができた。新しい投資家は時価評価の減額に加えて、アーニー、チェン、デイヴを含むすべての経営幹部を置き換えること、不明瞭なブランディングという活動をやめること、そしてより充実したデジタルカメラ向け写真現像サービス事業の実行に注力することを要求した。

フォトズ・トゥ・ユー社の顛末は、顧客開拓において何が失敗につながり得るかについての教訓である。それでは、この重要なステップの留意事項を見ていこう。

〉〉顧客開拓とマーケティングコミュニケーションの違い

顧客開発モデルにおいて「顧客開拓」という言葉は、顧客への商品告知や購買意欲の促進に必要な基本的なマーケティング活動を示している。多くのスタートアップにおいてこの仕事はマーケティングコミュニケーションに分類されることが多い。しかしマーケティングコミュニケーションではなく、あえて顧客開拓と呼んでいるのは、(1) これらの取り組みがスタートアップにおいて初めての試みであること、(2) マーケティング部隊の活動ではなく顧客に関する活動であること、(3) 過去からの継続的な活動ではなく新規開拓であること、(4) 市場タイプによって適切なマーケティング手法が大きく異なること、これらを明確にしたいためである。

なぜこの区別が重要なのか？　これまでのマーケティングコミュニケーション戦略は6つの要素から成り立っている。すなわち、(1) 顧客の認識を理解するための内部および外部でのPRに関する評価、(2) 企業と商品に関する独自のポジショニングの確立、(3) 業界内のご意見番や推奨者の囲い込み、(4) 商品を賞賛してくれる熱狂的なベータ顧客の勧誘、(5) 初回出荷における製品市場投入、(6) 広告、PR、見本市などの需要開拓費用の増額、これら6つだ。ここで注意すべきは、暗黙の前提としてすべてのスタートアップは既存市場にいると想定していることだ。そして、これら6つの要素はすべての既存市場で通用する。ところが少なくとも4つの市場タイプのうち3つの市場タイプのスタートアップでは、この従来型のやり方が通用しない。不幸なことに多くのスタートアップのマーケティング担当者は、自社の状況に適合する戦略を立てる代わりに従来からの、しかもたいていは前職のマーケティング手法や戦術を踏襲するきらいがある。これは間違いである。新しい企業や商品を市場に投入することと一般的なマーケティング戦術を使うこととは違うのだ。スタートアップに必要なのは自社の市場タイプに合う顧客開拓戦略や戦術である。このことは、マーケティングコミュニケーション上の戦術を単に実行する人材ではなく、顧客開拓には戦略立案ができる人材が必要であることを示唆している。

顧客開拓戦略で成功するには次の点を明確にする必要がある。(1) 自社がどのタイプの市場に属するのか、(2) 顧客とその欲求に関する深い理解に基づき、ポジショニングのためのメッセージをどうするべきか、の2点だ。

顧客発見ステップと顧客実証ステップにおいて、商品を欲しがる顧客は誰であるかを特定し、顧客に関する広範な情報を獲得した。顧客開拓ステップでは顧客に到達するために、ちぐはぐな戦術を使うのではなく、これまでの情報を十分に活用した販売戦略を確立する。

〉〉市場タイプ：4種類のスタートアップ

顧客開拓ステップでは、自社が参入しようとしている市場タイプはどれなのか、最終結論を出さなければならない。市場タイプは顧客開拓の戦略を方向づける。また、すべてのポジショニング活動の基本原則にもなる(ただし、市場タイプは不変ではないことに注意する。たとえばポジショニングを行う際にはかなりの解釈の余地がある。ほとんどすべての既存市場の商品は、再セグメント化市場におけるニッチ狙いとしてポジショニングできるし、新規市場に属するように見える製品も常にそうだとは限らない)。

市場タイプの選択は、顧客発見および顧客実証のステップでの潜在顧客からの学習成果をすべて見直すことから始まる。これまでの活動で顧客のニーズについてかなり理解しているはずだ。初期の顧客との対話や売り込みを通じて同じ顧客ニーズを満たす他の企業の存在も確認しているだろう。いよいよ定性的な競合分析や、市場と競合企業に関する定量的な調査の結果をすべてかき集めるときだ。これらの情報を念頭に表5.1の4つの市場タイプを参照し、商品がどこに最も適合するか考えてもらいたい。

表5.1｜４つの市場タイプ

	既存市場	再セグメント化市場	新規市場
顧客	既存	既存	新規／新用途
顧客ニーズ	性能	1. コスト 2. 顕在化したニーズ	簡易さ／便利さ
性能	より良く／ より速く	1. 低価格層には十分 2. 新規のニッチユーザーには十分	「従来視点」からは低性能だが、顧客の新基準では改善
競合	既存プレイヤー	既存プレイヤー	顧客が受け入れないこと／他のスタートアップ
リスク	既存プレイヤー	1. 既存プレイヤー 2. ニッチ戦略の失敗	市場への普及

◉新ランチェスター戦略

市場タイプについて検討する際に活用できる良い道具の1つに、新ランチェスター戦略と呼ばれる軍事戦略上の理論がある（この考え方は日本のマーケティング戦略で活用されてきたが、米国に到達するときには翻訳上の不備で内容の一部が抜け落ちた状態になってしまっていた。ここでは新ランチェスター戦略の公式の導出や理論の証明はしないが、市場に適用してみるとその結果は驚くほど現実と一致する）。新ランチェスター戦略は既存市場の分析に利用可能ないくつかの単純な法則を提示している。

- □ 1社が市場の74％の占有率を持つ場合は、その市場は事実上の独占市場である。スタートアップが真っ向から攻撃しても攻略は不可能である（マイクロソフト社を相手にしたときのことを考えればよい）
- □ 最大手企業と2番手企業で74％を超える占有率を持つ場合で、最大手企業の占有率が2番手企業の占有率の1.7倍以内であるような場合には、市場が寡占されていることを意味する。この場合もスタートアップが攻略するのは不可能である（通信分野であればシスコ社とジュニパー社のルーター市場における状況に該当する）
- □ 1社で41％の市場占有率を持ち、かつそれが次に大きな企業の市場占有率の少なくとも1.7倍であれば、その企業は市場リーダーである。スタートアップにとっては、これも参入が難しい市場である。明確な市場リーダーが存在する市場は、スタートアップにとって市場の再セグメント化の機会となる
- □ 最大手企業の市場占有率が少なくとも26％である場合には、順位に大きな変

動がある可能性があり、市場が不安定だと言える。この場合には多少の参入機会があるかもしれない

- ☐ 最大手企業が26%未満の市場占有率しか持たない場合には市場への真の影響力はない。既存市場に参入したいスタートアップにとっては最も参入が容易な市場と言える

新ランチェスター戦略のもう1つの法則もスタートアップに当てはまる。スタートアップが、既存の1社が突出した市場に参入する場合にはその企業の営業マーケティング予算の3倍を投入する覚悟が必要となる（マイクロソフト社に真っ向から挑む場合には相当な予算となるのが容易に想像できるだろう）。参加者が複数いる市場なら参入コストは低くすむが、それでも攻撃対象の企業の営業マーケティング予算の1.7倍は必要だ（既存市場に参入するには、既存の参入企業から市場占有率を奪わなければならない。それゆえ戦争に例えられる）。表5.2に参入のためのコストをまとめた。

この戦略をみると、マーケターが現場で苦しみながら学んだ経験則の多くが、なるほどと思えてくる。既存市場に参入する場合、スタートアップは常に経営資源が最も少なく最も弱い存在だ。最も強い企業に真っ向勝負を挑むのは愚行である。自身の弱みを踏まえた戦略を採用して迅速に動く必要がある（ビル・ダビドウは著書『ハイテク企業のマーケティング戦略』の中で、ジェフリー・ムーアは著書『キャズム』の中で、スタートアップや新製品に関して同じような法則を経験と観察に基づいて明記している。今や、これらの法則を直接的に導出できる）。

この法則がわかったところで、市場タイプを選択するうえで実際にそれがどのような役割を果たすか考えてみよう。たとえば非常によく定義された既存市場に参入するとしよう。74%を超える市場占有率を持つ突出した企業がいる場合

表5.2 | 参入のためのコスト

	市場シェア	参入コスト（最大手の営業・マーケティング予算比）	参入戦略
独占	75%超	3倍	再セグメント化／新規
寡占	上位2社で75%超	3倍	再セグメント化／新規
市場リーダー	41%超	3倍	再セグメント化／新規
不安定な市場	26%超	1.7倍	既存／再セグメント化
自由市場	26%未満	1.7倍	既存／再セグメント化

には真っ向から市場を攻撃すべきではない。なぜか？　法則によれば市場リーダーの3倍の経営資源を投入しなければならず、あっという間に行き詰まってしまうからだ。限られた経営資源で“違い”が出せる点で競争するように狙いを定めるべきである。自社商品が唯一かもしくは非常に差別化された部分的な市場を作り出して既存市場から分割する。または完全に新しい市場を開拓して市場リーダーが手をつけていない空白市場を定義することだ。

目標は顧客が重視する「何か」で一番となることである。それは製品に関する属性、地域、流通チェーンや小売店、または対象顧客といったことかもしれない。戦いに勝てるまで（年齢、収入、地域などで）市場をセグメント化して競合企業の弱みに集中し続ける。自社が一番になれるニッチ市場を開拓できたときに初めて正しくセグメント化できたことになる。自分で戦いのルールを決めることができれば、どんな企業でも他社から顧客を奪うことができるはずだ。

もし突出した最大手企業の市場占有率が26％から74％である場合には注意深く戦い方を選ぶことだ。真っ向勝負するためのコストを思い出してほしい。競合が1社の場合にはその3倍、複数の競合がひしめき合う市場の場合には1.7倍の予算だ。大半のスタートアップはそのような資金を確保できない。そのため突出した既存企業に直面する場合には、市場の再セグメント化または新規市場の開拓がほぼ唯一の選択肢となる。ここでは強固な競合企業をじわじわ攻撃するためのすべてのマーケティング手法を活用できる。その多くは2500年前に孫子によって発明され、著書『孫子の兵法』に記されている。「兵とは詭道なり。相手が優勢ならば回避せよ。相手が怒りっぽいならいらつかせよ。もし五分五分なら戦え。そうでなければいったん引いて立て直せ」と。

もし26％を超えるシェアを持つ企業がない場合には、神様がスタートアップに微笑んでいる。依然として市場の再セグメント化も選択肢の1つだが、参入コストは低く、市場はイノベーションを待っている。もはや自分の腕次第だ。

競合企業がまったくいないとしたらどうするか？　初期の顧客のすべてと対話をしたところ、「貴社が提供するものと同じようなものは他にはありません」と言われた場合どうするか？　定量データ（市場調査など）を見ても比較できる商品を提供する他社がいないときはどうするか？　おめでとう！　その場合にはまったく新しい市場を創造していることを意味しているのだ。新規市場を創造している企業は、既存市場への参入や市場の再セグメント化を目論む企業とはまったく異なる。競合企業との市場シェア争いはないが既存顧客もいない。市場投入時点で、仮に需要開拓のための予算が無限にあったとしても市場の獲得は保証されないということだ。新規市場を創出することは、顧客を啓蒙し続け普及を促すことを意味する。

新規市場に必要な長期間の取り組みと多額の資金を覚悟しなくてもすむように、既存市場を再セグメント化した企業であるとポジショニングするのはどうか？ それは現実的な選択肢だが、まったくの新規市場を開拓することの良さの1つは一度市場を確立すれば市場リーダーとして少なくとも41%の市場占有率の獲得が保証されるということだ。もちろん市場シェアを失うこともあるし成功すれば他の競合企業が参入してくるかもしれないが、その市場はあなたが「始めた」ものだ（誤解され、間違って使われることの多い「先行者利益」という観点からも新規市場という概念には期待感があるが、その点については本章で後述する）。

新規市場で突出するという期待あふれる目標を念頭に（突出した企業が業界標準、価格、ポジショニングを決定する）、もう1つ法則を加えておきたい。それは、新規市場を開拓するスタートアップが利益を得るのに十分な規模にまで市場を開拓するには、製品の市場投入後3～7年くらいかかるということだ。やる気を挫くようなこのデータは過去20年間にわたって何百社ものハイテクスタートアップの顛末を見てきたことに基づくものだ。自社は違うと考えたくなるかもしれないが、バブル経済でもない限り、新しい考え方や商品が普及し受け入れられるには時間がかかる可能性が高いのだ（バブル経済とは、合理的な経済原則が一時的に崩れたときに市場が非合理に繁栄している期間のことを言う。1980年代のバイオテクノロジーブームや1990年代後半のドットコムやテレコムブームが良い例だ）。市場を司る法則を手にしたうえで、今度は顧客開拓ステップにおいて市場タイプの選択がいかに重要かを見てみよう。

〉〉市場タイプに合った顧客開拓戦略

市場タイプについて少し理解した今、設立75年目の伝統的な企業が第43代目の最新モデルの製品発表をするのと、売上のないスタートアップが新製品の発表をするのが同じであってよいとは思わないだろう。しかしこのような市場タイプと戦略の不一致こそが、多くのスタートアップで資金の消費は速いのに、市場への普及が進まない原因である。好景気なら豊富な資金でこれらの問題が隠されてしまうが、資金が乏しいときは最初から首尾良く取り組むことが重要となる。首尾良く取り組むとは、ポジショニング、市場投入および需要開拓戦略を自分のスタートアップのタイプに適合させることである。

大づかみに言うと既存、再セグメント化、および新規の市場タイプがあるのだ

表5.3｜3種類のスタートアップの顧客開拓活動

	企業ポジショニング	製品ポジショニング	企業の市場参入	製品の市場投入	需要開拓活動	初年度目標
既存市場	差別化と信頼性	製品の差別化	信頼性と実行	既存の競争基軸	需要を開拓し、販売チャネルに向かわせる	市場シェア
新規市場	新規市場に対するビジョンと革新性	市場、需要、ソリューションを新たに定義する	信頼性と革新性	市場教育、標準化活動、アーリーアダプター	顧客教育を行いアーリーアダプターを販売チャネルへ向かわせる	市場への浸透
再セグメント市場	セグメンテーションと革新性	市場再定義と差別化	市場再定義、実行と革新性	新しい競争基軸	新たな市場の定義により需要を開拓し販売チャネルに向かわせる	市場シェア

から、それぞれに適した顧客開拓戦略があるはずである。より具体的に言えば顧客開拓の各構成要素、すなわち企業と製品のポジショニング、企業と製品の市場投入、需要開拓活動および初年度目標は、スタートアップがどの市場タイプを狙うかによって異なるということである。これは根本的に新しい考え方ではあるがその結果は明らかだ。スタートアップにとっての市場投入方法は1つではなく、3種類あるのだ。同様に、ポジショニングも、需要開拓活動も、そして初年度目標も3種類あるのだ（表5.3に、スタートアップの種類ごとに顧客開拓における構成要素をまとめた）。

振り返ってみれば、フォトズ・トゥ・ユー社が市場タイプを理解していなかったことは明白である。創業者が自分たちは新規市場に参入しているのだと理解していれば顧客開拓の方法は違っていただろう。

〉〉顧客開拓における4つの構成要素

顧客開拓のための4つの構成要素はすべてのスタートアップに共通である。首尾一貫した顧客開拓計画を策定するうえでの最初の一歩は、それを理路整然と言えるようになることである。4つの構成要素とは以下のものである。

- ☐ 初年度目標
- ☐ 企業と製品のポジショニング
- ☐ 企業の市場参入と製品の市場投入

□ 需要開拓活動（広告、PR、展示会など）

企業の市場参入など、構成要素のいくつかは1回限りのイベントである。その他は非定期に（企業と製品のポジショニング）、または継続的に（需要開拓活動）行うものである。いずれにしても、スタートアップであろうが社歴100年の企業であろうが、新製品を市場投入するすべての企業は、これら4つの構成要素を実行していかなければならない。多くのスタートアップはこれらの構成要素の実行をいきあたりばったりに、かつそれぞれの要素が企業の発展にどう関係しているか考えることなしに実行している。

フォトズ・トゥ・ユー社の問題の1つは、マーケティング活動における優先順位の設定時に言葉の定義が曖昧であったことにあった。3つの顧客開拓活動をより正確に設定する代わりに、単に「ブランディング」という言葉でまとめてしまったことだ。

〉〉顧客開拓のタイミング

顧客開拓は特定の活動をひとかたまりにした顧客開発モデルの1つのステップでしかない。しかしモデル全体の中で示唆しているのは、顧客開拓は1日、1週間、いや1ヵ月にしてならないということだ。むしろ会社設立時から開始される継続的で、現在進行形のプロセスであると言える。本書の大前提は、スタートアップはできるだけ早期に学び、発見する必要があるということである。それにもかかわらず、お金のかかる顧客開拓活動（広告、大々的なPRなど）をあまりに早く開始してしまうのは目に余る失敗だ。顧客開発において重要なのは、企業として実績を作り、かつ繰り返し可能なロードマップができる前に大規模なマーケティング支出をすることは御法度ということだ。このために顧客開拓ステップは、顧客発見ステップと顧客実証ステップに続くステップとなっているのである。

表5.4に示すように、顧客開拓における4つの構成要素すべてについて、その前の顧客発見と顧客実証ステップにおいて入念な準備が必要とされる。

ここまでで顧客開発のプロセスをよく理解していれば、顧客開拓の準備は万端のはずだ。そしてお気づきのように、顧客開発の初期から続いているテーマの1つは「あなたの企業が属するのはどの市場タイプか」ということである。

顧客発見ステップでは、顧客の抱える課題と製品コンセプトを明確化し、顧客候補に対してそれを検証した。このプロセスにおいて、同じ課題を解決する競合他社に関して顧客がどう認識しているのかという知見を得た。さらに顧客との対話を継続する中で自社がどの市場タイプのスタートアップであるのかを考え始めた。顧客の業務について理解すると同時に、顧客の購買方法や、何を読んでいるのか、どの展示会に行くのかといったことに関する情報も獲得した。創業チームは展示会やカンファレンスに参加して、他社のプレゼンテーションを聞いたりデモを見たりして、ポジショニングについて調査した。また重要な記者、アナリスト、ご意見番の一覧も作成し始めた。この時点までには、顧客開発部隊は自社の新製品や新サービスがない場合とある場合の顧客の業務について説明できるようになっているはずだ。もしそれができていれば市場投入に向けて準備万端であり、そうでなければ顧客に立脚した意義のあるポジショニングは行えないだろう。

表5.4｜顧客開拓における4つの構成要素

	顧客発見	顧客実証	顧客開拓
初年度目標	• 初年度売上の推定 • 市場タイプを念頭に置く	• 初年度売上目標の精度向上 • 顧客開拓方法の暫定的検討 • 市場タイプを念頭に置く	• 初年度売上を約束 • 適切な顧客開拓戦略を実行 • 市場タイプを念頭に置く
ポジショニング			
企業	• 市場タイプを念頭に置く • 競合企業の顧客認識の理解	• 市場タイプを念頭に置く • 企業ポジショニングの初期検討を行い、エバンジェリストユーザーで検証	• 市場タイプを念頭に置く • 広告代理店によるポジショニング監査
製品	• 課題と製品コンセプトの明確化	• 製品ポジショニングの初期検討を行い、エバンジェリストユーザーで検証	• 広告代理店によるポジショニング監査
市場参入と市場投入			
製品	• 顧客の業務内容	• エバンジェリストユーザーで製品の市場投入戦略を検証	• 市場投入。市場タイプに適した投入方法の採用
企業	• 市場タイプを念頭に置く。展示会視察、市場規模の推測	• エバンジェリストユーザーで企業の市場参入戦略を検証	• 市場参入。市場タイプに適した参入方法の採用
需要開拓	• 市場タイプを念頭に置く • 記者、アナリスト、ご意見番との接点模索 • 購買に関する顧客の意思決定方法を知る	• 市場タイプを念頭に置く • 顧客の購買方法を理解。アナリストやご意見番の視点を理解 • 対象とする記者、アナリスト、ご意見番のリスト作成と関係構築	• 市場タイプを念頭に置く • 需要開拓の実行 • 市場タイプに適した需要開拓方法を採用

顧客実証ステップに進むと、顧客開拓のための情報収集の密度がさらに濃くなる。暫定的な営業ロードマップを完成させ、初期の顧客が購入に至るまでのプロセスを理解した。さらに、営業ロードマップを利用してエバンジェリストユーザーやその他の初期の顧客に対して販売することで、企業と製品のポジショニングの叩き台を検証した。

顧客開拓ステップではいよいよポジショニングを最終形に仕上げ、企業と製品を市場投入する。標準的なマーケティングコミュニケーション活動すべてを開始する。そこで驚くべきは、市場参入の方法はスタートアップの市場タイプによるということである。すべての会社と製品に合う万能の市場参入方法はないのだ。

〉〉顧客開拓と顧客開発部隊

顧客開拓に関して知っておくべき最後のポイントは、大半のスタートアップでは革新的な新製品をようやく市場に投入しても初期の売上は失望的な結果になるということだ。たいていの場合、これは営業部隊とマーケティング部隊の責任のなすりつけ合いにつながる。マーケティング部隊は営業部隊の営業力のなさを原因にし、営業部隊はポジショニングの悪さ、価格設定や市場分析が正しくないといった非難で応酬する。そして製品開発部隊は、どちらも技術的な内容と製品の利便性を理解していない馬鹿どもの集まりだと考える。

顧客開拓戦略の重要な特徴の1つは、製品開発部隊からマーケティング部隊そして営業部隊へという責任転嫁の余地がないことにある。顧客開発モデルは顧客の課題を理解して営業ロードマップを検証し、正しい顧客開拓戦略を選択し実行するために協調作業をする「顧客開発部隊」という考えに基づいているのだ。つまり、部隊間の責任転嫁に対するアンチテーゼなのである。またこの時点ではマーケティングコミュニケーション部隊というものを存在させていない点にも注目してほしい。それどころかマーケティング部隊も営業部隊もないのだ。したがってマーケティング予算や営業予算もない。あるのは顧客開発部隊とその予算だけである。もちろんマーケティング資料を作成する人物や案件を契約に落とし込む人物もいるが、これらも全員顧客開発部隊に属する。誰が顧客であるのかを特定し、営業ロードマップが検証され、市場参入、市場創出、市場の再セグメント化のいずれかがなされた後で初めて、ステップ4の組織構築で企業内の組織が従来型の役割に分化するのである。

》》》》顧客開拓プロセスの概要

顧客開拓ステップは図5.1に示す4つのフェーズから構成される。第1フェーズは、市場タイプ（ゆえに顧客開拓戦略のタイプ）の選択および初年度の顧客開拓と売上目標の設定など、一連の市場投入準備作業から始まる。この中で市場全体の規模、その中で対象とする市場の規模、顧客予算の規模を真剣に把握する。最後に戦略、目的、目標、マイルストーンを書き出して顧客開拓予算をはじき出す。

第2フェーズでは、企業と製品のポジショニングのためのメッセージを作成する。

第3フェーズでは、製品を実際に市場投入し、メッセージを投げかける顧客像、メッセージの伝達者、メッセージそのものを定義し、成否を判定する指標を設定する。最後に第4フェーズで需要開拓活動（広告、アドワーズ、PR、展示会など）を営業ロードマップに整合させる。注意したいのは、このステップでは広告、アドワーズ、PR、展示会など従来型のマーケティングコミュニケーションによる需要開拓戦術について対象としておらず、むしろ顧客開拓戦略のための新しい考え方に取り組んでいることだ。このような理解の下、各フェーズについて詳細を見ていこう。

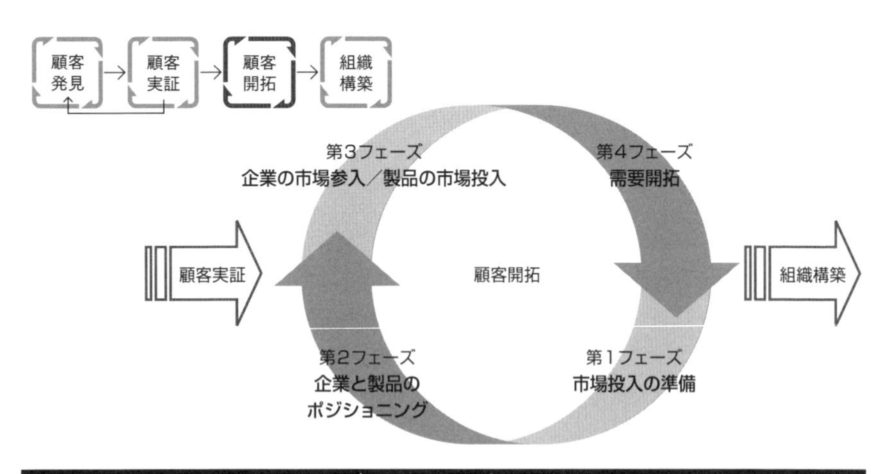

図5.1 ｜ 顧客開拓：プロセス概要

第1フェーズ：市場投入の準備

このフェーズでは顧客開拓活動のための全体戦略を設定する。スタートアップのマーケティングコミュニケーション部隊は、従来実行部隊として活動していた。たしかにスタートアップでも、後にマーケティングコミュニケーションが必要となるが、まず顧客開拓戦略ありきである。具体的には実際にお金を使い始める前に、企業のタイプに合わせて顧客開拓プログラムを策定する必要がある。このフェーズでは以下のことに取り組む。

- ☐ 市場タイプに関するアンケートの作成
- ☐ 市場タイプの選択
- ☐ 顧客開拓と売上に関する初年度目標の設定

市場投入の準備：Ⓐ市場タイプに関するアンケートの作成

顧客と市場についての定性的および定量的な情報が揃い、いよいよ市場タイプを選択する準備は整った。これらの情報の収集時に思い出してほしいのは、従来にない望ましい優位点、すなわち初期の顧客を得ているということだ。顧客とほとんど対話することなしに、自分たちがどんな存在であるのか考えようとしている状況と比較し、あなたは顧客発見と顧客実証のステップを通じて実際の顧客と何ヵ月も接してきた。しかも常に何かを言いたがるエバンジェリストユーザーを顧客として獲得済みである。加えて見込みのありなしにかかわらず、何百もの顧客候補とも対話をしてきた。既存顧客と顧客候補にどう思うか聞いてみるところから始めてみよう。

これを行うために、まずは市場タイプに関するアンケートを作成する。図5.2にそのアンケート例を示す。この例では法人向けのマーケティングを想定しており、「スタートアップ」となっているところは、実際には自分の社名を記入する。

顧客と市場タイプに関するアンケート

注力する顧客

- □ スタートアップは、あなたがどんなビジネスをしているか理解していますか?
- □ スタートアップは、あなたが社内で従事している業務を理解していますか?
- □ スタートアップは、あなたが抱える上位3位の課題を理解していますか?
- □ スタートアップの製品がそれらの課題を解決できると思いますか? また、どう解決できると思いますか?

注力する市場

- □ スタートアップの製品に似たような製品が市場にありますか?
- □ もしある場合、スタートアップの製品はどう違いますか?
- □ どの製品が一番だと思いますか? その理由は?
- □ 似たような製品が市場にない場合、スタートアップが属する市場はどう表現したらよいですか?
- □ スタートアップや製品には独自性がありますか? その理由は?

競合

- □ 初年度に、スタートアップはどこと競合することになると思いますか?
- □ スタートアップにとって最終的な競合先はどこだと思いますか?
- □ それらの競合に勝つために、スタートアップは何をすべきでしょうか?

ポジショニング

- □ スタートアップのポジショニングについて聞いたことがありますか? なるほどと思いますか? 正しいと思いますか? 変更する点がありますか?
- □ スタートアップのミッションステートメントについて聞いたことがありますか? なるほどと思いますか? 正しいと思いますか?

トレンド

- □ スタートアップはどのような技術や製品トレンドに注意すべきですか?
- □ 技術に関してキーとなるオピニオンリーダーは誰ですか? あなたは誰の言うことを尊重しますか?
- □ スタートアップはどのようなビジネストレンドに注意すべきですか?
- □ それらのビジネストレンドに関してキーとなるオピニオンリーダーは誰ですか? あなたは誰の言うことを尊重しますか?

図5.2 | 顧客と市場タイプに関するアンケート例

〉〉市場投入の準備:Ⓑ市場タイプの選択

自分の市場タイプを理解すれば、フォトズ・トゥ・ユー社が直面したような高くつく失敗を回避することができる。同社が、自分たちは新規市場に属すると理解していたら、ブランディングに資金を費やしても顧客獲得にはつながらないとわかっただろう。もう1つ、売上計画が非現実的だと判明したということも重要

だ（市場タイプの売上計画への影響は第6章で詳しく述べる）。

図5.2の顧客と市場タイプに関するアンケートを分析することで、市場タイプを選択するのに十分な情報を得られる。市場タイプの選択は単なる意味論に留まらない。これまで本章で見てきたようにすべての顧客開拓活動はスタートアップの市場タイプに適合していなければならない。市場タイプごとのリスクと長所・短所を評価するために、まずは情報を収集し、次にそれを分析するのだが、最後は判断の問題となる。あるスタートアップが既存市場の再セグメント化にポジショニングするか、既存市場への参入にポジショニングするかは、リスクとリターンおよび直感で決まる。

顧客発見ステップでも議論したが、スタートアップには4つの変数がある。顧客に関する知識、市場に関する知識、市場参入時の製品機能の重要性、競合の規模と数の4つである。最終的にどのタイプを選ぶか判断するにあたり、表5.5に示すように、「リスク」をもう1つの変数として加えたい。

既存市場に参入するうえでの主なリスクは、競合企業の市場占有率とその結果生じる参入コストだ。手強い競合相手に挑む際の営業マーケティングコストを少なく見積もってはいけない。世界で最も優れた製品であったとしても、潜在的な顧客に認知されるには流通チャネルの確立や膨大な需要開拓支出が必要である。さらなるリスクは、販売や流通チャネルは既存企業に牛耳られているので、自社専用もしくは追加で取り扱ってもらうチャネルを構築するのにもコストがかかるということだ。法則を思い出してほしい。既存市場の独占企業に挑むには3倍の支出が必要なのだ。複数の競合がいる場合でも、最も弱い既存企業の1.7倍の支出だ。スタートアップにはかなりの支出となり得る。

加えて、既存市場においては既存の企業が性能・機能の指標を決めている。

表5.5｜リスクを加味した4種類のスタートアップのポジショニング

	顧客	市場	製品機能	競合	リスク
既存市場	既知	既知	重要	多数	参入コスト、製品開発、営業／流通
新規市場	未知	未知、定義が重要	最初は無視	最初は不在（または他のスタートアップ）	啓蒙・教育期間の長期化
ローエンドまたはニッチを狙った再セグメント化市場	既知の可能性あり	未知、定義が重要	重要、既存市場に関係	再セグメント化の成否次第（成功なら少数、失敗なら多数）	市場の再定義、製品定義

スタートアップは争点（機能、価格、性能など）を選んで挑むことになるのだが、たいていの場合、争点となるのは製品の機能だ。したがって新規参入企業にとっては、製品を差別化する力が重要となる。たとえば新規のマイクロプロセッサー企業であるトランスメタ社は、インテル互換ながら大幅に低消費電力のチップでインテル社と真っ向勝負した。同社は高い性能により、既存のインテル社の半導体では満足できていない市場（ハンドヘルド機）を狙うことが可能だと期待していた。不幸にも初期のトランスメタ社の半導体は宣伝に見合った出来映えではなかった。既存市場に参入する際のリスクは製品開発にも基づくのである。

新規市場のリスクはこれとは異なる。顧客の課題への認識と自社のソリューションに対する認識がうまく整合するように市場を定義しなければならない。同様に重要なのは、経営陣にとっても投資家にとっても新規市場は長期投資となることだ。新規市場を開拓するということは、早期のリターンや短期の喜びとは無縁の世界である。たとえば、ティーボ社は自社のデジタルビデオ録画機（DVR）を新しい市場カテゴリーとしてポジショニングした。VCR（ビデオカセット録画機）とは比べず、DVRという新しいカテゴリーを創出し、普及品であるVCRと違う価格設定をし、差別化した。このような新規市場の創出には多額の資金と長い年月を要する。

再セグメント化市場のリスクは、既存市場に参入する場合と新規市場を開拓する場合の組み合わせとなる。既存市場の再セグメントの仕方は完璧でなければならず、かつ既存の競合企業の製品では課題を解決できないことを顧客に納得してもらう必要がある。さらに、競合製品の顧客が自社製品の独自性と利便性を明確に理解できるよう製品が十分に異なっていなければならない。イケア社はローコストかつニッチ狙いの再セグメント化戦略の好例である。同社はスタイリッシュさを求める顧客向けにローコストの家具を提供する。イケア社は店内の補助をなくし、家具のバラエティを抑え、配送をなくしローエンドの品質にすることで、コストを低減する。その一方で店内託児所、素晴らしいカフェ、革新的な日用品やおもちゃ、広々とした超モダンな店舗により、ローコスト顧客層を喜ばせている。

◉「先行者利益」に関する注記

ちょうどよい機会なので、スタンフォード大学のデヴィッド・モンゴメリー教授と共著者であるマーヴィン・リーバーマンの1988年の論文「First-Mover Advantage」（*Strategic Management Journal*, 9(9)）で有名になった「先行者利益」に関する誤解について触れておきたい。先行者利益は、ドットコムバブル時の際限のないスタートアップの支出に対する理論的な裏づけであった。いくつかのシリコンバレーのベンチャーキャピタルは、非合理的で向こう見ずな「素早く大きくする」という当時の戦略の正当化に、これを利用していた。そして時が経つにつれ、市場最大手の企業は市場への最初の参入者（単なる早期参入ではなく）であったという考え方がシリコンバレーにおいて神話化した。問題点は、単にそれが真実ではないことだ。皮肉にも10年後にこの理論を検証した論文で著者がこれを撤回したときには、時すでに遅しであった。

実際、ピーター・N・ゴールダーとジェナルド・J・テリスによる1993年の論文「Pioneer Advantage: Marketing Logic or Marketing Legend?」（*Journal of Marketing Research,* 30(2)）では、新規市場に参入したスタートアップの顛末についてより正確な記載がなされた。ゴールダーとテリスの分析によれば、50種の製品における500のブランドを調査したところ、市場のパイオニアのほぼ半分は失敗していたのだった。しかも生き残った企業の平均的な市場シェアはそれよりさらに低いことが、他の研究調査でわかった。さらに、最初の参入者ではなく初期の市場リーダーがより長期の成功を収めていると判明した。それらのリーダーはパイオニア企業より平均13年も後に市場に参入しているのにもかかわらずである。これらの研究は新規市場に参入するスタートアップにとって最初の参入者になることが何を意味するのかを明白に示している。

- ☐ **イノベーター**：最初に製品開発した、またはアイデアを特許化した会社
- ☐ **製品パイオニア**：最初に製品を実動させた会社
- ☐ **市場パイオニア**：最初に製品を販売した会社（失敗率47%）
- ☐ **初期の市場リーダー**：最初ではないが早期参入した会社（失敗率8%）

先行者利益は虚像であり、新規市場に一番乗りしようと躍起になることはむしろ自虐的と言える。

〉〉市場投入の準備：Ⓒ顧客開拓と売上に関する初年度目標の設定

市場タイプを選択したら、次は顧客開拓活動と営業活動について初年度の売上、支出、および市場シェア目標を設定する。本書では、初期の販売予測や売上予算、認知度向上や需要開拓、および顧客獲得のための支出額の複雑な関係については詳しく扱えないが、それらの事項は顧客開拓戦略の一部として、密接に関係している。ここでは市場タイプによって初年度目標が大きく異なることを指摘するに留め、単純化して扱うことにする。

◉既存市場

既存市場に参入する場合、初年度目標はできる限り多くの市場シェアを獲得することである。その結果すべての顧客開拓活動は、需要開拓と顧客獲得にとにかく注力することとなる。事業機会がどれだけ大きいかを決めるために、市場全体の規模を推定できる市場調査結果を利用する。しかし計画にとってより意味のある数字は、「攻略可能な」市場の規模である。市場全体の一部である攻略可能な市場の規模を算出するには、初年度に取り組めない顧客すべてを除けばよい。取り組めない顧客とは、すでに競合他社の製品を導入していたり、最初の製品仕様では対応できないニーズを持っていたり、あるいはホールプロダクト（自社製品に加えてサービス、サポート、その他のインフラといった成熟した企業のみが提供できるもの）を求めているような人々のことだ。

次に販売予測をまとめる。すでにエバンジェリストユーザーに対して売り込んだ後なので、予測といっても思いつき程度の数字ではいけない。誰に売り込むべきか、販売サイクルはどの程度か、価格はどうあるべきかといった点についてはこれまでの活動でかなりの感触をつかめているはずだ。「競合がなく製品が無料であった場合、初年度に何件くらいの顧客を獲得できるだろうか」といった視点から考え始めてみよう。それができたら、「よし、では今度は、製品は無料にしたまま、競合が存在する場合ではどうだろうか」と考えてみる。熱狂気味の営業担当者からの回答が、対象顧客の総数と比べて何倍にもなっているのに驚くだろう。さらに「実際の価格では初年度にどのくらいの顧客が買ってくれるだろうか」、「営業担当者を採用し教育する速度を考えた場合、どのくらい販売できるか」といった具合に条件を挙げていく。そして、業界の営業担当者または販売チャネルあたりの常識的な数字と比較してみる。既存市場であればある程度の業界常識的な数字が存在するはずだ。以上をまとめて最終的に初年度売上高の上限値を出してみる。初年度予測を上回るスタートアップはほとんどない。

この売上高の数字を用いて、今度はそれを達成するのに必要な顧客数を計算してみる。そして、販売予測モデルを後ろからたどり直してみる。つまり「最終的に注文書を獲得するには何件の商談が必要か」、「そのくらいの商談を得るにはどのくらいの案件候補が必要か」、「筋の良い案件候補はどこから得られるか？」という具合にさかのぼって考えてみるのだ。たとえばウェブベースの製品なら、顧客をサイトに集めるためにSEOやグーグル広告をどのように最適化すべきか理解することが課題になるはずである。直販の企業なら、初年度売上目標の達成には、従来型の需要開拓活動で何件の案件候補が営業リストに挙がってこなければならないか、といった具合である。それができたらこれらの各数値を目標として、顧客獲得活動にどのくらいのお金をかけられるのか考えてみる。

スタートアップには、既存企業にはない初年度のみかかるコストがある。製品と会社そのものの市場参入のためのコストと、販売チャネル立ち上げにかかるコスト（人件費、教育、流通在庫コストなど）である。

これら1回限りのコストを継続的な需要開拓や顧客獲得コストに加えて、初年度の顧客開拓予算を立てる。初年度の予算が小さな国の国民総生産より大きいことはよくある。スタートアップがまかなえる数字を得るまでに、たいていは作業を数回繰り返すことになる。予算作成を繰り返すうちに目標を見失うこともままある。目標は市場シェアであり、既存市場では差別化された製品でそれを達成するということを忘れないようにしよう。顧客開拓ステップの目標はエンドユーザーの需要を開拓し、それを営業チャネルに送り込むことである。最後に、その予算額を新ランチェスター戦略で検証しよう。もし単一企業が市場を独占していたら、初年度の支出は競合企業の営業マーケティング予算の3倍であるべきである。もし、市場に複数の競合がいる場合、最も小さな競合企業の営業マーケティング予算の1.7倍で算出できる。

◉新規市場

新規市場に参入する場合、初年度目標は市場シェアではない。本書の意義はこの点に集約されていると言っても過言ではない。まだ存在しない市場から意味のある市場シェアを獲得することはあり得ないからだ。したがって、シェアを伸ばすために市場参入時に大規模な投資を行うのはまったく馬鹿げた話である。

フォトズ・トゥ・ユー社は先行者利益の獲得という幻想に踊らされて、そのような落とし穴にはまったスタートアップの典型例だ。マーケティングコミュニケーション部隊が勢いに乗って躊躇なく予算を投入し、回復不能なところまでスタートアップを疲弊させてしまった。このような過ちは、顧客開拓戦略を策定することで防止できる。

新規市場へ参入する場合の初年度目標は、市場を開拓し、市場そのものを人々に受け入れてもらうことにある。「①新規市場を人々に認知させる」、「②新興の市場において後から続く顧客が参考にしやすいように、紹介できるエバンジェリストユーザーの顧客事例を作っていく」の2点に集中し、抑え気味に市場開拓活動を行っていくべきだ。潜在的な顧客の数がゼロからある程度の規模、そして拡大基調になってくれば目標達成と言えるだろう。

◉再セグメント化市場

既存市場を再セグメント化する場合、初年度目標の難易度は倍増する。市場シェアを確保するだけでなく、市場に関する新たな動向を人々に認識させていく必要があるからだ。顧客開拓を行いつつも自らが開拓する新しいセグメントを定義し、顧客にとって意味あるものに仕立てていかねばならない。

予算化プロセスは既存市場に参入する場合と同様だ。予算の数字を新ランチェスター戦略が示す数字と比較検証してみる。うまく市場をセグメント化できれば、競合他社の数は大幅に減少することになろう。

〉〉〉〉第2フェーズ：企業と製品のポジショニング

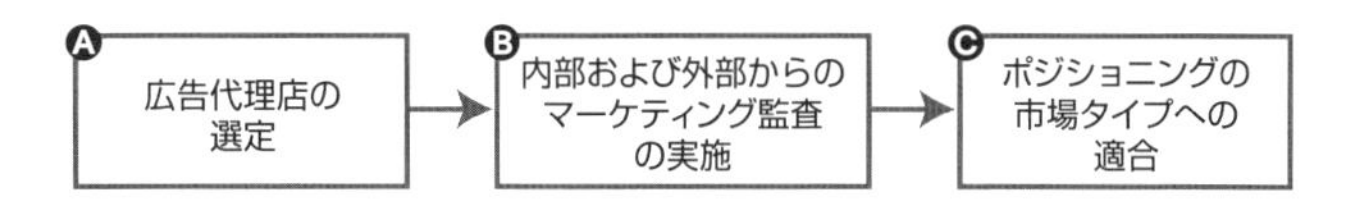

顧客開拓ステップの第2フェーズはこれまでのポジショニングに関するすべての作業の総括である。ポジショニングの仕方に関して、すでに多くの材料を集めてきた。顧客発見ステップでは、顧客が競合企業をどう認識しているかについて理解を深めた。顧客の課題や製品のコンセプトについても明確化した。顧客実証ステップではお金を払ってくれる顧客としてエバンジェリストユーザーを

獲得し、企業と製品のポジショニングについてフィードバックを得た。製品のバリュープロポジションも検討した。初期の顧客の反応を見てバリュープロポジションをさらに改良し、それが企業と製品についての最初のポジショニングになった。そこで本フェーズでは顧客、記者、アナリストのフィードバックを収集して、企業と製品のポジショニングについてさらに改良を行う。

ポジショニングの目的は競合との比較において、自社の製品やサービスに関する人々の認識をコントロールすることにあることを思い出してほしい。本フェーズで行う企業と製品に関するポジショニングはコミュニケーション、マーケティングおよび顧客や取引先、メディア等との関係構築の基準となる。企業と製品に関するすべてのメッセージはポジショニングに由来する。本フェーズでは以下のことを行う。

- □ 広告代理店の選定
- □ 内部および外部からのマーケティング監査の実施
- □ ポジショニングの市場タイプへの適合

〉〉企業と製品のポジショニング：Ⓐ広告代理店の選定

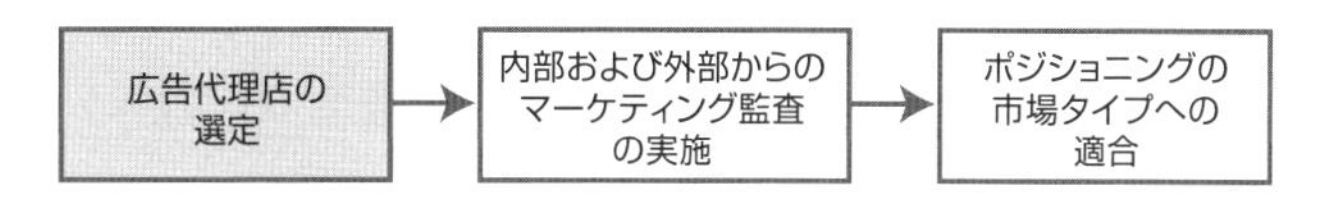

顧客開拓ステップはマーケティングコミュニケーション（実行中心の活動）にただ資金を投じるのではなく、まずは検討と計画（戦略策定）から始めるので、専門家による支援を得るのも一案である。この段階で必要な支援とは戦略的なコミュニケーションに関するものである。一般的に、この類の専門家は広告代理店にいる。良い広告代理店は、(1) 企業と製品のポジショニング、(2) メッセージの明確化や聞き手の最適化、(3) 業界内のご意見番や話を広めてくれる人物に企業のメッセージを伝達させることについて企業を支援することに熟達している。

広告代理店を起用するからといって顧客開発部隊の役割がなくなる訳ではない。見ているだけで用が済む状態にはまだ早い。会社としての目標設定や、対象顧客が欲するものや必要とするものは自分で理解するべきだ。広告代理店の仕事は会社の目標を理解し、他のプロジェクトからの知見を加えてポジショニングを行い、いかにその製品が顧客のニーズを満たすかについて効果的に伝えるメッセージを作り出すことである。

顧客開拓ステップで広告代理店を起用する際は、記者に記事を書かせる方法だけでなく、ポジショニングやコミュニケーション戦略を考えながら広告代理店の力を評価することが重要である。狙う市場や周辺市場についてよく理解しているか？ 対象顧客に関する知識はあるか？ すなわち記者だけでなく顧客についてもよく調べているかどうかということだ。創造的かどうか？ 自分たちより優れた知見を持っているかどうか？ 戦略立案を中核的な強みとして位置づけているか？ 参考になるような提案をしているか？ 成果測定の方法を有しているか？ このような質問をしてその回答に満足できれば、質問に答えてくれた優秀そうな人物本人が実際に対応してくれることを条件に契約書を締結しよう。

最後にその広告代理店が市場タイプという考え方を理解してくれるかも確認する。もしすべてのスタートアップは同じやり方で市場参入しポジショニングすべきだという考えに固執しているならば、その代理店を雇うことは高い代償を伴う間違いとなる。ただし、優秀な広告代理店は市場タイプに違いがあることを知っており、大半は単にその単語を使ったことがないというだけである。

〉〉企業と製品のポジショニング：

❸内部および外部からのマーケティング監査の実施

ポジショニングに資金を投じる前に会議室から外に出て事実確認を行うといいだろう。専門的な言葉を使うと、マーケティング監査を実施できればベストだ。外部監査では、広告代理店が顧客とメッセージ伝達者（業界アナリスト、ご意見番、記者、その他本章後半で述べる人物）を集めて、以前、対象とする市場で自社がどのように認知されているのか顧客に質問したのと似たような問いを投げかける。この結果と比較することで、実際に他の人々がどのように自社を捉えているかをより理解しやすくなる。

他の人々の見方を理解したら（たいていの場合、内部で考えていたことの甘さに驚かされる）、それを変え、意見をコントロールする取り組みにかかる。外部監査における例を図5.3に示す。

マーケティング外部監査アンケート

認知度

- ☐ その企業の名前を聞いたことがありますか? 何をしている企業か知っていますか?

市場

- ☐ その企業の製品と似たようなものは市場に存在しますか?
- ☐ もしある場合、その企業の製品との違いはありますか?
- ☐ どの製品が一番だと思いますか? その理由は?
- ☐ もしない場合、その企業が活動する市場をどう呼びますか?

顧客

- ☐ その企業が求めている顧客を知っていますか?
- ☐ そのような顧客が抱えている課題を知っていますか?
- ☐ それらの課題をその企業の製品が解決できると思いますか? どのようにしてできると思いますか?

製品

- ☐ その企業の製品の上位3つの機能を知っていますか?
- ☐ それらは必須の機能ですか?
- ☐ 次期リリースでその企業が搭載すべき機能は何ですか? さらにその次のリリースではいかがでしょう?
- ☐ その企業の中核となる技術は何だと思いますか? それは独自なものですか? 参入障壁となるものですか? 市場参入する他社とどのように比較しますか?

ポジショニング

- ☐ その企業のポジショニングを知っていますか? 納得できますか? 正しいと思えますか?
- ☐ その企業のミッションを知っていますか? 納得できますか?

競合

- ☐ 初年度に、その企業はどこと競合することになると思いますか?
- ☐ その企業にとって最終的な競合先はどこだと思いますか?
- ☐ 競合に勝つために、その企業は何をすべきでしょうか?

営業/流通

- ☐ その企業の流通戦略は適切だと思いますか?
- ☐ その企業の営業戦略は有効だと思いますか?
- ☐ その企業は適切な価格設定をしていると思いますか? 高すぎますか? 低すぎますか?

強み/弱み

- ☐ その企業の強みは何でしょうか? (製品、流通、ポジショニング、提携先など)
- ☐ その企業の弱みは何でしょうか? (ホールプロダクトでないこと、営業力、製品機能など)

トレンド

- ☐ その企業はどのような技術や製品動向に注意すべきですか?
- ☐ その技術に関して重要なオピニオンリーダーは誰ですか? あなたは誰の言うことを尊重しますか?
- ☐ その企業はどのようなビジネス動向に注意すべきですか?
- ☐ それらのビジネス動向に関して重要なオピニオンリーダーは誰ですか? あなたは誰の言うことを尊重しますか?

情報入手

- ☐ 顧客に製品情報を入手してもらうために最適な方法は何だと思いますか? 顧客の思考に影響を与えるにはどうすればよいですか?
- ☐ あなたに製品への興味を抱いてもらうための最適な方法は何だと思いますか? 企業から直接連絡してもかまいませんか?

図5.3 | マーケティング外部監査アンケート例

マーケティング監査は広告代理店の得意分野であるが、すべてを任せてしまうのは失敗のもとだ。初期の営業活動が営業担当者に任せられないほど重要であったのと同様に、初期のマーケティング監査は広告代理店にすべて任せるべきでない。最初の5回程度は創業チームが行うべきである。

外部の声を聞き、外から見た自社を理解できればマーケティング監査の半分は終わったようなものだ。残る半分は社内の確認である。マーケティング内部監査では同じ質問を創業チームや経営幹部に対して投げかけてみる。大半のスタートアップは、いずれの質問についても内部では共通見解があると考えているが、たいていの場合は理解に不一致がある。内部監査の目的は、このような違いを聞き出してそこから新しい考え方を引き出すことにある。最終的なポジショニングについて内部で合意したら、改めてそれを社内で共有し組織全体が1つのメッセージを発せられるようにする。

〉〉企業と製品のポジショニング：Ⓒポジショニングの市場タイプへの適合

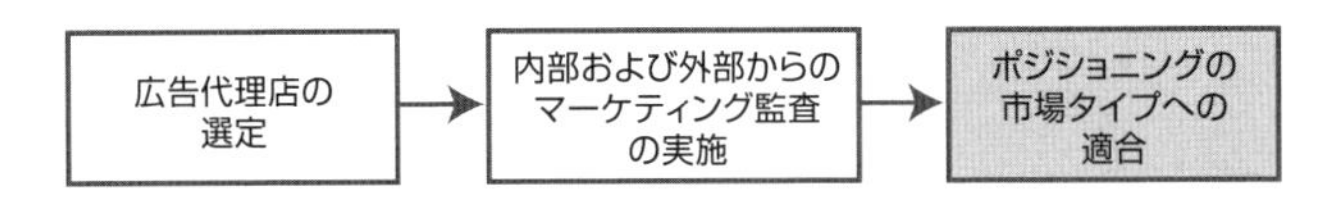

企業のポジショニングとは、「その企業は私に何をしてくれるのか」に回答することである。優れた企業ポジショニングは顧客を常に念頭に置いたものだ。潜在的な顧客が企業ポジショニングを聞いた時、関心を示すかどうか？　わくわくして魅力的だと思うか？　たとえばアップル社は「クールなコンピュータ」のメーカーとしてトレンドリーダーに訴えるように自らをポジショニングした。これにより、人々がアップル社の製品がどんなものかを知りたくなるように仕向けた。ポジショニングは、その人が信じるアップル社のイメージにより、その製品をさらに知りたくなるような感覚を残したり、逆に興味を失った人々を除外する。

先にも述べたが、自社や自社製品に関して投げかけるべきメッセージは市場タイプによって異なる。ここまでに選定したポジショニングを市場タイプに適合させてみよう。経験豊富な広告代理店やコンサルタントはブレーンストーミングでポジショニングについての手助けをしてくれるはずだ。

◉既存市場へ参入する場合

既存市場へ参入する場合の企業ポジショニングは自社の独自性と信頼性を訴

えることである。ハンドスプリング社がPDA市場に参入した際、パーム社と似たPDAメーカーだが製品が拡張可能で速度も速く、安く、なんとなく良さそうであると人々は理解した。さらにハンドスプリング社の創業者はパーム社ならびにPDA市場自体を開拓した人物であったので即座に信頼も勝ち得た。

企業ポジショニングの次は製品ポジショニングだ。既存市場には比較対象の製品があるので、製品ポジショニングは既存の評価軸や標準に関してどのように、そしてどうして異なるのかの説明となる。既存市場では差別化は3つの形態を取る。製品の特徴（より高速、より安い、より小さい、30%増量など）、販売チャネル（30分で自宅へ配達されるピザ、自宅配送、代理店で、ウェブ上でカスタムオーダー可能など）、サービス（5年間で5万マイルの保証、90日間返金保証、永久保証など）の3点だ。たとえばハンドスプリング社は製品の特徴で差別化を図った。ハンドスプリング社のPDAはスプリングボード拡張モジュールにより拡張が可能で、競合製品が8メガバイトだったのに対し16メガバイトのメモリを搭載できる点が異なり、より優れていると主張した。市場はすでに存在し顧客も競合の評価軸を理解していたので、既存のPDAユーザーはハンドスプリング社の主張を理解した。その結果、ハンドスプリング社は15ヵ月間でパーム互換製品市場の30%を獲得した。

◉新規市場を創出する場合

新規市場を創出する場合、比較する既存企業が存在しないので、他社との違いは企業のポジショニングになり得ない。企業ポジショニングは将来についてのビジョンや情熱となる。つまり「現状のどこがおかしいのか？　そして何を変えようとしているのか」という質問に対する答えである。パーム社が初めてPDAを新規開発した時、PDAにより生活がいかに楽になるのかというビジョンを伝えることが企業ポジショニングであった。その他の例では、フォトズ・トゥ・ユー社が情熱的に語るべきポジショニングは、デジタルカメラから簡単に写真の現像が可能になることであるべきだった。これはデジタルカメラ利用者には十分理解できる魅力的なビジョンだ。しかし実際には、同社は自社をインターネット写真現像サービスのナンバーワン企業として打ち出した。理論的には間違っていないのだが、インターネット写真現像サービス企業とは何であるかを潜在顧客が理解していることが大前提である。市場がまだ存在しない場合には、自社がどんな課題を解決しようとしているのかを顧客に理解させることが先決だ。

企業ポジショニングができてしまえば、新規市場における製品ポジショニングは非常に明快だ。比較する製品が存在せず、機能を理解する前提知識がないので、新製品の機能をひたすら主張しても意味がない。たとえば仮にパーム社が初期バージョンのPDA製品を、16メガバイトのメモリを搭載し、拡張性もあると言ってポジショニングしていたとしても、何を言っているのか誰にもわからなかっただろう。実際にはパーム社の製品ポジショニングは、その製品が解決しようとしている課題（ビジネスマンはこれで自分のコンピュータと常に同期を取ることができる）と、どう解決するのか（コンピュータのすべての機能をポケットに入れて持ち運べる）についてであった。

◉市場を再セグメント化する場合

既存市場を再セグメント化する場合には、企業ポジショニングは差別化ではなく市場のセグメンテーションに依存する。セグメンテーションとは自社と他社との違いが独特でわかりやすく、顧客の心の中で明快かつ明確な地位を得ることである。そして最も重要な点は、顧客が価値を感じ、欲し、今必要としている何かが自社製品の特徴になっていることである。この市場タイプの企業ポジショニングは、選定した市場セグメントの価値とそこに自社がもたらしたイノベーションを伝えることである。

再セグメント化には2つの種類がある。1つはセグメント化されたニッチ、もう1つは低価格供給者となることである。ジェットブルー社は低価格による再セグメント化の好例だ。低価格による再セグメント化の代表例であるサウスウエスト航空が、最小限のサービスで安価な運賃を提供するのとは異なり、ジェットブルー社は特定の路線に絞って運行し、高品質でかつ低価格な顧客サービスを提供する航空会社として参入した。同社は、低価格を維持するため、本数が少ない路線や運賃が高めの大都市の路線に事業を絞り込んでいる。ウォルマート社の急成長は、ニッチを狙って既存市場を再セグメント化する機が熟したことに気づいた起業家の成功例である。1960年から1970年代においてスーパー市場で突出していたシアーズ社とKマート社は、十分な人口を抱えると思われる町を商圏にし、そこに巨大な店舗を構えていた。小さな町はカタログ注文店舗（シアーズ）での対応になるか、まったく無視されている状況だった（Kマート）。しかしサム・ウォルトンにとって小さい町が無視される状況は、巨大ディスカウントストアを出店する好機に見えた。「まず小さな町から」というのが、ウォルマートが当初行った独自のニッチ狙いの再セグメント化なのだ。いったん地位を確立すると自信を持って自社をディスカウンター（巨大な小売業の間では疫病神として嫌悪されていた名称である）としてポジショニングした。同社はヘルス＆ビューティ関連のブランド商品を原価で販売した。積極的な広告の効果もあって、この戦略で店舗への集客に成功し、顧客は低価格でありながら高収益な他の商品も購入した。同様に重要なのは、ウォルマート社が顧客の購買行動の追跡および仕入と配送の効率化を実現する技術を取り入れ、どの競合他社よりもコスト競争力を高めたことである。2002年にKマート社は倒産し、ウォルマート社は世界で最も大きな企業となった。

市場を再セグメント化する際には、製品ポジショニングは新規市場の場合と既存市場の場合の複合型となる。再セグメント化の結果、自社製品は競合に隣接する市場に位置づけられるため、顧客にとって新セグメントがどのように、かつどうして異なるのかを表現する。

〉〉〉〉第3フェーズ：企業の市場参入／製品の市場投入

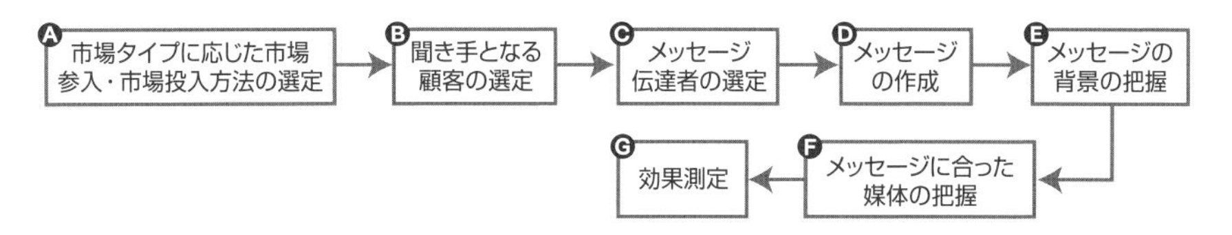

ポジショニングという大きな仕事を終えたら、市場参入・市場投入へ進む。顧客開拓ステップの市場参入・市場投入フェーズはこれまでのすべての戦略的な努力の結晶となる。企業の市場参入とは、自社の事業内容と販売製品について、聞き手に初めて伝えることである。製品の市場投入では顧客が製品を購入すべき理由を主張する。スタートアップでは企業の市場参入と製品の市場投入が同時に行われることがしばしばある。しかしそのプロセスに大きな違いはない。情報を伝えるための資料を用意し、対象とする聞き手を選定し、メッセージを作り、メッセージ伝達者を選定して環境を整え、需要開拓の準備をする。次にそれがどの程度うまくいったのか測定して評価を行い、必要に応じて軌道修正をする。このフェーズでは以下のことを行うことになる。

- ☐ 市場タイプに応じた市場参入・市場投入方法の選定
- ☐ 聞き手となる顧客の選定

- □ メッセージ伝達者の選定
- □ メッセージの作成
- □ メッセージの背景の把握
- □ メッセージにあった媒体の把握
- □ 効果測定

〉〉企業の市場参入／製品の市場投入：

Ⓐ市場タイプに応じた市場参入・市場投入方法の選定

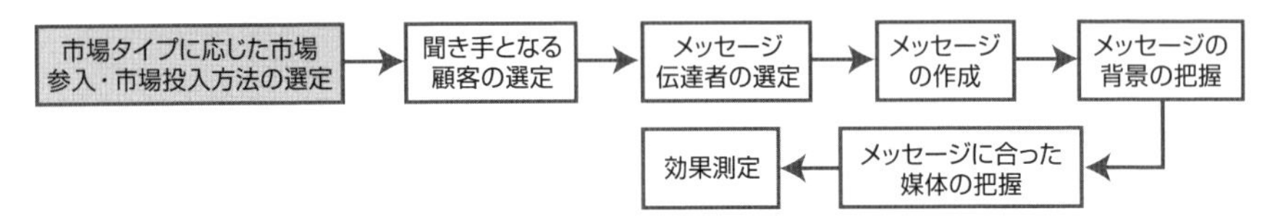

企業の市場参入や製品の市場投入はICBM（大陸間弾道ミサイル）の発射に似ている。成層圏に放出してしまえば元に戻すことは不可能で、その影響は甚大だ。ICBMの発射のように企業の市場参入は場当たり的ではなく入念な事前準備を要するものである。市場タイプにあった市場参入方法を選び、覚悟を決める必要がある。

前フェーズで3つの市場タイプのうち自社がどれに該当するかを検討した。今度はその市場タイプに応じた企業の市場参入と製品の市場投入のタイプを選ぶ。市場参入・市場投入には3つのタイプがある。猛攻撃、ニッチ戦略、ビジョナリー戦略の3つだ。

◉既存市場の場合：猛攻撃による市場参入・市場投入

猛攻撃による市場参入・市場投入とは、需要開拓のためのあらゆる手法を尽くして市場を正面から攻撃するやり方である。大多数のスタートアップがこの手法を選ぶが、実はただ1つのタイプの戦略に対してだけ適切な参入モデルなのだ。それは既存市場で市場シェアを獲得する戦略だ。猛攻撃による市場参入・市場投入はある瞬間の露出を極大化させるのが特徴で、かなりのコストがかかり、強い覚悟が必要となる。広告、PR、展示会、DM などの先行投資に大きな力点が置かれる。

新ランチェスター戦略によってこの種の市場参入の費用を算出できるが、皮肉なことに競合が巨大で多角化しているほど勝算が高くなる。それはなぜか？

多角化企業の場合はその会社の持つ力が1つに集中されるわけではなく、複数部門の複数製品、そして複数の販売チャネルに分散されるからだ。たとえばコンピュータのマウス市場への参入を決定したと想定してみよう。最大手はマイクロソフト社であり、同社の営業・マーケティング費用の1.7倍かけないと参入はうまくいかない（表5.2参照）。どうやったらそんなことができるのか？ 一見した限りでは勝ち目がないように思える。しかしよく見れば可能性があるのに気づく。複数の部門と製品を抱える競合相手と対峙するということは、その企業全体と戦うのではなく直接競合する部門や製品と戦うことだ。しかも自社はすべての資源を一点に集中できるのだ。マイクロソフト社の例でいえば参入時にかかる費用は、直接競合する同社のPC周辺製品部門の支出の1.7倍である。たしかに依然として大きな金額であるが（依然として躊躇するに値するほど大きいが）、こうすることで真の参入コストを理解できる。

言うまでもないが、これは参入時のみの話でありその後の長期の戦いのことではない。大手企業に対して攻撃を長くかつ激しく行えば、その目に留まることになる（マイクロソフト社に挑んだネットスケープ社に何が起きたか考えればわかるだろう。眠っている大きな巨人が目を覚ますときもあるのだ）。大手企業が全力で反撃してくる前に、組織構築ステップにおけるキャズム越え戦略により、初期の市場優位性を防御可能な市場占有率という成果に落とし込んでおくべきだ。

◉新規市場の場合：ビジョナリー狙いの市場参入・市場投入

猛攻撃による市場参入・市場投入や後述のニッチ狙いの市場参入・市場投入と比べると、ビジョナリー狙いの市場参入・市場投入はより的を絞った低コストな手法だ。基本目標は、新規市場が大衆市場になったときに備えておくということである。新規市場には最初は顧客数も少なく市場シェア獲得のために支出するに値しないので、当座の狙いは個々の顧客への浸透度を極大化することである。都合の良いことにビジョナリーはその性質上、多額の費用を要する大衆市場向け広告やPRイベントには耳を貸さないことが多い。その代わりインターネットやフォーカスグループインタビュー、口コミといった他の媒体を重視する傾向があり、その点からも合理的だ。ビジョナリー狙いの市場参入・市場投入は、エバンジェリストユーザーを最初の対象にした長期の啓蒙活動の始まりに位置づけられる。エバンジェリストユーザーの情熱と熱狂の力で、新しい考え方を潜在顧客層の記憶に浸透させていくことで市場を形成する。言い換えれば、目標は需要拡大の転換点すなわちティッピングポイントを作り上げることである

（ティッピングポイント戦略に関する詳細はマルコム・グラッドウェルの『急に売れ始めるにはワケがある ―― ネットワーク理論が明らかにする口コミの法則』を参照願いたい）。これは猛攻撃による市場参入・市場投入の対極をいくやり方だ。新規市場は一夜にして形成されない。スタートアップが収益を上げられる規模にまで新規市場が成長するには、製品の市場投入以降3～7年かかるものだ。

ドットコムバブル時には、ベンチャーキャピタリストや広告代理店が新規市場に参入する企業に対して、猛攻撃による市場参入・市場投入を薦めていた。スタートアップが勝つカギは先行者利益を活かすことにあると信じ込んでいたのだ。猛攻撃による市場参入・市場投入は、競合他社を撤退させたりプレイヤーが乱立する市場において統合を促したり、あるいは競合他社を消極的にさせたりするだろうと考えられていた。しかし現実は違った。たとえばフォトズ・トゥ・ユー社は数々の誤った前提により、新規市場に対して猛攻撃による市場参入・市場投入を選択した。そこで明らかになったように、顧客がほとんど顕在化していない新規市場で猛攻撃による市場参入・市場投入を行っても、巨額の費用がかかるだけで成果はほとんどない。同社は幸運にも生き長らえたが、同様の方法で参入するスタートアップのほとんどは倒産の憂き目に遭う。

◉再セグメント化市場の場合：ニッチ狙いの市場参入・市場投入

既存市場を再セグメント化しようとしている場合、市場参入・市場投入の方法の選択は簡単ではない。依然として新ランチェスター戦略のルールは有効だが、市場を再セグメント化して、競合と隣接した異なる市場に攻め入るため、競合他社の営業マーケティング予算を分散させることになる。よって問うべき質問は「顧客は再定義したセグメントを受け入れる準備ができているか」である。答えが「準備できている」なら市場シェアを獲得するために猛攻撃による市場参入・市場投入を、自身が作り出した新しいニッチを狙って行う。ニッチ狙いの市場参入・市場投入では、すべての需要開拓予算を1つの市場セグメントとその顧客に対して投ずる。もしそのセグメントがまだ存在しない、すなわち自らがその市場セグメントと顧客を開拓しようとしているのであれば新規市場として扱い、ビジョナリー狙いの市場参入・市場投入をすべきである。

〉〉企業の市場参入／製品の市場投入：Ⓑ聞き手となる顧客の選定

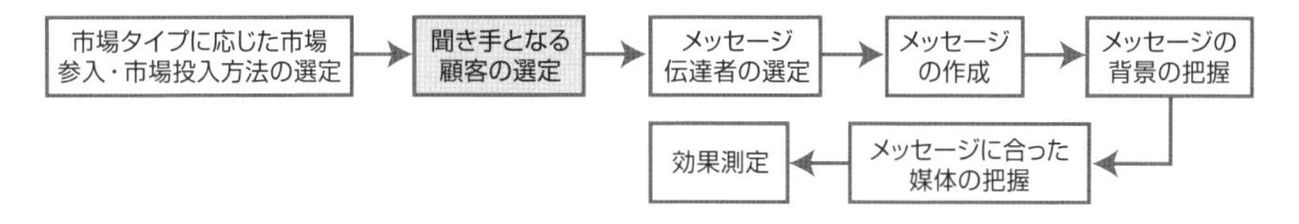

市場参入・市場投入戦略を選択したら、次は聞き手となる顧客の選定、すなわち、誰に対して市場参入・市場投入メッセージを伝えようとしているのかを決める。これが製品の需要を開拓する第一歩となる。後に組織構築ステップで広告や見本市など広範な需要開拓活動を行うときには聞き手はもっと広がるかもしれないが、ここでは最初に誰にメッセージを伝えるべきかを考える。

スタートアップがよく陥る過ちは、最も購入しそうな顧客ではなく、よく知っていて話しやすい顧客を選んでしまうことだ。これまでの顧客開発プロセスはその防止策にもなる。従来のやり方では、顧客と話をする前に製品を市場投入していたため、顧客が何を欲しがっているのか理解できていなかった。これに対して顧客開発プロセスを経てきた場合には、すでにエバンジェリストユーザーに販売済みである。市場参入・市場投入に至るまでには顧客が解決したい課題についての知識を相当得ている。ましてや顧客実証ステップでは多大な時間を投入して、顧客のニーズを理解するだけでなく、実際に購入するのは誰かを学び、購入プロセスに登場する人物の顧客相関図も作成済みだ。

また実際の営業活動を通じて、購入パターンに人口や地域の点での特性があるかどうかもわかっている。たとえば、エバンジェリストユーザーの大半は35歳以下（人口特性）であるとか、東海岸より西海岸のほうがよく購入する（地域特性）といった点について発見済みかもしれない。

市場参入・市場投入時の聞き手を選定するためには、顧客相関図からメッセージを伝えたい相手を選び出す。その際に陥りやすい過ちがもう1つある。それは顧客相関図内のすべての人物に市場参入・市場投入のメッセージを伝えなければならないと思うことだ。全員を狙うことはできない。さもなくばメッセージが弱まってしまう。成功の秘訣は、聞き手は最も影響力のある特定のグループ（さらに言えば個人）でなければならないということだ。具体的には以下のものがある。

□ 既存市場では、市場参入・市場投入の聞き手は、製品を選定する（必ずしも

実際に使うという意味ではない）組織またはユーザーである

- ☐ 新規市場では、潜在的なエバンジェリストユーザーを対象にすべきである。すなわち課題があると認識し、解決策を積極的に探しているユーザーということだ
- ☐ 再セグメント化市場では、そのセグメントを好ましく思うユーザーないしは組織を聞き手とすべきである

〉〉企業の市場参入／製品の市場投入：Ⓒメッセージ伝達者の選定

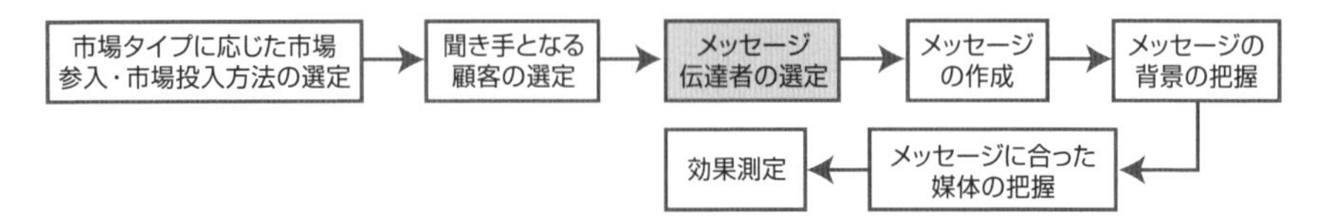

誰を聞き手と想定すべきか決まったところで市場参入・市場投入メッセージを受け取るもう1つのグループについて考えよう。図5.4に示すように、顧客だけではなく、その顧客にメッセージを伝達する人物や組織にも情報を提供して教育しなければならない。

「インダストリーインフルエンサー」という用語を広告代理店の人々は使うが、マルコム・グラッドウェルはその著書『急に売れ始めるにはワケがある』の中で、口コミで世の中に変化を起こせるという特性を持つ人々が存在すると明快に打ち出している。グラッドウェルの言う「選ばれし民」だ。これらの人々を魅了すればメッセージは伝染すると言うのである。彼がよく使うたとえは伝染病だ。一定水準まではゆっくりと増え、臨界点に達すると一夜にして爆発的に広まる。あたかも小さな変化が引き金を引いたかのごとくに広まるのだ。

グラッドウェルが指摘した特性の持ち主には、メッセージ伝達者も含まれる。彼の仮説は過去における会社の新規参入や製品の市場投入の経験から導出され

図5.4｜複数の聞き手：メッセージ伝達者経由で対象となる聞き手に到達

たが、その内容は次のようになる。新しい考え方や製品のことを世に広めたければ、メッセージ伝達者と呼ばれる良い立ち位置にいて力のある数名に対して伝えるだけでよい。メッセージ伝達者は世界中を結び付ける特別な才能を持つ。多くの人々を知っていて、かつメッセージを広めることが可能なのである。この影響力と人脈により、この少数派のグループは市場に革新をもたらすことができる。よって市場参入・市場投入活動において、そのような人物を特定しメッセージやポジショニングを伝えることが重要である。

メッセージ伝達者には3つのタイプがある。エキスパート、エバンジェリスト、コネクターの3つだ。

エキスパートは名前のとおり、業界や製品について詳細まで知っていて、他の人々から意見を求められるような人物のことである。例としては独立系調査会社（ガートナー社、NPD社、AMR社など）の業界アナリスト、ウォールストリートの証券アナリスト（モルガン・スタンレー社、ゴールドマン・サックス社など）や業界特化のコンサルタントといった人物が挙げられる。時にはユーザーグループを組織し、他の人々が意見を求めるような潜在顧客ということもある。

エキスパートの中には個々の製品について推奨したりせず、単に一般的な助言をしたり相談を受ける人もいるが、ここで重要なのは最も優れた製品について熱く語るエキスパートである。たとえば業界紙などで製品分析を行う人物だ。ウォールストリート・ジャーナルのテクノロジーコラムリストであるウォルト・モスバーグ、ニューヨーク・タイムズのデヴィッド・ポーグ、フォーチュン誌のスチュワード・アルソップなどは製品について意見を述べ推奨を行うエキスパートの一例だ。エキスパートに重要なのは高い独立性である。記者や初期の顧客は、会社および製品の市場投入における会社の主張に対して、エキスパートからの第三者的な意見を求める。すでに顧客発見ステップおよび顧客実証ステップにおいて、業界やセグメント内のエキスパートが誰なのかを探り、関係構築を行ってきたはずだが、市場参入・市場投入では彼らが何を信用するのかを理解し、自社や自社製品についての情報を吹き込むことが重要となる。

第2のメッセージ伝達者であるエバンジェリストは、製品に対する、さらには新規市場や再セグメント化市場の場合には市場そのものに対する全面的な応援団であり営業担当者である。彼らは多くの人に、その製品がいかに優れているか、そして製品や市場がどんな無限の可能性を秘めているかを説いてまわる。エキスパートより世間からの信用は低いものの、エバンジェリストは2つの優位性を持っている。それはお金を払って製品を購入していることと、自分の意見を伝えることに関して非常に熱心だということだ。初期の顧客に売り込んでいるときに経験済みであるが、エバンジェリストユーザーに出荷前の製品を購入するというリスクを取ってもらうために、スタートアップは彼らとビジョンを共有していなければならない。彼らはスタートアップと心理的に一体だと言えるほどだ。なぜ購入したのかを自ら進んで人に話してくれる。

時折エバンジェリストユーザーとリファレンスになってくれる顧客を同一視することがあるが、必ずしもそうではない。リファレンス顧客を得るのは容易でないが、エバンジェリストユーザーはこちらが電話を切るのが難しいくらいの勢いでアプローチしてくる。以上のことから、市場投入までの間に、自社や自社製品について他者に情熱的に話をしてくれるようにエバンジェリストユーザーを十分に満足させておかねばならない。

コネクターは、しばしば認識しにくいタイプのメッセージ伝達者である。コネクターは製品や企業に関するエキスパートではないし製品を購入しない。しかし彼らは誰もが知っている人物だ。どの業界にもそのような人が数名いる。業界動向についての一般論を述べたり、新聞や雑誌にコラムを書いたりするブロガーかもしれない。あるいは業界のオピニオンリーダーなどを集めたカンファレンスを企画・開催するような人物かもしれない。オピニオンリーダーであることもしばしばある。そして彼らは複数の業界をつなぐ役割を果たす。コネクターに対しては、エキスパート同様に付き合えばよい。これまでの活動の中で、あなたは彼らとも関係を構築し、すでに自社や自社製品について最低限の知識を植え付けている。市場投入までに、コネクターの興味を十分かきたてて、主催するニュースグループやカンファレンスで取り上げてもらえばしめたものだ。

優れた広告代理店はメッセージ伝達者への影響の及ぼし方を知っている。誰がメッセージ伝達者であるとか（インフルエンサー）、どのようにコントロールするべきか（インフォメーションチェーン）を彼ら独自の用語で表すこともあろうが、優秀な広告代理店であれば、このステップにおいて大きな貢献が期待できるはずだ。

〉〉企業の市場参入／製品の市場投入：Ⓓメッセージの作成

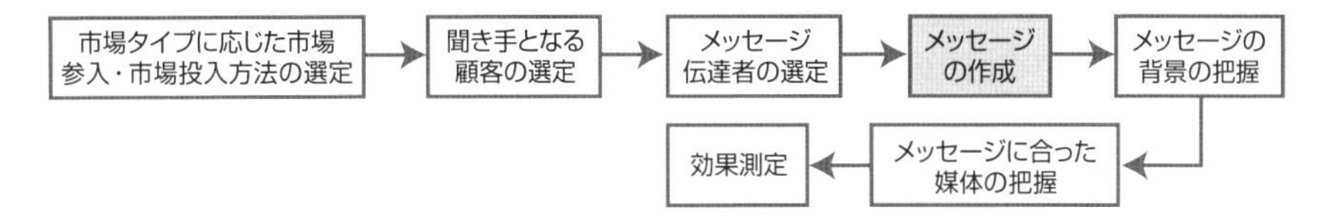

市場投入時に伝えるメッセージは、これまで行ってきたポジショニングに関する作業の総決算である。最終的なメッセージを作成するうえでもう1点だけ付け加えておきたい。メッセージは覚えやすく一度聞いたら忘れられないものにすべきだ。覚えやすければ覚えやすいほど、忘れにくければ忘れにくいほど、新しい変革を起こす可能性が高まる。企業の市場参入や製品の市場投入の場合、顧客の購買活動だけでなく考え方まで変えようしていることを念頭に置く。

情報の見せ方によって成果が大きく変わることを優秀な広告代理店はよく知っている。見せ方によってPRが大失敗に終わった典型例として、シリコンバレーからサンタクララ市全体にバグが蔓延した際の話がある。バグといってもソフトウェアのバグではなく害虫のことである。その害虫は地中海フルーツ蝿で、州の一大産業である農業の脅威だった。1981年にその害虫はこのハイテク地帯で猛威を振るった。当時、州はヘリコプターから殺虫剤を散布することが最も早い解決方法だと判断した。問題はその薬品が受け入れ難い名称であったことだ。そのことを理解せずに、州は地中海フルーツ蝿に効く殺虫剤「マラシオン」を散布すると発表した。カリフォルニアは米国の25%の農作物を供給しており、地中海フルーツ蝿が蔓延すれば大打撃となるため、この決定は州知事による政治的決断だった。ところが、恐れや死を連想させる「マラシオン」という薬物が空から家や子どもに降ってくることへの市民の反応は、歓迎とは程遠いものだった。この有毒な化学物質の散布に市民は激怒した。

もし誰かが知事の執務室で、メッセージを再考して選択し直すよう促したらどうなっていただろうか。メッセージの見せ方を少し変えるだけで抗議や恐怖を劇的に減少できたかもしれない。「マラシオン」ではなく「春の霧」、「夏のしずく」、そこまで行かずとも単に「害虫駆除剤」を毎日夕方に散布するというメッセージにしていたらどうだっただろうか？ わずかな変更で結果が大きく変わっていたかもしれない。プラスチックで窓を覆ったりせず、外に出てそれを浴びる人さえいたかもしれない。メッセージの意味合いだけでそこまで人々が見方を変えるとは思えないと笑うかもしれないが、実際にはそのようなことが日々起きている。たとえばハンバーガーを例に考えてみよう。毎日ハンバーガーを食べている人も多いかもしれないが、仮にハンバーガー屋のメッセージが「ちょっと一息」でなく、「何百万頭も殺戮され、最低賃金労働者が解体しバクテリアで汚染された牛の死肉を、平たいパティにして冷凍保存し注文時に再度温めています」というものだったら売上は非常に悪くなるだろう。

新規市場に参入する場合にTLA（Three Letter Acronym：3文字の略称）や市場そのものに覚えやすい言い回しをつけることがシリコンバレーでは当たり前になっている。それは暗に、名付けるほど創造された製品が重大であることを意味している。エンタープライズ向けソフトウェアではSFA（Sales Force Automation)、CRM、ERPといった言葉が定着している。消費者向けならPDA、EC、ファストフード、ホームシアターなどがあるが、これらは従来存在しなかったものだ。覚えやすいメッセージの力をまだ実感できていなければ、中絶に関するディベートでよく使われている言葉を考えてほしい。「中絶反対」ではなく「生きる権利尊重」、「中絶賛成」ではなく「選択の権利」といった具合だ。これらのメッセージは聞き手の認識に大きく影響する。既存市場や再セグメント化市場に参入するのであれば「もっと良い方法があり、我々はそれができます」というメッセージであるべきだ。メッセージは「どの課題を解決するのか？　どんな価値があるのか？　どうして真剣に検討する必要があるのか」といったエバンジェリストユーザーとの対話の中で投げかけた疑問に答えるものでなければならない。

〉〉企業の市場参入／製品の市場投入：Ⓔメッセージの背景の把握

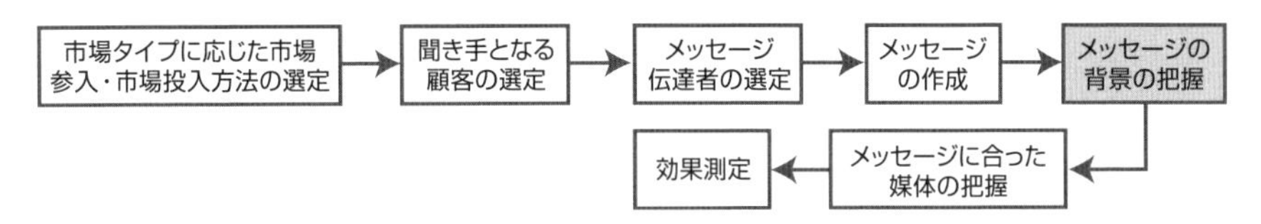

現時点で顧客を購入へと走らせる素晴らしいメッセージでも、2年前にはまったく反応がなく、3年後は古くなってしまっているかもしれない。なぜだろうか？それはいかなるメッセージも単独では存在し得ないからだ。メッセージを作成するときにはその背景となるものをよく考えるべきだ（『急に売れ始めるにはワケがある』からのもう1つの教えである)。

メッセージはそれだけが単独で潜在顧客の耳に入るものではない。メッセー

メッセージ背景のチェックリスト

- □ 市場における一大ニュースは何か?
- □ 記者の注目を集めている他の話題と自社の話題には関連性があるか?
- □ 市場における変化は何か? 変化がある場合、他の人はそれについて何と言っているか?
- □ あなたの会社や製品に関連する、業界アナリストや記者(技術面/ビジネス面/消費者面)が口にするホットな話題は何か?

図5.5 | メッセージ背景のチェックリスト

ジには常に他のメッセージが伴うもので、それによって覚えやすさや忘れにくさが強まったり弱まったりするものだ。衛星放送(ディレクTVやエコスター)というメッセージは、ケーブルテレビのサービス品質が悪化し価格が高騰していた頃に受け入れられた。あの9.11の惨事以降、米国企業は今まで以上にセキュリティに注目し始めた。2000年12月時点では深刻な懸念であった2000年問題は、2001年1月2日には無意味となった。

いずれの場合もメッセージ自体は変わっていないが、取り巻く状況が変わってしまった。21世紀初めのドットコムとテレコムのバブル崩壊も良い例だ。バブルの頂点のときであれば同じECやテレコム関連のメッセージで5000万ドルの資金調達が可能であったし、ほぼすべての企業の役員応接室に通してもらえたであろう。単にそのような場所への出入りが許されただけでなく、メッセージを聞いた人はそこで得た情報を同僚に提供することで優越感を感じることができたであろう。今日では同じメッセージを発信しても反響の電話が鳴ることはなく、繰り返し説明すれば社内でかえって恥ずかしい思いをするであろう(訳注:そして、その後ECは再び盛り上がっている)。今の状況においては同じメッセージがまったく有効ではないのみならず、マイナスでさえあるのだ。よく考えてみてほしい。同じメッセージ、同じ企業である。ただ背景が違うだけだ。図5.5のチェックリストをメッセージの背景に適合させるのに役立ててほしい。

〉〉企業の市場参入/製品の市場投入:Ⓕメッセージに合った媒体の把握

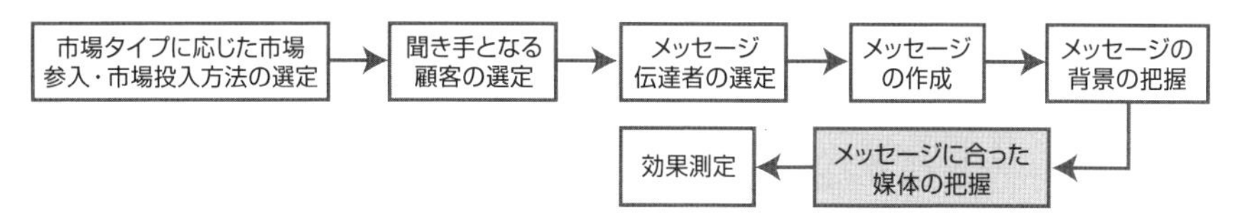

媒体はいかなる市場投入戦略でもカギを握る1つの要素だ。媒体は別の形を

媒体チェックリスト

- □ エバンジェリストユーザーが信用していると言っていたのはどの媒体か?
- □ メインストリーム層の顧客が信用すると思われる媒体はどれか？ それはエバンジェリストユーザーが信用するのものと同じか?
- □ 顧客相関図や組織図に登場する人物が信頼する媒体はどれか?
- □ 費用対効果が最も高い媒体はどれか?

図5.6 | 媒体チェックリスト

したメッセージ伝達者とも言える(図5.4参照)。有料媒体は有料のメッセージ伝達者なのだ。有料媒体の活用は企業が直接メッセージを送る従来型の方法の1つである。雑誌、郵便、電子メールも媒体と言える。またメッセージのフォーマットは広告、DM、もしくは展示会への出品と、さまざまな形態を取り得る。有料の媒体はマーケティングコミュニケーション戦略上重要だが、顧客が無料媒体からの情報をより信頼する傾向にあることは頭に入れておくべきだ。法人を対象とするスタートアップでは、市場投入時に有料媒体を過剰に利用してしまうことが多い。

そうならないためには、具体的にどの媒体を使えば、顧客にうまく到達するのか、より重要な視点としてどの媒体は使わないかといったメディア戦略が必要だ。読者数とコストだけで選ぶよりは、顧客発掘、顧客実証のステップで苦労して調べた初期の顧客が信頼する媒体を念頭に置くべきだ。もしまだ調べていなければ、今こそ調べ直すのに良いタイミングだ。図5.6の質問事項はその調査に役立つはずだ。

〉〉企業の市場参入／製品の市場投入：Ⓖ効果測定

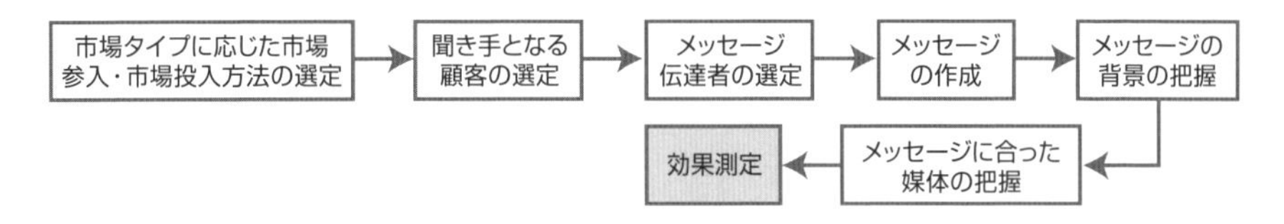

マーケティングの専門家の言葉で、私が最も印象づけられたのは「効果測定」だ。帳面をつけることは経理の仕事と考えられているため、ほとんどのマーケティング担当の幹部の間では「効果測定」は好まれていない。多くのスタートアップではそもそも具体的な数値目標がなく、マーケティングにかけた費用に対する効果をうまく測定できていない。しかし顧客開拓ステップでは戦略目標（市

表5.6｜市場投入の成果測定のための手法

	既存市場	新規市場	再セグメント化市場
営業案件	質の高い営業案件の数	引き合いの数	営業案件と引き合いの数
メッセージ伝達者の認識の変化	外部監査	外部監査	外部監査
聞き手の認識の変化	顧客監査	顧客監査	顧客監査
対象者が受けたメッセージ	記者監査	記者監査	記者監査
媒体への露出の程度	記者監査	記者監査	記者監査

場シェアを獲得する、新規市場を顧客に浸透させるなど）を設定するところから始めてきたので、数値目標を設定することは難しくはないはずだ。本フェーズではうまくいったかどうかを測る方法について触れたい。そのためにはまず、成否を決定する具体的な目標は何かという別の質問に答える必要がある。

市場投入の成否を見極めるため、顧客開発部隊は目標について合意しておく必要がある。既存市場の場合は非常に明確で、それは営業案件の数だ。しかし再セグメント化市場や新規市場の場合はどうだろう。対象顧客の認識を変えられたかどうかをどうやって測定したらよいのだろうか？ すでに問題解決のための糸口はある。市場投入前に実施したマーケティング監査の対象者を活用するのだ。市場投入後に彼らに再度連絡し、同じ質問をすればよい。その反応と以前の反応を比べれば、どの程度まで顧客やメッセージ伝達者に到達し、顧客やメッセージ伝達者に影響を及ぼしているかがわかる。

さらに監査の対象を広げて、市場投入で対象にした記者も調査してみる。記者に対する監査レビューを行い、伝えたメッセージを実際にどの程度取り上げて記事にしたのか検証するのだ。市場を表現するのにアルファベット3文字の略称が使われているか？ 顧客の課題と自社のポジショニングについて狙ったとおり記事になっているか？ そして最後に、どの程度幅広く詳細に媒体に取り上げられたか？ 無名の雑誌に小さく掲載されたのか、それともウォールストリート・ジャーナルに大々的に載ったのか？ 参考のために、表5.6に市場投入の成否を測るための方法を掲載しておく。

〉〉〉〉第4フェーズ：需要開拓

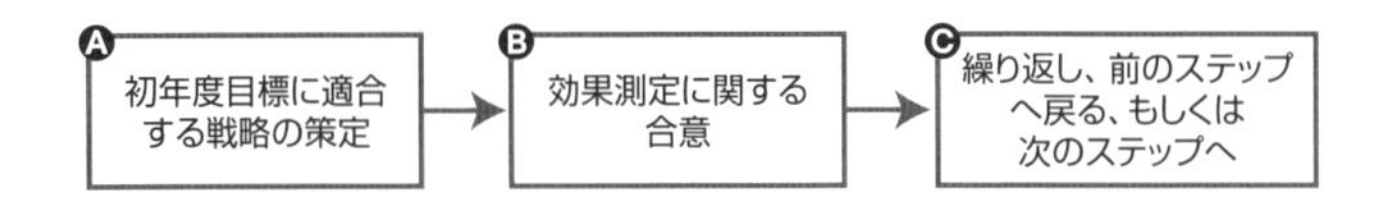

需要開拓とは認知度向上から製品に対する需要喚起まで、顧客を「獲得」するために必要となる一連のマーケティング活動を意味する。具体的にはPR、広告、展示会、セミナー、販売資料（カタログ、データシート）などだ。顧客開拓ステップの最後のフェーズとなる需要開拓は、多くのマーケティングコミュニケーション担当幹部が当初からやりたくてうずうずしていた活動でもある。しかし需要開拓は顧客開拓プロセスの最初ではなく最後に来るべきである。本フェーズでは以下のことを実行する。

- □ 初年度目標に適合する戦略の策定
- □ 効果測定に関する合意
- □ 繰り返し、前のステップへ戻る、もしくは次のステップへ

〉〉需要開拓：Ⓐ初年度目標に適合する戦略の策定

マーケティング部隊と対話をしていると時折「ワニに取り囲まれたときには、元々の目的が沼を干上げることだったのを思い出せないものだ」という諺を思い出す。マーケティング部隊がよく犯す過ちは販売目標と需要開拓の目標が合っていないことだ。すなわち、会社の売上目標を達成することが需要開拓の目標であるべきだということだ。目標が市場の10％のシェアを獲得する、ないしは初年度に300万ドルの売上を上げることだとしたら需要開拓の目標も同じであるべきだ。それさえ理解できたら、後はその目標を達成するために必要なステップや活動内容をリストアップするだけだ。マーケティングやコミュニケーション活動は変動要素が多いため、なぜそれを行うのかということが不明確になりがちだった。

顧客開発モデルにおいて覚えておいてほしいのは、営業と需要開拓の間で目

表5.7｜需要開拓戦略の策定

既存市場	新規市場	再セグメント化市場
営業案件／受注	認知度／市場成長／営業案件／受注	営業案件／受注／認知度

標の同期が取れたら市場タイプごとに以下のことを行うことだ。

- ☐ 既存市場では、選別されたエンドユーザー需要を開拓し販売チャネルに送り込む
- ☐ 市場を再セグメント化しているときは、再セグメント化市場がもたらす新しい効能を顧客に理解させ販売チャネルに送り込む
- ☐ 新規市場では、新しい市場そのものについて顧客を教育し販売チャネルに顧客を送り込む（表5.7）

私がマーケティング部隊を率いていたときにも（そのときは既存市場にいた）、需要開拓でやるべきことを明確化するために初日のスタッフ会議で「我々の仕事は顧客の需要を作り出し、それを販売チャネルに送り込むことだ」ということ、そして「広告や展示会といった需要開拓活動は、市場投入時に関係を持ち始めたメッセージ伝達者を通じた継続的なPR活動を強化するためのものである」ということを繰り返し確認したものだ。

〉〉需要開拓：Ⓑ効果測定に関する合意

需要開拓の予算はマーケティング部隊の運営費における最大要素である。適切な媒体、展示会、ダイレクトメールの選択は科学的というより芸術的であるが、効果測定と必要に応じた軌道修正を実行するプロセスの導入は必須だ。私がマーケティング部隊を率いていたときにはすべての需要開拓活動がうまくいく訳ではないと認識して、これを実践してきた。失敗したときには非を認め、軌道修正を行った。失敗は学習プロセスの一環として受容された。ただし、失敗を隠したり、失敗を測定して訂正する手段を持たないことは破綻の温床となる。

需要開拓活動と営業活動の歩調を継続的に同期させておくための最善の方法

は案件候補リスト（顧客実証ステップにおいて営業ロードマップを作成したことを思い出してほしい）の各段階における目標についてあらかじめ合意し、効果を測定することだ。図5.7の営業ロードマップに従って受注するには営業案件を流し込んでおけばよいと楽観視していると、貴重な予算の浪費につながりかねない。

既存市場に参入して初年度に10%の市場シェアを獲得し、300万ドルの売上を達成することを目標とするスタートアップを例に考えてみよう。販売価格が平均500ドルなら、営業部隊は6000件販売しなければ、売上300万ドルには到達できない。そこでやるべきことは営業ロードマップを逆算して、最初の段階で有効な商談が何件必要かを計算することだ。選別後の営業案件（製品に興味を持ち、かつ購入の可能性について基準をクリアする潜在顧客）のうち何件が実際の顧客になるのか。そして必要な件数を得るには何件の選別前の営業案件（製品に興味を持っているが、まだ購入の可能性について確認していない潜在顧客）を獲得すればよいのか。1件あたりの獲得費用はいくらか。顧客1社あたりの獲得費用はいくらか。いったんこのような測定方法を現場に導入したら、目標値と実際の成果や費用を比較検証する。そうすることで方向修正時の基礎資料ができる。

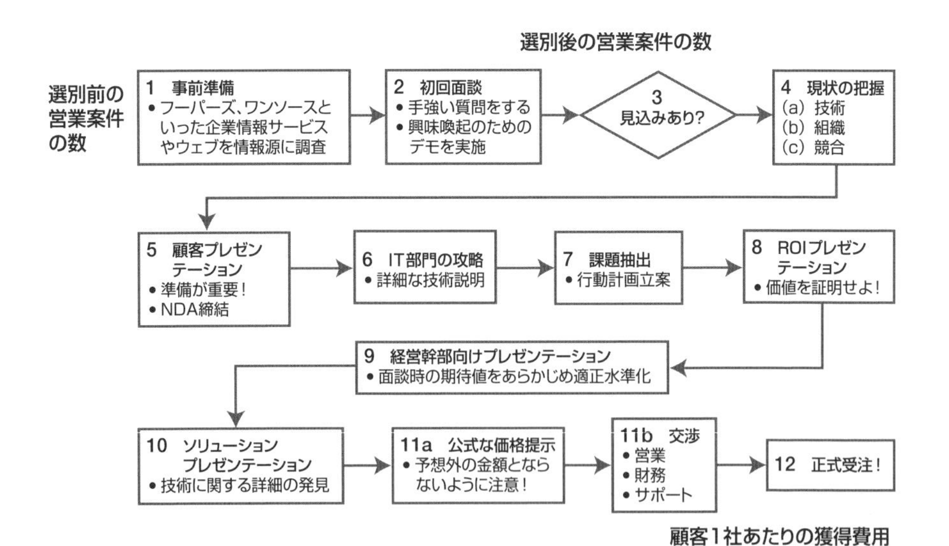

図5.7｜営業ロードマップにおける需要開拓の役割

このように営業案件の数は比較的容易に定量把握できるわけだが、マーケティングコミュニケーション活動が市場認知度にどうつながったのか把握するのは容易でない。しかし不可能だと決めつける声があまりにも多いのにも少々驚かされる。なぜならそこまで難しいわけではないからだ。展示会でさえある程度は把握できる。実際、私も来場者に会社の名前を聞いたことがあるかどうかを展示会担当者に尋ねさせたものだ。展示会場で来場者の連絡先を記録し、後で電話か電子メールで再度連絡をする。その結果、来場時には「我々のことなど聞いたことがない」と回答していた人の78%以上が、今や我々の会社とその実績について正しく答えられるようになった。これも認知度の測定の1つである。

〉〉需要開拓：
Ⓒ繰り返し、前のステップへ戻る、もしくは次のステップへ

顧客開拓も終盤となり、終わりの始まりと言えるところまできた。会社の市場参入と製品の市場投入を終え、ロケットを公式に発射した。外部に対するマーケティング監査も行い、会社と製品のポジショニングを伝えるメッセージも作成し、複数のメッセージ伝達者を通じて自社のメッセージを伝えつつ会社の市場参入と製品の市場投入を行った。需要開拓によりエンドユーザーが販売チャネルに接触し始めている。ついに、費やしているマーケティング予算を測定するために確立させた目標値を利用し、かつ洗練させるところまで来た。売上が伸び始めるにつれスタートアップを立ち上げる最難関を通過したと感じることだろう。

しかし顧客開拓プロセスが大変であったとしても、その一部を再度行わなければならないかもしれない。自社のポジショニングは実際の現場の顧客に適したものだったか？　メッセージ伝達者はあなたの話にのってきたか？　需要開拓活動は顧客からの引き合いにつながったか？　どうだろうか？　しかし、仮にうまくいっていなくとも落ち込む必要はない。これまで見てきたように、顧客開発モデルのすべてのステップは学習と発見のプロセスである。ポジショニングやメッセージ伝達においてうまくいかなかったとしても、その原因を分析することで新たな発見につながる。メッセージのわずかな違いでさえまったく異なる結

果につながることを再度思い出してほしい（最初に「ダイエットビール」として市場投入したが笑いものとなって失敗に終わったものを、学習成果を活かして「ライトビール」として再度打ち出し、一気に火がついて大きな収益につながった例もある）。第1フェーズから第3フェーズまでの学習成果をもとに、フィードバックに基づいてポジショニングを改良したうえで第1フェーズからもう一度繰り返してみよう。

場合によってはポジショニング、メッセージ、需要開拓活動には何の問題もなく、市場タイプの選定そのものが間違っている可能性もある。競合他社がうまくいっている一方で自分たちがまったく振るわない場合や需要を喚起できない場合には、一歩後戻りして「市場タイプは正しかったか」と自問すべきだ。

以下の質問に対して「YES」と言えるようであれば、次のステップへ進む準備が整ったと言える。

- ☐ 需要開拓活動が効果的になるにつれて売上が増加しているか？
- ☐ 競合他社から注目され始めているか？ さらに、自社のポジショニングを真似し始めてさえいるか？
- ☐ 収益モデルは今でも機能しているか？

もし質問に対する答えが「YES」ばかりであれば、次は自分自身や社員の人的要素に目を向けていくステップに取り組む。すなわち組織構築のステップである。

表5.8｜顧客開拓のまとめ

フェーズ	目標	成果物
1. 市場投入の準備		
A. 市場タイプに関するアンケートの作成	会社が適合すると考える市場タイプ	市場タイプに関するアンケート
B. 市場タイプの選択	市場タイプを選ぶ	市場タイプの合意
C. 顧客開拓と売上に関する初年度目標の設定	売上とマーケティングコミュニケーションの初年度目標を設定する	売上／マーケティング関連目標値、顧客開拓予算
2. 企業と製品のポジショニング		
A. 広告代理店の選定	面接し、自社戦略を理解する広告代理店を選ぶ	選んだ広告代理店
B. 内部および外部からのマーケティング監査の実施	自社による評価、または顧客、アナリスト、ご意見番、記者が自社をどう見るか評価する	監査概要書
C. ポジショニングの市場タイプへの適合	企業と製品のポジショニングを行う	ポジショニングステートメント
3. 企業の市場参入／製品の市場投入		
A. 市場タイプに応じた市場参入・市場投入方法の選定	猛攻撃、ニッチ戦略、ビジョナリー戦略から選ぶ	市場参入・市場投入戦略
B. 聞き手となる顧客の選定	市場投入時に到達しようとする聞き手を決める	聞き手に関する説明書
C. メッセージ伝達者の選定	エキスパート、エバンジェリスト、コネクターを見つける	メッセージ伝達者の氏名
D. メッセージの作成	感情に訴えかけるようにバリュープロポジションをメッセージ化する	キーメッセージ
E. メッセージの背景の把握	メッセージの背景となる外部要因を見つける	背景概要書
F. メッセージに合った媒体の把握	媒体戦略を策定する	対象顧客に応じた媒体の把握
G. 効果測定	市場参入、市場投入について重要な事項を定義し、それを目標と結び付ける	指標：営業案件、対象者の認知度、記事の内容
4. 需要開拓		
A. 初年度目標に適合する戦略の策定	初年度目標に適合する需要開拓戦略を策定する	戦略概要と計画

フェーズ	目標	成果物
B. 効果測定に関する合意	需要開拓の正否を測定する基準を策定する	指標：優良な営業案件、営業パイプライン、受注、営業サイクルの短縮
C. 繰り返し、前のステップへ戻る、もしくは次のステップへ	選択した市場タイプでの需要開拓活動の成否を決定する	豊富な案件候補リストと顧客の関心

第6章
組織構築

欠くべからざるものは行動である。行動は思考の末の意思決定、実行の指揮命令もしくは準備、実行そのものの3段階からなる。3段階すべてを意思が統御する。意思は性格に根ざし、行動すべき者にとって性格は知性との比較において決定的な重要性を持つ。意思を伴わない知性は無価値であり、知性を伴わない意思は危険である。

——孫子（「アメリカ海兵隊戦闘原則」より）

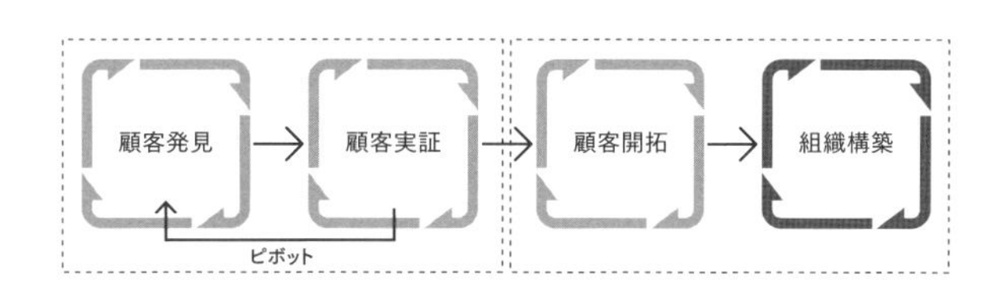

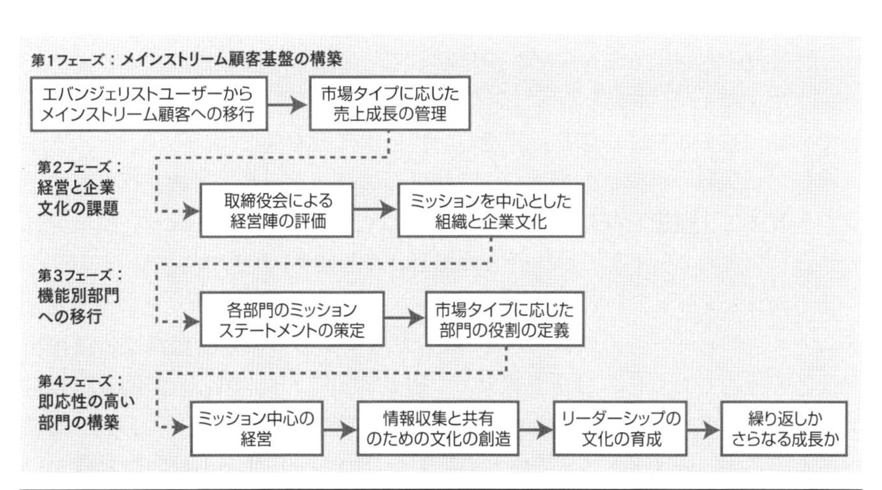

組織構築のプロセス詳細図

マークとデイヴは創薬企業であるベータシート社の共同創業者だ。ベータシート社を始める前、マークはジェネンテック社に買収されたスタートアップの計算化学担当責任者だった。彼は、ジェネンテック社で、従来からの実験に基づくのではなくコンピュータによる手法で創薬に革命を起こせることに気づいた。製薬業界やバイオテクノロジー業界の今後は、大規模に拡張可能なこの創薬手法によって方向付けられるとの信念に基づき、彼は、研究室の新設資金を提供するよう社内を説得した。だが会社からは事業化するほどの見込みはないと言われ、マークは起業する決意をした。そして部下でコンピュータメソッドエンジニアリング担当責任者のデイヴとともに会社を去った。

最初の資金調達後、マークが初代CEOとなりデイヴは開発担当責任者となった。私は同社に出資したベンチャーキャピタルの1社からマークを紹介され、会社設立時から取締役に就任した。私はベータシート社がスタートアップ特有の浮き沈みを一通り経験するのを間近で見てきたが、多数の製品がひしめく市場に参入したこと、不振のバイオテクノロジー業界に売り込もうとしていたこと、複雑な内部組織を作ろうとしていたことから通常以上に大変であった。同社はどの薬が有効かを予測する複雑なソフトウェアを開発するだけでなく、その予測に基づいて有効な薬そのものを作り出そうとしていた。潜在顧客である製薬会社自身が販売している薬と同じ効能を持つ未発見の新薬を持参して営業プレゼンテーションを行えば、製薬会社も信用するだろうというのが彼の考えだった。

会社ができて9ヵ月目に最初の危機が訪れた。4ヵ月続けて製品開発に進捗がなかったのだ。マークは以前から、デイヴが開発部門全体を掌握できていないと取締役やベンチャーキャピタルに話していた。その後数週間にわたるベンチャーキャピタルとの腹を割った話し合いの末、デイヴは現職を退いてCTOとして会社に残ることに合意した。新しい担当責任者を探している間、マーク本人が現場に入って主導権を握った。取締役会には彼が小さな奇跡を起こしてモラルを改善し、稼働可能な製品を出荷開始したように見えた。新しい担当責任者が会社に加わるときまでに技術上の難しい問題はすべて解決していた。

その後、スタートアップには「向かない」のではないかとのマークの不安をよそに、ベンチャーキャピタルの1社が推した大企業出身の経験豊富な営業担当責任者を採用した。その11ヵ月後には、担当責任者と彼が雇った全国規模の営業部隊は、世界は今日で終わりだとでも言わんばかりに資金を浪費した。「商談は多数あるが、スタートアップが大手製薬会社から受注するのは非常に難しい。1件目の注文をいつ獲得できるのか予想がつかない」とその担当責任者が6ヵ月続けて取締役会で言った時、会には気まずい沈黙がただよった。マークが強く主張した結果、その担当責任者は更迭された。マークには営業部隊を率いた経験がないため取締役会は強い疑念に駆られていたが、代わりの人材が見つかるまで、彼が営業部隊を直接指揮することを容認した。

その後の6ヵ月間に、マークは自らアプローチして最初の大手製薬企業3社に売り込んで営業部隊の営業案件リストを充実させ、取締役会を喜ばせた。競合企業は次々に失速してガラクタの山同然になっている状況だったため、後になって彼が顧客に途方もない約束をしていることがわかったときにも、取締役会は特に何も言わなかった。会社は前進し、営業部隊には案件が多数舞い込んできており、新しい営業担当責任者が加わると同時にスタートダッシュした。

次はチーフサイエンティストで化学品グループを率いるボブの番だった。後日、マークが彼をクビにした後にボブから次のように打ち明けられた。「マークは毎日のように新しいアイデアを思いつくので、彼の考えが変わる前にプロジェクトを完了することは不可能だ。そして物事が自分の思うようにならないと怒鳴りちらすんだ。議論をまったく受け付けず、すべてやりたい放題だ。最終的には幹部社員に丸ごと辞められてしまうか、マークが我々を全員クビにして、幹部をすべて彼の言うことを聞く人間に置き換えるかのどちらかだ」。そして、これらの言葉は見事に的中してしまうことになる。

問題は多数あったものの、その後数回の取締役会は心地よかった。売上も日増しに大きくなっているようだった。しかしマークの不満は募るばかりの様子であった。ある日のランチでは、自分の新しいアイデアを進めなければ競合につぶされてしまうということだけを繰り返し言っていた。私は営業部隊の人間も同じように心配しているのかと尋ねたが、答えは予想外のものだった。「営業担当責任者は私に営業担当者や顧客と直接話をさせてくれないのだ」。これを聞き私は思わず身を乗り出して残りの話を聞いた。「今持っていない製品を売っていたら永遠にお金を稼げないと言うんだ」。

ランチを終えるまで私は気が気ではなかったので、車に戻るとすぐに営業担当責任者に電話をし、彼からもじっくり話を聞いた。マークは、売るべきものは自分の次の大きなビジョンであると営業部隊を説得しようとしていたのだった。営業担当者が商談をまとめるために彼を顧客のところに連れて行くと、今の製品でなく次に開発する製品を購入するように勧めていた。これはまずい。

その他にもいろいろ問題があった。営業担当責任者が「マークには本当に困っている」と相談を持ちかけてきた。「新たに売り込みをかけるべきだと商談候補先のリストを毎日のように持ってきたり、顧客が抱えている課題へのソリューションではなく、やたらと技術的な内容ばかりを記載したプレゼンテーションを使うよう指示したりするのです」と言うのだ。さらには新しい製品アイデアを売り込むために、マークが最新のカタログをすべて書き直してしまったため、採用した12人の営業担当者をトレーニングするのに自社の最新の販売資料を使うことさえできない状態だった。製品戦略や新製品の要求仕様書作りをすべてマークが自分でやってしまうため、新しいマーケティング担当責任者はPRと展示会のことしかやれずにいる。こんな状況だと知っているかと、逆に質問されるほどであった。取締役会からマークに話をすると私は約束した。

翌週、営業部隊との状況を聞くため、2人の取締役がマークと面談した。マークは、ベータシート社は現状に甘んじるのではなく最先端でイノベーションを起こし続けていくべきであると信じていた。さらに、ベータシート社が変化を好まず現場を知らない人々の会社になりかけていると文句を言った。彼はCEOの職務として会社に常に変化をもたらしていこうとしていた。マークを管理する必要があるというのが取締役会の一致した意見であり、状況をもう少し見守ってみようということでまとまった。

我々に理解できなかったのは、会社に戻れば順調としか言いようのない日が続いていることだった。私はそのことをCFOのサリーから聞かされた。サリーは多くのスタートアップを経験したベテランで、創業時からベータシート社に在籍していた。彼女の見解は冷淡だが的を射ていた。マークは混乱の中を生き長らえ、うまく乗り越えてきたと彼女は言った。しかし問題は、ベータシート社が混乱状態から次の段階へと進まなければならないことだった。会社の規模拡大とともに管理すべきことも増えてマークだけでは手に負えないため、管理していくための社内プロセスや手続きが必要だった。ところが、今後の会社の規模にも対応できるよう社内プロセスを整備すべくサリーが行う提案を、マークはあざけるようにいずれも却下するのだった。彼女は続けてこう言った。「会社は機能不全に陥っています。今や幹部層は、考えるのをやめてただマークの言うとおりにする人間と、自分のことを考えて会社を去ろうとしている人間に二分化されてしまっています。会社はマークを超えて大きくなっているので、今こそ取締役会が決断をすべきときです」。何か手を打たなければならないと真剣に考えつつレストランを後にした。

おそらくマークが起業家として成し遂げたことへの賞賛の気持ちで目がくらみ、彼の限界に気がつかなかったのだろう。しかし変わるべき時が来ていることを彼に気づかせるべく、私はもう何回かランチで説得してみる価値があると考えていた。社内プロセスや手続きを整備する必要があることは、失敗ではなく成功の証なのだと説明する私に、マークは耳を傾けうなずくべきところでうなずいた。その様子から、一定の理解を得られたのではないかと私は思った。しかしこの後マークは、次に市場で何が起こるかわかっているのは自分だけであり、誰もそれに対応しようとしていないと言い出し始めた。

その後の数回のランチで私は体制の移行について話をした。マークにわかってもらうための最後の一撃として、次世代の製品や対象顧客について考えるのはチーフサイエンティストや製品戦略担当責任者の役割だと話をした。スタートアップの段階から脱皮して成長していく会社の社長職を真に楽しめるのかどうかをマークは考えるべきであった。私はマークにいくつかの提言をした。日々の運営について補佐するCOO（最高執行責任者）を雇うべきかもしれない。もしくは会長兼務で製品戦略のトップを務めるのはどうか。他に適当な役割を思いつくであろうか？　これらの代替案はマークが会社をコントロールすることをあきらめなければならないという話ではない。マイクロソフト社のビル・ゲイツやオラクル社のラリー・エリソンを見てみればよい。彼らはいずれも自分が得意ではない部分を任せられる人材をまわりに置いているではないかと。マークは考えてみるとその場では約束した。しかしその後に起きたことから判断すると、レストランを出た瞬間に彼はそういった考えを捨ててしまっていたのだろう。

ついに来るべきときが来てしまった。ベータシート社のすべての幹部が筆頭株主のベンチャーキャピタルの事務所に押しかけ、マークをやめさせなければ集団で辞めるつもりだと言ってきたのだ。当然ながら筆頭株主のベンチャーキャピタルは新しいCEOを雇う決断をした。

懸念したとおり次の取締役会は大荒れになった。マークは「なぜ今まで誰も、新しいCEOを雇おうとしていることを教えてくれなかったのだ」と厳しく文句を言った。しかし当初からマークが「そのうち新しいCEOが必要になることはわかっている」と理解を示していたことを念押しして筆頭株主のベンチャーキャピタリストが次のように言うのを聞いて私はたじろいだ。「会社のためになることをすべきだといつも言っていたではないか。今まで聞いたこともなかったかのように振る舞うのは信じられない」。

私はマークが怒りをぶちまけているのをただ聞いていた。「プロの経営者を雇うことが会社にとって良い話だなんて馬鹿げている。3年間毎週80時間働き、結果を出して会社を大きくしてきたのに取締役会は私からすべてを取り上げようとしている。私は何も間違ったことはしていないし会社は順調だ。会長にするなどというのは私を排除するための方便にすぎない。外から来る人間が我々の事業をどれほど目茶苦茶にしてしまうかあなた方はわかっていない。我々の会社のことを私よりわかる人間は他にいないのだ」。

あたかも定められていたかのような結末となった。会議の後でマークとした話を私は忘れられない。「スティーブン、どうしたらいいんだ。解任に対して戦うべきなのか？ 取締役を解任するのに十分な数の株式を私は持っているのか？ 彼らを追い出すのを手伝ってくれるかい？ キーとなる技術者と科学者をすべて連れて私が辞めるというのはどうだろうか？ 彼らは一緒についてくるよな。たちの悪いベンチャーキャピタリストたちが私の会社を乗っ取ろうとしているのだ。彼らはすべてを台なしにしてしまうだろう」。

プライバシーのため名前は変えてあるが、このような痛々しい会議を何度も見てきた。スタートアップの世界では何らかの形でこの種の会議が毎日起きている。

少し聞いただけで、「マークは不当に会社を追われたのか？ それともベンチャーキャピタリストは会社のためにすべきことをしただけなのか」といった疑問が持ち上がるはずだ。この疑問に対する答えは読者の信念へのリトマス試験と言える。しかしこれとは別にもう1つ、より意味深い疑問がある。もっとうまくコーチをしていればマークはより良いCEOに成長できていたのではないか？ 私がマークをだめにしたのか？ 会社はどのようなCEOを雇うべきなのか？ マークの役割はどうあるべきか？ ベータシート社は半年くらいはマークなしでいたほうがよいか？ 半年ではなく1年？ それとも2年か？ それはなぜか？ 本章を読み終えれば、マークと取締役会が双方とも正解になり得るし、間違いにもなり得ることがわかるようになるだろう。

〉〉〉〉組織構築とは何か

本書の最初の3つのステップでは、顧客を発見し理解すること、エバンジェリストユーザーへの販売によりそれを実証すること、市場と製品需要を開拓することに注力してきた。そして顧客開発モデルの最終ステップとなる次の課題は組織の構築だ。

スタートアップに関するミステリーの1つは、早期の人材確保が勢いと成功を生み出す一方で、混乱、解雇や悪循環にもつながるのはなぜかということだ。なぜある会社はうまくいき、ある会社はいわゆるリビングデッド（訳注：成長せず小さくまとまってしまう企業のこと）になったり資金に行き詰まったりしてしまうのか？ アクセルを踏んで資金の消費速度を上昇させるべきなのか、それとも支出を抑制しサバイバルモードにすべきなのかをどうしたら見極められるのか？

起業に関するもう1つの謎は、なぜ非常に成功している企業の中には大きくなった後も引き続き創業者が経営しているところがあるのかということだ。フォード、マイクロソフト、ナイキ、ポラロイド、オラクル、アマゾン、アップルといった企業はいずれも、「起業家は自ら作った企業にいずれ追い抜かれてしまう」という投資家の格言に相反するものだ。実際これらの企業はそのまったく逆を実証している。すなわち、スタートアップの長期の成功には、従来の格言ではとうの昔に置き換えられるべき期間をはるかに超えて創業者が続投することが必要である。顧客開発プロセスの最終ステップにいるスタートアップは、成長のために創業者を切り捨てようとしている単なる初期段階の大企業ではない。大きく持続的なビジネスに成長するために革新的であり続けることが必要な小企業なのだ。

ところが、自分の会社がシェークスピアの悲劇の続編であるかのごとく起業家が死を迎えることになる。なぜ企業をうまく立ち上げてきたにもかかわらず、成長させる事に失敗してしまう創業者がいるのだろうか？ なぜうまく顧客開発プロセスをうまく実践してきたにもかかわらず、初期の成功をテコにして利益を上げられるようにならない企業があるのか？ 勝者と敗者の違いはどこにあるのか。その秘訣を定量化して表現できないのだろうか。

マークのような起業家にとって、企業を次のステップに進めることは、これまでやってきたことに一層拍車をかけ総仕上げをすることを意味する。しかし、マークが直面したように起業家の生涯はもっとみじめな終わり方になりかねない。他方、大半の投資家は社内プロセスを導入し果実を回収するのためになすべきことはプロの経営者を連れてくることだと信じている。どちらも正しくない。皮肉なことに、メインストリーム顧客に到達すべく会社の勢いと柔軟性を維持させる必要があるまさにそのときに、投資家は会社に官僚主義を持ち込んで失敗させてしまう。一方で起業家たちは自ら作り上げた成功そのものに自らの経営スタイルを適合させられない。

ベータシート社におけるマークの惨事は、創業者と取締役会の双方が顧客開発に全力を注いでいたスタートアップ段階から、メインストリーム顧客を有する大企業へと進化させるための組織構築ステップについて認識が不足していたことを表している。この進化の実現には以下の3つの行動が必要だ。

- □ 初期のエバンジェリストユーザー顧客獲得からメインストリーム顧客基盤の構築へと移行する
- □ 会社の組織、管理体制、企業文化を今後の事業拡大の基盤になるように変えていく
- □ 会社が現在のステージまで来るのに役立った発見と学習という考え方を維持すべく、即応性の高い部門を構築する

しかしながら、栄光にひたって社内だけ見ていればよいという状況では決してない。生き残るためには競合、顧客、市場といった外部環境の変化に対して常に目を光らせ即座に対応しなければならない。

〉〉〉〉メインストリーム顧客基盤の構築

スタートアップと大企業で明らかに異なるのは、表面的には売上の大きさだけであるが、実際にはそう単純ではない。小さなスタートアップからより大きな企業への移行は、必ずしも売上が比例グラフのように伸びて表現されるものではない。売上高を成長させていくには、エバンジェリストユーザーに留まらず、より広範な顧客グループを獲得していかなければならない。そして、メインストリームの顧客基盤を構築していくには自社が参入している市場タイプに合わせて営業、マーケティング、および事業全体の戦略を立てていく必要がある。

今一度繰り返すが、市場タイプを意識することが成功のカギを握っているのだ。市場タイプという戦略上の基本的な選択だけでエバンジェリストユーザーの発掘と攻略方法が変わったように、会社を成長させる方法、そしてそのための経営資源の配分方法も変わる。その理由は、エバンジェリストユーザーからメインストリーム顧客へと売上対象を移行する難易度が市場タイプごとに異なるので、売上成長の曲線が大きく変わってくるからだ。

図6.1の売上成長曲線は新規市場と既存市場の場合のものだが、大きく異なることが一見してわかるだろう。エバンジェリストユーザーの発掘と販売に成功した後も、売上成長率はメインストリームの顧客に対する普及速度によって異なっ

てくる。

つまり、これまでのステップと同様に組織構築においても活動内容が市場タイプによって異なることを意味する。このステージまでたどり着いた多くの起業家は、長旅が終わり、つらい時期を振り返りながらほっと一息ついている。顧客を発見し、繰り返し可能な営業ロードマップも作った。今必要なことは営業社員を採用することで、そうすれば会社を成長させることができる。だが、この常識は誤りである。最も危険な罠は市場タイプに関する理解の欠如だ。市場タイプは、その移行の仕方だけでなく自社にとって必要な人員配置、採用方法、支出にも影響する。

ムーアの洞察はビジョナリー（本書で言うところのエバンジェリストユーザー）がメインストリームにおける買い手の主流ではないということである。したがって、早期の売上実績ではその後のメインストリーム顧客獲得のための営業ロードマップを作成できない。キャズムを渡るには新たな戦略の構築が必要であるとムーアは断言している（図6.2）。

顧客開発はテクノロジーライフサイクルの左端に位置する。キャズムは、エバンジェリストユーザーへの販売がメインストリームにおける販売にうまくつながっていかないときに起こる売上曲線のギャップのことである。ギャップの幅は市場タイプによって大きく異なり、それが売上成長曲線の違いにつながる。このことについてはこの後の第1フェーズで詳しく説明する。

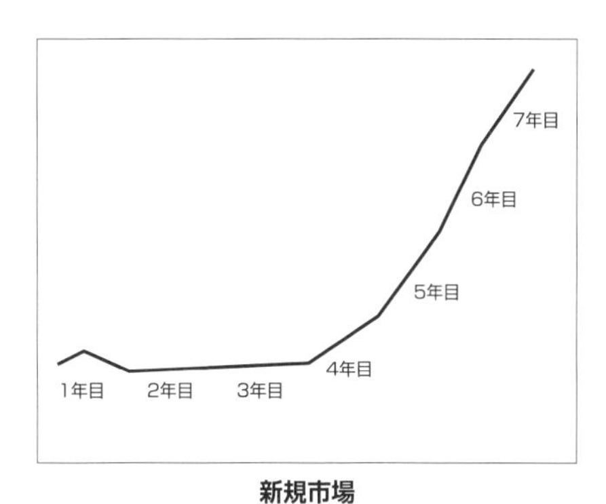

新規市場

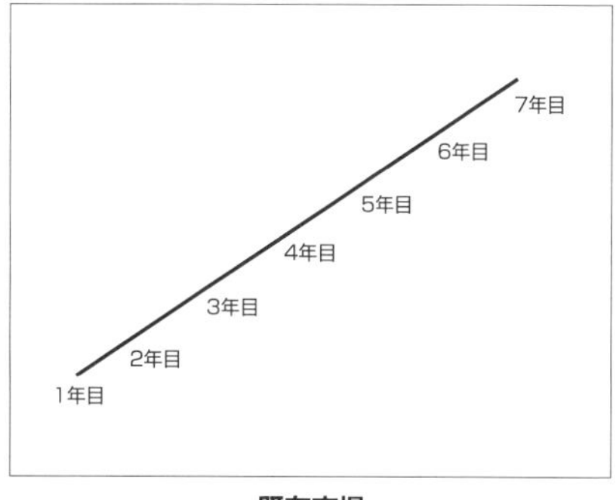

既存市場

図6.1 | 新規市場と既存市場による売上成長曲線

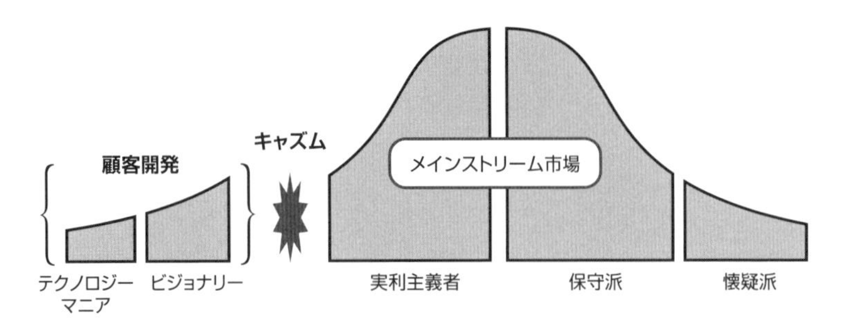

図6.2｜テクノロジーライフサイクルと顧客開発

〉〉〉〉企業内の組織と管理体制の確立

売上が成長し初期の顧客からメインストリームの顧客へと移行するにつれて、企業自体も成長し変化していく必要がある。最も重要な変化は第1に企業の管理体制と企業文化におけるもの、次に機能別の部門の設置によるものである。

〉〉経営組織と企業文化の課題

多くのスタートアップでは組織や企業文化について考えることは少ない。仮に考えているとしても金曜日のビアパーティやソフトドリンクが満載された冷蔵庫といったことか、はたまた単に因習打破主義的な創業者がそうしているだけのことだ。起業家や投資家は、命令に基づく管理形式、プロセス主導の意思決定、人事部主導の就業規則、言われたことを実行すればよいといった大企業に備わっている階層的な組織と企業文化を完成させ、早期に大企業へと転換できれば成功であると想定しがちである。この結果、小企業にはあまりにも早い段階で官僚主義がはびこることとなる。このような考えは無秩序で不安定な市場に秩序と安定を課せば成功が予見でき、それを繰り返すことができるという信念から来るものであり、誤りである（逆説的に言えば、はじめから秩序の形成を目標にするとスタートアップは決して立ち上がらない）。

メインストリーム顧客への移行期にあたる顧客開発モデルの最終段階では、メインストリーム市場は依然として不確定要素に満ちており大企業の組織と企業文化を単に真似するだけでは有望なスタートアップの「終わりの始まり」になってしまうということを、スタートアップのCEOをはじめ経営陣および取締役は認識すべきである。マークが去った後の4年間にベータシート社に起きたことを考慮すべきだ。ベータシート社は早い段階で成功したので、創薬ビジネスの経験豊富な従来タイプのCEOを採用することができた。彼女はまさに営業部隊が売上目標を達成できなくなった頃に就任した。顧客は目論みほど早く製品を受け入れなかったのだ。新CEOは営業部隊を大幅に縮小し営業担当責任者を変えた。そしてマーク時代からの経営チームを見渡し、営業、マーケティング、事業開発の経営幹部をそれぞれ大企業出身の経験豊富な人間に取り替えた。

そのような大荒れのスタート後、18ヵ月間は売上も会社も成長を続けた。ベータシート社の一時過激とも言われたアイデアも製薬会社に徐々に受け入れられていった。そして売上も再び計画どおりになった。取締役会と証券会社はIPOの話を始めた。しかし、同社の経営陣が気づかない間に暗雲が立ち込め始めていた。

ベータシート社の顧客の中でも大手の企業は、この創薬支援ソフトウェアの戦略上の重要性を悟り独自に社内開発の準備を始めていたのだ。しかもベータシート社の新規市場創出活動は顧客を教育しただけでなく、競合企業にこの事業機会の魅力を認識させることにもなった。そしてついに売上が、初期の成功から予想される成長速度から乖離し始めた。同時に新規参入企業や既存企業から似たような製品が出始めた。

社内でもいろいろな変化が起こり始めていた。マークが去っただけでなく、その後18ヵ月で優秀な技術者や営業社員が退社し始めた。従業員による新たな取り組みや革新的なアイデアは奨励されず、すべての意思決定に上層部の承認が必要とされた。教科書どおりに動かなければ昇進に影響することが暗黙の了解となった。しかも、営業部隊と製品開発部隊、営業部隊とマーケティング部隊における3年越しの社内のいざこざは競合他社との争いと同じくらい激しくなっていた。社内の各部署はそれぞれが異なる利益、ときには相反する利益の追求を始めた。営業部隊とマーケティング部隊が毎月のように優先順位を変更するため新製品はなかなか完成しなかった。3年目に始まった売上の減少は4 年目には急激な負のスパイラルへと進行し、ついに創業5年目で会社は操業停止となった。

ベータシート社の事例は悲惨ではあるが、急成長中のスタートアップの話としては珍しいことではない。起業家的な経営陣をプロセス指向の経営陣に差し替えて会社がだめになることは日常茶飯事だ。問題は多くの創業者や投資家が会社組織や企業文化として、スタートアップ時の混乱か大企業の厳格さという両極端な2つしか選択肢を持ち合わせていないように思えることだ。

この章では第3の選択肢を提案する。スタートアップが成功するためには会社組織と企業文化を成長に応じた3つの異なるステージを経て変遷させていく必要があるというものだ（図6.3）。

第1段階は顧客発見、顧客実証、顧客開拓の3ステップにまたがり、顧客開発と製品開発の部隊が中心となる。第2段階は企業基盤の構築期で、拡大を続けて早期の顧客とメインストリームの顧客の間のキャズムを渡るためのミッション中心の組織である。そして、さらに企業が大きく成長したときには、繰り返し可能で拡張可能なプロセスを構築するために、プロセス中心の組織になる。経験豊富な経営幹部はプロセスの概念を理解しているが、ミッション中心であることが何を意味するのかを理解している人は少ない。大組織へ移行しキャズムを渡るためには、スタートアップは俊敏な企業にならなければならない。すなわち、はるかに大きな人的規模で小さな起業家的組織と同様のスピードで反応できるようになることだ。そのような俊敏さを実現するには、各部署や従業員の日々の活動の指針として文書化され広く浸透する企業のミッションが必要である。第2フェーズや第3フェーズで述べるが、このミッション中心の遺伝子が会社全体の文化として普及しなければならない。

組織が成長するためにはこれらの変化が必ず起きなければならない。創業チームのメンバーが会社を引き続き運営したければ、自らも同様に変化しなければならない。自ら意識して変化を遂げ、それを十分に受け入れ、管理方法の変化を主導していかねばならない。ベータシート社ではマークがこのような進化を理解できず、彼と会社がともにそのつけを払う結果となった。

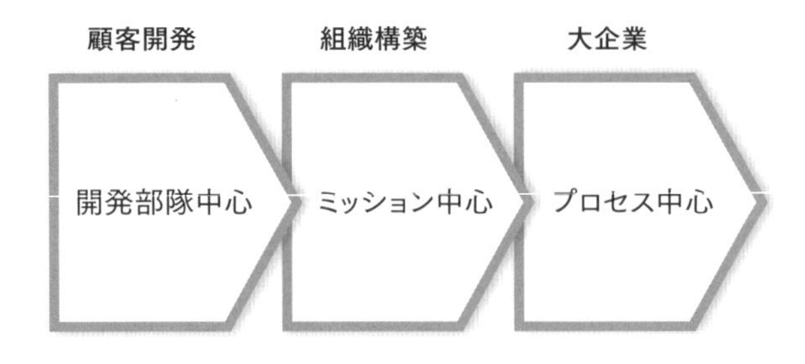

図6.3｜スタートアップから大企業への進化の段階

〉〉顧客開発部隊から機能別組織への変革

顧客開発モデルに従ってきていれば、すでに最初のミッション中心の部隊を構築済みである。本ステップの第3フェーズでは顧客開発部隊のミッション中心の文化を維持しつつ、その部隊を企業のミッションの実行とサポートをしていくために組織された部署へと変革する。

まず部署を作り、それから部署の存在を肯定するためにミッションを作り出すのだと取り違えないでもらいたい。非常に多くのスタートアップが、型にはまった組織モデル（すべての企業に営業、マーケティング、事業開発の部署が必須であるという考え）にならって伝統的な部署を構築し、人員配備を行い、拡大することが成長であると誤解している。これとは対照的に顧客開発モデルにおいて次のステップは、顧客指向のミッションに依然注力しつつ管理・組織化のための階層を追加することであり、単に部署を作って人員数を増やすことではない。成し遂げたいことは、同じミッションを引き続き追いかけつつも日々の直接的な管理なしでも運営できるよう、戦略的な目標を担当者レベルまで落とし込むための管理システム構築やそのための組織作りを行うことである。

経営幹部を採用するときに、履歴書に記載された経歴のみを評価するのではなく価値観を共有できるかどうかという観点を大切にすることによってのみ、これが成し遂げられる。同時に、新しく追加された管理のための階層を構成する人材は、カリスマ的創業者に対するイエスマンではなく、それぞれが自身の権限内におけるリーダーでなければならない。実際に実行をするすべての人々に対して、管理者がリーダーとして会社のビジョンを伝えていく。私自身は、会社更生法のチャプター11[※1]から脱出したばかりのスーパーマック社のマーケティング担当責任者を引き継いだことで、職業人生の早い段階でこの原則を学んだ。部署の管理者にミッションが何であるのか聞いてまわったが返事はばらばらであった。展示会担当部門の責任者は「展示会にブースを出すことだ」と答えた。他の管理者の説明も似たようなものだった。PRグループの長はプレスリリースを作るためと言った。プロダクトマーケティング部門の長はデータシートと価格表を作ることが仕事だと言う。なぜマーケティング部門が展示会に出展し、プレスリリースやデータシートを作らなければならないのかと全員に問いただすと、一番まともな回答でさえ「それは仕事だからだ」という始末だった。ミッションに関する明確さの欠如は間違いなくリーダーシップの失敗である。私はその後

※1　米連邦破産法第11章のことで再建型倒産処理手続きを内容とするもの。

すぐに彼らのミッションについて社員教育を始めた。名刺の肩書きにはたしかに日々果たす機能が書かれているがそのこと自体が仕事ではないことをメンバー全員に理解させるのに、1年の月日と数名の交代を余儀なくされた。スーパーマック社のマーケティング部門のミッションは以下のようなものであった。

- □ エンドユーザーの需要を開拓すること
- □ その需要を販売チャネルにつなげること
- □ 販売チャネルを教育すること
- □ 技術部門が顧客のニーズを理解するための支援をすること

これら4つの単純な文章によって共通のミッション（部内会議の最初に声に出して復唱させていた）に基づくマーケティング部門がようやく実現された。社内の他の人間すべてが、マーケティング部門は何を日々しており、どうすればその成否がわかるのかを知ることとなった。顧客開発部隊がどのようにしてミッションに牽引された機能する組織へと変化するのかは第3フェーズで学ぶ。

〉〉〉〉即応性の高い部門の構築

顧客開発部隊やミッション中心の組織においては、行うべきことが日々変化する。学習と発見のための組織において不変なのは、日々発生する変化と、変化に対応し続けるというミッションだけである。これに対してプロセス主導の組織はうまく機能することがわかっていることを繰り返すように設計されており、変化はほとんどない。日々行うことが同じであることが正解であり、驚きもなく迅速な変化もない。

測定可能な目標を設定し、専門家なしで繰り返し可能な手順を構築するには、プロセスが必須である。プロセスとは大企業がさらに成長するために、スーパースターがいなくても部署や会社が拡大する方法である。プロセスのおかげで大企業は規則を順守する平均的な社員を何千人と雇用し、事業が計画どおり推移しているかどうかを確認できる。組織におけるプロセスとは、手続き、規則、評価、目標および安定性を意味する。

多くの起業家が最も嫌うのがプロセスで、成功にプロセスは不要だと心底信じている。しかし、彼らがその代わりになるものを持ち合わせていることはまれである。そこで解決策になるのが即応性の高い部門である。

即応性の高い部門を設置することで、学習と発見の段階から大企業に必要な機能別の部門への自然な進化が可能となる。即応性の高い部門は会社の俊敏さを維持して死後硬直状態に陥るのを回避する。即応性の高い部門については第4フェーズにて詳細に議論する（図6.4）。

組織構築ステップは4つのフェーズからなる。第1フェーズでは売上成長に合わせた採用、支出、そして徹底した実行により、売上の対象をエバンジェリストユーザーからメインストリーム顧客へ移行するという次なる大きなハードルへの準備をする。

第2フェーズでは、現状の経営陣を見直し、さらに拡大できるかどうかを評価する。このフェーズでは企業を拡大するために欠かせない手段であるミッション中心の組織と企業文化を作ることに注力する。

第3フェーズでは、会社が蓄積した学習と発見のすべてを活用し、顧客開発部隊を機能別の組織に再編成する。部門ごとのミッションを定義することで企業全体のミッションを下支えできるように各部門を方向づける。

顧客開発の最後となる第4フェーズでは、企業は拡張性、スピード、機動性を追求するため即応性の高い部門を構築していく。ここでは競争相手よりはるかに素早いテンポで移動したり競合や顧客に反応するために、軍事コンセプトであるOODA（Observe-Orient-Decide-Act：情報収集・情報分析・意思決定・作戦行動）を活用する。それには各部署が顧客に関する最新情報をすぐに入手し、

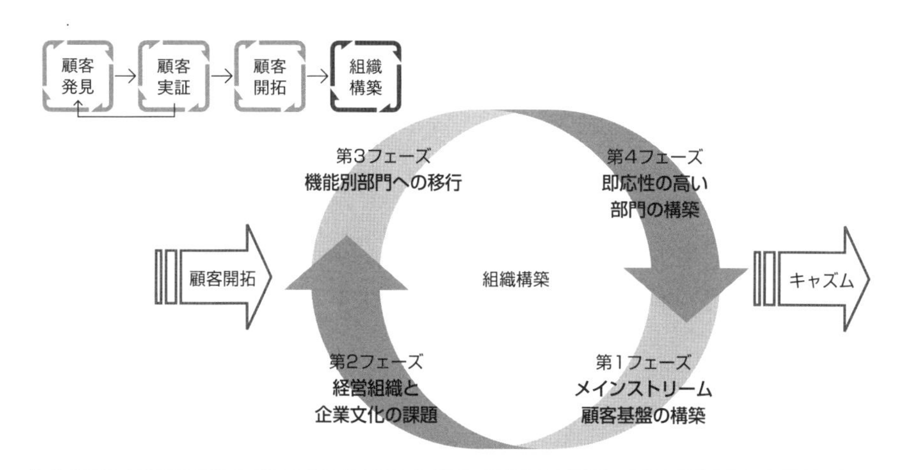

図6.4｜組織構築：プロセス概要

全社で素早く共有できるようにすることが必要だ。

〉〉〉〉第1フェーズ：メインストリーム顧客基盤の構築

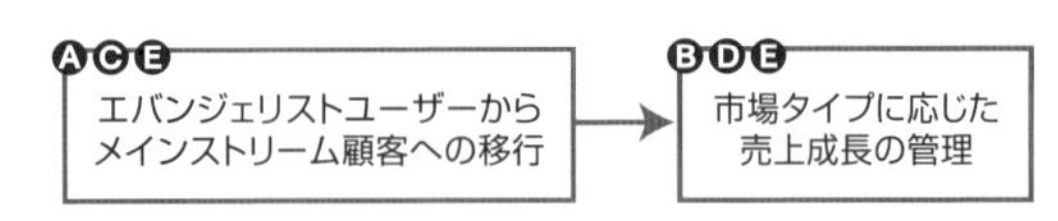

これまで顧客開発に長い時間をかけてきた。このフェーズは成功するスタートアップ構築のためのハードワークの総決算である。これまでエバンジェリストユーザーを獲得し、企業と製品のポジショニングを行い顧客の需要を開拓してきた。これらはすべて、スタートアップから業界で突出した企業へと変貌する牽引車となる大量のメインストリーム顧客を狙うための準備であった。

前述したように、ビジョナリーとメインストリーム顧客の間に存在する不連続性としてキャズムというコンセプトは非常に有用であるが、キャズムの大きさとそれを越えるための時間は市場タイプごとに異なることを理解しなければならない。そこで、ここでは顧客層の移行と売上成長曲線が新規市場、既存市場、再セグメント化市場でいかに異なるのかを考えてみたい。市場タイプごとの顧客層の移行と売上成長曲線を理解すれば、マスマーケットで受け入れられるタイミング、採用戦略や資金需要、その他企業が適切に成長していくための重要な要素を予測できるようになる。売上成長曲線はなすべきことを、キャズムはなぜそれが必要なのかを教えてくれる。

これらを理解することはメインストリーム顧客を狙ううえで重要である。ここでは、以下の点が課題となる。

- □ 顧客層の移行が市場タイプごとにどのように異なるかを理解しながらエバンジェリストユーザーからメインストリーム顧客への移行を管理する
- □ 企業や市場タイプに合った売上成長を管理していく

本フェーズの最終目標は、(1) 市場タイプに適したキャズム越え戦略と (2) 市場タイプに適した売上利益計画と資金繰り計画という2つの成果を出すことだ。

〉〉メインストリーム顧客基盤の構築：Ⓐ新規市場におけるエバンジェリストユーザーからメインストリーム顧客への移行

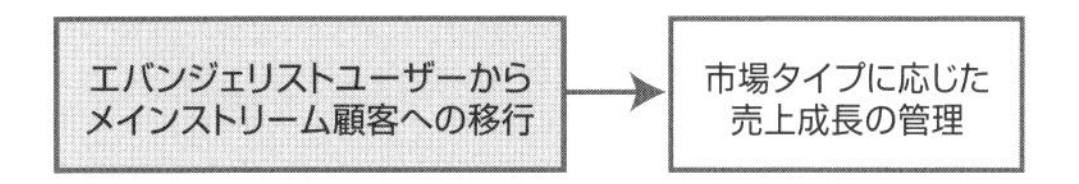

新規市場では購入の動機が、初期の顧客とメインストリーム顧客の間で大きく異なる。顧客実証ステップで獲得したエバンジェリストユーザーは目の前の大きな課題を解決したがっていたか、企業の場合には革新的なブレイクスルーにより大きな優位性を得たいと考えていた。しかし実際には顧客の大半は実利主義者でありエバンジェリストユーザーではない。彼らはエバンジェリストユーザーと異なり段階的な変化を望んでいる。その結果エバンジェリストユーザー向けに構築してきた営業プロセスは大量販売にはつながらない。エバンジェリストユーザーは相当な不具合も我慢してくれるが、実利主義者は受け入れない。しかも彼らは、エバンジェリストユーザーのことを参考例として考えず信用すらしていない。参考にするのは他の実利主義者だ。このようにエバンジェリストユーザーと実利主義者にはほとんど共通点がないことがキャズムを作っているのだ。

新規市場では、ビジョナリーの熱狂とメインストリーム顧客の受け入れの間のギャップが最も広い（図6.5）。このギャップの広さが新規市場で見られるホッケースティック状（ホッケースティックについては図6.6を参照）の売上成長曲線の原因だ。エバンジェリストユーザーへの販売によって最初の数年間にちょっとした売上が上がった後、マーケティング担当者が実利主義者に製品の価値を認めさせ、営業部隊がまったく異なるその顧客層への販売方法を学ぶまでの間、売上はしばらくの間フラット、場合によっては若干の減少が続くことになる。

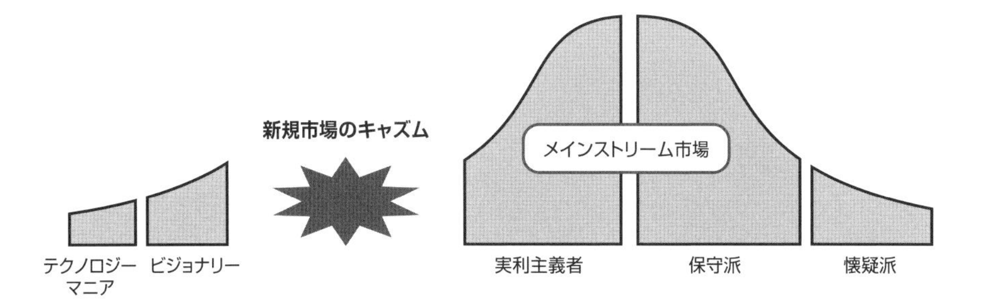

図6.5 | 新規市場におけるキャズム

売上が立ち始めるまでの長期の断絶に加えて、新規市場ではキャズムをはさむ両側で深刻な販売リスクが存在する。キャズムの手前でエバンジェリストユーザー向けの繰り返し可能な販売プロセスがあまりにもうまくいってしまい、さほど大きくはないものの繰り返し可能なビジネスに営業部隊が安住してしまうことだ。実際、メインストリーム顧客に到達するための新しい営業ロードマップを構築する準備をせず、すべてのエバンジェリストユーザーに販売するうちにビジョナリー市場を攻め尽くしてしまうかもしれないのだ。キャズムの対岸におけるリスクは、いつまでもそこへ到達できない可能性である。新規市場ではメインストリーム顧客である実利主義者は製品を採用する意義を見出さないかもしれない。特に経済情勢が厳しい時には、たとえそれが役立つとわかっていても誰もイノベーターになりたいとは思わないものだ。消費が低調な場面では革新的なアイデアを持つ新しい企業にとってメインストリーム顧客は手強く、時には入り込みきれない顧客層となる。

他にもリスクはある。競合企業だ。製品の利便性について新規市場を教育することに何年も先行投資したにもかかわらず、後発で市場に参入しあなたが先行して行った市場の教育に相乗りしてキャズムを克服し、果実を刈り取ってしまう企業、いわば「素早い追随者」に負けてしまう可能性もある。即応できる組織を構築してスタートアップより速く顧客を発見し学習する企業にスタートアップが負けてしまうことは珍しくない。

これらのリスクは壊滅的に聞こえるかもしれないが、必ずしもそうとは限らない。最も危険なのは新規市場における顧客の特性を理解しないことである。さらに悪いのは、それをわかっていながらエバンジェリストユーザー向けの営業モデルからチェンジし大量の顧客を狙うリスクを取らないことだ。これは投資家と会社にとって大々的な悲劇になり得る。

新規市場でメインストリーム顧客を獲得するには、既存市場や再セグメント化市場とは異なる営業・マーケティング戦略を策定しなければならない。たとえば、既存市場のように大量の顧客を獲得するために単に大量の営業担当者を雇うのではなく、希少なエバンジェリストユーザーを獲得し、それをメインストリーム市場への足掛かりにしなければならない。既存市場を再セグメント化する場合と同様だが、話を聞く準備のできていない聴衆に向けて多額の費用を投じてブランディングのキャンペーンを行うのでなく、数は少ないが効力のあるエバンジェリストユーザーを活用してメインストリーム市場を勝ち取らなければならない。

表6.1｜新規市場におけるエバンジェリストユーザーからメインストリーム顧客への移行戦略

戦略	施策
ニッチ市場の創出によるキャズム越え	1つの特定の市場、用途、企業の種類における実利主義者に営業努力を一点集中させる。リファレンスとして口コミを使う。メインストリームにアピールするようにホールプロダクトを用意する
ティッピングポイントの創出	ビジョナリーの数が臨界点に達するまで個々の販売に注力する。その後は多少の顧客の増加で市場が刺激され、一気に大きな動きを得ることができる。バイラル（口コミ）マーケティングはティッピングポイント戦略の一例

よく知られている2つの戦略がある。1つはニッチ市場を見つけることで「キャズム越え※2」を行うというもの、もう1つはいわゆる「ティッピングポイント※3」を作るというものだ。表6.1にこれらの戦略について整理した。

いずれの戦略も広く知られているが、スタートアップでいつも成功しているわけではない。これらの戦略は新規市場においてはうまくいきやすいが、すべての市場でうまくいくというわけではない。キャズム越えとティッピングポイントは少数の信奉者をマスの流れに変えていくときに最も向いている。参考例となる1つの市場、用途、業界、企業の種類（すなわち、ニッチ）に注力するよう営業担当者を仕向けることで初期のエバンジェリストユーザーへの販売実績を作り、次にメインストリームのエコノミックバイヤーに売り込むというのがキャズム越えだ。メインストリームの買い手は完璧なソリューションである「ホールプロダクト」を必要とする。一方、伝染病の拡散にも似ているティッピングポイント戦略は群集本能をテコにする。すなわち一定数以上のビジョナリーが製品を推奨すると、みんながそれに取り残されないように同じものを買い出すというものだ。企業や製品にティッピングポイント戦略を適用する場合、本物の流行だという認識を顧客に持たせて群集効果を意図的に作り出すことが目標となる。

〉〉メインストリーム顧客基盤の構築：Ⓑ新規市場における売上成長の管理

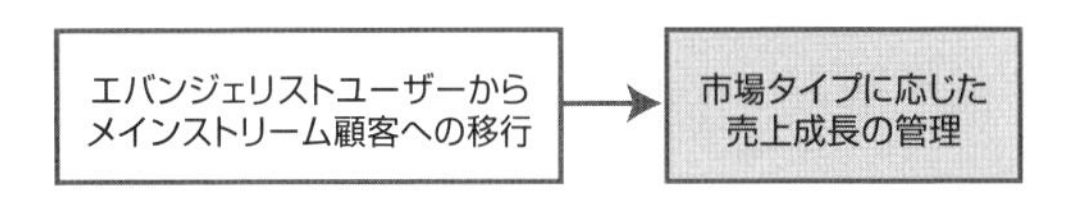

新規市場のスタートアップでは果実を得るまでに長い時間がかかるということ

※2　ジェフリー・ムーア『キャズム Ver.2 増補改訂版』（翔泳社、2014）を参照。
※3　マルコム・グラッドウェル『急に売れ始めるにはワケがある――ネットワーク理論が明らかにする口コミの法則』（SBクリエイティブ、2007）を参照。

をベンチャーキャピタリストが認識して久しい。ベンチャーキャピタルは、それを「ホッケースティック型の売上成長」と呼んでいる。図6.6のようにエバンジェリストユーザーへの売上によって小さなコブができるが、新規市場における売上は最初の数年はゼロに近い。顧客を教育し、メインストリーム顧客を狙う新しい営業ロードマップとチャネルロードマップを策定し、長期にわたり経営力と経営資源を維持できる場合でしか、売上は指数関数的に伸びない。

売上がほとんどない日々を予見する他に、新規市場における売上がまったくないスタートアップにとって重要な指標をこの売上成長曲線からいくつか導き出せる。

- ☐ 資金需要：売上が上がるようになるまでいくら資金を調達する必要があるのか？
- ☐ 資金繰り／資金の消費速度：資金残高と資金の消費速度をどのように管理すべきか？
- ☐ 市場教育／普及計画：どのくらいの教育が必要か、そして市場が十分な大きさになるまでにどのくらいの期間がかかるか？
- ☐ 採用計画：新規市場ではマーケティング費用の多寡は需要とは無関係なので、いつどのような理由でマーケティング部門が必要になるか？　同様に、営業部門はどうか？　市場の開拓が重要であるが現場における営業担当者数と売上に相関がない場合、営業部門はいつどのような理由で必要になるか？

これらの疑問点が示唆するのは、新規市場での組織構築とは、売上が上がる

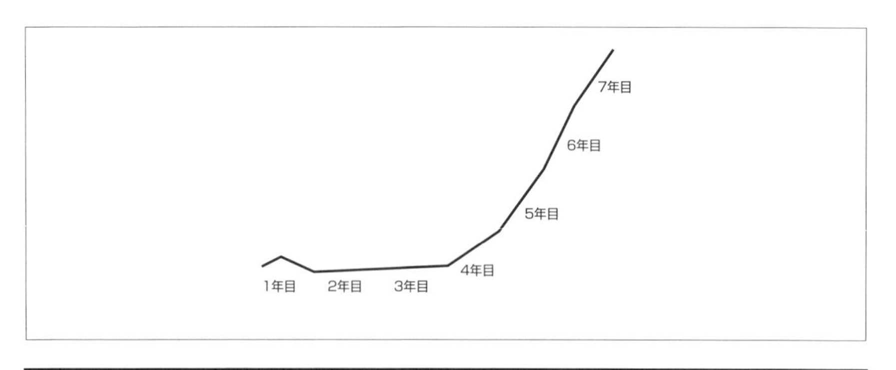

図6.6｜新規市場における売上成長：ホッケースティック型

までいかに経営資源を節約しつつ情熱を持って市場を啓蒙し立ち上げていくかに尽きるということである。顧客実証ステップでエバンジェリストユーザーに販売した際の学習が、「現実的に最初の数年で何件の初期顧客を見つけることができるか」を考える際に参考になる。その質問に対する解が売上・費用計画の策定やメインストリーム顧客の獲得によって売上が上がるようになるまでの必要資金の把握に役立ってくる。

新規市場を創出する際の最後のリスクは市場そのものが非現実に終わる場合だ。言い換えれば初期のビジョナリーの他に事業を支えるのに十分な顧客がいないかもしれないということである。しかも悪いことにほとんどの企業は資金がショートする直前までそれに気がつかない。その段階では企業をポジショニングし直すには遅すぎる。実現しなかった新規市場としては家庭用ドライクリーニング製品、低脂肪のスナック食品、スマートカード(ICチップ入りのクレジットカード)、1980年代前半の人工知能市場、1990年代前半のペンコンピューティング市場などが挙げられる。よって、ポジショニングの選択において新規市場を選ぶ前に、起業家や企業は予想される資金の消費速度を認識し投資家や共同創業者の考え方も確認の上、皆が納得したうえでその道を進むべきだ。

〉〉メインストリーム顧客基盤の構築:Ⓒ既存市場におけるエバンジェリストユーザーからメインストリーム顧客への移行

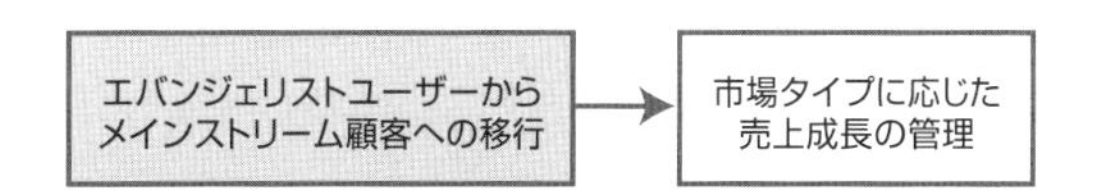

既存市場ではエバンジェリストユーザーとメインストリーム顧客の間の不連続性というものは存在しない(図6.7)。ビジョナリーと実利主義者が同じタイプの顧客だからである。確立された市場では製品とその利便性はすべての顧客に容易に理解できる。そのため既存市場では、営業部門が新たな営業ロードマップを学び新たな顧客層を教育するといった無政府状態の期間はない。売上成長や市場シェアを決めるのは差別化のみである。キャズムが存在しないことは、市場攻略の機が熟しておりひたすら実行するのみであることを意味する。問題は、顧客は製品とその利便性を理解しているが、既存製品ではなくあなたの企業の製品を買う理由は理解していないことである。

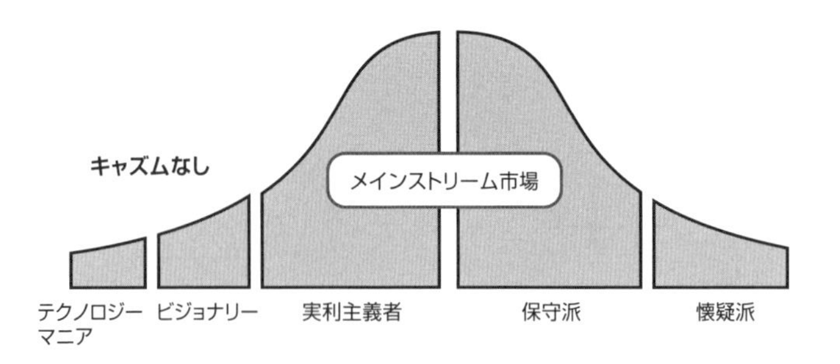

図6.7｜既存市場におけるキャズム

ここにまさにポジショニング※4やブランディング※5の意義がある。ポジショニングやブランディングは企業や製品を差別化するための一般的な方法だ。時折この2つの言葉は同義語として使われるが、それは誤りだ。そして、この2つの違いは重要だ。既存市場では市場シェアが第1目的であり、競合他社にとってもそれは同じだ。ブランディング（皆が製品を知っていて会社を素晴らしいと考えること）ではなく、ポジショニングすなわち価値（皆がなぜその製品がより優れているかを知っていてその製品を欲しいと思うこと）の確立こそが、最も早くかつ安く行える企業と製品の差別化の方法だ。顧客が製品やサービスを認識しているだけでなくその特徴まで言えるようになればポジショニングが成功したと言える。ポジショニングに成功するとエンドユーザーに製品需要が生まれる。これに対してブランディングが活きるのは市場を再セグメント化しているときだ。既存市場でブランディングにお金をかけても、潜在的な顧客はあなたの企業について知っているものの最終的には依然として他社から購入する、という結果になりかねない。

〉〉メインストリーム顧客基盤の構築：Ⓓ既存市場における売上成長の管理

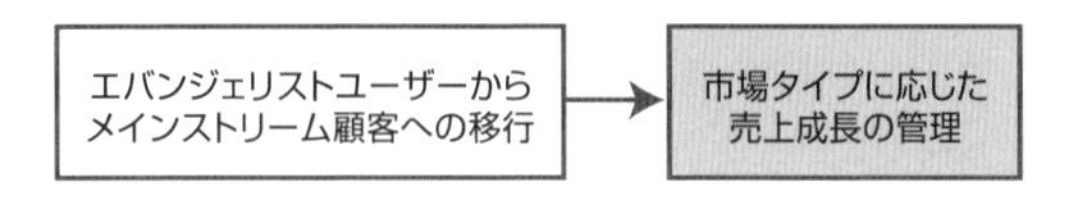

既存市場では顧客実証ステップと顧客開拓ステップで自社独自の優位性を理

※4　アル・ライズとジャック・トラウトの共著『ポジショニング戦略』（海と月社、2008）を参照。
※5　アル・ライズとジャック・トラウトの共著『マーケティング22の法則』（東急エージェンシー出版部、1994）を参照。

解する顧客の存在がすでに証明されている。理想的には、マーケティング部門が製品をうまく差別化し、今まさにエンドユーザーの需要を開拓して流通チャネルにうまく導いているはずだ。そして営業部門も果実の収穫に必要な規模になっている。すべてうまくいっていれば既存市場では年度別の売上のグラフはまっすぐな右肩上がりの直線になっているはずだ（図6.8）。そして、作成すべき計画は標準的な売上予測と採用計画である。

幸運にもこのタイプの市場でこの段階まで来ているならば、事業を拡大させることとは以下の課題に取り組むことを意味する。

- ☐ **資金需要**：現金収支が黒字化するまでにどのくらいの資金が必要か？
- ☐ **採用計画**：市場を獲得するのに十分な速度で体制を拡大できるか？
- ☐ **製品ライフサイクル**：売上が理想的な右肩上がりの直線状であり続けるには優位性が維持されることが前提条件であるが、製品計画には今後投入する製品が用意されているか？
- ☐ **競合企業の反応**：ほとんどの競合企業は何か手を打ってくるものだ。そうなった場合どう対応するのか？

既存市場において組織構築とは、製品ライフサイクルと競合企業の反応を極めて敏感に意識しながら、徹底した営業戦略の実行により市場を獲得することに他ならない（1970年代にクライスラー社のミニバンがマスマーケットを開拓した後、無数の自動車メーカーがSUVを投入し始めたのを思い出してほしい）。このタイプの市場は混み合って競争が激しいので、右肩上がりの売上がいつ反転してもおかしくない。

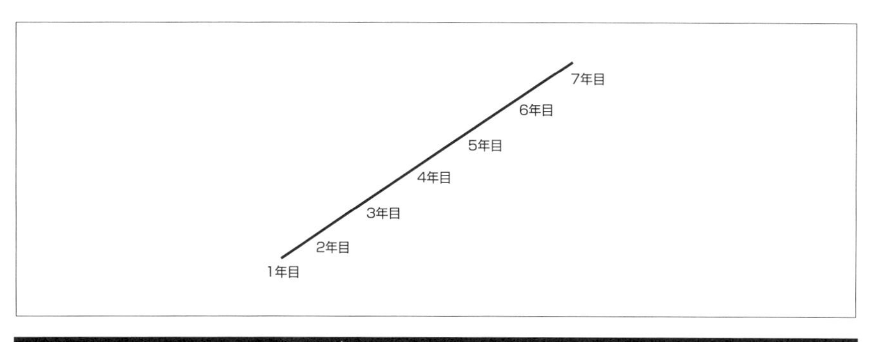

図6.8｜既存市場における売上成長

〉〉メインストリーム顧客基盤の構築：Ⓔ再セグメント化市場におけるエバンジェリストユーザーからメインストリーム顧客への移行

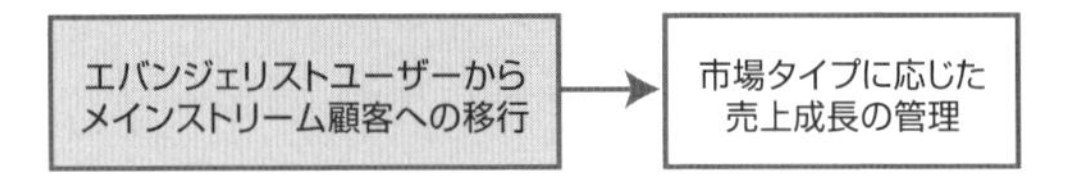

再セグメント化市場の戦略は新規市場と既存市場の戦略の折衷案となる（図6.9）。エバンジェリストユーザーとメインストリーム顧客の間の不連続性は新規市場ほど大きくないが、従来ない会社と製品ということ自体が十分な購買理由に値することをメインストリーム顧客が納得するまで時間がかかる。

このタイプの市場ではキャズムについて2つのリスクがある。1つはビジョナリーへの販売で満足してしまうことである。規模は小さめだがそれなりの売上が実現できる十分な数のビジョナリー顧客がいるため、拡張性のあるビジネスモデルを構築したと勘違いしてしまうのだ。実際は競争の激しい既存市場から多少の売上を奪ったにすぎない。このタイプの市場においてキャズムを越えるということは、新たに定義した市場のどこが新しくてどこが今までと違うのかということを教育して多数のメインストリーム顧客を引き付けることを意味する。これは新規市場に参入する場合の課題と一部共通する。しかし、新規市場において利用したニッチマーケティング戦略やティッピングポイント戦略ではなく、メインストリーム顧客を狙うためにはブランディングとポジショニングを利用する。ブランディングとポジショニングに関する従来型の知見が活きるのが市場の再セグメント化の特徴である。マーケターは自社や自社製品を既存市場に対して差別化するためにこれらの戦術を使う。たとえば、家電市場ではサブゼロ社、ミエレ社、ボッシュ社は台所用品で「高級で機能満載」という新しい市場セグメ

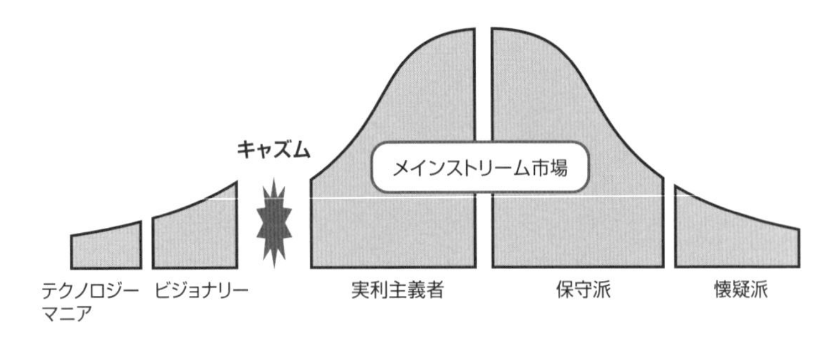

図6.9｜再セグメント化市場のキャズム

ントを作った。なぜ単なる冷蔵庫や食器洗浄乾燥機に高額を払わねばならないのかと消費者は当初困惑した（少なくとも米国では）。しかし優れたマーケティングやポジショニングがなされた後、従来は退屈だった白物家電がステータスの象徴と化したのである。同様の成功例はその他の業界にも存在する。スターバックス社は49セントぽっちだったコーヒー1杯の価値を3ドルへと引き上げた。デル社は普及品であるパソコンを利用者ごとにカスタマイズできる製品にした。ペリエ社やカリストーガ社は究極の日用品である水を炭酸分以上に課金できる高級商材に変貌させた。

このような多数の成功例はもう1つのリスクを示唆する。すなわち既存市場を再セグメント化するには多額の費用がかかるのである。そして、優れたマーケティングやポジショニングを最後まで成し遂げるには十分まとまった資金が必要である。参入して再セグメント化できる既存市場があったとしても既存企業以上にあなたのメッセージを聞いてもらう必要がある。市場の再セグメント化を目論むスタートアップは消費者心理に持続的な影響を与えるためのコストと時間を甘くみるきらいがある。

第5章の顧客開拓ステップで、マーケティングでよく犯す過ちにポジショニング戦略に基づかずに広告や販売促進活動を行うことが挙げられると述べた。ポジショニング戦略はブランディングの大前提だ。多くのマーケティング担当責任者がポジションを明確にせずにブランディングのキャンペーンを行っている。ブランディングにはお金と時間がかかる。そして、心の奥底からの反応を引き出すよう行われなければならない。新しいセグメントの意義を明確化し製品への需要を喚起するのにはポジショニングを利用する。そしてそのセグメントの意義を再認識させ、ホッケースティックのように指数関数的に需要を伸ばすのにブランディングを使ってもよい。

繰り返すが、ブランディングやポジショニング戦略はよく知られているものの多くのスタートアップで誤って使われている。これらの戦略は新規市場では高くつき致命傷にさえなる（そのためにほとんどのドットコム企業が湯水のようにお金を使った）。しかし再セグメント化市場では重要な戦略だ。ブランディングとポジショニングにより少数のエバンジェリストユーザーをマスマーケットへと変化させるのだ。しかもマスマーケットの顧客には自分たちが依然として少数派でエリート集団だと信じさせつつである。

〉〉メインストリーム顧客基盤の構築：

Ⓕ再セグメント化市場における売上成長の管理

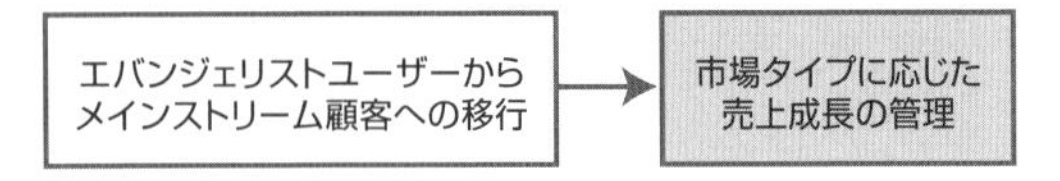

再セグメント化市場の売上成長は、新規市場と既存市場の売上成長モデルを複合したものであるため複雑な足し算引き算の結果になる。良い点としては、製品をすぐに理解できる顧客が既存市場に存在することだ。競争は激しくとも、予想よりも早く一定の売上水準には到達できる。しかしこれらの初期の売上で成功したと誤解してはならない。市場が新しいセグメントを理解し受け入れるまでは爆発的な成長にはつながらないからだ。この結果、売上成長曲線は図6.10のような形になる。再セグメント化市場での売上成長に関する課題は以下のとおりだ。

- ☐ 資金需要：現金収支が黒字化するまでに必要な資金はどのくらいか？
- ☐ 市場教育にかかるコスト：新しいセグメントを周知させ定着させるのに必要な継続的な費用を企業は用意できるか？
- ☐ ポジショニングとブランディングのコスト：市場を再セグメント化する場合には差別化すべき対象が明確であるが、そのためのポジショニングとブランディングには相当な費用がかかる。予算は十分にあるか？
- ☐ 採用計画：売上が立ち上がるまで新規採用せずに最初の営業部隊だけでやっていけるか？

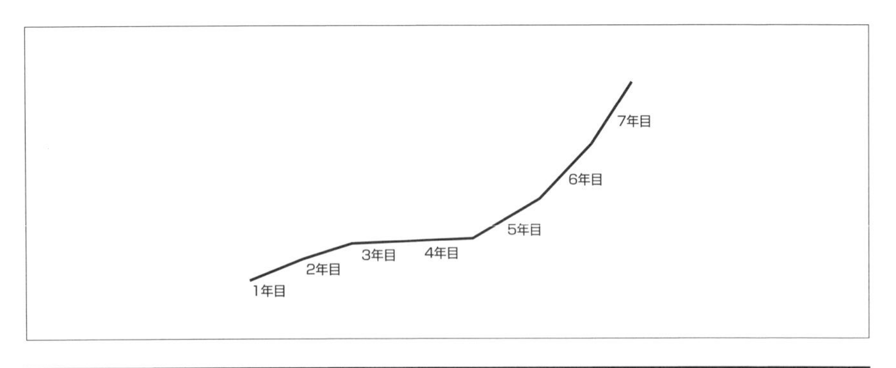

図6.10｜再セグメント化市場の売上成長

□ 市場評価：再セグメント化がうまくいかない場合にはどうするか？ 多くのスタートアップはリビングデッドと化す。どうしたらそれを避けられるか？

再セグメント化市場の組織構築は新規市場の場合に似ている。新しいセグメントがホッケースティック状の売上成長を実現する規模になるまでは、経営資源を節約し熱意を持ってその新セグメントを広めて成長させることが成功のカギとなる。新規市場と同様に、リスクの1つは新セグメントが実現しないことである。この場合、十分な特徴がない製品で既存市場の複数の競合企業と戦うことになる。

〉〉〉〉第2フェーズ：経営と企業文化の課題

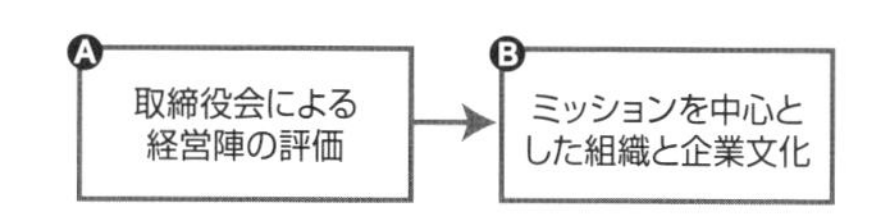

組織構築ステップでは学習と発見、そしてエバンジェリストユーザー獲得に注力した組織から、メインストリーム顧客を開拓し獲得することにすべての経営資源を投入する組織へと移行するための準備を行う。この移行を実現するために、経営陣がそれを主導できることを評価・確認する必要がある。

経営陣の評価は各個人にとっても会社全体としても心が痛むことかもしれない。このプロセスは取締役会が率先してやらなければならない。本フェーズでは以下のことを実行する。

□ 取締役会にCEOと経営幹部を評価するよう依頼する
□ ミッションを中心とした企業文化と組織を作る

〉〉経営と企業文化の課題：
Ⓐ取締役会によるCEOと幹部メンバーの評価

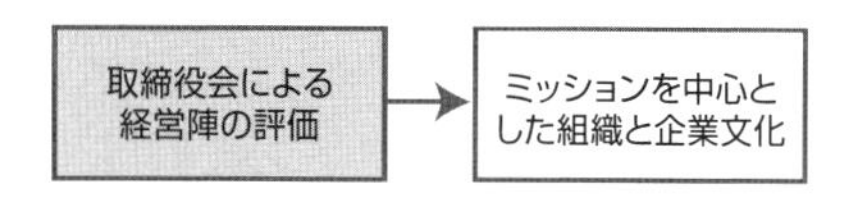

組織構築ステップでは、取締役会が社内を見回して現状のCEOや経営幹部

に会社を大きくしていく能力があるかどうかを判断する。会社がこのステップにたどり着くためには、ベータシート社のマークのような人材が必要である。すなわち、説得力のあるビジョンを明確に語り、学び発見しながら進むのに十分な俊敏さを持ち、数え切れない失敗に耐える我慢強さを持ち、初期の顧客を獲得するために学んだことを活かす対応力もあるといった人材だ。しかし、この先のキャズムの対岸にいるメインストリーム顧客という新たな層を発掘し売上成長を管理するという挑戦はこれまでとは異なる。移行のために重要なのは、会社にとって合理的なミッションを作り、それを明確に語ることができ、権限委譲しつつも共通のゴールに向かって各部門を邁進させられる、明晰な実利主義者のCEOや経営幹部である。

ここに至るまでに取締役会は、起業家としてCEOや経営幹部に必要なスキルが何なのかをよく理解しているはずだ。しかし今回は、これまでの成果ではなく、今後対応するための能力について評価しなければならない。これは成功した起業家的な経営幹部には皮肉な話である。これまでの成功が自らの終焉をもたらしてしまうかもしれないのだ。

表6.2は会社の成長ステージごとの起業家的な経営幹部の特徴をまとめたものだ（これを見ながら、ベータシート社の取締役会がマークにすべきだったことを考えてみよう)。営業部門であろうと開発部門であろうと、創業経営幹部の属性として最も驚くことは各個人の会社への貢献であろう。これらの創業経営幹部は技術面や事業面のビジョナリーとして個人的な成果を積み重ねていくリーダーであった。しかし会社が成長するにつれ、従来のやり方にこだわらないスーパースターではなく、ミッションやゴールを重視するリーダーが必要になる。この段階におけるリーダーは組織全体を会社のゴールに向けさせ、部門レベルでミッション指向リーダーシップを築き推進できなければならない。またこの段階では、CEOには24時間365日の絶え間ないコミットメントよりも、必要に応じた燃え尽きない程度のコミットメントが必要である。

カギを握るもう1つの特徴は計画能力である。学習と発見のステージでは機会に合わせて俊敏に対応するリーダーシップが求められた。しかし会社が大きくなるにつれ、今度は大きな組織を1つのミッションに注力させ続けるリーダーが必要となってくる。このミッションを中心としたステージでは組織は階層構造になり、1人では管理できないくらい管理すべき要素が大きくなり、責任と権限をより広く分散せざるを得ない。このように大きくなる組織を俊敏かつ敏感に反応するように維持していくことが、ミッションを中心とした経営の大きな課題と

表6.2 | 企業の成長ステージごとのCEO/経営幹部の特徴

	起業家主導の学習と発見	ミッション中心経営	プロセス管理の業務遂行と成長
人的貢献	スーパースター	リーダー	計画、目標、プロセス、人事のマネジャー
コミットメント時間	四六時中	必要に応じて	長期間9時〜5時
計画	楽観的かつ迅速	ミッション・目標主導	プロセス・目標主導
プロセス	毛嫌いし、なくす	必要に応じ、ミッション主導で	実行し、活用する
経営スタイル	専制的、スター型	部門に分散	官僚的であり得る
管理範囲	ハンズオン	ミッション主導、同期もとる	組織に分散させる
焦点	志高く情熱的なビジョン	ミッション	実行
不確定性／カオス	混沌の中で優先づける	即応に集中する	繰り返しに集中する

なる。

顧客開発部隊からミッションを中心とした組織への移行は、初めてのCEOや経営幹部にとっては理解しづらいことかもしれない。ビジョナリーのワンマン経営者が組織のリーダーになり得ない例は少なくない。一方、体制移行の必要性を理解し、そつなく適応する者もいる。現状の経営幹部がどちらなのかは取締役会の判断次第だ。

このような判断の際には創業者に見切りをつけることのリスクとリターンについてよく検討することが重要である。顧客開発からミッション中心の組織へ、そしてプロセスを重視した実行・拡大のための組織へと移行する際に、必要なスキルが大きく変わることを念頭に置きつつ、取締役会は「もしかするともっと経験豊富な経営陣が必要なときが来たのかもしれない。この際創業時からの経営陣が辞めることになっても仕方ない。実際彼らはもう必要のない存在だ。発見と学習フェーズは終わったのだ。創業者たちは個人プレイに走りすぎるし、ひねくれている。今後は彼らなしでも容易に経営していけるさ」と言いたくなるかもしれない。これらの点が真実であることもしばしばある。初期の顧客とメインストリーム市場の間にギャップがない既存市場では特にそうである。既存市場で刈り取りを行うことを軽視し常に新しい市場を追い求める創業CEOは投資家にとって有害で、知らず知らずのうちに排除される候補になりがちである。

しかし、多くのスタートアップが長期的には失敗してしまうことの原因が、創業メンバーを完全に会社から追いやってしまうからなのか、はたまた長く留めすぎるからなのかについて確固たる結論はない。特に技術開発型のスタートアップでは製品のライフサイクルが非常に短い。新規市場、既存市場、再セグメント化市場のいずれの場合でも確かなのは、3年もすると企業の競争優位性が脅かされることだ。原因としては小規模な競合企業の成長、市場が十分成長したことによる大企業の参入、核となる技術の変遷などがあり得る。これらの新しい脅威に対処するには、スタートアップに必要とされるのと同様に現状の枠にとらわれずに臨機応変に振る舞う起業家的なスキル必要だ。イノベーション、発見、学習のための企業DNAを失ってしまったために、大企業への成長を遂げつつあるスタートアップが貪欲な大小の競合企業に屈して負けてしまうことは以前から繰り返されていた。それはなぜか？ 新しいことばかり語り、プロセス重視の組織に適応できない創業者たちの価値を、利益の出る企業を構築するために連れてこられた新しい経営チームが見出すことができなかったからである。彼らが創業者たちを排除した結果、後でその代償を支払うこととなったのだ。

株式公開やM&A により投資家が早期に資金回収できる、いわゆる好景気の間はこのようなことは問題にならない。投資家は短期指向になりイノベーションにおける次の危機が訪れる前に自分たちの持ち分を売却し果実を得てしまうからである。しかし、スタートアップが持続的な価値を構築しなければならない経済状況下では、必ずやって来る競争の嵐のために創造性の高い創業メンバーを温存しておく方法を取締役会も投資家も考えておくのがいいだろう。

本章で取り上げたミッションを中心としたリーダーシップや即応性の高い組織というコンセプトは投資家や起業家に新たな道を提案するものである。これは、スタートアップにおける経営陣の選択という課題を、今日は起業家を中心に、明日はスーツとプロセスをまとった経営者を中心にといった具合に両極端に考える代わりに、初期の経営チームをより長期に活用しつつ直近の目標に向かって会社を注力させ、キャズムを越えるために十分な勢いを作り上げていくことのできる中間的な解がミッションを中心としたリーダーシップである。

〉〉経営と企業文化の課題：Ⓑミッションを中心とした組織と企業文化

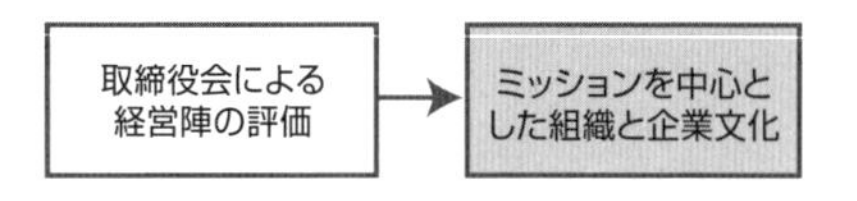

ベータシート社では共有のミッションがなかったことの影響が顕著であった。

マークは顧客発見と顧客実証のステップを通り抜けてきており、彼の生傷がそれを証明している。マークの心の中にはベータシート社のビジョンがあり、彼は会社が進むべき道を凝視し続けた。しかし根本的にマークが間違っていたのは、他の社員はもちろん、取締役会や経営幹部がそのビジョンに共感しているか確認してこなかったことにある。営業、マーケティング、開発部門を運営するためにマークが採用した人物は、当事者として自ら邁進しているというより雇われガンマンのように行動している状態であった。この責任の一端は、マークが彼のビジョンに全力投球する人材ではなく経験の豊富さで人選してきたことにある。取締役がビジョンを共有する人材を雇うことの意義を教えてこなかったことにも責任の一端がある。実際、取締役の1人は自分のオフィスでの面談で意気投合したことを理由に営業担当責任者候補を選び、経営幹部のコミットメントのなさを一層悪化させているというありさまだった。問題のもう1つの原因は、マークが自分のビジョンを外部に売り込む一方で内部には十分に伝えようとしていなかったことにある。ベータシート社が大きくなるにつれ取締役会、経営幹部、そして従業員が同じ世界観を持つべきだったが、最終的にはやり方だけでなく会社の唯一無二な点は何かということですら考えが一致しなくなってしまったのであった。

◉企業のミッションを明示する

　ではどうしたらマークのような失敗を回避し、ミッションを会社の血液にすることができるのだろうか？　ミッションを中心とした組織作りの肝は企業のミッションステートメントにある。スタートアップでは幹部らが、前職で見てなんとなく大事そうであるという理由でミッションステートメントを用意することが多い。あるいは投資家から、パワーポイントの資料にはミッションステートメントが必要だと言われたといった程度である。どちらの場合も、ミッションステートメントは企業の日々の活動のよりどころになっていない。

　では血の通ったミッションステートメントはどう作ればよいのだろうか？　我々は顧客発見、顧客実証、顧客開拓ステップの長くてつらい過程の中ですでにミッションを見出し、検証し、実行し終えたばかりだ。今策定しているミッションステートメントは最初に顧客発見ステップで作り、顧客実証ステップで再考し、顧客開拓ステップで検証をしたものをさらに改良したものである。初期のミッションステートメントは企業と製品が唯一無二なものであることを顧客に理解してもらうのが目的であった。企業のホームページや営業用プレゼンテーションに掲載もしたこともある。ただし組織構築ステップで必要なミッションステートメントは目的が異なる。顧客のためではなくあなた自身を含む会社のためのものなのだ。エバンジェリストユーザーからメインストリーム顧客へとどのようにキャズムを越えていくのか、そして売上成長曲線にどう対処していくのかを自分自身、取締役会、社員に対して伝えるためにまとめた1～2行の文章である。またそれは全社員に、なぜ仕事をするのか、何をしなければいけないのか、成功の基準は何なのかを伝えるものだ。そして大事なことは顧客向けのミッションステートメントには登場しない2つの禁句、すなわち売上と利益についても含めることである。明確に記された効果的なミッションステートメントの例を見てみよう。これはカフェプレス社で実際に使われているものである。同社はTシャツ、マグカップ、CDなどを売るオンラインショップを個人やグループが簡単に開設できるようにしている企業だ。

カフェプレス社におけるミッションは、多岐にわたるカスタム商品を販売できる店を顧客が開設できるようにすることである（目標はCD、書籍、販促品を作って販売する際に利用すべき唯一のウェブサイトだと言われることである)。どのようにそれを実現するかは以下のとおりである。

- ☐ 使いやすいウェブサイトを通じて高品質の製品とサービスを広範に提供する（店舗あたりの月次売上が45ドル以上になるかどうかが成否を決める基準である)。同時に、売り込みのためのマーケティング関連ツールを提供することで顧客の販売を支援する
- ☐ 公正と思ってもらえる価格で事業を行う（しかし40％の粗利率は確保する)。次年度には売上を300万ドルに成長させ黒字化する（そのためには毎月2万5000人の新規顧客が必要である）
- ☐ コミュニティにおいてよき企業市民となることを目指す（できる限りリサイクル紙、環境にやさしい梱包、害のないインクを利用する）
- ☐ （医療保険や歯科の保険など）従業員の福利厚生に力を入れる。それにより長く勤務してもらえることができれば結果として良い会社になれる
- ☐ すべての従業員にストックオプションを付与する。皆が会社の利益と末長い繁盛に関心を持てば会社も潤う

このミッションステートメントを1文ずつ読めば、従業員はなぜ仕事をしているのか、何をすべきか、仕事の出来映えをどのように確認すればいいのかがわか

るはずである。

◉全社のミッションステートメントを作成する

社外向けには、よく練られたミッションステートメントを策定するために多大な資源を投入するが、それを実現するための社内活動をほとんど何もしていない企業が多い。私がここで述べたいことは、まったく反対のことである。まずここで作成しようとしているミッションステートメントは社内向けのものである。顧客や投資家向けのものもいくつかあるだろうがそれらとは目的が異なる。次にここでのミッションステートメントは実践的なものである必要がある。すべての従業員の日々の活動の指針となるものでなければならない。このため会社が成し遂げようとしていることと実行すべきことに絞り込むことが大事だ。ミッションステートメントを正しく作成すれば、指針としての全体像の理解に基づいて社員が自分の職場で行動し判断するための助けになるだろう。

このような、いわば実運用可能なミッションステートメントを作ることは、起業家的な経営からミッションを中心とした経営への移行の明確な指標となる。CEOはこれを機にすべての常勤の経営幹部から（場合によっては執行面以外の役割で会社に残っている創業者から）参画意識と合意を得ることもできる。必要に応じて他の従業員にも加わってもらい、そのステートメントは全社で共有でき、地に足がついているかを確認するのもよい考えだ。意見を聞くためにも、かつ最終的な承認を得るためにも、取締役会もこの過程に巻き込む必要がある。

表6.3はカフェプレス社の事例に基づいた全社のミッションステートメント作成の大まかなテンプレートである。ミッションステートメントを作る（または作り直す）ときには正解はないということを念頭に置くべきだ。評価基準は新規採用された社員が全社のミッションステートメントを読んで会社、仕事内容、成功するためになすべきことを理解できるかどうかということである。

既存市場を狙う企業と新規市場または再セグメント化市場を狙う企業ではおのずとミッションステートメントは違ってくるということも考慮すべきである。既存市場では比例直線的な売上成長がゴールであることを反映すべきだ。製品ライフサイクルや競合も注視しながら、市場を獲得するために何を徹底的に行うかについて記載すべきである。新規市場ではホッケースティック状の成長を反映し、経営資源を節約し情熱を持って市場を啓蒙し成長させることを強調する。再セグメント化市場では唯一無二かつ差別化された企業イメージを打ち出すのに必要なブランディングとポジショニングについて盛り込む。

表6.3｜全社のミッションステートメント作成のテンプレート

ミッションの要素	具体的記述
なぜ従業員は働くのか	● カフェプレスをカスタマイズ品の世界最大の小売店にするため
日々何をする必要があるのか	● 顧客にCD、書籍、販促アイテムの作成・販売のために訪れる唯一のウェブサイトだと確実に感じてもらえるようする ● 集客のためのマーケティングツールを売り手に与える ● コミュニティの良き市民になろうとする。再生可能な材料に印刷し、環境にやさしい梱包を使い、可能な場合には無害なインクを使う
どうしたら従業員が自ら成功したと知ることができるか	● カフェプレスがカスタマイズ品の売買のための世界最高の場所であると顧客が言う ● 適正価格で素晴らしいサービスをしてくれたと顧客が言う ● 顧客がしばしば再来店する（平均して3週間に一度）
会社の売上利益目標	● 平均的な店舗における月商45ドル ● 毎月2万5000人の新規顧客獲得 ● 次年度の終わりまでに売上を3000万ドルへ成長させる ● 40%の粗利益を維持する ● 従業員の福利厚生を良くする。ストックオプションを付与し、医療と歯科の健康保険を満額供与する

◉活動の継続

全社のミッションステートメントは重要だがそれは単に始まりにすぎない。ミッションを中心とした企業文化は、顧客と対面する部署だけでなく会社全体を包み込まなくてはならない。このため経営幹部は、すべての部署のメンバーが目標を共有できるように徹底して活動する必要がある。そうするには、会社全体での継続した対話が欠かせない。第3フェーズでは各部署で各自の部門ミッションステートメントを作成し、ミッション中心のプロセスを一層定着させることになる。部門ミッションステートメントも、全社のミッションステートメントと同様の質問に答えるようにする。すなわち、それぞれ部門単位の目標と活動をもとにして、なぜ働くのか、毎日何をするのか、成功の指標は何かという質問である。

〉〉〉〉第3フェーズ：機能別部門への移行

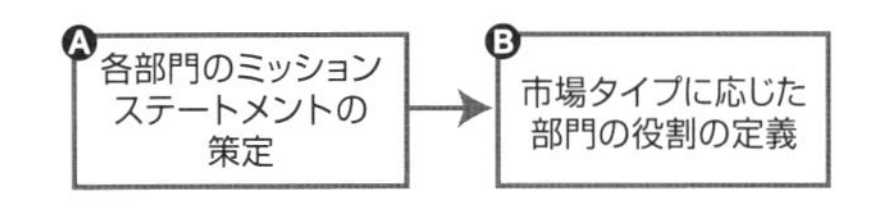

組織構築ステップの第3フェーズでは、顧客開発部隊を解散し公式の部門へ移行する。ステップ1から3までにおいてエバンジェリストユーザーとの継続的な対話を通じて、顧客開発部隊は繰り返し可能な販売方法とチャネルロードマップを確立してきた。これらを完了した今、次に注力すべきはメインストリーム顧客の獲得である。そのためには小人数のグループではなく、ひと回り大きな組織が必要となる。機能別の組織ではない顧客開発部隊では残念ながら拡張性がない。これまでの段階では非生産的であった営業、マーケティング、事業開発といった特定の機能を集合させた部門を組織していく必要がある。また、企業の市場タイプのニーズに適合するように組織することも忘れてはならない。本フェーズでは以下の2つに取り組む。

- □ ビジネスの機能別に組織された部門ごとのミッションステートメントを策定する
- □ 市場タイプに従って部門ごとの役割を定義する

〉〉機能別部門への移行：Ⓐ各部門のミッションステートメントの策定

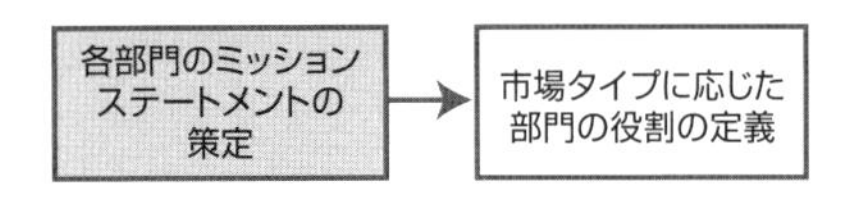

営業、マーケティング、事業開発、その他顧客と対面する部門を組織化する以前に、それぞれの部門が何をすべきかを明確にしなければならない。こう言うと何かおかしな感じがするかもしれない。たしかに各部門の役割は誰でも知っていることである。営業部門は外で販売をしてくる人員で構成され、マーケティング部門は製品カタログを作成し、広告を出すのが仕事という具合にだ。しかしそのような理解はまったく正しくない。なぜなら市場タイプごとに、各部門の目標が異なってくるからだ。この点は本章が進むにつれより明らかになってくるであろう。

そのため、正式にこれらの部門を発足させる前に、各部門の目標を十分検討し、それを部門ミッションステートメントで明らかにすることが経営幹部の義務である。採用・配属前に目標の検討を行うのは、いったん部門が発足してしまうと自らの存在意義と活動内容を正当化する傾向があるからだ。「うちの部門と構成員は余分なので全員解雇しよう」と自ら発言する部門長は企業の歴史上ほとんど例がない。

第2フェーズでは、市場タイプに適合する全社ミッションステートメントを策定した。今度はそれを部門ごとに、部門や業務に特化した目的とともに言い換えていく。たとえば既存市場の企業のマーケティング部門のミッションステートメントは次のような感じになる。

> マーケティング部門のミッションはエンドユーザーの需要を開拓し、それを販売チャネルに送り込み、自社製品の優位性を販売チャネルと顧客に教育し、エンジニアが顧客ニーズと要望を理解するのを支援することである。我々はこれを需要開拓活動（宣伝、PR、展示会、セミナー、ウェブサイトなど）、競合分析、販売チャネル用と顧客用の営業資料（ホワイトペーパー、製品カタログ、製品レビュー）、顧客調査、市場が要求するその他資料の作成を通じて行う。
>
> 我々の目標は四半期ごとに4万件の有効な見込み客を販売チャネルに送り込み、対象市場で会社名と製品名の認知度を65％以上に高め、5件の好意的な製品評価記事をメディアに掲載させることである。我々は5名の体制、75万ドル以下の予算で初年度35％の市場シェアを獲得する。

表6.4は前述の全社ミッションステートメントのテンプレートに、部門ミッションステートメントがいかに適合するかを示したものである。

なぜその部門の人々が仕事をするのか、日々何をしなければならないのか、成功の指標は何なのか、会社の利益目標へどう貢献するのかについて、まさにこの表が特定している。このミッションステートメントがあれば、従業員が自分たちのミッションが何なのかわからないということはないだろう。

表6.4｜新規市場の企業におけるマーケティング部門のミッションステートメント例

ミッションの要素	具体的記述
なぜ従業員は働くのか	● エンドユーザーの需要を開拓し、それを販売チャネルに送り込む ● 自社製品の優位性を販売チャネルと顧客に教育する ● エンジニアが顧客ニーズと要望を理解するのを支援する
日々何をする必要があるのか	● 需要開拓活動（宣伝、PR、展示会、セミナー、ウェブサイトなど） ● 競合分析、販売チャネル用と顧客用の営業資料（ホワイトペーパー、データシート、製品レビュー） ● 顧客調査、マーケティング要求仕様書
どうしたら従業員が自ら成功したと知ることができるか	● 4万件の有効な見込み客を販売チャネルに送り込み、対象市場で、会社と製品の名前の認知度を65%以上に向上 ● 四半期ごとに5件の好意的な製品評価記事の獲得
会社の利益目標への貢献	● 初年度市場シェア35%の獲得 ● 5名の体制、75万ドル以下の予算

〉〉機能別部門への移行：Ⓑ市場タイプに応じた部門の役割の定義

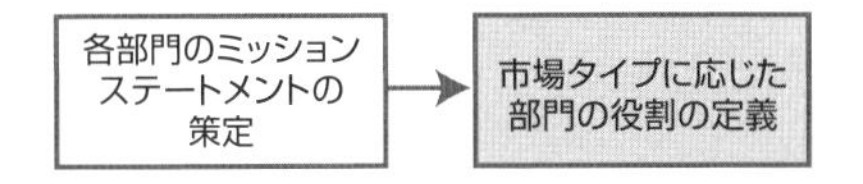

部門別のミッションステートメントができたので、次は部門そのものを組織していく。ここでは単に機能ごとに部門を設置してしまうリスクを常に念頭に置いてほしい。エバンジェリストユーザーへの販売プロセスが実証されたうえで部門を設置しようとしているにもかかわらず、経営幹部が台無しにしてしまいやすいのである。「やっと自分の営業部隊ができる」と営業部門のトップは言う。マーケティング部門のトップは「これで広告代理店と契約ができるし、広告を出稿し、開発部門に対する要求仕様書も作成できる」と言い、事業開発部門のトップは「提携案件を実行するチャンスが来た」と言う。これが実態なのだ。そうではなく会社が参入した市場タイプに従って、各部門は自らの役割をどう定義するのか考えなければならない。以下では市場タイプごとに、営業部門、マーケティング部門、事業開発部門の役割について考えていく。

◉既存市場における各部門の役割

これまでのところ、顧客開発部隊の一員としての営業の役割は、製品と市場のフィットを確認し、営業と流通チャネルに関する繰り返し実行可能なロードマップを確立し、エバンジェリストユーザーの顧客を開拓し受注することによってロードマップとビジネスモデルの有効性を証明することであった。しかし初期の顧客の数が今や臨界点に達したので、今後の営業部門の役割は「売上と会社そのものを拡大するために同様の顧客をさらに獲得する」ことになる。なぜなら既存市場に限ってはエバンジェリストユーザーとメインストリーム顧客が非常に似かよっているからだ。したがって、既知のロードマップを確実に繰り返し実行できるような営業組織を構築しなければならない。すなわち正しく振る舞うことに対してインセンティブを与えるような給与体系が重要であることを示唆する。ホームランを狙うのではなく、新しい市場に進出するのでもなく、毎日着実に業務遂行するように仕向けるのである。

マーケティング部門の組織作りにも営業部門と同じ課題がある。これまで顧客開発におけるマーケティングの役割は学習と発見であった。新しい市場セグメントやニッチを模索し、ポジショニング、価格、プロモーションと製品機能を検証してきた。しかし今後は、そのような創造の活動から実行へとシフトする。この時点で営業部門はとにかく繰り返しと拡大に注力しており、マーケティング部門に求めているのは顧客獲得に役立つ資料の供給である。すなわちマーケティング部門は選別された営業案件、競合分析、顧客事例、営業トレーニング、チャネル支援などを提供することで販売チャネルに需要を送り込まなければならない。このような従来の戦略的な活動から下っ端的な戦術中心の活動へのシフトは、つい1ヵ月前まで顧客開発を主導してきたマーケティング担当者や少人数のマーケティング部隊にとって大きなショックだが、営業部門が市場シェアを獲得するためには必須である。

ここでのリスクは、営業部門からの戦術実行の要求に対して、マーケティング部門がその創造力の発揮先をマーケティングコミュニケーションやプロダクトマネジメントに向けてしまうことだ。前者ではマーケティング担当者が、広告代理店の起用、ブランド作りなどを単に行うマーケティングコミュニケーション部門になることが自分の仕事であると勘違いする。一方、マーケティング部門が技術的な面に走りすぎるとプロダクトマネジャーのようになり、製品改版時にマーケティング要求仕様書を作り出す。

この手の過ちは創造力の高い人材が創造性の低い仕事をする場合によくある。また、全社ミッションに部門ごとのミッションが明確にリンクされていないときにこのような過ちが起きやすい。

ドットコムバブルが「事業開発」という肩書きをほとんど理解不能な役割に変

えてしまったのは残念なことだ。ここで1つはっきりさせておきたいのは、事業開発は営業活動の新しい呼び名ではないということである。私は事業開発を営業と同義に考えている会社には近づかないようにしている。というのも、そういう会社はたいてい財務やその他の業務も曖昧なことが多いからだ。事業開発部門の本当の役割は、メインストリーム顧客への販売に必要な「ホールプロダクト」を用意するために戦略的提携関係を構築することである。

「ホールプロダクト」とは、技術マーケティングの黎明期にビル・ダビドウが著書『ハイテク企業のマーケティング戦略』の中で定義したコンセプトである。このコンセプトでは、製品ライフサイクルにおいてメインストリームやそれ以降の顧客は、必要な物がすべて揃っていて買えばリスクなくすぐ使える製品を求めていると提唱している。メインストリーム以降の顧客はスタートアップから個々の製品を買って自分でまとめあげるといったことはしない。

既存市場では競合他社によって製品の完全性が決定される。競合他社がホールプロダクトを用意していれば、自社もそうする必要がある。たとえばコンピュータ業界では、IBM社が究極のホールプロダクトの提供者だ。IBM社はハード、ソフト、システムインテグレーションサービスから顧客のビジネスをサポートするための専用アプリケーションまですべてを提供できる。この分野で競争するためにスタートアップがいかに拡大しても、同等のホールプロダクトを提供するのは難しい。エバンジェリストユーザーは自ら個々の製品を購入し統合して活用するので、顧客開発の早期段階ではこの点は問題にならない。しかし、メインストリーム顧客は、部分的な製品はまず購入しない。メインストリームの顧客を獲得するためにはホールプロダクトを用意する必要があり、事業開発部門はまさにそのためにある。つまり事業開発部門は販売を行うのではなく、提携先開拓や仕組み作りを行う。

以上の点を踏まえて表6.5では既存市場における各部門の目的を例示的にまとめてみた。

◉新規市場における各部門の役割

新規市場での営業部門はこのステップで困惑しやすい。これまで販売対象にしてきたエバンジェリストユーザーとこれから狙うメインストリーム顧客は異なるため、顧客実証ステップで苦労して学んだことが適用できないためだ。よって、いくら営業社員を投入したところで戦略を変えなければ売上は伸びない。

新規市場の営業部門にとっての真のリスクは、エバンジェリストユーザーがメ

表6.5｜既存市場における各部門の役割

	目的	達成方法
営業部門	● 徹底した実行	● 採用、配置、教育
	● 市場シェア	● 手順どおりに実行するためのマニュアルとして営業ロードマップを活用する
マーケティング部門	● エンドユーザーの需要を開拓し、販売チャネルに送り込む	● 需要開拓（販売促進、展示会、広告など）
	● 販売チャネルに確実に営業ツールを提供する	● 販売チャネル用営業資料、競合分析
事業開発部門	● ホールプロダクトを構築し、実現する	● 少なくとも競合のソリューションに対抗できるようにするための提携

インストリーム市場の典型的な顧客であると信じ続けることである。エバンジェリストユーザーへの売上では、スタートアップを大企業へと脱皮させるホッケースティック型の成長曲線は描けない。引き続き売上が期待できるのでエバンジェリストユーザー向けの営業活動を控えるべきではないが、会社の成功のためにはそこからの脱皮が必要である。本章の第1フェーズでも述べたように、エバンジェリストユーザーをニッチあるいは絞り込んだ1つの市場セグメントへの上陸地として、またはティッピングポイントへのテコとして今こそ活用する時である。

新規市場におけるマーケティング部門の役割は潜在的なメインストリーム顧客を発掘し、エバンジェリストユーザーとの違いを分析し、メインストリーム市場に到達するためのキャズム越え戦略を策定することにある。ここでの危険性は、マーケティング部門があたかも既存市場を狙うかのごとく巨額の需要開拓投資を行うことであり、さらに悪い場合にはブランディングにより顧客への普及を加速できると勘違いすることだ。開拓するべき需要は新規市場ではまだ存在していない。メインストリームの顧客を発掘し攻略方法を決めるまでは、いくらマーケティング費用を拠出しても売上は変わらない。新規市場でマーケティングとは需要開拓活動を行うことではなく、営業部門によるメインストリーム市場の開拓を支援する戦略的な機能なのである。

新規市場における事業開発部門の役割は、関心を示すのがエバンジェリストユーザーのみという状況から、メインストリーム市場で納得される企業になるべく、顧客の認識面のギャップを埋めていくことにある。これを成し遂げるために、営業部門が上陸目標として狙う市場に適した提携やパートナー作りを推進する。第1フェーズで述べたホールプロダクトを用意することで、メインストリーム顧客により魅力的に見えるようするのだ。表6.6に新規市場における各部門の役割

表6.6｜新規市場における各部門の役割

	目的	達成方法
営業部門	●「上陸地」となる顧客を見つけ販売する	● メインストリーム顧客を狙うためニッチ販売を追求する
	● 絞り込んだ市場に売り込む	● エバンジェリストユーザーへの低水準の販売も継続する
マーケティング部門	● ニッチ市場またはティッピングポイント戦略の採用	● メインストリーム顧客へのロードマップを開発する
	● メインストリーム顧客のいる新規市場を見つけ、開拓する	● 新規市場が拡大するまで需要開拓支出は行わない
事業開発部門	● ホールプロダクトを構築する	● 最初はニッチごと、次にメインストリーム全般のホールプロダクトを可能にする提携を行う

をまとめる。

◉再セグメント化市場における各部門の役割

再セグメント化市場では既存市場と新規市場における各部門の役割を合わせた戦略と部門のミッションが要求される。このため戦略やミッションが一本化されていないように感じて行動してしまうことがある。最初は競争の激しい既存市場で戦いながらも、多くの顧客がついてきてくれることを想定して、競合のない領域へ向けて製品を差別化していく。マーケティング部門が新規市場での戦術を計画する一方で、営業部門が既存市場にいるかのように活動するといったことがしばしば起こりうる。このような混乱は想定の範囲内ではあるが、ミッションと戦術については綿密かつ頻繁に同期を取ることが必要だ。

再セグメント化市場では営業部門は2つの路線を走ることとなる。既存の非常に競争が激しい環境下で競合より機能の少ない製品を顧客に売り込むと同時に、新規市場にいるかのごとく新しい顧客を発掘していくのだ。しかし、メインストリーム顧客の攻略をキャズム越え戦略かティッピングポイント戦略（すなわちニッチを1つずつ攻略し、伝染戦略を実施）で行えばよいとわかっている新規市場と異なり、再セグメント化市場ではマーケティング部門がポジショニングとブランディングにより差別化されたセグメントを創出し既存市場から多くの顧客をはぎ取ってくることに、営業部門は頼ることになる。ここでのリスクの1つは、再セグメント化しようとしている既存市場の顧客に満足してしまうことだ。既存市場から切り取った一部分を対象にした顧客獲得は営業戦略の一部にすぎない。真の目標は自社製品が市場のリーダーになれるように価値の高い新セグメント

表6.7 | 再セグメント化市場における各部門の役割

	目的	達成方法
営業部門	● 既存市場での売上	● 営業力を強化し（数名採用）、既存市場で売上を上げる
	● 新しい市場セグメントにおける「上陸地」顧客を見つけ、売り込む	● 新規採用をし、新しい市場セグメントに注力する
	● 新しい市場セグメントを開拓し、ホッケースティック型の成長を実現する	● 新しいセグメントへ営業を移行し、営業担当を増員する
マーケティング部門	● 既存市場で営業部門が売上を上げるのを支援する	● ゲリラマーケティング戦術を使い、支出を最小化する
	● 既存市場から新しい市場セグメントを創出する	● ポジショニングとブランディングにより新しいセグメントを創出し、差別化を図り、認知度を上げる
事業開発部門	● 新しい市場セグメントで会社と製品を差別化するためのホールプロダクトを構築し、実現する	● 新しいセグメントにおけるメインストリーム顧客のためのホールプロダクトを可能にする提携を行う

を創出するため、現状の顧客の認識を変えることであると営業部門の経営幹部は常に頭に入れておかねばならない。

営業部門が既存市場での需要開拓活動を迫るため、マーケティング部門も営業部門と同様の誘惑に駆られる。しかしある程度の需要開拓活動が必要である一方、マーケティング部門の第1の目標は、まとまった数の既存市場の顧客を連れて会社と製品を新しいカテゴリーに移すべく、差別化する方法を発掘することである。本章の第1フェーズで述べたように、ポジショニングとブランディングは差別化するための適切な方法だ。同様に事業開発部門は、他社との差別化を一層進めるためのホールプロダクトの完成に向け、提携や関係構築を行うことが必要である。表6.7に再セグメント化市場における各部門の役割をまとめた。

〉〉〉〉第4フェーズ：即応性の高い部門の構築

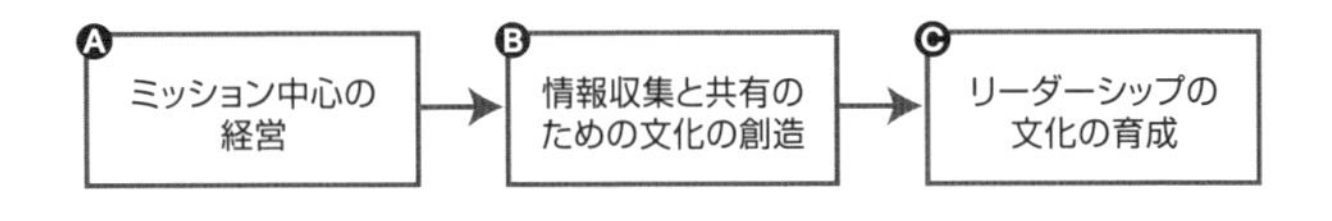

組織構築の第4フェーズは米国海兵隊の軍事戦略に通ずる。すなわち、意

思決定を常に迅速に行うものは、しばしば決定的な優位性を持つことができる。このため意思決定は一時を争うプロセスであり、テンポよくことを進めるには不可欠なものである[※6]。

戦争となんら変わらず、ビジネスの世界でも素早い意思決定は遅れているものに致命傷を与える。メインストリーム顧客に売り込み長い間成功していくには、顧客、競合他社、市場機会に対してできる限り迅速に対応できる俊敏な組織を構築しなければならない。すでに明確なミッションに従って組織を作ってきたが、それらを即応性の高い部門に変えていくことが今後の仕事となる。そのためにはフェーズ1から3で育んだ学習と発見の企業文化を浸透させる必要がある。2つの原理原則、すなわち意思決定の分散化とOODAループ(Observe-Orient-Decide-Act:情報収集・情報分析・意思決定・作戦行動)がこのフェーズの基礎となる。

顧客発見、顧客実証、顧客開拓のステップでは、顧客開発部隊はフラットな組織であり、即断即決で戦略的な意思決定を行える創業者も含まれていた。機能別の部門へ移行するにつれ、顧客、市場、競合の変化に対して各部門がリアルタイムに反応できるように意思決定の権限を分散させなければならない。

組織における慣習の中で、頻繁に公式の上層部向け報告検討会議を実施し意思決定に時間をかけることほど小企業を蝕み、危険にさらすものはない。事実から遠く離れ机に座っている幹部より、現場の従業員のほうが本当の状況をわかっていることは誰もが知っており、「業務執行の指導者」という言葉が矛盾にはらんだように聞こえる場合も少なくない。このような状況に陥らないように、ミッションが牽引する企業文化と、社内階層の下流へ権限委譲するボトムアップで分散型の管理手法が必要となる。

即応性の高い部門の第2の原則はOODAループである。スピードと俊敏さを維持しつつ成長をしていこうとする段階の企業にとって、このコンセプトは非常に重要である。経営におけるスピードとは意思決定をし、計画を立て、体制を整え、伝達するという一連の流れを行うための時間とフィードバックを取り込む時間を短縮することに他ならない。既存市場では、スピードとは競合他社と顧客への対応の早さを意味する。一方で新規市場や再セグメント化された市場では、スピードとは銀行預金残高や事業の黒字化までの時間との戦いである。目標は競合他社より素早く(または現金が尽きるスピードよりも早く)顧客ニーズやチャ

※6 U.S. Marine Corps. 1989. Warfighting Doctrine FMFM 1. Pub # PCN 139-000050-00.

ンスに対応することだ。スピードの違いは大きくなくてもよい。たとえ小さな差であっても頻繁に効果を発揮すれば重大な結果につながり得る。

OODAループを各部門で活用しようという企業は以下の点について確認する必要がある。

情報収集（Observe）

- □ 情報を収集し共有することが部門文化の中核になっているか？
- □ 良いニュースだけでなく悪いニュースも同じくらい素早く伝わるようになっているか？　それともどこかに埋もれてしまうか？
- □ 報告したものは評価されるか？　それとも罰せられるか？

情報分析（Orient）

- □ 市場を理解する文化はあるか？　顧客はどうか？　競合はどうか？
- □ 競合製品と自社製品を客観的に再検討するプロセスがあるか？
- □ 企業と部門のミッションの理解は十分か？

意思決定（Decide）

- □ 各経営幹部やマネジャーはそれぞれ独立した意思決定を行えるか？
- □ 全社や部門のミッションを念頭に置いた意思決定が行われているか？

作戦行動（Act）

- □ 戦術的な意思決定を即座に行うための効率的なプロセスがあるか？
- □ 各活動の同期を取るプロセスはあるか？
- □ 過去の意思決定を再検討して教訓とするプロセスはあるか？

また、分散型の意思決定とOODAループを企業文化に取り込むために次の3つのステップを実施する必要がある。

- □ ミッション中心の経営を行う
- □ 情報収集と共有のための文化を創る
- □ リーダーシップの文化を育む

〉〉即応性の高い部門の構築：Ⓐミッション中心の経営

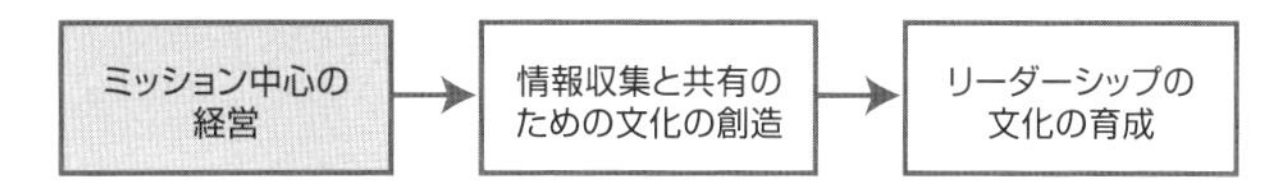

1982年、スタンフォード大学の大学院生であるアンディ・ベクトルシャムは、容易に入手できる市販のマイクロプロセッサーと、AT&T社で設計されカリフォルニア大学バークレー校の生徒が強化したオペレーティングシステムを使ってコンピュータを開発した。ベクトルシャムの設計は、簡素であるがパワフルで独特なものであった。既存のミニコンピュータには力負けするが1人で使うには十分なものだった。彼のコンピュータはイーサネットと呼ばれる当時最新の通信技術で他のコンピュータと接続ができ、今のインターネットの通信プロトコルとして知られるTCP/IPも内蔵していた。

スタンフォード大学は興味を持つ人すべてにベクトルシャムのコンピュータをライセンスした。彼と仲間の大学院生であるヴィノッド・コースラが設立した会社はライセンスを受けた9社のうちの1社だった。その会社は徹底して商談を追いかけ（2年目には4000万ドルのOEM商談も受注したほどだ）、驚異的なペースで新バージョンのコンピュータを作り出していった。6年目にはその会社の売上は10億ドルへと成長し、他の8社は市場からいなくなった。20年後、彼らの会社は150億ドルの企業価値を有する企業になった。スタンフォード大学ネットワーク（Stanford University Network）、略してサン（Sun）と名づけられた企業である。

この新規市場におけるベクトルシャムとコースラの会社と他社との違いは何であったのだろうか？　先行者利益のまさに典型例だと見る人もいるだろう。同社は創業者にコンピュータの技術者がいたが、他のいずれのスタートアップにも革新的で優秀な技術者がいた。私は、同社の成功の秘訣はミッションへの徹底した注力と競合より早く実行できる組織にあったと考えている。同社の意思決定はあまりにも早く競合他社にはそれがわからないほどであった。

ミッション中心の経営はサン社のような俊敏な企業が即応性の高い組織を作るための基盤である。柔軟性に欠けるプロセス重視の経営と異なり、ミッション中心の経営はスタートアップが直面し続ける2つの根本的課題を上手に解決する。それは不確定性と時間のことである。小企業では、競争や顧客向け商談において正確さや確実性を手に入れるのは難しい。そのため手に入れられるもの、すなわちスピードと俊敏さをもとに企業や組織を構築しなければならない。目まぐるしく変わりゆく経営環境にミッション中心の経営で対応し、顧客や市場におけるわずかな機会をつかむための柔軟性がもたらされる。負けん気の強い経営幹部でさえ協力しつつ（少なくとも自分の努力の成果をまとめる程度はやる）、多くの企業で得難いもの、すなわち競合に先んじてかつ大胆に行動するための環境を得ることができる。

ミッション中心の経営戦術は分散型の意思決定を促進する。いったん軌道に乗れば、迅速でスピーディでありながら満足な情報に基づく意思決定を行えるプロセスにつながってくる。それは組織の柔軟性や執着力、反応力を高める、言い換えれば火がついたように急成長する企業の実現につながる。

ミッション中心の経営を行うには管理者と従業員が考え方を意識的に変えていく必要がある。このためにはまず第3フェーズで策定した各部門のミッションから着手する。ミッション中心の経営には5つの特徴がある。

- ☐ ミッションの目的
- ☐ 従業員の主体性
- ☐ 相互の信頼関係と対話
- ☐ 必要にして十分な意思決定
- ☐ ミッションの同期

それぞれの特徴について考えてみよう。

◉ミッションの目的

本章の前半で、ミッションとはなぜ会社に行き、何をすべきで、成功の判定基準は何であるかを従業員に知らしめる数行の文章であると述べた。ただ、そこでのミッションはやるべきことのみを詳細に記載するに止まっていた。しかし実際はいかなるミッションでも2つの部分から構成される。成し遂げるべきタスクとそれを実行する理由や目的である。目的はアクションによる望ましい結論（例：1000万ドルの売上でキャッシュフローは黒字化し、45%の粗利率で最終黒字化を実現する。今年度は双方とも重要であり、どちらかのためにもう一方を犠牲にすることはできない）を述べるのに対して、タスクステートメントはどんなアクションが必要なのか（例：今年度は1000万ドルの売上と45%の粗利率を達成する）を記載する。2つのうちより重要なのは目的のほうである。状況は変わりゆくものであり、タスクが役に立たなくなることもあるが（たとえば、営業部門は1000万ドルの売上は不可能だと判明するかもしれない）、目的はより不変的なものであり、企業の行動の道しるべであり続ける（キャッシュフローの黒字化と利益の確保を行おうとしているとして、もし1000万ドルの売上が達成できない場合、いくら費用削減をすれば、引き続きキャッシュフローを黒字化できるのか？　その場合、収益に対する影響はあるのか？）。ミッション中心の経営を行うには全社レベルから部門レベルまでのすべてのミッションの目的が理解されたかどうか、しかも数名の幹部だけでなく社内の上から下までの全職員が理解したかどうかを確認する必要がある。この段階の企業にとっては全社レベルと部門レベルのミッションの目的を周知徹底することが、組織を引っ張っていくうえで重要である。これは経営幹部全員の主要な責務なのである。

ミッション中心の経営では、全社と部門のミッションの目的を説明することを経営幹部に頼る一方、ミッションを成し遂げる方法については従業員にできる限り裁量を与える。たとえば目標達成のために「5万ドルの平均販売価格で200件の新規受注をし、売上原価270万ドルとして、1000万ドルの売上を実現する」という売上計画を営業部門が策定するという具合である。目的がわかっているということは従業員がミッションの背景にある考えを理解し、それを達成するために協調して仕事をしていくことができることを意味する。「ワニに取り囲まれた時には、元々の目的が沼を干上げることだったのを思い出せないものだ」という格言に対する答えは「目的の理解」だと考えるべきだ。

目的はさらに一歩先のところまでを網羅する。売上目標を達成できないと悟った時に、営業や他の部門のトップがその結末の意味するところを理解し、代替策を実行する状況を思い浮かべてほしい。ミッション中心の部門では「今年度の売上が1000万ドルに達しない場合、それを前提とした支出を続けることはできない」と自動的に考えるはずだ。当然このためには経営幹部間に（本章後半でも議論する）目に見えない相互の信頼関係と良好なコミュニケーションが必要である。この逆のパターンがスタートアップでよく見かける責任のなすりつけ合いだ。「マーケティング部門はやるべきことをやっているのに、なぜ予算を削らなければならないのだ」という具合である。

ミッションの目的を社内に周知徹底すれば、CEOや部門長は直接的で詳細な指示ではなく少し幅を持たせて方向性を示すことでリーダーシップを発揮できる。この形式の経営においてはすべての経営幹部や従業員が権限を行使する力を持ち、それぞれの判断や発案を適用できる※7。企業内組織の上位階層ほど枝葉末節の事項は減り、監督事項が全般的になる。CEOや部門長は修復不能な被害が差し迫る特殊な状態の場合にのみ部下の行動に介入すればよい。

まとめると、ミッション中心の経営はより良い結果を出すために上位層の協調を実現しつつ下位層の主体性を最大化することと言える。これはマイクロマネジメントと正反対の手法である。自分たちが何者であり誰を（なぜ）採用し、この方針をいかにうまく伝達したか、起業家は明確に考える必要がある。経営幹部がこのやり方で経営しているつもりにもかかわらず従業員が逆のことを感じている場合、すなわち失敗すると罰せられるので経営幹部の指示を待つべきであると思っている場合には、ミッション中心の経営は会社全体の失敗へとつながり得る。そのような失敗を避けるためには、企業のリーダーはミッション中心という方針を明確にかつ徹底して伝達するとともに、それに従って行動をしていくことが重要となる。

◉従業員の主体性

ベータシート社の失敗の一因はトップダウン経営を進めたことにある。マークが会社を去った後、すべての新しいアイデアはいったん会議で、上層部の承認手続きを経て、その後でやっと実行のために従業員に戻ってくるという手順を余儀なくされた。優秀なマネジャーや従業員がマークを追って会社を去ったのも無理はない。ベータシート社の新しいリーダーは組織がある程度大きくなったら階層式の指揮命令系統とプロセス重視の組織作りで十分成長を見込めると想定して経営を行ったのだ。不幸にもベータシート社独自の新規市場は後発の競合他社の参入を促し、すぐに競争が激化した。本来なら革新的で創造性の高い製品やマーケットに関するアイデアで競争を打ち負かしたであろう従業員はすでに会社にはいなかった。

スタートアップにおける成功とはわずかに存在する事業機会を模索、発掘し、それを追求することである。創業者だけでなくすべての従業員が率先して動かなければ、それをなすことはできない。自分たちの権限の範囲内で率先して動くことは、雇用契約内の暗黙の了解であるということを従業員が理解していなければならない。ただ毎日出社して仕事をこなすだけというのはプロセス中心の組織の特徴であり、ミッション中心の経営とは相反するものである。

※7　Spenser Wilkinson, *The Brain of an Army: A Popular Account of the German General Staff*, Westminster, UK: A. Constable, 1895: p.106.

率先的に動くとは従業員が好きなように行動してよいという意味ではない。従業員には、(1) ミッションと目的を常に意識し、(2) 部門内ミッションと全社のミッションに合わせて行動していくという特別な責任を課しているのである。

逆に権限を従業員に委譲しても、CEO や部門長は最終的な結果責任からは逃れられない。行動を束縛されていると感ずることなく、従業員が目標を理解できるよう、CEOや部門長はミッションと目的を明示するすべを学ばなければならない。経営幹部はマイクロマネジメントでなく期待を明快に表現することに熟達しなければならない。これには訓練が必要だ。従業員が率先する企業文化を作っていくためには、この種の環境で力を発揮できる従業員を選抜し、採用し、そして維持していくことが重要である。指示待ちですべて教科書どおりに実行しなければならないと思い込んでいて上司の気分を害することは決して口にしないような人物や、同僚とまったく協力しないでスーパースターでいることに慣れているような人物を採用すると、即応性の高い組織の基礎は築けない。この段階の企業は競合他社との競争や自らの動きの鈍さですぐにでも立ちゆかなくなる。

◉相互の信頼関係と対話

ミッション中心の組織の成功は従業員と経営幹部がその能力と判断について相互に信頼し、自信を持てるかどうかに依存する。経営幹部は、最小限の管理で従業員がミッションを首尾よく果たして全体の目的に合うように仕事をし、顧客、競合他社、成功と失敗について部門間でコミュニケーションしてくれることを信頼しないといけない(朗報はおおよそ速く伝わるものだが悪い報告はそれ以上に速く伝わらなければならない)。一方で従業員は、経営幹部がリーダーシップを発揮し、ミスを犯したときでさえ忠実かつ十二分に自分たちをサポートしてくれると信頼する必要がある。大きなエゴや政治的な目論見が当たり前のスタートアップでは、これは難しい注文である。失敗を認めることや助けを求めることが昇進に影響が出ることだと見下され、情報が隠されたりする環境では相互の信頼とコミュニケーションはまず存在し得ない。協力関係が維持されるためには同僚からの尊敬や信頼を得られない従業員や経営幹部が直ちに排除される文化を企業が確立する必要がある。

信頼は獲得するものでもあり、与えられるものでもあるという二面性を持つ。ミッション中心の組織は中央集権的に強制するのでなく、分散的で自発的であるべきだ。つまり、規律は上から課されるだけでなく内側から起こってこなければならない。経営幹部の信頼を得るためには、最小限の管理でミッションを果たす自立とミッションの目的に従った定常的な行動を示さなければならない。逆に従業員からの信頼を得るために経営幹部やマネジャーは自発的に行動する従業員をサポートし、守っていかなければならない。

相互の信頼にはモラルへの前向きな影響という副次効果がある。信頼は会社、部門、ミッションに対する個々人の帰属意識を促進する。この種の企業における従業員は誇りを持って企業のTシャツを着用するばかりでなく、組織の見通しや成果について絶え間なく話をするものだ。

◉必要にして十分な意思決定

ジョージ・パットン将軍は「今激しく実行されている良い計画は、来週の完璧な計画より良い」と言った。小企業における意思決定は不確定な局面で行わなければならないことが多い。状況は毎回異なるのですべての顧客や競合他社の問題に通じる完璧な解決策はない。また、それを見つけるべく苦労するべきでもない。もちろん気まぐれに社運をかけろという意味ではない。受容可能な程度のリスクを伴う計画は実行する、しかも素早く、ということだ。一般的に意思決定と内容決定の実行を素早く継続的に行う企業は、膨大で時には決定的な優位性を構築するものだ。

迅速な意思決定のためには、目前の課題に限定して議題と審議内容を決め会議を効率化することも不可欠である。事業上の素早い意思決定を行うべき経営幹部の会議において、人事、法務、PR、製品開発の各部門からの反対で話が脱線しているのは見るに堪えない。いかなる企業においても行動を起こさないための理由はいくらでも見つかる。意思決定プロセスを横道にそらすような余計な話を許容する企業文化では迅速な意思決定は行えない。当然ながら長期の企業戦略や製品計画など時間が制約要因でない状況もあり、いたずらに急ぐ必要はない。しかし明確な意思決定の目標を持って、それにしっかりと専念する会議を開くという企業文化を是非醸成するべきだ。その結果「必要にして十分」な意思決定の文化が育まれるはずである。

◉ミッションを同期させる

よくできたミッションステートメントや極めて高い意欲をもってしても、部門ごとのミッションを正式に同期させていかなければミッション中心のプロセスは失敗することがある。ミッションの同期は顧客発見、顧客実証、顧客開拓の各

表6.8 | 組織の種類ごとの同期戦略

	顧客開発のための組織	ミッション中心の組織	プロセス中心の組織
誰が	● 顧客と対面する部隊と製品開発部隊	● 部門間 ● 全社から部門に対して ● 部門から全社に対して	● 全社から部門に対して
なぜ	● 仮説に対する現実を報告 ● 全社で理解し、変化に対応できるようにするため	● 部門のミッションと会社のミッションの調和を維持 ● 各部門のミッションが相互に補完し合っていることを確認 ● 各部門の戦術的な動作が全社の目的にかなっていることを確認	● トップダウンで指示と目標を伝達 ● ボトムアップで状況報告

ステップで、顧客開発部門と製品開発部門の間で行った同期プロセスに似ている。それらのステップでは両部門は、市場の実態、製品開発スケジュールや機能について定期的な状況報告を相互に行った。これにより双方の部門は製品開発や事業戦略を実態に合わせてシフトさせ、顧客のニーズに協調して応えることができた。

ミッション中心のプロセスへ移行していく際にはすべての部門が同期を保ち、企業全体のミッションと目的に合わせて動いていく必要がある。このことは同期のための会議が次の3つの機能を持つことを意味する。(1) すべての部門が企業全体のミッションを理解していることを常に確認する。(2) すべての部門のミッションが相互に補完し合っていることを確認する。(3) 各部門がミッションを実行するやり方をCEOが理解し承認していることを確認する。

ミッション中心の組織における同期のための会議と、プロセス中心の大企業のスタッフ会議には決定的な違いがある。表6.8に示すようにプロセス中心の企業では、命令と目標はトップダウンで決定され、進捗報告がボトムアップで行われる。ミッション中心の組織においては移ろいゆく状況に全社が対応できるように対等に部門間連携し、同期するための会議を行う。

〉〉即応性の高い部門の構築：Ⓑ情報収集と共有のための文化の創造

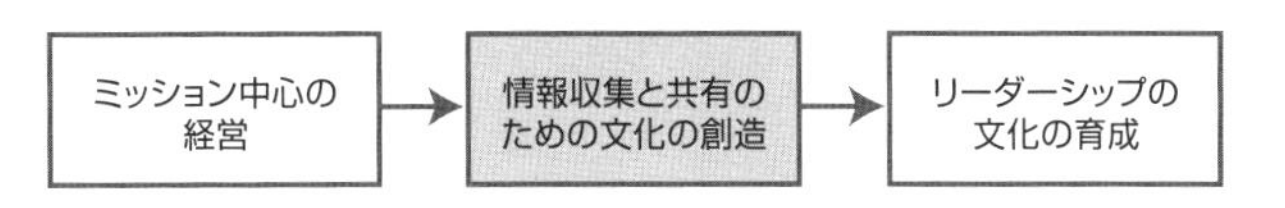

即応性の高い部門には定常的な情報収集が必要である。顧客発見、顧客実

証、顧客開拓のステップでは、情報の適時収集を各人による発見と経験を通じて行ってきた。つまり、事務所から外に出て現場で顧客、競合、市場に対面するというやり方である。最初の、顧客は数件しかいないという状態から会社が成長した今、経営幹部が現場で起きていることを理解するためには情報に対する3つの基本的な見方が必要となる。

- ▢ 直接的な知識
- ▢ 全体像
- ▢ 顧客や競合の視点からの見方

直接的な知識とはこれまで行ってきた「外に出て現場を徹底的に知る」という方法である。経営幹部は企業が成長してからもこの活動を怠ってはならない。顧客は何と言っているか、競合他社は何をしているか、営業担当者はどんな経験をしているかといったことを聴取しなければならない。この視点から経営幹部は現場の社員に対して要請できるのは何で、要請できないのは何かという感覚を養うことができる。

私が関与している企業では、まずこのことは営業部門のトップだけでなくすべての経営幹部が顧客や販売チャネルと頻繁に、少なくとも四半期に1回は対話することを意味する。そのような対話の後、全員が感じたことや気づいたことをまとめ、広く共有すべきである。第2に顧客や販売チャネルと対話する人はすべて、良い話も悪い話も最低でも毎週社内で共有する必要がある（修正のための行動が必要となるような悪い報告が私の好みである。良い話とは単に顧客から代金を回収したことを意味するだけである）。ミッション中心の組織特有の企業文化の1つに、すべての営業マンが持つ楽天的で将来観測に反した情報共有を行わせることがある。「悪い話を共有するだって？　君は気が狂っているのか？　私は誰にも自分が商談を落としたなどと言わないぞ。ましてや、なぜそうなったか説明しろというのか」。しかし、まさにそれが会社に必要な情報なのだ。

2つ目の見方は顧客と競争環境の鳥瞰図である。営業データ、受注・失注情報、市場調査データ、競合分析など多様な情報源から収集を行うことでこの見方を醸成できる。経営幹部はこの全体像から、市場動向や顧客と競合他社の状況についての全体的な傾向の把握を試みる。同時に業界データや現場での実際の販売が、会社の売上や市場シェアに関する期待値とどの程度合致するかを評価できる。

これらすべてを実施するために市場と顧客に関する正式な情報機能が各部門に必要となる。情報機能にはフルタイムの専任者は必要なく、担当者が決まっていればよい。この担当者たちは直接・間接のデータをすべて収集し、最低でも月次で定期的に報告書を提出する必要がある。その報告書では社内政治的な話題は避け、市場シェアに関するデータ、受注・失注に関する概要、顧客の質に関する報告書、顧客サポートの状況報告などといった事実に注力すべきである。

3つ目の見方は顧客や競合他社の視点で行動を予測する方法である。潜在的な競合の動きを推測し顧客のニーズを予見するために、自分自身を顧客や競合他社の立場に置いてみる。既存市場であれば「もし自分が競合他社のオーナーで経営資源を使える立場だったら次にどんな手を打つだろうか」と自問自答することになろう。顧客の視点から物事を見ている場合には「なぜ他社ではなくこの会社から購入しなければならないのか？　この会社に注文を出すことになる最終的な説得材料は何か」といった質問になるだろう。新規または再セグメント化市場では「なぜ少なからぬ技術オタクがこの製品を購入したのだろうか？　90歳の祖母にどのようにしてこの製品を理解させ購入してもらうか？　祖母や祖母の友人たちに製品についてどんなふうに説明するか？」といった具合だ。

このテクニックをチェスの勝負と同様に考えてみよう。チェスでは盤面の両側からの視点で可能性のある手をすべて読まなければならない。このようなゲームを経営幹部または部門内の会議において行うべきである。「自分たちが競合他社だったら何をするか」、「それに対して自分たちはどう反応するか」、「どんな計画を立てるか」といった具合である。しばらく続けるとこの種のロールプレイングが全員の思考や計画策定の一部として組み込まれる。

これらの3つの見方の中では明らかに「直接的な知識」が最も詳しい情報となるが、会社が大きくなった今は、直接的な知識として得られる情報は全体像のほんの一部に過ぎない。「直接的な知識」すなわち現場のファクトのみに経営幹部が集中している場合には、ビッグピクチャーの欠落というリスクを冒している。一方で、鳥瞰図では全体像はつかめるが、市場についての状況報告からだけでは出来事に関する大枠の印象しか捉えられず、より重要な詳細を知ることができない。大枠にしか目を向けない経営幹部は現実離れをしてしまう。第3の見方である「顧客や競合他社の視点」は基本的に頭の体操でしかなく、顧客や競合が実際にどう動くかについての確証は決して得られない。しかし3つの見方を組み合わせると、経営幹部が自社の事業の動向についての正しい姿を捉えることに役立つ。

3つすべての見方で得られる情報があったとしても、経営幹部やマネジャーは2つの点に留意しなければならない。1つは完璧な意思決定を行うための十分な情報というものは存在し得ないということ。もう1つは問題に直面し状況を直接見ている人物になるべく意思決定をさせるべきだということだ。

情報収集において最も重要なことも忘れてはならない。収集した情報で何をすべきかである。俊敏な企業や即応性の高い部門の肝心なことの1つは情報共有にある。良い話も悪い話も情報を貴重品のように大事に守っていてはならない。いくつかの企業文化では知識は胸の内にしまっておき、悪い話にはフタをする経営幹部がほめられるところもあるが、私が関与してきたすべての企業ではそれは懲戒免職ものの行為だ。すべてのニュース、特に悪い話は、分析され、理解され、対策されるべきである。このことは受注の成功要因を理解するより、失注の要因を理解するほうが大事だということを意味する。自分の製品が優れていることを論理づけるより、なぜ競合他社の製品のほうがよいのかを理解するほうが大事なのだ。情報共有は皆が知っているが誰も取り組もうとしない、触れてはならない議題に取り組むことを意味する。この種の問題はしばしば特定の個人に起因している。チーム内で自分の役目を果たさない、非倫理的な行動を取るなど、話題に出されず取り組まれない類の課題であるかもしれない。もし問題のある行動が現れたにもかかわらずすぐに対処されない場合には、即応性の高い部門に警鐘が鳴り始めていると言える。

〉〉 即応性の高い部門の構築：Ⓒリーダーシップの文化の育成

サウスウエスト航空は1973年に地方の小さな航空会社として設立された。30年後に同社は米国で最も収益性の高い航空会社になった。どの航空会社でもボーイングやエアバスが提供するすべての製品を購入できるのだから、より良い飛行機の導入によってこのような圧倒的な成長を成し遂げたわけではない。より収益性の高い航空ルートを持っていたわけでもない。サウスウエスト航空は究極的に即応性の高い部門を持つ俊敏な会社を構築することで成功したのである。競合他社では何時間もかかる折り返しのフライト準備を25分で実施すべく社員がチーム一丸となって活動した。また他社より運賃を24%安くするまで、従業

員からのすべての提案を検討してコスト低減を行った。従業員の声に耳を傾ける代わりに同社は普通ではあり得ない忠誠心を要求していた。

これらのエピソードはサウスウエスト航空がリーダーシップの文化を育んだことの証拠である。同社のマネジャーたちは忠誠を誓った従業員たちを鼓舞し、導き、そしてサポートすることや、あらかじめ定められた範囲内で自由に成果を上げられるよう奨励することに集中していた。時間が経つにつれて、サウスウエスト航空は自立性、自制力、率先性の高い従業員がいることで有名になった。

サウスウエスト航空の事例は、正しい企業文化があれば従業員は責任を果たすばかりでなく自ら積極的に責任を求めるようになるということの生きた証拠である。この種の企業では、問題解決のために想像力や創造性を発揮して工夫することが当たり前になっている。

では、どうしたらこのようなリーダーシップの文化を育むことができるのであろうか？　責任をもち、率先するよう従業員を諭すだけでは十分ではない。リーダーシップに対する企業の考え方というものは、組織の末端まで責任を持たせるために行っていること（または行っていないこと）で決まってくる。例えば従業員を細部に渡ってまで管理すると、意思決定を遅くし、個々人の主体性を阻害する。どのようにプロジェクトを行っていくのかについて事細かな命令を出そうとすると、創造力を弱め、ビジネス上の課題に対して凝り固まった手法しか取らなくなってしまう。確実性を追求し意思決定においていつもすべての事実情報を求めると、機会を逃したりリスクを取らない企業文化が創られてしまう。古くなったビジネスプランにいつまでも固執していると、状況の変化に対応したり新しい機会を捉えていく会社の能力を阻害してしまう。そうではなくリーダーシップを発揮することを期待しており、そのときは支援することを知らしめるのだ。仕事のやり方について指示するときには、大きく外れない程度にまとめあげるのに必要なレベルに留めるのが良い。業務執行方法を指示するときは、他の方法ではどうしてもできないまとめ方に関する内容に留める。指示は可能な限り簡潔なものにし、実行における詳細は従業員に任せ、うまくいかなかったり調整が必要という報告を常に受け付ける体制でいればよい。言うまでもなくこのような責任の共有やリーダーシップは、全員がミッションと目的を理解していることを確認できていることが大前提である。

CEOがもはやすべての詳細を管理しきれない企業には当然のように思えるかもしれないが、そもそも自分たちの輝かしい能力やビジョンでこれまで会社を築き上げてきた自負のある数多くの起業家にとって、人任せにすることは容易でない。権限委譲ができなかったことがベータシート社のマークが失脚した原因の1つであり、創業者が取締役によって解任されるときによくある問題点の1つでもある。

このような権限委譲はCEOの責任の終焉にも減少にもつながらない。逆に経営幹部は「信用しつつも、確認する」という考えの下に常に権限委譲を進めるべきだということである。最初の数回は仕事やミッションを与えた後に、満足の行くレベルでそれが成し遂げられたかどうか確認すべきだ。もしうまくできていれば、確認の頻度を徐々に少なくしていき、最終的には同期のための会議の一部分にする。もしうまくできていない、あるいは正しく行われていなければ、従業員がその仕事を行うための知識と理解を確実に得られるように指示を与え、教育し指導する。そして自分は後ろに下がって従業員にやらせてみるのである。

リーダーシップの文化においてもう1つの重要なことは、チームの一員であるという強い連帯感である。組織の公式のリーダーは従業員が組織や企業に誇りに思えるような価値観の共有を徹底すべきである。そうすることでチームが共有するミッションを先頭に立って推進することが奨励され、評価される雰囲気を作り出すことができる。

さらにリーダーシップの文化は従業員の成熟度を高められるかどうかにも依存している。すなわち主体的に行動する意欲、適切に行動するための判断力、責任を進んで引き受ける積極性を全従業員に養わせることだ。ここで言う成熟度とは、年齢や在職年数とは必ずしも関係しない。20歳そこらの人物が手の届く範囲のことをかたっぱしから担当していく一方で、その倍以上の年の人物が「それは私の仕事ではない」と言って無関心を装う場面を目にすることもある。

成熟度を上げていく方法の1つとして、スタートアップには当たり前のようにいるスーパースターをコーチ役や見習うべきお手本としての役目に移行させていくことが挙げられる。会社がまだ小さなスタートアップであるときには、平均の10倍の生産性を持つようなワールドクラスの人材が必要である。しかし事業を拡大しようというときには、同様な人材を確保するのは難しい。典型的なスタートアップではプロセスや手順、社内規則が増えれば増えるほど仕事の定義が進み、平均的な人材でもそれらを行えるようになる。個人主義で因習打破的な傾向にあるスーパースターはこの状況に対して失意の念を禁じ得ず、「この会社はもうだめだ」と嘆くものである。指輪物語の妖精エルフのように、自分たちの時代が終わり静かに消え去るときが来たと悟る。このようなスーパースター人材を引き続き動機づけるためにもみんなの手本役やコーチとしてより大きな

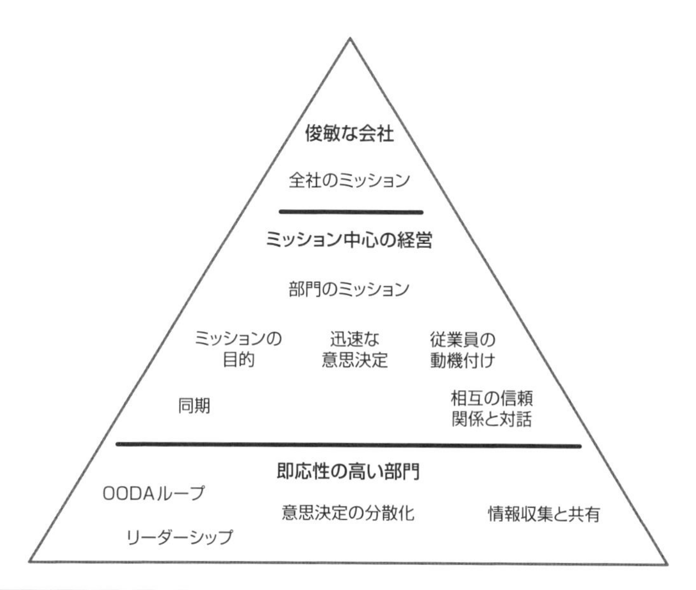

図6.11｜即応性の高い部門、ミッション中心の経営、俊敏な会社

チームに組み入れることだ。教えることができるようならコーチにする。単独行動を望むならみんなの手本役として崇める。もしおしゃべり好きの人物で、企業文化として異端児を許容できるのであれば、時々神のお告げのように外野から意見を言うアドバイザー的な役割でもよい。どのように活用するにせよ、因習打破的なスーパースターや創業者を長期的に動機づけして会社に貢献させ続けることはリーダーシップの文化についての究極のテストと言える。

◉即応性の高い部門と俊敏な会社

即応性の高い部門を構築することの最終成果は俊敏性の獲得である。組織構築フェーズを終えた時、拡張性があると同時に競合より迅速に反応し、徹底的かつ一貫性を持って業務遂行できる会社と経営プロセスを作り上げたことになる。

図6.11では俊敏な会社のすべての要素をまとめた。

〉〉即応性の高い部門の構築：Ⓓ繰り返しか、さらなる成長か

組織構築フェーズの終わりは、第2次世界大戦において英国が最終的に北アフリカのアラマインでドイツ軍に最初に勝利した後のウィンストン・チャーチルの言葉を思い出させる。すなわち「これは終わりではない。終わりの始まりでさ

えもない。おそらく、始まりの終わりであろう」という言葉だ[※8]。あなたやあなたの会社にも同じことが言える。「始まりの終わり」だと。

このフェーズの終わりまでに、会社は大きなそして後戻りできない構造の変化を経験した。今やかつての小さなスタートアップとはまったく異なる。エバンジェリストユーザーへの売り込みから、メインストリーム顧客を視野に入れる段階に移行し、経営体制の見直しを行い、ミッション中心の組織を構築した。さらに顧客開発チームから機能別の即応性の高い部門へと移行した。

今こそこれらの組織構築の活動が、次へ進むための確かな足場を築いたかどうかを正直に評価すべき時である。

- ☐ 営業部門はキャズムを越えてメインストリームの顧客層へと移行し、売上はホッケースティック状となっているか？　それとも個々の受注はいまだ英雄的な努力によるものか？
- ☐ 会社は売上・費用計画を達成しているか？
- ☐ もしそうならば、実行可能かつ収益性の高いビジネスモデルを築いているか？
- ☐ 会社を成長させ、組織を構築できる経営体制ができているか？
- ☐ 社内や部門内でミッション中心の企業文化が根付いているか？

組織構築のプロセスに疲弊していればいるほど、再度のこのステップの一部を繰り返す必要があるのかもしれない。新規または再セグメント化市場においては、メインストリーム顧客をうまく開拓することが最も難しい課題であることが多い。ポジショニングやブランディングを適切に組み合わせることは難しく、適切にできていなければ、売上は期待したようには伸びない。しかし顧客開発モデルに従ってきていれば、会社にとって致命傷にはならないだろう（そしてあなた自身のキャリアの足かせになることもないだろう）。体制と支出を抑制していれば、もう一度やり直せる余裕があるはずだ。

メインストリーム顧客を開拓することの困難と同様に、企業文化を変えるための構造的な変革は難しい。それゆえ俊敏さが重要であり、ミッション中心の会社と即応性の高い部門を築くことに大きなメリットがあるわけである。人々の振る舞いや期待を変えることは簡単ではなく、継続的に取り組まなければならない課題であることを念頭に置いてほしい。

※8　1942年11月10日演説。

この組織構築ステップを首尾良く完了した暁の報酬は、いかなる創業者もCEOも聞いて誇りに思う言葉の数々である。すなわち、従業員の満足度が高く、IPOへの見通しもあり、収益性があり、成功しており、一貫性があり、勢いのある、不屈の企業の誕生だ。

表6.9｜組織構築のまとめ

フェーズ	目標	成果物
1. メインストリーム顧客基盤の構築	初期の売上から拡張性の高い事業に会社を移行する	
A. エバンジェリストユーザーからメインストリーム顧客への移行	メインストリーム顧客を狙うための適切な戦略を選択する	市場タイプに適合するキャズム越え計画書
B. 市場タイプに応じた売上成長の管理	市場タイプに適合する営業、マーケティング、事業開発、売上費用計画を策定する	市場タイプに適合する売上費用計画書
2. 経営と企業文化の課題	顧客開発部隊を成長させる	
A. 取締役会による経営陣の評価	現状の経営陣が組織構築という新しい役割に移行できるか評価する	組織を構築できる経営陣
B. ミッションを中心とした組織と企業文化	ビジョナリーの創業者から組織を拡大できる経営スタイルへと進化する	コーポレートミッションステートメント、全社的なミッションを中心とした企業文化
3. 機能別部門への移行	ミッションに従った機能別部門を構築する	
A. 各部門のミッションステートメントの策定	新設する部門ごとに、ミッションに応じた目標を設定する	部門ごとのミッションステートメント
B. 市場タイプに応じた部門の役割の定義	市場タイプに応じた部門の役割を定義する	市場タイプに応じた部門の目的と責務に関する職務分掌
4. 即応性の高い部門の構築	小さなスタートアップのごとく運営できる、俊敏で即応性の高い組織を作る	
A. ミッション中心の経営	ミッションの目的、従業員の主体性、相互の信頼関係と対話、必要にして十分な意思決定、ミッションの同期といったミッション中心の経営のための構成要素を構築する	ミッション中心の企業文化の全社展開
B. 情報収集と共有のための文化の創造	直接的な知識、全体像、顧客や競合の視点からの見方といった、多様な視点からの情報を有する部門にする	市場と顧客に関する3つの視点を得る計画書
C. リーダーシップの文化の育成	権限委譲とミッション中心の企業文化により推進される	スーパースターからの移行、異端者の保護
D. 繰り返しか、さらなる成長か	販売先がキャズムを越えてメインストリーム顧客層に進んだことを確認する。会社を構築し、成長させることができる経営陣	予見可能な売上と費用、実現可能で収益性のあるビジネスモデル、ミッション中心の企業文化、ミッションに適した経営幹部

Bibliography

参考文献

〉〉起業家のための基本経営理論

スタートアップは大企業の小規模版ではないということがここ数年の間にはっきりした。つまりMBAや大企業の管理職のための従来の経営書を読んでも起業家にとって必要なスキルは十分には身につかないということだ。一方、起業家に特化した経営書も登場している。アレックス・オスターワルダーらが著した『ビジネスモデル・ジェネレーション』は、ビジネスモデルをスマートかつ正確に定義した初の書籍であり必読の一冊だ。

エリック・リースは私にとって最も優秀な生徒である。エリックは顧客開発のプロセスをアジャイル開発と結び付け、実際にスタートアップで実践した。顧客開発とアジャイル開発に関するエリックの洞察と、スタートアップを大企業へと成長させる過程に与えた示唆は、世の中の考え方を大きく変えた。彼の著書『リーン・スタートアップ』も必読の書である。

これらの理論を実践するにはアジャイル開発の知識が不可欠だ。アジャイル開発に関しては、そのパイオニアであるケント・ベックの著書『XP エクストリーム・プログラミング入門』がおすすめだ。エクストリーム・プログラミングの価値観や原則、およびその実践方法を知らずして顧客開発を実践するのはかなり難しいだろう。

大企業でイノベーションを起こす方法を理解したければ『イノベーションを実行する』を読むとよいだろう。医療機器のスタートアップを始めるなら、*Biodesign: The Process of Innovating Medical Technologies*が必読書だ。同書では顧客発見ステップのプロセスが詳しく著されている。

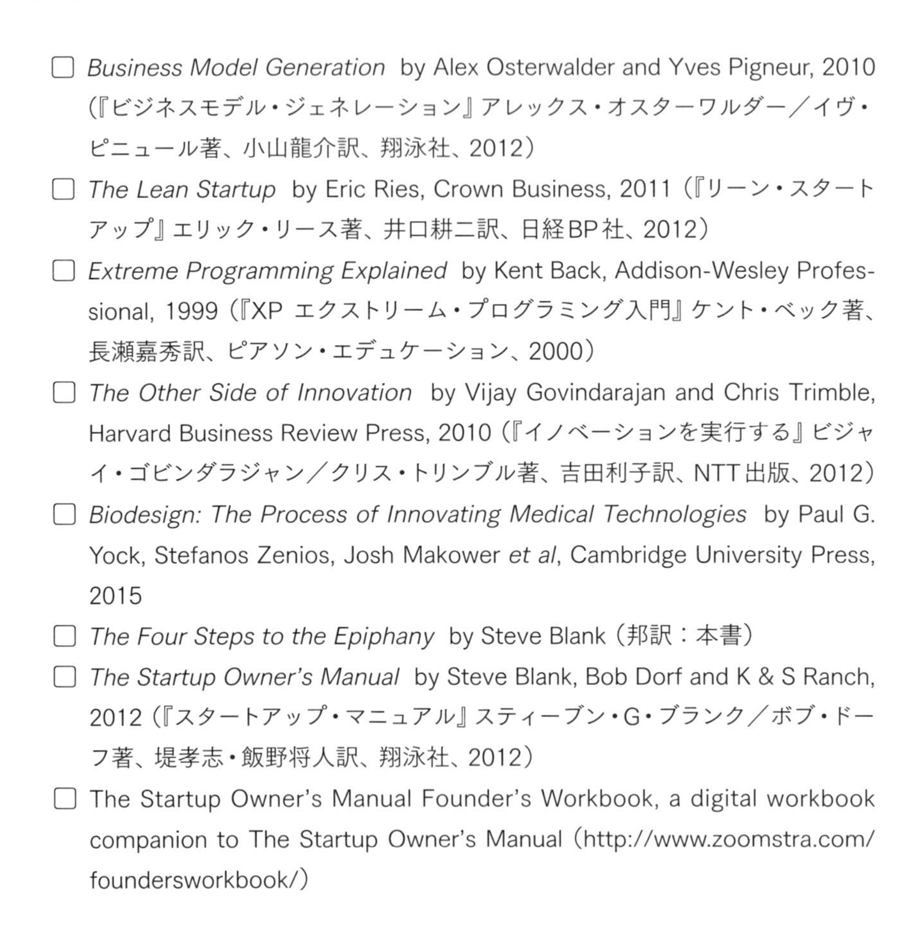

- ☐ *Business Model Generation* by Alex Osterwalder and Yves Pigneur, 2010（『ビジネスモデル・ジェネレーション』アレックス・オスターワルダー／イヴ・ピニュール著、小山龍介訳、翔泳社、2012）
- ☐ *The Lean Startup* by Eric Ries, Crown Business, 2011（『リーン・スタートアップ』エリック・リース著、井口耕二訳、日経BP社、2012）
- ☐ *Extreme Programming Explained* by Kent Back, Addison-Wesley Professional, 1999（『XP エクストリーム・プログラミング入門』ケント・ベック著、長瀬嘉秀訳、ピアソン・エデュケーション、2000）
- ☐ *The Other Side of Innovation* by Vijay Govindarajan and Chris Trimble, Harvard Business Review Press, 2010（『イノベーションを実行する』ビジャイ・ゴビンダラジャン／クリス・トリンブル著、吉田利子訳、NTT出版、2012）
- ☐ *Biodesign: The Process of Innovating Medical Technologies* by Paul G. Yock, Stefanos Zenios, Josh Makower *et al*, Cambridge University Press, 2015
- ☐ *The Four Steps to the Epiphany* by Steve Blank（邦訳：本書）
- ☐ *The Startup Owner's Manual* by Steve Blank, Bob Dorf and K & S Ranch, 2012（『スタートアップ・マニュアル』スティーブン・G・ブランク／ボブ・ドーフ著、堤孝志・飯野将人訳、翔泳社、2012）
- ☐ The Startup Owner's Manual Founder's Workbook, a digital workbook companion to The Startup Owner's Manual（http://www.zoomstra.com/foundersworkbook/）

〉〉必読図書

ゴビンダラジャンとトリンブルの『イノベーションを実行する』は大企業におけるイノベーションの正しい進め方を説くお勧めの一冊だ。クリステンセンの『イノベーションのジレンマ』と『イノベーションへの解』のおかげで、筆者の中でスタートアップの4つの市場タイプの概念が洗練された。『イノベーションの

DNA』を読めば創業者に必要なスキルがよくわかるだろう。マルコム・グラッドウェルの『急に売れ始めるにはワケがある』のおかげで新規市場の企業のマーケティングコミュニケーション戦略がしばしば「ティッピングポイント」の概念に則っていることに気づかされた。『ブルー・オーシャン戦略』は私が言うところの「市場タイプ」という概念を理解するために役立つ。

- ☐ *The Other Side of Innovation* by Vijay Govindarajan and Chris Trimble, Harvard Business Review Press, 2010（『イノベーションを実行する』ビジャイ・ゴビンダラジャン／クリス・トリンブル著、吉田利子訳、NTT出版、2012）
- ☐ *The Innovator's Dilemma* by Clayton M. Christensen, Harvard Business School Press, 1997（『イノベーションのジレンマ』クレイトン・クリステンセン著、伊豆原弓訳、翔泳社、2000）
- ☐ *The Innovator's Solution* by Clayton M. Christensen and Michael E. Raynor, Harvard Business School Press, 2003（『イノベーションへの解』クレイトン・クリステンセン／マイケル・レイナー著、櫻井祐子訳、翔泳社、2003）
- ☐ *The Innovator's DNA: Mastering the Five Skills of Disruptive Innovators* by Jeff Dyer, Hal Gregersen, Clayton M. Christensen, 2012（『イノベーションのDNA』クレイトン・クリステンセン／ジェフリー・ダイアー／ハル・グレガーセン著、櫻井祐子訳、翔泳社、2012）
- ☐ *Crossing the Chasm: Marketing and Selling High-Tech Products to Mainstream Customers* by Geoffrey A. Moore, HarperCollins, 2014（『キャズム Ver.2 増補改訂版』ジェフリー・ムーア著、川又政治訳、翔泳社、2014）
- ☐ *Inside the Tornado: Marketing Strategies from Silicon Valley's Cutting Edge* by Geoffrey A. Moore, HarperBusiness, 1995（『トルネード経営』ジェフリー・ムーア著、千本倖生訳、東洋経済新報社、1997）
- ☐ *Dealing with Darwin: How Great Companies Innovate at Every Phase of Their Evolution* by Geoffrey A. Moore, Portfolio, 2005（『ライフサイクルイノベーション』ジェフリー・ムーア著、栗原潔訳、翔泳社、2006）
- ☐ *The Tipping Point: How Little Things Can Make a Big Difference* by Malcolm Gladwell, Little Brown, 2000（『急に売れ始めるにはワケがある――ネットワーク理論が明らかにする口コミの法則』マルコム・グラッドウェル著、SBクリエイティブ、2007）

- ☐ *Blue Ocean Strategy: How to Create Uncontested Market Space and Make Competition Irrelevant* by W. Chan Kim and Renee Mauborgne, Harvard Business Review Press, 2005（『ブルー・オーシャン戦略』W・チャン・キム／レネ・モボルニュ著、有賀裕子訳、ランダムハウス講談社、2005）

〉〉スタートアップ向け戦略書籍

『マーケティング・プレイブック』は5つの戦略オプションやギャップ分析、マーケティングキャンペーンに関する手法を紹介するマーケターのための書籍である。初めて起業する人は*Do More Faster*を読めば起業における注意事項をあらかじめ知ることができる。*Getting Real*はインターネット分野での起業を目指す人に役立つだろう。『起業家はどこで選択を誤るのか』には仲間を募って起業するときに気をつけるべき基本事項がまとめられている。

昔ながらの定番の書は今でも十分通用する。『アントレプレナーの戦略思考技術』によって、世の中にはスタートアップにとって異なるタイプの事業機会が存在するという非常に重要な概念が明確にされた。4つの市場タイプという概念は同書とクリステンセンの著書から得たものだ。同書はスタートアップに必要不可欠な初期のマーケティング／営業戦略のフレームワークを提供している。

*Delivering Profitable Value*では、バリュープロポジションとバリュー提供システムについて、これでもかというほど徹底して解説されている。しかしながら、この本は苦労して読み込むことで価値のあるものを身につけることができる貴重な本である。シュムペーターの『経済発展の理論』は創造的破壊という言葉と起業家精神との関係性を論じた本として著名である。ドラッカーの『企業とは何か』は分散制の組織（GM）がどう機能するのか内部の視点から説明した最初の本だ。同じく『イノベーションと企業家精神』も定番である。企業人の読者が多いが、イノベーションのためにも役立つ本である。ソフトウェアエンジニアであれば、ディルバートの漫画に出てくる頭髪がとんがった上司のようにならないために、フレデリック・ブルックスの『人月の神話』を読むべきだ。ペパーズとロジャーズの『ONE to ONEマーケティング』は、生涯価値、最も収益性の高い顧客、「顧客獲得／顧客定着／取引拡大の顧客ライフサイクル」といった概念について気づかせてくれた。ウィリアム・H・ダビドウは、「ホールプロダクト」の概念とメインストリーム顧客特有のニーズについて教えてくれた。マイケル・ポーターは企業戦略論の父である。著書『競争優位の戦略』『競争の戦略』『競争戦略論』は定番中の定番である。

☐ *The Marketing Playbook: Five Battle-Tested Plays for Capturing and Keeping the Lead in Any Market* by John Zagula and Richard Tong, Portfolio, 2004（『マーケティング・プレイブック』、ジョン・ザクラ／リチャード・トング著、数江良一訳、東洋経済新報社、2009）

☐ *Do More Faster: TechStars Lessons to Accelerate Your Startup* by David Cohen and Brad Feld, Wiley, 2010

☐ *Getting Real: The Smarter, Faster, Easier Way to Build a Successful Web Application* by Jason Fried, Heinemeier David Hansson and Matthew Linderman, 37signals, 2006

☐ *The Founder's Dilemma, Anticipating and Avoiding the Pitfalls That Can Sink a Startup* by Noam Wasserman, Princeton University Press, 2012（『起業家はどこで選択を誤るのか』、ノーム・ワッサーマン著、小川育男訳、英治出版、2014）

☐ *The Entrepreneurial Mindset: Strategies for Continuously Creating Opportunity in an Age of Uncertainty* by Rita Gunther McGrath and Ian MacMillan, Harvard Business School Press, 2000（『アントレプレナーの戦略思考技術』リタ・マグレイス／イアン・マクミラン著、大江建監訳、社内起業研究会訳、ダイヤモンド社、2002）

☐ *Delivering Profitable Value: A Revolunary Framework to Accelerate Growth, Generate Wealth, and Rediscover the Heart of Business* by Michael J. Lanning, Perseus Books, 1998

☐ *Theory of Economic Development* by Joseph Shumpeter, 1934（『経済発展の理論』、J.A.シュムペーター著、塩野谷祐一／中山伊知郎／東畑精一訳、岩波書店、1977）

☐ *Concept of the Corporation* by Peter F. Drucker, Transaction Publishers, 1993（『企業とは何か』上田惇生訳、ダイヤモンド社、1993）

☐ *Innovation and Entrepreneurship: Practice and Principles* by Peter F. Drucker, Harper & Row, 1985（『イノベーションと企業家精神』小林宏治監訳、ダイヤモンド社、1985）

☐ *The Mythical Man-Month: Essays on Software Engineering*, by Frederick P. Brooks Jr., Addison-Wesley, 1975（『人月の神話――狼人間を撃つ銀の弾はない』フレデリック・P・ブルックス著、滝沢徹／牧野祐子／富澤昇訳、ピア

ソン・エデュケーション、2002).

□ *The One to One Future: Building Relationships One Customer at a Time* by Don Peppers and Martha Rogers, Currency Doubleday, 1993（『ONE to ONEマーケティング』D. ペパーズ／M. ロジャーズ著、ベルシステム24訳、ダイヤモンド社、1995）

□ *Marketing High Technology: An Insider's View and Total Customer Service: The Ultimate Weapon* by William H. Davidow, Free Press, 1986（『ハイテク企業のマーケティング戦略』ウィリアム・H・ダビドウ著、溝口博志訳、TBSブリタニカ、1987）

□ *Competitive Strategy* by Michael E. Porter, The Free Press, 1980（『新訂 競争の戦略』M.E. ポーター著、土岐坤・中辻萬治・服部照夫訳、ダイヤモンド社、1995）

□ *Competitive Advantage* by Michael E. Porter, Free Press, 1985（『競争優位の戦略』M.E. ポーター著、土岐坤・中辻萬治・小野寺武夫訳、ダイヤモンド社、1985）

□ *On Competition* by Michael E. Porter, Harvard Business School Press, 1998（『競争戦略論 I・II』マイケル・E・ポーター著、竹内弘高訳、ダイヤモンド社、1999）

〉〉大企業におけるイノベーションと起業家精神に関する書籍

大企業におけるイノベーションと起業家精神は、ビジネス本の著者やビジネススクール、コンサルティング会社などにとって永遠のテーマである。このテーマについては素晴らしい著書がたくさんあるが、私は『イノベーションを実行する』から読み始めた。そして『経営の未来』を読んでその示唆を考えてみた。その後は、ハーバード・ビジネス・レビュー誌の記事を読んだ。エリック・フォン・ヒッペルの「リードユーザー」の概念は、顧客発見と多くの点において通ずるものがある。ヒッペルの（1）目標設定とチーム組成、（2）動向調査、（3）リードユーザーのピラミッド型ネットワーキング、（4）リードユーザーワークショップおよびアイデアの改善の4ステップは本書のアプローチと比較して、より徹底しており統制されている。

◉書籍

□ *The Other Side of Innovation* by Vijay Govindarajan and Chris Trimble,

Harvard Business Review Press, 2010（『イノベーションを実行する』ビジャイ・ゴビンダラジャン／クリス・トリンブル著、吉田利子訳、NTT出版、2012）

- ☐ *The Innovator's Dilemma* by Clayton M. Christensen, Harvard Business School Press, 1997（『イノベーションのジレンマ』クレイトン・クリステンセン著、伊豆原弓訳、翔泳社、2000）
- ☐ *The Innovator's Solution* by Clayton M. Christensen and Michael E. Raynor, Harvard Business School Press, 2003（『イノベーションへの解』クレイトン・クリステンセン／マイケル・レイナー著、櫻井祐子訳、翔泳社、2003）
- ☐ *The Future of Management*, Gary Hamel, Harvard Business Review Press, 2007（『経営の未来』ゲイリー・ハメル著、藤井清美訳、日本経済新聞出版社、2008）
- ☐ *Winning Through Innovation: A Practical Guide to Leading Organizational Change and Renewal* by Tushman, Michael and Charles O'Reilly, Harvard Business School Press, 1997（『競争優位のイノベーション』マイケル・L・タッシュマン／チャールズ・A・オーライリーIII世著、平野和子訳、ダイヤモンド社、1997）
- ☐ *Breakthrough Products and Services with Lead User Research* by Eric Von Hippel, Joan Churchill and Mary Sonnack, Minneapolis: Lead User Concepts, Inc., 1998.
- ☐ *The Sources of Innovation* by Eric Von Hippel, Oxford University Press, 1988（『イノベーションの源泉』E・フォン・ヒッペル著、榊原清則訳、ダイヤモンド社、1991）

◉ハーバード・ビジネス・レビュー誌記事

- ☐ "Meeting the Challenge of Disruptive Change" by Clayton Christensen and Michael Overdorf: March/April 2000（邦訳「イノベーションのジレンマへの挑戦」クレイトン M. クリステンセン／マイケル・オーバードルフ著、ダイヤモンド・ハーバード・ビジネス、2000年9月号）
- ☐ "The Quest for Resilience" by Gary Hamel and Liisa Valikangas: Sept. 2003（邦訳「『戦略の劣化』診断法」ゲイリー・ハメル／リーサ・バリカンガス著、DIAMONDハーバード・ビジネス・レビュー、2009年6月号）
- ☐ "The Ambidextrous Organization" by Charles O'Reilly and Michael

Tushman: April 2004（邦訳「『双面型』組織の構築」DIAMONDハーバード・ビジネス・レビュー、2004年12月号）

- ☐ "Darwin and the Demon: Innovating Within Established Enterprises" by Geoffrey Moore: July/August 2004（邦訳「成功の悪魔」ジェフリー・A・ムーア著、DIAMONDハーバード・ビジネス・レビュー、2004年9月号）
- ☐ "Meeting the Challenge of Corporate Entrepreneurship" by David Garvin/Lynne Levesque: Oct. 2006（邦訳「大企業の新規事業マネジメント」デイビッド・A・ガービン／リン・C・ルベスク著、DIAMONDハーバード・ビジネス・レビュー、2007年8月号）
- ☐ "The Innovator's DNA" Jeffrey Dyer, Hal Gregersen, Clayton Christensen: Dec. 2009（邦訳「イノベーターのDNA」ジェフリー・H・ダイアー／ハル・B・グレガーセン／クレイトン・M・クリステンセン著、DIAMONDハーバード・ビジネス・レビュー、2010年4月号）

〉〉「軍事戦略」に関する書籍

「ビジネスは戦争である」という比喩は陳腐な表現であると同時に真実を突いた深い言葉でもある。競争、指導力、戦略と戦術、ロジスティクスなど、多くの基本的なビジネスコンセプトは軍事的な事象に根ざしている。違いと言えば、ビジネスでは死者が出ないことである。ビジネスにおける敗者になりたくなければ、ビジネス人生のどこかのタイミングで戦争について学んでおいたほうが身のためであろう。

孫子は『孫子の兵法』において基本的な戦略を説いており、近年の技術発展に伴い有用性を失うまでは戦略のすべてを網羅していた。さらに同じ気持ちで宮本武蔵の『五輪書』を読むとよい。残念ながらこれら2冊の書籍はビジネス上は陳腐化してしまった感もあるが、依然として永遠の良書である。クラウゼヴィッツの『戦争論』は、19世紀の西洋世界において戦争を理解しようとした企てである。

*Boyd*は伝記物で、この場にはふさわしくないが、ジョン・ボイドのOODAループの重要性を理解するためには欠かせない。そしてボイドのOODAループを再構築したものが顧客開発プロセスの中核的な概念である。同書を読み、さらにウェブサイトでボイドの論文、特に"Patterns of Conflict"を読んでほしい。

新ランチェスター戦略はあまりにも突飛であるため無視されがちであった。しかし市場を攻撃したり防御したりするために必要であると同戦略が示唆する数字に、あまりにも頻繁に現実世界で出くわすため私には到底無視できない。

- ☐ *The Art of War* by Sun Tzu, translated by Thomas Cleary, or the one by Griffith（『孫子の兵法』孫子著）
- ☐ *The Book of Five Rings* by Miyamoto Musashi（『五輪書』宮本武蔵著）
- ☐ *On War* by Carl Von Clausewitz, Everyman's Library Series（『戦争論』クラウゼヴィッツ著）
- ☐ *Boyd: The Fighter Pilot Who Changed the Art of War* by Robert Coram, Little Brown, 2002
- ☐ *The Mind of War: John Boyd and American Security* by Grant T. Hammond, Smithsonian Inst Pr, 2001
- ☐ *Lanchester Strategy: An Introduction* by N. Taoka（田岡信夫）, Lanchester Press, 1997
- ☐ *New Lanchester Strategy: Sales and Marketing Strategy for the Weak* by Shinichi Yano（矢野新一）, Kenichi Sato（佐藤けんいち）, Lanchester Press, 1996

〉〉マーケティングコミュニケーション関連書籍

アル・ライズとジャック・トラウトの『ポジショニング戦略』は、飛行機での移動中に読むのにちょうどよい本だが、長年ビジネスをしてきた私がいまだに頭を殴られたような衝撃を受ける本でもある。レジス・マッケンナの『ザ・マーケティング――「顧客の時代」の成功戦略』は、長年の愛読書だ。同書を読み進めていくと、マッケンナがスタートアップ向けと安定した大企業向けに分けて例示していることがわかる。片方には有効なことが、もう一方には必ずしも有効とは限らない。『パーミションマーケティング』のような21世紀型の書籍に突入する前に是非これらの本を読んでおいてほしい。

セス・ゴーディンはインターネットが顧客や顧客とのコミュニケーションに対する考え方に与えた深く本質的な変化を奥底まで理解している。『パーミションマーケティング』は、インターネット前の世界では不可能であったダイレクトマーケティングのテクニック（パーミションマーケティング）を余すことなく解説している。これを読み終えたら続編の『バイラルマーケティング』を読むことをお勧めする。『アイデアのちから』を読めば、定着しやすいメッセージの作り方を身につけることができる。『あなたはなぜ値札にダマされるのか？』は非合理な振る舞いをどう理解すればよいか教えてくれる。ジョージ・レイコフの本は選挙の聴衆を念頭に書かれているものの、コミュニケーションの枠組みを考えるうえで価値ある示唆を与えてくれる。

- ☐ *Positioning: The Battle for Your Mind* by Al Ries and Jack Trout, McGraw-Hill, 1981（『ポジショニング戦略』アル・ライズ／ジャック・トラウト著、川上純子訳、海と月社、2008）
- ☐ *The 22 Immutable Laws of Marketing: Violate Them at Your Own Risk* by Al Ries and Jack Trout, HarperBusiness, 1993（『マーケティング22の法則』アル・ライズ／ジャック・トラウト著、新井喜美夫訳、東急エージェンシー出版部、1994）
- ☐ *All Marketers Are Liars* by Seth Godin, Portfolio, 2009（『マーケティングは「嘘」を語れ!』セス・ゴーディン著、沢崎冬日訳、ダイヤモンド社、2006）
- ☐ *Made to Stick: Why Some Ideas Survive and Others Die* by Chip Heath and Dan Heath（『アイデアのちから』チップ・ハース／ダン・ハース著、飯岡美紀訳、日経BP社、2008）
- ☐ *Relationship Marketing: Successful Strategies for the Age of the Customer* by Regis McKenna（『ザ・マーケティング――「顧客の時代」の成功戦略』レジス・マッケンナ著、三菱商事株式会社情報産業グループ訳、ダイヤモンド社、1992）
- ☐ *Permission Marketing: Turning Strangers Into Friends, and Friends into Customers* by Seth Godin, Simon & Schuster, 1999（『パーミションマーケティング』セス・ゴーディン著、阪本啓一訳、翔泳社、1999）
- ☐ *Unleashing the Ideavirus: Stop Marketing at People! Turn Your Ideas into Epidemicsby Helping Your Customers Do the Marketing for You* by Seth Godin, Hyperion, 2001（『バイラルマーケティング』セス・ゴーティン著、大橋禅太郎訳、翔泳社、2001）
- ☐ *Don't Think of an Elephant!: Know Your Values and Frame the Debate* by George Lakoff, Chelsea Green, 2004
- ☐ *Sway: The Irresistible Pull of Irrational Behavior* by Ori Brafman and Rom Brafman, Doubleday, 2008（『あなたはなぜ値札にダマされるのか？』オリ・ブラフマン／ロム・ブラフマン著、高橋則明訳、日本放送出版協会、2008年）

〉〉営業関連書籍

*Predictable Revenue*は直販活動を手早く学べる本の一冊である。トーマス・フリーズはコンサルティング営業の達人であり、彼の二冊の著書はプロフェッショナルスキルをいかにして売るかを解き明かしてくれる。ジェフ・ツールの*Mastering the Complex Sale*は顧客発見と顧客実証における多くの考え方に通ずる内容である（ただし最初の50ページはスキップしてもよい）。顧客実証の考え方の多くは、ボスワース、ハイマン、ラッカムの3氏が明確にした原理に基づいている。マイケル・ボスワースの『ソリューション・セリング』と改訂版の*The New Solution Selling*は、新製品を市場投入しようとしている経営幹部には必読の書だ。同書で明らかにされている階層的な顧客ニーズと、顧客にニーズを明示させる方法についての記述は、特に法人向け営業にとって「必読」である。ただし、ボスワースの最新作*What Great Salespeople Do*ではこれらの既存書籍を無視した主張があるため注意が必要かもしれない。

ハイマンの書籍はもう少し戦術的であり、同氏が経営するミラーハイマン社の総合営業トレーニングコースの一部である。営業職や営業経験のある人にはこれらの本やトレーニングは不要であるが、もしそうでないのなら基本「テクニック」に関するアドバイスとして読む価値がある。唯一の欠点は、ハイマンの文章がまるで口やかましいセールスマンのようであることだ——ただし彼のアドバイスは的を射ている。

ニール・ラッカムの*SPIN Selling*は毛色が異なり、機能でなくソリューションに力点を置いた大口顧客向け営業や高額商品販売について書かれている。

*Let's Get Real or Let's Not Play*は、サンドラー営業スクール（ミラーハイマン社とは別の法人向け営業手法の教室）の本である。ジル・コンラスは大口商談のための優れた戦略と洞察を提案しており、*Baseline Selling*では野球を例にコンサルティング営業の方法をわかりやすく説いている。*The Complete Idiots Guide to Cold Calling*は自分自身と電話しかリソースがないときには頼りになる本だ。『プライシング戦略』はプライシングを考えるときに有益な書籍である。

- ☐ *Predictable Revenue: Turn Your Business into a Sales Machine With the $100 Million Best Practices of Salesforce.com* by Aaron Ross and Marylou Tyler, PebbleStorm, 2011
- ☐ *Secrets of Question Based Selling: How the Most Powerful Tool in Business Can Double Your Sales Results and It Only Takes 1% to Have a*

Competitive Edge in Sales by Thomas A. Freese, Sourcebooks, 2000

- ☐ *Mastering the Complex Sale: How to Compete and Win When the Stakes are High!* by Jeff Thull, Wiley, 2010
- ☐ *What Great Salespeople Do: The Science of Selling Through Emotional Connection and the Power of Story* by Michael Bosworths, McGraw-Hill Education, 2012
- ☐ *Solution Selling: Creating Buyers in Difficult Selling Markets* by Michael T. Bosworth, McGraw-Hill, 1995（『ソリューション・セリング』マイケル・ボスワース著、住潔訳、PHP研究所、2002）
- ☐ *The New Conceptual Selling: The Most Effective Proven Method for Face-To-Face Sales Planning* by Stephen E. Heiman, et al, Warner Books, 1999.
- ☐ *The New Strategic Selling: The Unique Sales System Proven Successful* by the World's Best Companies by Stephen E. Heiman, et al, Warner Books, 1998（旧版邦訳『戦略販売——長期的信頼関係をつくるセールスの6大要素』R.B. ミラー／S.E. ハイマン著、大崎直忠監訳、ダイヤモンド社、1989）
- ☐ SPIN Selling by Neil Rackham, McGraw-Hill Book Company, 1988
- ☐ SPIN Selling Fieldbook by Neil Rackham, McGraw-Hill, 1996（『大型商談を成約に導く「SPIN」営業術』ニール・ラッカム著、岩木貴子訳、海と月社、2009）
- ☐ *Let's Get Real or Let's Not Play* by Mahan Khalsa, Franklin Covey, 1999
- ☐ *Snap Selling: Speed Up Sales and Win More Business* by Jill Konrath, Portfolio, 2005
- ☐ *Selling to Big Companies* by Jill Konrath, Kaplan Publishing, 2005
- ☐ Sandler Selling System http://www.sandler.com/
- ☐ Miller Heiman Sales Process Consulting & Training http://www.millerheiman.com/
- ☐ *Baseline Selling: How to Become A Sales Superstar* by Dave Kurlan, AuthorHouse, 2005
- ☐ *The Complete Idiot's Guide to Cold Calling* by Keith Rosen, Alpha, 2004
- ☐ *The Strategy and Tactics of Pricing* by Thomas Nagle, John Hogan and Joseph Zale, Prentice Hall, 2010（『プライシング戦略』トーマス・T・ネイゲ

ル／リード・K・ホールデン著、ヘッドストロング・ジャパン訳、ピアソン・エデュケーション、2004）

〉〉スタートアップ向けの法律・財務関連書

法律に疎いまま起業すると後で大変なことになる。でも多くの本（と弁護士）の内容は難解だから、という人はデビッド・ウィークリーの*An Introduction to Stock and Options*から始めるとよい（Kindle版のみしかないのが残念なところだが）。*The Entrepreneur's Guild to Business Law*も必携の書である。シリコンバレーのスタートアップに特化しているわけではないが、多くの共通部分についてわかりやすく解説されている。ベンチャーキャピタルの出資条件書を目の前にして「残余財産優先分配権と転換予約権」といった言葉とにらめっこをし、その意味に皆目見当がつかない状態であれば*Term Sheets & Valuations*は素晴らしい読み物だ。この本を読めばあなたが逃しそうになっているチャンスが何であるかをほぼわかっているかのごとく振る舞えるようになる。

- □ *An Introduction to Stock and Options* by David Weekly（Kindle版）
- □ *The Entrepreneur's Guide to Business Law* by Constance Bagley and Craig Douchy, South-Western, 2011
- □ *Term Sheets & Valuations: An Inside Look at the Intricacies of Venture Capital* by Alex Wilmerding, Aspatore Books, 2003

〉〉シリコンバレー／地域クラスター

ブラッド・フェルドの*Startup Communities*は、スタートアップのコミュニティはリードする起業家とそれに追随する人々から成り立っているという重要な提言をしている。自分でクラスターを作りたいという人には必読の書だ。ジェシカ・リビングストーンの『Founders at Work――33のスタートアップストーリー』は美化することなしにスタートアップの事例をありのまま載せている点で参考になる。*An Engineer's Guide to Silicon valley Startups*はシリコンバレーの文化をズバリ解き明かす良本である。あなたがシリコンバレーのエンジニアであるか、これからシリコンバレーに来ようという場合には役立つ一冊である。シリコンバレーにおけるスタートアップの種類や仕事の探し方、報酬についての交渉の仕方などを学ぶことができる。Geek Silicon Valleyは歴史書と旅行ガイドが一体化した本でこれまた有益だ。

- ☐ *Startup Communities: Building an Entrepreneurial Ecosystem in Your City* by Brad Feld, Wiley, 2012
- ☐ Founders at Work – Jessica Livingston（『Founders at Work —— 33のスタートアップストーリー』Jessica Livingston著、長尾高弘訳、アスキーメディアワークス、2011）
- ☐ *Geek Silicon Valley: The Inside Guide to Palo Alto, Stanford, Menlo Park, Mountain View, Santa Clara, Sunnyvale, San Jose, San Francisco* by Ashlee Vance, Globe Pequot Press
- ☐ The Visitor's Guide to Silicon Valley：Steve Blank http://steveblank.com/2011/02/22/a-visitors-guide-to-silicon-valley/
- ☐ *An Engineer's Guide to Silicon Valley Startups* by Piaw Na, CreateSpace Independent Publishing Platform, 2012

〉〉ベンチャーキャピタル

資金調達の方法とベンチャーキャピタルについて知りたければ、*Venture Deals*を最初に読むとよい。これは私がスタートアップをやっていたときに読んでおけばよかったと思う本でおすすめだ。『起業GAME』も同様におすすめである。ベンチャーキャピタリストとの交渉の仕方を学びたければこれらの2冊から始めるのがよい。

- ☐ *Venture Deals: Be Smarter than your Lawyer and Venture Capitalist* by Brad Feld and Jason Mendelson, Wiley, 2011
- ☐ *Mastering the VC Game: A Venture Capital Insider Reveals How to Get from Start-up to IPO on Your Terms* by Jeffrey Bussgang, Portfolio, 2011（『起業GAME』ジェフリー・バスギャング著、岩田佳代子訳、道出版、2011）
- ☐ *The Startup Game: Inside the Partnership between Venture Capitalists and Entrepreneurs* by William H. Draper, St. Martin's Press, 2011
- ☐ *Burn Rate: How I Survived the Gold Rush Years on the Internet* by Michael Wolff, Simon & Schuster, 1998（『回転資金——ネット・ビジネスの裏でムシられる人々』マイケル・ウルフ著、峯村利哉／栗原百代訳、徳間書店、1999）

- ☐ *Startup: A Silicon Valley Adventure* by Jerry Kaplan, Houghton Mifflin, 1995（『シリコンバレー・アドベンチャー』ジェリー・カプラン著、仁平和夫訳、日経BP出版センター、2003）
- ☐ *eBoys: The First Inside Account of Venture Capitalists at Work* by Randall E. Strosse, Crown Business, 2000（『eボーイズ』ランダル・E. ストロス著、春日井晶子訳、日本経済新聞社、2001）
- ☐ *High Stakes, No Prisoners: A Winner's Tale of Greed and Glory in the Internet Wars* by Charles H. Ferguson, Times Business, 1999
- ☐ *Pitching Hacks: How to Pitch Startups to Investors* by Venture Hacks, lulu.com, 2009

〉〉ベンチャーキャピタルの歴史

以下の書籍はベンチャーキャピタルの黎明期の物語となっている。

- ☐ *Creative Capital: Georges Doriot and the Birth of Venture Capital* by Spencer E. Ante, Harvard Business Press, 2008
- ☐ *Done Deals: Venture Capitalists Tell Their Stories* by Udayan Gupta, Harvard Business School Press, 2000（『アメリカを創ったベンチャー・キャピタリスト』ウダヤン・グプタ著、楡井浩一訳、翔泳社、2002）
- ☐ *The Startup Game: Inside the Partnership Between Venture Capitalists and Entrepreneurs* by William H. Draper III, St. Martin's Press, 2011

〉〉スタートアップ向けの入門書

ジョン・ネシャイムの『ITビジネス起業バイブル』はベンチャーキャピタルから株式公開まで資金調達のすべての段階における文句なしの標準実用書である。マーケティングに関する彼のアドバイスを無視すると約束できるのであれば、マイケル・ベアード（Michael Baird）の *Engineering Your Startup* は財務、会社の株式評価、ストックオプションなどの基本に関する要約版の書籍として適当だ。ゴードン・ベルのHigh-Tech Venturesは、2回や3回読んだだけでは全体の意味をつかめないかもしれない。しかしこの本は明らかにスタートアップのための最高の「運用マニュアル」である（たった1つの難点は、製品には市場が存在しマーケティングの仕事はカタログや展示会への出展だけだ、と想定していることだ）。通して読むのでなく、示唆やひらめきを得るための薬として読み（聖書を読むように）メモを取ることだ。

- ☐ *High Tech Start Up: The Complete Handbook for Creating Successful New High Tech Companies* by John L. Nesheim, Free Press, 2000（『ITビジネス起業バイブル――シリコンバレー・勝者のセオリー』ジョン・L・ネシャイム著、エスゼインベスターズ訳、ハルアンドアーク、2000）
- ☐ *Engineering Your Start-Up: A Guide for the High-Tech Entrepreneur* by Michael L. Baird, Professional Publications, 1992
- ☐ *High-Tech Ventures: The Guide for Entrepreneurial Success* by C. Gordon Bell, Addison-Wesley Pub. Co., 1991

〉〉スタートアップの教科書

ビジネススクールや大学で起業家精神の授業を履修した人ならここで紹介する教科書の１つくらい手に取ったことがあるはずだ。それにもかかわらずこれらの本が実際のアントレプレナーの机に並んでいないのは、いずれも100ドルから150ドル強の価格（一部は50ドルから85ドルのペーパーバックになっている）をつけるために学生を主対象にした本として位置付けられているからである。さらに多くのシリコンバレーのスタートアップではこれらの本を大学あるいはビジネススクール卒業後に見ることは二度とない。なぜなら実際のスタートアップの世界では今やビジネスモデル／顧客開発モデル／アジャイル開発という新たな定番手法で事業を立ち上げるからであり、これらの教科書ではそれらを学ぶことができないからだ。起業家精神関連の教科書の中では、『最強の起業戦略』が定番である。ジェフリー・ティモンズの『ベンチャー創造の理論と戦略』には無視できないことがたくさん書いてある。最初はその分厚さに圧倒されるが、少しずつ読み進めていくことでビジネスプランを完璧なものにすることができるようになるだろう。*Business Plans that Work*は、『ベンチャー創造の理論と戦略』の該当部分をまとめた本であり、誰も読まないかもしれない書類となりがちなビジネスプランの書き方を教えてくれる。しかしながら大企業にいる場合や、既存製品の改良品を出そうという場合には、いずれの本も役立つだろう。

- ☐ *Technology Ventures* by Tom Byers, Richard Dorf, Andrew Nelsons, McGraw-Hill, 2007（『最強の起業戦略――スタートアップで知っておくべき20の原則』リチャード・ドーフ／トーマス・バイアース著、設楽常巳訳、日経

BP社、2011）

- ☐ *New Venture Creation Entrepreneurship for the 21st Century* by Jeffry A. Timmons, Rob Adams and Stephen Spinelli, McGraw Hill, 2012（『ベンチャー創造の理論と戦略』ジェフリー・A・ティモンズ著、千本倖生／金井信次訳、ダイヤモンド社、1997）
- ☐ *Business Plans that Work: A Guide for Small Business* by Andrew Zacharakis, Jeffry A. Timmons and Stephen Spinelli, McGraw-Hill, 2011
- ☐ *Entrepreneurship: Strategy and Resources* by Marc J. Dollinger, Marsh Publications, 2007
- ☐ *Launching New Ventures: An Entrepreneurial Approach* by Kathleen R. Allen, South-Western College Pub, 2015
- ☐ *Entrepreneurship* by Robert Hisrich, Michael Peters, Dean Shepherd, McGraw-Hill Education, 2013
- ☐ *Entrepreneurship* by William D. Bygrave , Andrew Zacharakis, Wiley, 2014
- ☐ *Entrepreneurship: An Innovator's Guide to Startups and Corporate Ventures* by Marc H. Meyer, Frederick G. Crane, SAGE Publications, 2010
- ☐ *Entrepreneurship: Successfully Launching New Ventures* by Bruce R. Barringer, Prentice Hall, 2011
- ☐ *Entrepreneurial Small Business* by Jerome Katz, McGraw Hill, 2014
- ☐ *Entrepreneurship: In a European Perspective* by C.K. Volkmann, K.O. Tokarski and M. Granhagen, Gabler Verlag, 2012
- ☐ *Patterns of Entrepreneurship Management* by Jack M. Kaplan, Anthony Warren, Wiley, 2012
- ☐ *Technology Entrepreneurship: Creating, Capturing and Protecting Value* by Thomas N. Duening, Robert A. Hisrich and Michael A. Lechter, Academic Press, 2009
- ☐ *Nurturing Science-based Ventures: An International Case Perspective* by Ralf W. Seifert, Benoît F. Leleux, Chris L. Tucci, Springer, 2008
- ☐ *Venture Capital and Private Equity: A Casebook* by Josh Lerner, Felda Hardymon, Ann Leamon, Wiley, 2012
- ☐ *Biodesign: The Process of Innovating Medical Technologies* by Paul G. Yock, Stefanos Zenios, Josh Makower *et al*, Cambridge University Press,

2015

〉〉生産方式関連の書籍

『ザ・ゴール』の話をせずに、リーン生産方式について語る製造業の人はいない。同書は小説仕立ての本であり、製造業の経験に人間の暖かみを与えている。『リーン・シンキング』はリーン生産方式の全体概要として最高の書籍だ。『トヨタ生産方式』はすべてのリーン生産方式の父と言えるが、その簡明な文章は気持ち良い。

- ☐ *The Goal: A Process of Ongoing Improvement* by Eliyahu Goldratt, North River Press, 1984（『ザ・ゴール』エリヤフ・ゴールドラット著、三本木亮訳、ダイヤモンド社、2001）
- ☐ *Lean Thinking: Banish Waste and Create Wealth in Your Corporation* by James Womack and Daniel Jones, Simon & Schuster, 1996（『リーン・シンキング』ジェームズ・ウォーマック／ダニエル・ジョーンズ著、稲垣公夫訳、日経BP社、2003）
- ☐ *Toyota Production System: Beyond Large-Scale Production* by Taiicho Ohno, Productivity Press, 1988（『トヨタ生産方式――脱規模の経営をめざして』大野耐一著、ダイヤモンド社、1980）
- ☐ *The Toyota Way* by Jeffrey Liker, McGraw-Hill Education, 2004（『ザ・トヨタウェイ（上）（下）』ジェフリー・K・ライカ―著、稲垣公夫訳、日経BP社、2004）

〉〉製品デザイン関連書籍

ナンシー・ダルテの2つの著作『Slide:ology――プレゼンテーション・ビジュアルの革新』と『ザ・プレゼンテーション――人を動かすストーリーテリングの技法』はプレゼンテーションデザインに関するものだ。インパクトのある顧客向けのプレゼンテーション資料を作成したいという起業家におすすめしている本である。

アラン・クーパーの『コンピュータは、むずかしすぎて使えない！』は私にとってムーアの『キャズム』同様のインパクトがあった――「疑うべくもない当たり前のことが往々にして誤りである」。非常に重要で明確だ。

- ☐ *Slide:ology: The Art and Science of Creating Great Presentations* by Nancy Duarte, Oreilly, 2008（『Slide:ology――プレゼンテーション・ビジュアルの革新』ナンシー・デュアルテ著；熊谷小百合訳、ビー・エヌ・エヌ新社、2014）
- ☐ *Resonate: Present Visual Stories that Transform Audiences* by Nancy Duarte, Wiley, 2010（『ザ・プレゼンテーション――人を動かすストーリーテリングの技法』ナンシー・デュアルテ著；中西真雄美訳、ダイヤモンド社、2012）
- ☐ *The Inmates Are Running the Asylum: Why High Tech Products Drive Us Crazy and How To Restore The Sanity* by Alan Cooper, Sams, 1999（『コンピュータは、むずかしすぎて使えない！』アラン・クーパー著、山形浩生訳、翔泳社、2000）

〉〉企業文化／人事関連書籍

『20歳のときに知っておきたかったこと』と『未来を発明するためにいまできること』は若手起業家全員に勧めたい本である。もし大企業に在籍しており、どうしてこの会社は何も新しいことをしないのだろうか、という疑問を抱いているのであれば、『ビジョナリー・カンパニー 2―― 飛躍の法則』にその答えがあるかもしれない。『ビジョナリー・カンパニー ―― 時代を超える生存の原則』と同じ著者ジム・コリンズの書籍だが、両方とも「こんな素晴らしい本を読めるのは相当運が良い」と言える本だ。良い会社とすごい会社の違いは何か？ どのようにして企業内にコアバリューを植え付け、経営陣が長く不在にしても価値を産み続けられるようにするか？ 最初にこれらの本を読んだときは運良く大きくなった企業のための本だと思ったが、今思い起こせばこれらの書籍が「ミッション志向の文化」を想起させるもととなっている。この2冊の本はあわせて読むことをお勧めする。

皮肉にも、スタートアップが読むのに最良の人事の資料は書籍ではない。それはジェームス・バロンがスタンフォードで行った研究成果である。スタンフォード大学の新興企業関連プロジェクト（Stanford Project on Emerging Companies）における彼の資料を参照されたい。

バロンの本、Strategic Human Resourcesは人事の教科書の古典だ。

最後に、もしスタートアップに在籍しており、なぜうちの創業者は頭がどうかしているのかと不思議に思っているのであれば *The Founder Factor* を読めばある程度説明がつくかもしれない。

『アナタはなぜチェックリストを使わないのか？』はどこに分類すべきかわからないのでここに加えておく。同書では、ビジネスモデルの戦略をなぜ顧客開発のチェックリストに落とし込む必要があるのかということに相通ずる考え方を学ぶことができる。

- ☐ *What I Wish I Knew When I Was 20* by Tina Seelig, HarperOne, 2009（『20歳のときに知っておきたかったこと』ティナ・シーリグ著、高遠裕子訳、CCCメディアハウス、2010）
- ☐ *inGenius: A Crash Course on Creativity* by Tina Seelig（『未来を発明するためにいまできること』ティナ・シーリグ著、高遠裕子訳、CCCメディアハウス、2010）
- ☐ *Built to Last: Successful Habits of Visionary Companies* by James C. Collins and Jerry I. Porras, HarperBusiness, 1994（『ビジョナリー・カンパニー ―― 時代を超える生存の原則』ジェームズ・C・コリンズ／ジェリー・I・ポラス著、山岡洋一訳、日経BP出版センター、1995）
- ☐ *Good to Great: Why Some Companies Make the Leap... and Others Don't* by Jim Collins, HarperBusiness, 2001（『ビジョナリー・カンパニー 2― 飛躍の法則』ジェームズ・C・コリンズ著、山岡洋一訳、日経BP社、2001）
- ☐ *The Human Equation: Building Profits by Putting People First* By Jeffrey Pfeffer, Harvard Business School Press, 1998（『人材を活かす企業』ジェフリー・フェファー著、翔泳社、2010）
- ☐ *Strategic Human Resources: Frameworks for General Managers* by James N. Baron and David Kreps, John Wiley, 1999
- ☐ *The Founder Factor* by Nancy Truitt Pierce, Elton-Wolf Publishing, 2005
- ☐ *The No Asshole Rule, Weird Ideas that Work and Good Boss, Bad Boss by* Robert I. Sutton（『あなたの職場のイヤな奴』ロバート・I・サットン著、矢口誠訳、講談社、2008）
- ☐ *Hard Facts, Dangerous Half-Truths, and Total Nonsense* by Robert I. Sutton and Jeffrey Pfeffer（『事実に基づいた経営』、ジェフリー・フェファー／ロバート・I・サットン著、清水勝彦訳、東洋経済新報社、2009）
- ☐ *The Knowing-Doing Gap* by Robert I. Sutton and Jeffrey Pfeffer（『なぜ、わかっていても実行できないのか』ジェフリー・フェファー／ロバート・I・サッ

トン著、長谷川喜一郎監訳、菅田絢子訳、日本経済新聞社、2014）

- ☐ *Competing on the Edge* by Shona L. Brown and Katheleen M. Eisenhardt（『変化に勝つ経営』ショーナ・L. ブラウン／キャサリン・M. アイゼンハート著、佐藤洋一訳、トッパン、1999）
- ☐ *Confessions of a Serial Entrepreneur: Why I Can't Stop Starting Over* by Stuart Skorman, Jossey-Bass, 2007
- ☐ *The Checklist Manifesto* by Atul Gawande, Metropolitan Books, 2009（『アナタはなぜチェックリストを使わないのか？』アトゥール・ガワンデ著、吉田竜訳、晋遊舎、2011）

〉〉歴史物

アルフレッド・スローンの『GMとともに』は、通常とは少し違う意味で「素晴らしい」読み物である。素晴らしい企業を勘と経験で築き上げ、2億ドル企業に成長させ、取締役会にすげ替えられた起業家（ウィリアム・デュラント）の視点で読んでほしい。そして、世界レベルの官僚機構が世界最大級の規模かつ世界最高の経営がなされている企業に成長していく過程を見てほしい。*Sloan Rules* および *A Ghost's Memoir* とあわせて読むことを忘れないように。

ウィリアム・デュラントは起業家なら是非知っておくべき人物だ。デュラントについて知るにはマドソンが書いた伝記を読むといいだろう。『シリコンバレーに行きたいか！』はシリコンバレーにおらず、そこでのスタートアップの生活について知らないという人に送ってあげると喜ばれそうだ。もし、現代の企業がどのようにできたか理解したければ、アルフレッド・チャンドラーの『組織は戦略に従う』がおすすめだ。

- ☐ *My Years with General Motors* by Alfred P. Sloan Jr, Doubleday & Company, 1963（『GMとともに』アルフレッド・P・スローンJr.著、有賀裕子訳、ダイヤモンド社、2003）
- ☐ Not All Those Who Wander Are Lost：Steve Blank http://steveblank.com/2010/02/18/not-all-those-who-wander-are-lost/
- ☐ *Sloan Rules: Alfred P. Sloan and the Triumph of General Motors* by David R. Farber, University of Chicago Press, 2002
- ☐ *A Ghost's Memoir: The Making of Alfred P. Sloan's My Years with General Motors* by John McDonald, MIT Press, 2002

□ *The Deal Maker: How William C. Durant Made General Motors* by Axel Madsen, Wiley, 2001

□ *Billy, Alfred, and General Motors: The Story of Two Unique Men, a Legendary Company, and a Remarkable Time in American History* by William Pelfrey, AMACOM, 2006

□ *The Nudist on the Late Shift* by Po Bronson, Random House, 1999（『シリコンバレーに行きたいか！』ポー・ブロンソン著、東江一紀／渡会圭子／長田賀寿美訳、翔泳社、2000）

□ *The Facebook Effect: The Inside Story of the Company that is Connecting the World* by David Kirkpatrick（『フェイスブック若き天才の野望』デビッド・カークパトリック著、滑川海彦／高橋信夫訳、日経BP社、2011）

□ *Strategy and Structure: Chapters in the History of the American Industrial Enterprise* by Alfred Chandler（『組織は戦略に従う』アルフレッド・D・チャンドラーJr.著、有賀裕子訳、ダイヤモンド社、2004）

〉〉シリコンバレー関連書籍

◉ターマン、ショックレイ、フェアチャイルド、インテル、ナショナルセミコンダクタ

□ *Fred Terman at Stanford: Building a Discipline, a University, and Silicon Valley* by Stewart Gilmore, Stanford University Press, 2004

□ IEEE Oral History by Fred Terman Associates
http://ethw.org/Oral-History:List_of_all_Oral_Histories

□ *Broken Genius: The Rise and Fall of William Shockley* by Joel Shurkin, Palgrave Macmillan, 2006

□ *Makers of the Microchip: A Documentary History of Fairchild Semiconductor* by Christophe Lécuyer and David C. Brock, MIT Press, 2010

□ *The Man Behind the Microchip: Robert Noyce and the Invention of Silicon Valley* by Leslie Berlin, Oxford University Press, 2005

□ Spinoff: A Personal History of the Industry that Changed the World by Charles E. Sporck, Saranac Lake Pub, 2001

◉シリコンバレーの歴史

□ *Electronics in the West: The First Fifty Years* by Jane Morgan, National Press Books, 1967

- ☐ “The Origins of the Electronics Industry on the Pacific Coast” by A.L. Norberg, *Proceedings of the IEEE*, Volume:64, Issue: 9
- ☐ Revolution in Miniature: The History and Impact of Semiconductor Electronics by Ernest Braun, Cambridge University Press, 1982
- ☐ *Creating the Cold War University: The Transformation of Stanford* by Rebecca S. Lowen, University of California Press, 1997
- ☐ The Closed World: Computers and the Politics of Discourse in Cold War America by Paul N. Edwards, MIT Press, 1996（『クローズド・ワールド――コンピュータとアメリカの軍事戦略』P.N. エドワーズ著、深谷庄一監訳、日本評論社、2003）
- ☐ *Understanding Silicon Valley: The Anatomy of an Entrepreneurial Region* by Martin Kenney, Stanford University Press, 2000（『シリコンバレーは死んだか』マーティン・ケニー著、加藤敏春／小林一紀訳、日本経済評論社、2002）
- ☐ *The Man Who Invented the Computer: The Biography of John Atanasoff, Digital Pioneer* by Jane Smiley, Doubleday, 2010
- ☐ “How Silicon Valley Came to Be” by Timothy Sturgeon（前掲の*Understanding Silicon Valley: The Anatomy of an Entrepreneurial Region*の第2章）
- ☐ *The Inventor and the Pilot: Russell and Sigurd Varian* by Dorothy Varian, Pacific Book, 1983
- ☐ *The Tube Guys* by Norman H. Pond, Russ Cochran, 2008
- ☐ *The Cold War and American Science: The Military-Industrial-Academic Complex at MIT and Stanford* by Stuart W. Leslie, Columbia University Press, 1993
- ☐ *Making Silicon Valley: Innovation and the Growth of High Tech, 1930-1970* by Christophe Lécuyer, MIT Press
- ☐ *Dealers of Lightning: Xerox PARC and the Dawn of the Computer Age* by Michael Hilzick, HarperBusiness, 1999（『未来をつくった人々――ゼロックス・パロアルト研究所とコンピュータエイジの黎明』マイケル・ヒルツィック著、鴨澤眞夫訳、毎日コミュニケーションズ、2001）
- ☐ *Regional Advantage: Culture and Competition in Silicon Valley and Route 128* by Annalee Saxenian, Harvard University Press, 1994（『現代

の二都物語―― なぜシリコンバレーは復活し、ボストン・ルート128は沈んだか』アナリー・サクセニアン著、大前研一訳、講談社、1995）

- ☐ *The New Argonauts: Regional Advantage in a Global Economy* by Anna-Lee Saxenian, Harvard University Press, 2006（『最新・経済地理学』アナリー・サクセニアン著、酒井泰介訳、日経BP社、2008）
- ☐ *Bill and Dave: How Hewlett and Packard Built the World's Greatest Company* by Michael Malone, Portfolio, 2007

〉〉起業家大学（Entrepreneurial University）の関連書籍・記事

以下は、私の友人であるフィラデルフィア大学学長のステファン・スピネリから、技術移転、産学連携、地域コミュニティと政府に関する大学の活動についての推奨本リストとしてもらったものである。大学の学長の活動や行動、リーダーシップについてもカバーしている。

- ☐ *Engines of Innovation: The Entrepreneurial University in the Twenty-First Century* by Holden Thorp and Buck Goldstein, The University of North Carolina Press, 2013
- ☐ *A University for the 21st Century* by James J. Duderstadt, University of Michigan Press, 2000
- ☐ "Creating the Entrepreneurial University: The Case of MIT" by R. O'Shea, T. Allen and K. Morse, in *Paper presented at Academy of Management Conference*, Hawaii, 2005.
- ☐ *Academic Capitalism and the New Economy: Markets, State, and Higher Education* by Sheila Slaughter and Gary Rhoades, Johns Hopkins University Press, 2009（『アカデミック・キャピタリズムとニュー・エコノミー―― 市場、国家、高等教育』S. スローター／G. ローズ著、阿曽沼明裕［他］訳、法政大学出版局、2012）
- ☐ *The Entrepreneurial College President* by James L. Fisher and James V. Koch, Rowman & Littlefield, 2004
- ☐ *Leaders in the Crossroads: Success and Failure in the College Presidency* by Stephen James Nelson, Rowman & Littlefield Education, 2009
- ☐ *Creating Entrepreneurial Universities: Organizational Pathways of Transformation* by Burton R. Clark, Emerald Group Publishing, 2001

☐ Collegial Entrepreneurialism in Proactive Universities by Burton Clark
http://www.um.edu.ar/math/maestria/colle.doc

☐ "Entrepreneurship and Small-College Leadership" by Robert Peck, *New Directions for Higher Education*, Volume 1985, Issue 49, March 1985: 23–29

以下の4つの論文は、OECD発行の*Journal of the Programme on Institutional Management in Higher Education*の高等教育管理(Higher Education Management)特集号(Vol. 13, No. 2, 2001)に掲載されていたものである。

☐ "The Entrepreneurial University: New Foundations for Collegiality, Autonomy and Achievement" by Burton Clark

☐ "The Emergence of Entrepreneurial Cultures in European Universities" by John L. Davies

☐ "Promoting Academic Expertise and Authority in an Entrepreneurial Culture" by Craig McInnis

☐ "Breaking Down Structural Barriers to Innovation in Traditional Universities" by José-Ginés Mora and Enrique Villarreal

トム・アインツマンによるハーバード大学のリーンスタートアップのクラス用の書籍リストも参考になる。

☐ Platforms and Networks：Lean Startup
http://platformsandnetworks.blogspot.jp/p/resources-lean-startup.html

事項索引

れ

人名・企業名索引

ま行

や行

ら行

著者紹介

スティーブン・G・ブランク (Steven Gary Blank)

8回の起業を経験して現役引退した元シリアルアントレプレナーであり教育者、著作家。スタートアップ立上げの方法および起業家精神についての世界中での教育内容を変貌させた。主な著書にベストセラーである *The Startup Owner's Manual*（邦訳『スタートアップ・マニュアル』）および初期の金字塔である *The Four Steps to the Epiphany*（本書第1版）があり、リーンスタートアップ・ムーブメントの出発点と評価されている。同氏による2013年5月版ハーバード・ビジネス・レビュー誌のリーンスタートアップに関する記事がムーブメントの定義となった。

スタートアップおよびイノベーションに関する思想的指導者として広く認知されており、スタンフォード大学、カリフォルニア大学バークレー校、コロンビア大学で起業家精神の教育方法についての講座を持つ。そして全米科学財団でのイノベーション部隊の講座においては、米国が科学成果を商用化する方法を根本的に変えた。ウォールストリートジャーナル紙、フォーブス、フォーチュン、アトランティック、ハフィントンポスト紙などのレギュラー寄稿者でもある。

最初の著書である2003年に出版された本書初版 *The Four Steps to the Epiphany*（邦訳『アントレプレナーの教科書』）において、スタートアップが拡張性のあるビジネスモデルを探すためのガイドとなる顧客開発手法を解説し、リーンスタートアップ・ムーブメントの幕開けとなった。

2012年3月に出版された同氏の2冊目の書籍である *The Startup Owner's Manual*（邦訳『スタートアップ・マニュアル』）は、スタートアップの立ち上げを成功させるためのステップバイステップのガイドであり、本書初版以降にスタートアップ界が夢中になったベストプラクティス、教訓、各種のコツが収録されている。

同氏のブログ（http://www.steveblank.com）のエッセイおよび同氏の2冊の書籍は、世界中の起業家、投資家および既存事業を持つ企業において必読書とされている。

2011年には、ハンズオン講座である「リーンローンチパッド」を開発し、現実世界の顧客との迅速なやり取りとビジネスモデルの繰り返しの洗練を通じて、ビジネスモデル設計と顧客開発を統合し実践的手法にまとめた。さらに2011年には全米科学財団が、米国トップの科学者やエンジニアたちが大学の研究所発のアイデアを商用市場に展開するためのトレーニングチームである同財団のイノベーション部隊（I-Corps）にブランク氏の講座を採用した。2013年の初めまでに、選抜された400以上の科学者やエンジニアのチームがイノベーション部隊に参加した。

また、無償でオンライン版の「リーンローンチパッド」をUdacity.comを通じて提供している。これまでに10万人以上がこの講座に登録し、2012年秋に開始されたグローバルな起業家精神トレーニングプログラムであるスタートアップウィークエンド・ネクストの中核ツールとしても利用されている。

2009年スタンフォード大学マネジメントサイエンスエンジニアリング学部教育者賞を受賞。2010年カリフォルニア大学バークレー校ハースビジネススクールのEarl F. Cheit

優秀教育者賞を受賞。サンノゼマーキュリー紙によりシリコンバレーのインフルエンサー十傑の一人として選出されるとともに、ハーバード・ビジネス・レビュー誌よりイノベーションの達人12名の1人に選出されている。

◉ 21年間で8社のスタートアップ

ベトナム戦争時にタイで戦闘機の電気系統の修理に携わった後、1978年に急成長の時代が始まりつつあったシリコンバレーに移り住み、最初のスタートアップに入社。その後8社のスタートアップで活躍した。8社のスタートアップには、2つの半導体企業（Zilog社、MIPS Computers社）、Convergent Technologies社、Pixar社向けのコンサルティング活動、スーパーコンピュータメーカー（Ardent社）、コンピュータ周辺機器メーカー（SuperMac社）、軍事用インテリジェントシステムベンダー（ESL社）、ビデオゲーム会社（Rocket Science Games社）がある。1996年には、8番目のスタートアップであるE.Piphany社を自宅の居間で共同創業した。結果を要約すると、2度の大失敗、1度の巨大な「ドットコムバブル的」ホームラン、数度の「シングルヒット」、それらの深い学習成果は本書を生み出す滋養となり、*The Four Steps to the Epiphany*（本書第1版）として結実した。

歴史、技術、起業家精神に関する書籍の熱心な読書家でもあり、起業家精神がなぜシリコンバレーで花開き、他の地域では日の目を見ずに潰えてしまったのかについて探求している。また「シリコンバレーの隠された秘密」についての非公認エキスパートとして多数の講演を行っている。

余暇の活動として、カリフォルニアの海岸における土地利用や一般人の立ち入りを規制する公共団体であるカリフォルニア沿岸コミッションのコミッショナーとして活動し、カリフォルニア自然保護有権者同盟（CLCV）の理事会メンバーも務めている。過去にはオーデュボン・カリフォルニアやペニンシュラオープンスペースランドトラスト（POST）の理事会メンバーの他、カリフォルニア大学サンタクルーズ校の役員を歴任した。氏が最も誇りとしているスタートアップは、ケイティとサラの2人の娘であり、妻であるアリソンエリオットとの共同開発である。ペスカデロとシリコンバレーに居を持ち、家族と暮らしている。

訳者紹介

堤　孝志（つつみ たかし）

ラーニング・アントレプレナーズ・ラボ株式会社代表取締役

総合商社、ベンチャーキャピタル勤務を経て2014年に当社設立。同社はスティーブン・ブランクをはじめとするシリコンバレーのリーダーと連携しながら顧客開発モデル等の「本当にツカえる起業ノウハウ」を研究紹介し、プロセス志向アクセラレーターとしてスタートアップから大企業の新規事業に至る幅広い事業創造の支援と投資活動を行う。東京理科大学工学部卒。マギル大学経営大学院修了。訳書に『アントレプレナーの教科書』『スタートアップ・マニュアル』（翔泳社）、『クリーンテック革命』（ファーストプレス）、監訳書に『リーン顧客開発』（オライリー・ジャパン）がある。

ホームページ　http://le-lab.jp/

渡邊　哲（わたなべ さとる）

株式会社マキシマイズ代表取締役

新規事業立ち上げコンサルタント。東京大学工学部卒。米国イェール大学院修了後、三菱商事にて米国シリコンバレー等のITベンチャー企業の日本向け製品販売事業の立ち上げに携わる。2002年、株式会社マキシマイズを設立、代表取締役に就任。大手IT企業の新規事業立ち上げ、ベンチャー企業の事業立ち上げを中心に事業展開中。

ホームページ　http://www.maximize.co.jp/

装幀＆本文フォーマット　竹内雄二
DTP＆編集協力　川月現大（風工舎）

アントレプレナーの教科書［新装版］

シリコンバレー式イノベーション・プロセス

2016年 1月13日　初版第1刷発行
2025年 4月25日　初版第7刷発行

著者　スティーブン・G（ジー）・ブランク
訳者　堤（ツツミ） 孝志（タカシ）、渡邊（ワタナベ） 哲（サトル）
発行人　臼井 かおる
発行所　株式会社 翔泳社（https://www.shoeisha.co.jp）
印刷・製本　大日本印刷株式会社

※本書へのお問い合わせについては、iiページに記載の内容をお読みください。
※造本には細心の注意を払っておりますが、万一、落丁（ページの抜け）や乱丁（ページの順序違い）がございましたら、お取り替えいたします。03-5362-3705までご連絡ください。

ISBN 978-4-7981-4383-5　Printed in Japan